성경!

두껍지만 간단하다!

성경!
두껍지만 간단하다!

초판 1쇄 인쇄 2019년 1월 5일
초판 1쇄 발행 2019년 1월 10일

지은이 주아심
펴낸이 정성준
펴낸곳 도서출판 목양

등록 2008년 3월 27일 제 2008호-04호
주소 경기도 용인시 처인구 양지면 양지리 38-2
전화 070-7561-5247 팩스 0505-009-9585
홈페이지 www.mokyangbook.com
이메일 mokyang-book@hanmail.net

ISBN 979-11-86018-71-2 (03230)

성경!
두껍지만 간단하다!

주아심 선교사

목양

머리글

바닷물의 염분은 약 3.5%에 불과하지만 그 역할은 대단히 크다. 오늘날 서구 교회는 이미 쇠퇴되어 재복음화의 대상이 되었고, 한국교회도 오랫동안 답보상태에 머물다가 지금은 감소 추세며, 더욱이 신뢰도가 크게 추락함으로 '위기'란 말까지 듣는 지경이 되었다. 과거 자랑스럽게 여긴 기독교인 통계 수치의 진위 여부를 떠나서, 서구나 한국 모두 3.5%의 소금 같은 그리스도인 미달 사태가 오늘날의 현실을 낳았다면, 무리한 억측일까?

> 마5:13 너희는 세상의 소금이니 소금이 만일 그 맛을 잃으면 무엇으로 짜게 하리요 후에는 아무 쓸데 없어 다만 밖에 버리워 사람에게 밟힐 뿐이니라

귀중한 사명과 준엄한 경고가 함께 있는 이 말씀은 우리 모두가 기억하고 살아가야 할 말씀이다. 오늘날 어느 나라이든지 그리스도인 신앙생활의 한 단면은 하나님도 잘 모르고, 하나님께서 베푸신 은혜도 잘 모르고, 하나님의 아들 예수 그리스도의 십자가와 부활은 들었어도 구원의 은혜에 대하여는 여전히 안개 속이고, 그리고 거룩하신 영 – 성령님을 외치지만 거룩함은 없고, 삼위일체 하나님이신 성령님을 통한 사람됨됨이의 성숙과 모든 선을 행함에서도 너무나 부족하다는 것이다. 결국 이런 미성숙의 모습이 대다수에게 장기간 신앙의 현주소가 되어 비판을 피할 수 없게 되었다. 그러므로 성

도에게 주어진 세상의 소금과 빛의 사명은 세인의 눈으로 봐도 미달이요, 때로는 오히려 천국 문을 가로막으니 이것들에 대하여 과연 누구의 책임이 가장 크다고 해야 할까? 하나님께서는 분명하게 성경의 목적을 우리에게 알려주셨다.

1. 모든 사람이 구원을 받도록 함
2. 하나님의 사람(자녀)으로 하여금 사람됨됨이가 온전하도록 함
3. 하나님의 사람(자녀)으로 하여금 모든 선한 일을 행하도록 함

그리스도인들은 한편 생각해 보면, 하나님의 사람으로 하여금 기쁨과 평안을 누리며, 존귀하고, 아름다운 삶을 살도록 변화시키는 하나님의 말씀 학교에 은혜로 입학한 사람들이다. 그러므로 성경에 기록된 이 세가지 성경의 목적을 알면, 신앙상의 성도 개인과 교회의 구멍을 쉽게 발견할 수 있고, 마땅히 행할 바를 깨닫게 된다. 즉, 하나님께서 원하시는 사람이 어떤 사람인지, 또한 하나님께서 원하시는 교회가 어떤 교회인지 쉽게 알 수 있다. 신앙생활은 단순하다. 성경이 단순하기 때문이다.

주님의 은혜 가운데 이룬 이 작은 정성이 성경을 알기 원하는 사람과 가르치는 사람들에게 조그마한 도움이라도 될수 있기를 희망해 본다.

차례

성경의 세 가지 목적

많은 사람들은 성경을 두껍고 이해하기도 어려운 책이라고 생각한다. 물론 신학자들도 이해하기 어려운 난해한 부분이 있는 것이 사실이다. 그러나 '성경은 이해하기 어려운 책' 이라고 단정하는 것은 섣부른 판단이며 이는 하나님의 뜻도 아니다. 왜냐하면 하나님께서 우리에게 성경을 주신 것은 하나님의 뜻을 밝히 깨닫고 지키라고 주셨기 때문이다.

> 신30:11-14 내가 오늘날 네게 명한 이 명령은 네게 어려운 것도 아니요 먼 것도 아니라 하늘에 있는 것이 아니니 네가 이르기를 누가 우리를 위하여 하늘에 올라가서 그 명령을 우리에게로 가지고 와서 우리에게 들려 행하게 할꼬 할 것이 아니요 이것이 바다 밖에 있는 것이 아니니 네가 이르기를 누가 우리를 위하여 바다를 건너가서 그 명령을 우리에게로 가지고 와서 우리에게 들려 행하게 할꼬 할 것도 아니라 오직 그 말씀이 네게 심히 가까와서 네 입에 있으며 네 마음에 있은즉 네가 이를 행할 수 있느니라

> 요일5:3 하나님을 사랑하는 것은 이것이니 우리가 그의 계명들을 지키는 것이라 그의 계명들은 무거운 것이 아니로다

> 마22:37-40 예수께서 가라사대 네 마음을 다하고 목숨을 다하고 뜻을 다하여 주 너의 하나님을 사랑하라 하셨으니 이것이 크고 첫째 되는 계명이요 둘째는 그와 같으니 네 이웃을 네 몸과 같이 사랑하라 하셨으니 이 두 계명이 온 율법과 선지자의 강령이니라

'성경은 이해하기 어려운 책이다' 이렇게 단정하는 사람은 마치 깊은 산속에 들어가 자기 마음대로 여기 저기 다니며 구경하다가 결국 길을 잃고 헤매는 등산객과 같다. 그러나 많은 사람이 오르내리는 산에는 그런 일이 생기지 않도록 등산로 안내 표지판을 세워서 도움을 주듯이, 하나님께서는 우리가 성경을 쉽게 이해할 수 있도록 이미 성경 안내 표지판을 주셨다. 할렐루야!

성경 안에 성경에 대해서 간단명료하게 우리에게 알려주신 말씀은 바로 딤후3:15-17 말씀이다.

『또 네가 어려서부터 성경을 알았나니 성경은 능히 너로 하여금 그리스도 예수 안에 있는 믿음으로 말미암아 구원에 이르는 지혜가 있게 하느니라 모든 성경은 하나님의 감동으로 된 것으로 교훈과 책망과 바르게 함과 의로 교육하기에 유익하니 이는 하나님의 사람으로 온전케 하며 모든 선한 일을 행하기에 온전케 하려 함이니라』(개역)

並且知道你是從小明白聖經，這聖經能使你因信基督耶穌，有得救的智慧。聖經都是神所默示的(或作:凡神所默示的聖經)於教訓，督責，使人歸正，教導人學義都是有益的，叫屬神的人得以完全，預備行各樣的善事。(和合本)

And that from a child thou hast known the holy scriptures, which are able to make thee wise unto salvation through faith which is in Christ Jesus. All scripture is given by inspiration of God, and is profitable for doctrine, for reproof, for correction, for instruction in righteousness: That the man of God may be perfect, thoroughly furnished unto all good works. (KJV)

여기에서 성경은 세 가지 목적을 가지고 있음을 우리는 발견할 수 있다.

1. 모든 사람이 구원을 받도록 함 (구원)

이는 죄로부터의 구원이다.

> 딤전2:4 하나님은 모든 사람이 구원을 받으며 진리를 아는데 이르기를 원하시느니라

2. 하나님의 사람으로 하여금 사람됨됨이가 온전하도록 함 (사람됨됨이)

하나님의 사람=하나님의 자녀(요일5:19) = 이미 구원받은 사람

이는 성도는 사람됨됨이의 성숙을 반드시 갈망해야 함을 가르쳐 준다.

> 골1:28-29 우리가 그를 전파하여 각 사람을 권하고 모든 지혜로 각 사람을 가르침은 각 사람을 그리스도 안에서 완전한 자로 세우려 함이니 이를 위하여 나도 내 속에서 능력으로 역사하시는 이의 역사를 따라 힘을 다하여 수고하노라

3. 하나님의 사람으로 하여금 모든 선한 일을 행하도록 함 (행위)

이는 성도는 모든 선을 행하는 삶을 사모해야 함을 일깨워 준다.

> 딛2:14 그가 우리를 대신하여 자신을 주심은 모든 불법에서 우리를 구속하시고 우리를 깨끗하게 하사 선한 일에 열심하는 친 백성이 되게 하려 하심이니라

어떤 사람이던지, 하나님의 아들 예수 그리스도를 믿음으로 인하여 은혜로 구원을 받으며, 하나님의 사람 곧 하나님의 자녀가 된다. 이것은 정말 대단히 놀라운 사실이다.

요일3:1 보라, 아버지께서 어떠한 사랑을 우리에게 주사 하나님의 자녀라 일컬음을 얻게 하셨는고! 우리가 그러하도다 그러므로 세상이 우리를 알지 못함은 그를 알지 못함이니라

또한『하나님 자녀의 사람됨됨이의 성숙과 선한 일을 행하는 삶』을 위해서는 반드시「교훈과 책망과 바르게 함과 의로 교육 함」이 필요하다. 주님 외에는 온전한 사람이 없기 때문이다. 그러므로 이것들을 원하지 않거나 가볍게 여기는 사람은 무지몽매하고, 교만한 사람이다. 반면에 항상 마음의 문을 열고 겸손히 이것들을 받아들이는 사람은 지혜로운 사람이요, 반드시 진보가 있게 된다.

성경의 이 세 가지 목적은 각각 분리할 수 없는 내용이다.

이것은 반드시 서로 밀접하게 관계를 유지해야 빗나가지 않는다. 만약 모든 사람이 구원 받는 것만을 강조하면 이는 마치 아직도 여전히 기초공사만 하고 있는 것과 같다. 또 사람됨됨이만을 강조하면 도덕(품성) 교육으로 전락되기 쉽다. 그리고 선한 행위만 강조하게 되면 세상의 다른 종교와 크게 다르지 않으며, 자칫 선을 통해 구원을 받는 것으로 착각할 수도 있다. 또한 신자 개인과 교회가 이러한 전체적인 목적과 사명을 소홀히 하기 쉽고, 사회복지에만 치우칠 수 있다. 독일 교회가 바로 그 좋은 예이다.

1992년 당시, 전『독일 사회 봉사국』총재가 말하기를『독일에서는 개신교, 천주교를 물론하고, 매년 대략 15만 명의 기독교인들이 교회를 떠난다』고 하였다. 그러므로 이 세 가지는 반드시 상호 밀접한 관계를 유지해야 한다.

세계보건기구(WHO)가 정의한 건강은 4가지로 신체적 건강, 정신적 건강, 사회적 건강, 영적 건강이다. 원래 세계보건기구의 전통적인 건강 개념은 오직 3가지였으나 1998년 WHO 제 50주년 기념 때『영적 건강－spiritual well being』이 추가되었다.

그러면 영적으로 건강한 사람은 어떤 사람일까?

그 사람은 항상 구원의 은혜에 감사하는 가운데 성숙과 선한 일 행하기를 사모하는 사람이다. 이런 사람이 바로 진정한 그리스도인이요, 참 제자요, 예수 그리스도의 군사이다. 그런 사람에게는 그리스도의 향기가 있다. 또한, 세상의 소금과 빛의 역할을 감당하고, 하나님께서 기뻐하시고 귀하게 사용하신다. 이런 사람이 바로 성경이 요구하는 사람이며 세상에 속한 것 같으나 세상에 속하지 아니하고 하나님 나라를 이 땅에서 누리는 사람이다.

성경의 이 세 가지 목적은 바로『교회의 청사진』이요, 또한『목회와 선교의 청사진』이기도 하다. 우리가 흔히 듣는 '청사진'이라는 말은 '건설 계획', '설계도', '미래도'를 의미하는데, 성경의 이 세 가지 목적은『교회의 청사진』,『목회와 선교의 청사진』으로도 부를 수 있다.

그러므로 만약 어떤 사람이 이 세 가지에 대해서 분명히 알지 못하다면, 그는 성경과 교회에 대하여, 목회와 선교에 대하여 깊이 있게 알지 못하는 사람이다. 또한 성경의 이 세 가지 목적을 통하여 '나의 신앙은 어디에 문제가 있는가?'를 쉽게 점검할 수 있다.

1. 모든 사람이 구원을 받도록 함

안타깝게도 각 나라 교회 안에는 아직 구원의 확신이 없는 신자가 매우 많이 있다.

성경은 다양한 내용 속에 인간의 온갖 죄악을 담고 있어 한편으로는 가장 추악한 책이지만, 또 한편으로는 하나님의 긍휼과 사랑이 충만하여 사람을 새롭게 변화시키는 책이다. 그래서 성경이요, 그 첫 번째 목적으로서 모든 사람이 하나님의 사랑과 은혜를 깨닫고 구원받기를 간절히 희망하고 있다.

2. 하나님의 사람으로 하여금 사람됨됨이가 온전하도록 함

주님을 믿은지도 오래 되고, 교회 직분자로서 섬기기도 하지만 사람됨됨이는 아직 성숙하지 못한 신자들이 교회 안에는 매우 많다.

호박에 줄을 긋는다고 수박이 되지 않는 것처럼 단지 교회에 출석하고 세례를 받았다고 해서 혹은 직분이 있다고 해서 성숙함이 저절로 이뤄지는 것은 아니다.

> 롬2:28-29 대저 표면적 유대인이 유대인이 아니요 표면적 육신의 할례가 할례가 아니라 오직 이면적 유대인이 유대인이며 할례는 마음에 할지니 신령에 있고 의문에 있지 아니한 것이라 그 칭찬이 사람에게서가 아니요 다만 하나님에게서니라

> 갈6:15 할례나 무할례가 아무 것도 아니로되 오직 새로 지으심을 받은 자 뿐이니라

현대인의 성경 : 할례를 받고 안 받는 것이 문제가 아니라 새사람이 되는 것이 중요합니다

중역 : 할례를 받고 안 받는 것 모두 중요하지 않고, 중요한 것은 바로 새로 지으심을 받은 사람이 되는 것입니다

인도의 마하트마 간디(Mahatma Gandhi)는 이렇게 말했다. "나는 예수님을 사랑한다. 그러나 크리스천은 싫어한다. 왜냐하면 그들은 예수님을 닮지 않았기 때문이다."

만약 사람됨됨이가 아직 성숙하지 않은 사람이 교회에서나 사회와 국가 혹은 국제사회에서 그의 지위가 높으면 높을수록 상처받는 사람은 더욱 많아진다.

이런 때에 어느 병원 원장님의 "나의 소망은 진정한 그리스도인이 되는 것입니다."라는 고백은 감동이 아닐 수 없다.

3. 하나님의 사람으로 하여금 모든 선한 일을 행하도록 함

많은 신자와 교회가 선한 일을 행함에 대하여 아직도 깨달음이 부족하고, 열심이 부족하다.

> 렘4:22 내 백성은 나를 알지 못하는 우준한 자요 지각이 없는 미련한 자식이라 악을 행하기에는 지각이 있으나 선을 행하기에는 무지하도다

그러므로 우리는 『하나님께서 우리에게 주신 성경이 왜 좋은가?』를 반드시 깨달아야 한다.

1. 성경은 모든 사람이 구원을 받도록 하기 때문에

불후의 명작 〈벤허–Ben Hur〉를 남긴 작가 Lewis Wallace는 철저한 무신론자였다. 그는 어려서부터 불신자였고, 기독교가 필요 없음을 강조하고 공박하였다. 그래서 그는 성경의 허구성을 철저하게 밝히고 반박하는 책을 쓰기 위해 성경을 읽기 시작했다. 그러나 성경을 읽으면 읽을수록 성경의 잘못되고 모순된 부분을 발견하려던 그의 마음에 놀라운 변화가 일어나기 시작했다. 말씀 속에 임재한 하나님의 능력 앞에 그의 강퍅한 마음이 녹아내리고 예수 그리스도의 십자가의 대속을 강력하게 경험하게 된 것이다. 감격한 월리스는 영원하신 예수님의 사랑 안에서 살게 된 후 기독교를 비판하려고 했던 붓을 꺾어 버리고 하나님의 영감으로 기록된 성경에 입각하여 만인의 심금을 울리며, 많은 사람을 예수님께로 인도하는 불후의 명작 〈벤허〉라는 작품을 남기게 되었다.

> 요20:31 오직 이것을 기록함은 너희로 예수께서 하나님의 아들 그리스도이

심을 믿게 하려 함이요 또 너희로 믿고 그 이름을 힘입어 생명을 얻게 하려 함이니라

2. 성경은 하나님의 사람으로 하여금 사람됨됨이가 온전하도록 하기 때문에

어떤 곳에 이런 글이 실려 있었다. "1980년대, 서울에서 열렸던 한 국제기독교대회에서 1,650개의 동시통역 청취기를 회원들에게 빌려주고, 회의 후에 돌려달라고 광고를 하였으나 837개가 돌아오지 않았다고 한다. 약 50%가 없어진 것이다. 그 청취기는 일반인에게는 선금을 받고 대여해 주는 귀중품인데, 세계기독교를 대표하는 사람들이라 믿고 그냥 대여해 준 것이었다. 그러나 약 절반의 대표자들이 도적질을 한 셈이다. 소위 세계 기독교를 대표한다는 사람들이 저지른 이 수치스러운 처사는 그들의 신앙과 실제생활은 아무런 관계가 없다는 것을 증명한 것이다."

고전3:1-3 형제들아 내가 신령한 자들을 대함과 같이 너희에게 말할 수 없어서 육신에 속한 자 곧 그리스도 안에서 어린 아이들을 대함과 같이 하노라 내가 너희를 젖으로 먹이고 밥으로 아니하였노니 이는 너희가 감당치 못하였음이거니와 지금도 못하리라 너희가 아직도 육신에 속한 자로다 너희 가운데 시기와 분쟁이 있으니 어찌 육신에 속하여 사람을 따라 행함이 아니리요

갈5:16-26 내가 이르노니 너희는 성령을 좇아 행하라 그리하면 육체의 욕심을 이루지 아니하리라 ~ 오직 성령의 열매는 사랑과 희락과 화평과 오래 참음과 자비와 양선과 충성과 온유와 절제니 이같은 것을 금지할 법이 없느니라 그리스도 예수의 사람들은 육체와 함께 그 정과 욕심을 십자가에 못 박았느니라 만일 우리가 성령으로 살면 또한 성령으로 행할찌니 ~

벧후1:4-11 이로써 그 보배롭고 지극히 큰 약속을 우리에게 주사 이 약속으로 말미암아 너희로 정욕을 인하여 세상에서 썩어질 것을 피하여 신의 성품에 참예하는 자가 되게 하려 하셨으니 이러므로 너희가 더욱 힘써 너희 믿음에 덕을, 덕에 지식을, 지식에 절제를, 절제에 인내를, 인내에 경건을, 경건

에 형제 우애를, 형제 우애에 사랑을 공급하라 이런 것이 너희에게 있어 흡족한즉 너희로 우리 주 예수 그리스도를 알기에 게으르지 않고 열매 없는 자가 되지 않게 하려니와 이런 것이 없는 자는 소경이라 원시치 못하고 그의 옛 죄를 깨끗케 하심을 잊었느니라 ~

엡5:1-18 그러므로 사랑을 입은 자녀 같이 너희는 하나님을 본받는 자가 되고 그리스도께서 너희를 사랑하신 것 같이 너희도 사랑 가운데서 행하라 그는 우리를 위하여 자신을 버리사 향기로운 제물과 생축으로 하나님께 드리셨느니라 ~ 너희가 전에는 어두움이더니 이제는 주 안에서 빛이라 빛의 자녀들처럼 행하라 빛의 열매는 모든 착함과 의로움과 진실함에 있느니라 주께 기쁘시게 할 것이 무엇인가 시험하여 보라 ~ 그러므로 어리석은 자가 되지 말고 오직 주의 뜻이 무엇인가 이해하라 술 취하지 말라 이는 방탕한 것이니 오직 성령의 충만을 받으라

3. 성경은 하나님의 사람으로 하여금 모든 선한 일을 행하도록 하기 때문에

"한일장신대학교 설립자인 서서평(본명 엘리자베스 요한나 쉐핑 Elisabeth Johanna Shepping) 선교사는 1880년 독일 출신으로 자신을 버리고 떠난 어머니를 찾아 9세때 홀로 미국으로 건너왔으나 가톨릭에서 기독교로 개종했다는 이유로 어머니로부터 버림을 받았다. 이후 간호선교사의 자격으로 1912년 조선에 들어온 서서평 선교사는 광주 제중원을 비롯해 병원에서 간호사로 일하며 간호원 훈련을 비롯해 간호교과서 저술, 조선간호부회(현 대한간호협회) 창립, 또한 10년간 회장으로서 국제간호협의회 가입을 위해 노력을 하였다.

또한 배우지 못한 여성들을 모아 설립한 이일학교(현 한일장신대), 부인조력회(현 여전도회연합회) 조직 등 여성계몽과 복음 전파를 위해 헌신하였다. 특히 한국사람들은 거들떠보지 않았던 고아와 거지, 한센병자들을 거두어 교육시켰고, 버려진 고아 13명과 한센병자의 아들을 입양해 친자식처럼 아꼈다. 무명 베옷과 고무신 차림에 보리밥과 된장국을 먹는 푸른 눈의 선교사 서서평은 조선인처럼 산 것이 아니라 완전한 조선인으로 생활하기로 결심한

것이었다.

가진 것을 모두 가난한 이들에게 내어주고 정작 자신은 영양실조로 삶을 마감한 서서평. 당시 병의 원인을 알 수 없었던 그녀는 시체를 해부학 연구 자료로 삼으라는 유언을 남겼다. 그에게 남겨진 유산은 동전 7전, 강냉이가루 2홉, 걸인에게 주고 남은 담요 반 조각이 전부였다. 장례식은 광주 최초의 시민사회장으로 치러졌고, 참석한 1천여명의 사람들이 "어머니"라고 목놓아 우는 통곡소리는 마치 비행기 소리와 같았다고 한다.

자신의 급한 성격을 다스리기 위해 우리나라 이름을 지을 때 '천천히'라는 의미의 '서(徐)'와 '평평할 평(平)'을 성과 이름에 넣은 그녀, 또한 '성공이 아니라 섬김이다(Not Success, But Service)'를 생활신조로 삼으며 예수님의 정신으로 가장 낮은 자들을 섬기는 데 헌신하여 '재생한 예수'로 불린 서서평 선교사, 그녀에 대하여 미국 남장로교 선교부는 전세계에 파견된 수많은 선교사 가운데 한국 파송 선교사로는 유일하게 '가장 위대한 선교사 7인'으로 선정하기도 하였다." (국민일보 2017.03.29)

> 마5:16 이같이 너희 빛을 사람 앞에 비취게 하여 저희로 너희 착한 행실을 보고 하늘에 계신 너희 아버지께 영광을 돌리게 하라

> 엡2:10 우리는 그의 만드신바라 그리스도 예수 안에서 선한 일을 위하여 지으심을 받은 자니 이 일은 하나님이 전에 예비하사 우리로 그 가운데서 행하게 하려 하심이니라

그러면, 성경의 첫째 목적을 위해서는 무엇이 필요한가?

> 행20:21 유대인과 헬라인들에게 하나님께 대한 회개와 우리 주 예수 그리스도께 대한 믿음을 증거한 것이라

성경의 둘째, 셋째 목적을 위해서는 무엇이 필요한가?

엡5:18 술 취하지 말라 이는 방탕한 것이니 오직 성령의 충만을 받으라!

이미 구원 받은 사람일지라도 오직 성령님을 통해서만 비로서 성숙할 수 있고, 또한 선한 일을 행할 수 있다. 왜냐하면 인간 자신만의 의지와 행함은 너무도 연약하기 때문이다. 그러므로 성경의 목적을 이루기 위해서 필요한 것은 바로,

1. 하나님께 대한 회개와 경외 – 뿌리

하나님께 대하여 회개하고, 옳은 길로 돌아선 사람은 곧, 하나님을 경외하는 사람이다. 바꿔 말하면, 하나님을 경외하는 사람은 영적으로 이미 치료되고 건강을 회복한 사람이다. 진정으로 하나님께 대하여 회개한 사람은 반드시 하나님을 경외하게 된다. 그러므로『하나님께 대하여 회개하라』와『하나님을 경외하라』는 말은 결과적으로 같은 맥락의 말이다. 우리 하나님은 삼위일체 하나님이시요, 또한 우리 사람의 두뇌를 초월하시는 분이시다. 하나님은 하나님이시다. 그렇기 때문에 하나님을 경외함은 당연한 것이다.

잠9:10 여호와를 경외하는 것이 지혜의 근본이요 거룩하신 자를 아는 것이 명철이니라

2. 주 예수 그리스도께 대한 믿음 – 줄기

눅24:44-45 또 이르시되 내가 너희와 함께 있을 때에 너희에게 말한바 곧 모세의 율법과 선지자의 글과 시편에 나를 가리켜 기록된 모든 것이 이루어져야 하리라 한 말이 이것이라 하시고 이에 저희 마음을 열어 성경을 깨닫게 하시니라

요14:6 예수께서 가라사대 내가 곧 길이요 진리요 생명이니 나로 말미암지 않고는 아버지께로 올자가 없느니라

요20:31 오직 이것을 기록함은 너희로 예수께서 하나님의 아들 그리스도이심을 믿게 하려 함이요 또 너희로 믿고 그 이름을 힘입어 생명을 얻게 하려 함이니라

또한 만약 주 예수 그리스도께 대한 믿음이 없다면, 누구든지 성령 충만을 받을 수가 없다.

딛3:6 성령을 우리 구주 예수 그리스도로 말미암아 우리에게 풍성히 부어주시느니라

3. 성령님 충만을 받음 - 열매

갈5:22-23 오직 성령의 열매는 사랑과 희락과 화평과 오래 참음과 자비와 양선과 충성과 온유와 절제니 이같은 것을 금지할 법이 없느니라

현대의 많은 교회, 많은 신자들이 오직 성령님 충만만을 강조하고 다른 것은 소홀히 하는 경향이 있다. 하지만 성경은 우리에게 이 세 가지 중의 어느 하나라도 빠져서는 결코 아니됨을 가르친다. 왜냐하면, 먼저 반드시 하나님께 대한 회개와 주 예수 그리스도께 대한 믿음이 있어야, 비로소 성령님 충만을 받을 수 있기 때문이다.

제1부

하나님께 대하여 회개하라

제1장

이 무화과 나무의 근본적인 문제는 어디에 있는가?

눅13:6-9 이에 비유로 말씀하시되 한 사람이 포도원에 무화과나무를 심은 것이 있더니 와서 그 열매를 구하였으나 얻지 못한지라 과원지기에게 이르되 내가 삼 년을 와서 이 무화과나무에 실과를 구하되 얻지 못하니 찍어버리라 어찌 땅만 버리느냐 대답하여 가로되 주인이여 금년에도 그대로 두소서 내가 두루 파고 거@름을 주리니 이 후에 만일 실과가 열면 이어니와 그렇지 않으면 찍어버리소서 하였다 하시니라

이 무화과 나무의 근본적인 문제는 어디에 있는가?
보아하니 줄기도 좋고, 잎사귀도 괜찮은데, 열매를 맺지 못하였다.

무슨 문제일까?
이 무화과 나무의 근본적인 문제는 바로 나무 뿌리에 있다.
그렇다면 이 비유에 담긴 뜻은 무엇일까?

뿌리 즉, 하나님께 대한 회개와 경외에 문제가 있는 사람은 절대로 열매를 맺을 수 없다는 뜻이다. 비록 신앙의 연수가 길고, 교회에서, 혹은 선교단체에서, 혹은 그 외 조직 등에서 직분을 맡아 섬기며 보기에는 헌신함으로 신앙생활을 열심히 하고 본이 되는 것 같아 보여도 하나님께 대한 회개가 제대로 되지 않은 사람은 사람됨됨이의 성숙이 있을 수 없고, 또한 선한 행위에 대한 실천도 있을 수 없다. 바로 이런 사람이 열매 없는 무화과 나무와 같은 사람이다.

그러면 어찌해야 하는가?

근본적인 문제는 바로 나무 뿌리에 있기 때문에 이러한 나무 뿌리를 위해서는 영양분을 공급하기 위하여 두루 파고 거름을 주는 것이 필요하다. 바꿔 말하면, 이런 사람은 마땅히 자신이 진정으로 하나님을 경외하고 있는지 않는지를 다시 새롭게 검토하고 회개해야 한다.

> 막7:6-9 가라사대 이사야가 너희 외식하는 자에 대하여 잘 예언하였도다 기록하였으되 이 백성이 입술로는 나를 존경하되 마음은 내게서 멀도다 사람의 계명으로 교훈을 삼아 가르치니 나를 헛되이 경배하는도다 하였느니라 너희가 하나님의 계명은 버리고 사람의 유전을 지키느니라 또 가라사대 너희가 너희 유전을 지키려고 하나님의 계명을 잘 저버리는도다

> 딛1:16 저희가 하나님을 시인하나 행위로는 부인하니 가증한 자요 복종치 아니하는 자요 모든 선한 일을 버리는 자니라

서울의 한 대형교회 담임목사는 이렇게 말했다 "한국교회의 가장 큰 위기는 회개가 없다는 것입니다. 회개는 하는데 진정성이 보이지 않습니다." (국민일보 2016.01.06.) 진정으로 하나님께 대하여 회개한 사람은 반드시 하나님을 경외하는 특징이 있다. 하나님 경외에 문제가 있는 사람은 그의 믿음의 뿌리

상태가 좋지 않다는 것이다. 따라서 그의 사람됨됨이와 행위도 좋지 않다. 하나님 경외가 분명한 사람은 그의 믿음의 뿌리 상태가 좋은 것을 의미하며 그의 사람됨됨이와 행위 또한 좋을 수 밖에 없다. 그러므로 하나님께 대한 회개와 경외는 매우 중요하고, 가장 기본적인 것이다.

1. 여호와를 경외하는 것이 지혜의 근본이다

잠언9:10 여호와를 경외하는 것이 지혜의 근본이요 거룩하신 자를 아는 것이 명철이니라

여호와를 경외하는 것이 지혜의 근본이요 : 건축할 때 기초는 가장 중요하다. 여호와를 경외하는 것이 지혜의 시작이요(中譯) : 첫 단추를 잘 끼우는 것이 가장 중요하다.

☞ 경외(敬畏) = 공경 + 두려움

행7:30-32 사십 년이 차매 천사가 시내산 광야 가시나무떨기 불꽃 가운데서 그에게 보이거늘 모세가 이 광경을 보고 기이히 여겨 알아보려고 가까이 가니 주의 소리 있어 나는 네 조상의 하나님 즉 아브라함과 이삭과 야곱의 하나님이로라 하신대 모세가 무서워 감히 알아보지 못하더라

출20:18-20 뭇 백성이 우뢰와 번개와 나팔소리와 산의 연기를 본지라 그들이 볼 때에 떨며 멀리 서서 모세에게 이르되 당신이 우리에게 말씀하소서 우리가 들으리이다 하나님이 우리에게 말씀하시지 말게 하소서 우리가 죽을까 하나이다 모세가 백성에게 이르되 두려워 말라 하나님이 강림하심은 너희를 시험하고 너희로 경외하여 범죄치 않게 하려 하심이니라

하나님을 경외하는 마음이 가득하면 범죄하지 않지만 그렇지 않다면 죄를 가볍게 여기게 된다. 평소 우리의 모습을 보면 하나님을 경외함으로 갖는 두려워하는 마음이 부족함을 고백하게 된다.

시90:11 누가 주의 노의 능력을 알며 누가 주를 두려워하여야 할대로 주의 진노를 알리이까

삼상2:30 나를 존중히 여기는 자를 내가 존중히 여기고 나를 멸시하는 자를 내가 경멸히 여기리라

삼상6:19-20 벧세메스 사람들이 여호와의 궤를 들여다 본고로 그들을 치사 (오만)칠십인을 죽이신지라 여호와께서 백성을 쳐서 크게 살륙하셨으므로 백성이 애곡하였더라 벧세메스 사람들이 가로되 이 거룩하신 하나님 여호와 앞에 누가 능히 서리요 그를 우리에게서 뉘게로 가시게 할꼬

신10:12-22 이스라엘아 네 하나님 여호와께서 네게 요구하시는 것이 무엇이냐 곧 네 하나님 여호와를 경외하여 그 모든 도를 행하고 그를 사랑하며 마음을 다하고 성품을 다하여 네 하나님 여호와를 섬기고 내가 오늘날 네 행복을 위하여 네게 명하는 여호와의 명령과 규례를 지킬 것이 아니냐 하늘과 모든 하늘의 하늘과 땅과 그 위의 만물은 본래 네 하나님 여호와께 속한 것이로되 ~ 너희의 하나님 여호와는 신의 신이시며 주의 주시요 크고 능하시며 두려우신 하나님이시라 ~ 네 하나님 여호와를 경외하여 그를 섬기며 그에게 친근히 하고 그 이름으로 맹세하라 그는 네 찬송이시요 네 하나님이시라 네가 목도한바 이같이 크고 두려운 일을 너를 위하여 행하셨느니라

시139:1-19 여호와여 주께서 나를 감찰하시고 아셨나이다 주께서 나의 앉고 일어섬을 아시며 멀리서도 나의 생각을 통촉하시오며 나의 길과 눕는 것을 감찰하시며 나의 모든 행위를 익히 아시오니 여호와여 내 혀의 말을 알지 못하시는 것이 하나도 없으시니이다

사45:7 나는 빛도 짓고 어두움도 창조하며 나는 평안도 짓고 환난도 창조하나니 나는 여호와라 이 모든 일을 행하는 자니라 하였노라

단2:20-22 다니엘이 말하여 가로되 영원 무궁히 하나님의 이름을 찬송할 것은 지혜와 권능이 그에게 있음이로다 그는 때와 기한을 변하시며 왕들을 폐하시고 왕들을 세우시며 지혜자에게 지혜를 주시고 지식자에게 총명을 주시는도다 그는 깊고 은밀한 일을 나타내시고 어두운데 있는 것을 아시며 또 빛이 그와 함께 있도다

딤전6:15-16 기약이 이르면 하나님이 그의 나타나심을 보이시리니 하나님은 복되시고 홀로 한 분이신 능하신 자이며 만왕의 왕이시며 만주의 주시요 오직 그에게만 죽지 아니함이 있고 가까이 가지 못할 빛에 거하시고 아무 사람도 보지 못하였고 또 볼 수 없는 자시니 그에게 존귀와 영원한 능력을 돌릴찌어다 아멘

잠16:9 사람이 마음으로 자기의 길을 계획할지라도 그 걸음을 인도하는 자는 여호와시니라

고후5:11 우리가 주의 두려우심을 알므로 사람을 권하노니
중역 : 우리가 주님은 두려운 분이심을 알므로 사람을 권하노니

우리가 하나님께 대하여 공경하며 두려워 떠는 그런 마음을 갖는 것은 신앙생활에서 매우 기본적인 것으로 뿌리와 같다. 그러므로 만약 신앙의 이 뿌리가 매우 견고하면, 삶에 무슨 태풍이 어떻게 불어올지라도 이러한 사람은 능히 모든 것을 견디어 낼 수 있다. 우리는 하나님의 자녀요, 천국에 속한 백성이다.

고전10:31 그런즉 너희가 먹든지 마시든지 무엇을 하든지 다 하나님의 영광을 위하여 하라

만약 그렇지 않으면 이와 같을까 두렵다.

> 롬2:24 기록된 바와 같이 하나님의 이름이 너희로 인하여 이방인 중에서 모독을 받는도다

감격스럽게도, 하나님께서 우리 그리스도인에게 요구하시는 사람됨됨이와 행위는 최고 수준이다.

> 막12:29–31 예수께서 대답하시되 첫째는 이것이니 이스라엘아 들으라 주 곧 우리 하나님은 유일한 주시라 네 마음을 다하고 목숨을 다하고 뜻을 다하고 힘을 다하여 주 너의 하나님을 사랑하라 하신 것이요 둘째는 이것이니 네 이웃을 네 몸과 같이 사랑하라 하신 것이라 이에서 더 큰 계명이 없느니라

'하나님을 경외하라'는 '하나님을 사랑하라'는 다른 표현이다. 바꿔 말하면, 이스라엘아 들으라 주 곧 우리 하나님은 유일한 주시라 네 마음을 다하고 목숨을 다하고 뜻을 다하고 힘을 다하여 주 너의 하나님을 경외하라

> 마6:9 그러므로 너희는 이렇게 기도하라 하늘에 계신 우리 아버지여 이름이 거룩히 여김을 받으시옵소서

바꿔 말하면, 하늘에 계신 우리 아버지여 이름이 거룩히 경외함을 받으시옵소서 그러므로 교회는 신자들로 하여금 하나님을 경외하도록 가르쳐야 할 큰 책임이 있다.

> 행2:38–41 베드로가 가로되 너희가 회개하여 각각 예수 그리스도의 이름으로 세례를 받고 죄 사함을 얻으라 그리하면 성령을 선물로 받으리니 이 약속은 너희와 너희 자녀와 모든 먼데 사람 곧 주 우리 하나님이 얼

마든지 부르시는 자들에게 하신 것이라 하고 또 여러 말로 확증하며 권하여 가로되 너희가 이 패역한 세대에서 구원을 받으라 하니 그 말을 받는 사람들은 세례를 받으매 이 날에 제자의 수가 삼천이나 더하더라

행3:19 그러므로 너희가 회개하고 돌이켜 너희 죄 없이 함을 받으라 이같이 하면 유쾌하게 되는 날이 주 앞으로부터 이를 것이요

겔18:23 나 주 여호와가 말하노라 내가 어찌 악인의 죽는 것을 조금인들 기뻐하랴 그가 돌이켜 그 길에서 떠나서 사는 것을 어찌 기뻐하지 아니하겠느냐

신16:21-22 네 하나님 여호와를 위하여 쌓은 단 곁에 아무 나무로든지 아세라상을 세우지 말며 자기를 위하여 주상을 세우지 말라 네 하나님 여호와께서 미워하시느니라

시119:63 나는 주를 경외하는 모든 자와 주의 법도를 지키는 자의 동무라

사33:6 너의 시대에 평안함이 있으며 구원과 지혜와 지식이 풍성할 것이니 여호와를 경외함이 너의 보배니라

행9:31 그리하여 온 유대와 갈릴리와 사마리아 교회가 평안하여 든든히 서 가고 주를 경외함과 성령의 위로로 진행하여 수가 더 많아지니라

이처럼 하나님께 대한 회개와 경외는 신앙생활에서 가장 기본적인 것이다.

2. 신앙 역사에서 유명한 사람들은 모두 하나님을 경외하는 사람들이다

롬4:17-22 기록된바 내가 너를 많은 민족의 조상으로 세웠다 하심과 같으니 그의 믿은바 하나님은 죽은 자를 살리시며 없는 것을 있는 것 같이 부르시는 이시니라 아브라함이 바랄 수 없는 중에 바라고 믿었으니 이는 네 후손

이 이같으리라 하신 말씀대로 많은 민족의 조상이 되게 하려 하심을 인함이 라 그가 백세나 되어 자기 몸의 죽은 것 같음과 사라의 태의 죽은 것 같음을 알고도 믿음이 약하여지지 아니하고 믿음이 없어 하나님의 약속을 의심치 않고 믿음에 견고하여져서 하나님께 영광을 돌리며 약속하신 그것을 또한 능히 이루실 줄을 확신하였으니 그러므로 이것을 저에게 의로 여기셨느니라

히11:23-27 믿음으로 모세가 났을 때에 그 부모가 아름다운 아이임을 보고 석달 동안 숨겨 임금의 명령을 무서워 아니하였으며 믿음으로 모세는 장성하여 바로의 공주의 아들이라 칭함을 거절하고 도리어 하나님의 백성과 함께 고난 받기를 잠시 죄악의 낙을 누리는 것보다 더 좋아하고 그리스도를 위하여 받는 능욕을 애굽의 모든 보화보다 더 큰 재물로 여겼으니 이는 상주심을 바라봄이라 믿음으로 애굽을 떠나 임금의 노함을 무서워 아니하고 곧 보이지 아니하는 자를 보는것 같이 하여 참았느니라

왕상18:3-4 아합이 궁내대신 오바댜를 불렀으니 이 오바댜는 크게 여호와를 경외하는 자라 이세벨이 여호와의 선지자들을 멸할 때에 오바댜가 선지자 일백인을 가져 오십인씩 굴에 숨기고 떡과 물을 먹였었더라

욥1:20-22 욥이 일어나 겉옷을 찢고 머리털을 밀고 땅에 엎드려 경배하며 가로되 내가 모태에서 적신이 나왔사온즉 또한 적신이 그리로 돌아 가올찌라 주신 자도 여호와시요 취하신 자도 여호와시오니 여호와의 이름이 찬송을 받으실찌니이다 하고 이 모든 일에 욥이 범죄하지 아니하고 하나님을 향하여 어리석게 원망하지 아니하니라

욥2:7-10 사단이 이에 여호와 앞에서 물러가서 욥을 쳐서 그 발바닥에서 정수리까지 악창이 나게 한지라 욥이 재 가운데 앉아서 기와 조각을 가져다가 몸을 긁고 있더니 그 아내가 그에게 이르되 당신이 그래도 자기의 순전을 굳게 지키느뇨 하나님을 욕하고 죽으라 그가 이르되 그대의 말이 어리석은 여자 중 하나의 말 같도다 우리가 하나님께 복을 받았은즉 재앙도 받지 아니하겠느뇨 하고 이 모든 일에 욥이 입술로 범죄치 아니하니라

단1:8-9 다니엘은 뜻을 정하여 왕의 진미와 그의 마시는 포도주로 자기를 더럽히지 아니하리라 하고 자기를 더럽히지 않게 하기를 환관장에게 구하니 하나님이 다니엘로 환관장에게 은혜와 긍휼을 얻게 하신지라

단6:10 다니엘이 이 조서에 어인이 찍힌 것을 알고도 자기 집에 돌아가서는 그 방의 예루살렘으로 향하여 열린 창에서 전에 행하던대로 하루 세번씩 무릎을 꿇고 기도하며 그 하나님께 감사하였더라

3. 하나님께서는 하나님을 경외하는 사람을 기쁘게 받으신다

행10:34-35 베드로가 입을 열어 가로되 내가 참으로 하나님은 사람의 외모를 취하지 아니하시고 각 나라중 하나님을 경외하며 의를 행하는 사람은 하나님이 받으시는줄 깨달았도다

한 나라를 다스리는 왕과 일개 장교는 그 지위로만 보면 엄청난 차이가 있다. 사람은 이 차이를 크게 느끼지만 하나님께서는 사람을 외모로 취하지 않으신다. 가장 높은 자리에 있지만 하나님을 경외하지 않는 왕과 지위가 낮지만 하나님을 경외하는 한 군인을 하나님 앞에서 서로 비교해 보면 알 수 있다.

왕상11:1-13 솔로몬왕이 바로의 딸 외에 이방의 많은 여인을 사랑하였으니 곧 모압과 암몬과 에돔과 시돈과 헷 여인이라 ~ 솔로몬이 마음을 돌이켜 이스라엘 하나님 여호와를 떠나므로 여호와께서 저에게 진노하시니라

원래 솔로몬 왕은 크게 은혜를 받은 왕이요, 하나님께서 주신 부귀영화를 누리는 왕이었다. 그러나 노년에 타락함으로 하나님께서는 진노하셨고, 나라는 분열의 길로 빠졌다.

행10:1-48

행10:1-2 가이사랴에 고넬료라 하는 사람이 있으니 이달리야대라 하는 군대의 백부장이라 그가 경건하여 온 집으로 더불어 하나님을 경외하며 백성을 많이 구제하고 하나님께 항상 기도하더라

행10:27-48 더불어 말하며 들어가 여러 사람의 모인것을 보고 이르되 유대인으로서 이방인을 교제하는 것과 가까이 하는 것이 위법인 줄은 너희도 알거니와 하나님께서 내게 지시하사 아무도 속되다 하거나 깨끗지 않다 하지 말라 하시기로 부름을 사양치 아니하고 왔노라 묻노니 무슨 일로 나를 불렀느뇨 ~ 베드로가 이 말 할때에 성령이 말씀 듣는 모든 사람에게 내려오시니 베드로와 함께 온 할례 받은 신자들이 이방인들에게도 성령 부어 주심을 인하여 놀라니 이는 방언을 말하며 하나님 높임을 들음이러라 이에 베드로가 가로되 이 사람들이 우리와 같이 성령을 받았으니 누가 능히 물로 세례 줌을 금하리요 하고 명하여 예수 그리스도의 이름으로 세례를 주라 하니라 저희가 베드로에게 수일 더 유하기를 청하니라

백부장 고넬료는 경건한 사람이요, 그와 온 집은 하나님을 경외하며, 백성을 많이 구제하고, 항상 하나님께 기도를 드렸다. 그는 하나님을 알고, 경외하며, 삶으로 반응하는 사람이었다. 이로 인해 하나님께서는 백부장 고넬료를 크게 쓰셨다. 그는 은혜 가운데 이방인을 위한 복음의 통로가 되었으며 그를 통하여 유대인과 이방인 사이의 장벽은 무너지기 시작하였고, 기독교는 이를 계기로 삼아 세계적인 종교로 발전할 수 있게 되었던 것이다. 솔로몬 왕과 백부장의 이야기에서처럼 하나님을 경외하지 않으면 결국 모든 것을 잃게 되고, 하나님을 경외하면 반드시 귀히 쓰임 받고 풍성한 은혜의 삶을 누리게 된다. 그래서 우리 하나님은 항상 하나님을 경외하는 사람을 찾으시고, 그를 기뻐하신다.

대하16:9 여호와의 눈은 온 땅을 두루 감찰하사 전심으로 자기에게 향하는 자를 위하여 능력을 베푸시느니라

시147:11 자기를 경외하는 자와 그 인자하심을 바라는 자들을 기뻐하시는도다

예수 그리스도의 하나님 경외는 가장 좋은 본이다.

히5:7 그는 육체에 계실 때에 자기를 죽음에서 능히 구원하실 이에게 심한 통곡과 눈물로 간구와 소원을 올렸고 그의 경외하심을 인하여 들으심을 얻었느니라

막14:36 가라사대 아바 아버지여 아버지께는 모든 것이 가능하오니 이 잔을 내게서 옮기시옵소서 그러나 나의 원대로 마옵시고 아버지의 원대로 하옵소서

빌2:6-11 그는 근본 하나님의 본체시나 하나님과 동등됨을 취할 것으로 여기지 아니하시고 오히려 자기를 비워 종의 형체를 가져 사람들과 같이 되었고 사람의 모양으로 나타나셨으매 자기를 낮추시고 죽기까지 복종하셨으니 곧 십자가에 죽으심이라 이러므로 하나님이 그를 지극히 높여 모든 이름 위에 뛰어난 이름을 주사 하늘에 있는 자들과 땅에 있는 자들과 땅 아래 있는 자들로 모든 무릎을 예수의 이름에 꿇게 하시고 모든 입으로 예수 그리스도를 주라 시인하여 하나님 아버지께 영광을 돌리게 하셨느니라

이상과 같이 하나님께 대한 회개와 경외는 신앙생활에서 마치 나무의 뿌리와 같이 매우 중요하고, 가장 기본적인 것이다.

고후7:1 그런즉 사랑하는 자들아 이 약속을 가진 우리가 하나님을 두려워하는 가운데서 거룩함을 온전히 이루어 육과 영의 온갖 더러운 것에서 자신을 깨끗케 하자

요15:1-2 내가 참 포도나무요 내 아버지는 그 농부라 무릇 내게 있어 과실을 맺지 아니하는 가지는 아버지께서 이를 제해 버리시고 무릇 과실을 맺는 가지는 더 과실을 맺게 하려하여 이를 깨끗케 하시느니라

전11:9-12:14 청년이여 네 어린 때를 즐거워하며 네 청년의 날을 마음에 기뻐하여 마음에 원하는 길과 네 눈이 보는대로 좇아 행하라 그러나 하나님이 이 모든 일로 인하여 너를 심판하실 줄 알라 그런즉 근심으로 네 마음에서 떠나게 하며 악으로 네 몸에서 물러가게 하라 어릴 때와 청년의 때가 다 헛되니라 너는 청년의 때 곧 곤고한 날이 이르기 전, 나는 아무 낙이 없다고 할 해가 가깝기 전에 너의 창조자를 기억하라 해와 빛과 달과 별들이 어둡기 전에, 비 뒤에 구름이 다시 일어나기 전에 그리하라 그런 날에는 집을 지키는 자들이 떨것이며 힘 있는 자들이 구부러질 것이며 맷돌질 하는 자들이 적으므로 그칠 것이며 창들로 내어다 보는 자가 어두워질 것이며 길거리 문들이 닫혀질 것이며 맷돌 소리가 적어질 것이며 새의 소리를 인하여 일어날 것이며 음악하는 여자들은 다 쇠하여질 것이며 그런 자들은 높은 곳을 두려워할 것이며 길에서는 놀랄 것이며 살구나무가 꽃이 필 것이며 메뚜기도 짐이 될 것이며 원욕이 그치리니 이는 사람이 자기 영원한 집으로 돌아가고 조문자들이 거리로 왕래하게 됨이라 은줄이 풀리고 금 그릇이 깨어지고 항아리가 샘 곁에서 깨어지고 바퀴가 우물 위에서 깨어지고 흙은 여전히 땅으로 돌아가고 신은 그 주신 하나님께로 돌아가기 전에 기억하라 전도자가 가로되 헛되고 헛되도다 모든 것이 헛되도다 전도자가 지혜로움으로 여전히 백성에게 지식을 가르쳤고 또 묵상하고 궁구하여 잠언을 많이 지었으며 전도자가 힘써 아름다운 말을 구하였나니 기록한 것은 정직하여 진리의 말씀이니라 지혜자의 말씀은 찌르는 채찍 같고 회중의 스승의 말씀은 잘 박힌 못 같으니 다 한 목자의 주신바니라 내 아들아 또 경계를 받으라 여러 책을 짓는 것은 끝이 없고 많이 공부하는 것은 몸을 피곤케 하느니라 일의 결국을 다 들었으니 하나님을 경외하고 그 명령을 지킬찌어다 이것이 사람의 본분이니라 하나님은 모든 행위와 모든 은밀한 일을 선악간에 심판하시리라

제2장

오늘날 유럽 교회의 많은 그리스도인은 왜 교회를 떠나는가?

오늘날 유럽의 변화는 그들이 과거에 선교국가였다는 사실이 무색할 정도이다. 이전에는 기독교 국가들이었으나 지금은 선교 대상 국가들이 되었다. 1900년 무렵, 전 세계 그리스도인의 80%가 서구 사람들이었다. 그러나 2007년 전 세계 그리스도인의 70%는 비서구 사람들이다. 1900년대 초 영국 국민의 85%는 정기적인 교회 집회에 참석하였지만 2006년에는 불과 3%로 떨어졌다. 이미 문을 닫은 교회들은 커피숍, 극장, 심지어 이슬람 사원 등등으로 바뀌었다.

독일에서는 지난 10년 동안 3백만 명의 신앙인들이 교회를 떠났고, 1,875개의 교회가 문을 닫았다. (바울선교, 2016년 3-4월호) 왜 은혜 받은 하나님의 백성들이 나중에 하나님을 버리고 떠나가서 우상을 섬기며 절하는가? 이를 위해 먼저 구약 역사를 살펴보고 난 뒤에 생각해 보자!

수24:31 이스라엘이 여호수아의 사는 날 동안과 여호수아 뒤에 생존한 장로들 곧 여호와께서 이스라엘을 위하여 행하신 모든 일을 아는 자의 사는 날 동안 여호와를 섬겼더라

삿2:7-12 ~ 그 후에 일어난 다른 세대는 여호와를 알지 못하며 여호와께서 이스라엘을 위하여 행하신 일도 알지 못하였더라 이스라엘 자손이 여호와의 목전에 악을 행하여 바알들을 섬기며 애굽 땅에서 그들을 인도하여 내신 그 열조의 하나님 여호와를 버리고 다른 신 곧 그 사방에 있는 백성의 신들을 좇아 그들에게 절하여 여호와를 진노하시게 하였느니라

삿2:18-19 여호와께서 그들을 위하여 사사를 세우실 때에는 그 사사와 함께 하셨고 ~ 그 사사가 죽은 후에는 그들이 돌이켜 그 열조보다 더욱 패괴하여 다른 신들을 좇아 섬겨 그들에게 절하고 그 행위와 패역한 길을 그치지 아니하였느니라

렘2:4-8 야곱 집과 이스라엘 집 모든 가족아 나 여호와의 말을 들으라 나 여호와가 이같이 말하노라 너희 열조가 내게서 무슨 불의함을 보았관대 나를 멀리하고 허탄한 것을 따라 헛되이 행하였느냐 ~ 여호와께서 어디 계시냐 말하지 아니하였도다 ~ 제사장들은 여호와께서 어디 계시냐 하지 아니하며 법 잡은 자들은 나를 알지 못하며 관리들도 나를 항거하며 선지자들은 바알의 이름으로 예언하고 무익한 것을 좇았느니라

이것들은 이스라엘 선조들의 죄악이다. 이처럼 우리가 이스라엘 역사에서 발견할 수 있는 것은, 선대가 후대의 신앙교육에서 가르침과 증인되는 것을 중요시하지 않았다는 것이요, 더불어 하나님의 은혜에 대한 증인의 삶을 사는 사람들이 너무 적고, 거의 없었다는 것이다.

1. 근본적인 원인

삿2:10 그 세대 사람도 다 그 열조에게로 돌아갔고 그 후에 일어난 다른 세대는 여호와를 알지 못하며 여호와께서 이스라엘을 위하여 행하신 일도 알지 못하였더라

1) 첫째 원인

여호와 하나님을 알지 못하기 때문이었다. 대부분의 사람들은 눈에 보이는 것은 중요하게 여기고, 눈에 보이지 않는 것은 소홀하게 여기며인정하려고 하지 않는다. 그렇기 때문에 신앙생활에서도 항상 보이는 숭배 대상을 원하고 만든다.

행7:43 몰록의 장막과 신 레판의 별을 받들었음이여 이것은 너희가 절하고자 하여 만든 형상이로다 내가 너희를 바벨론 밖에 옮기리라 함과 같으니라

그러나 「하나님은 영이시다」(요4:24). 때문에 많은 사람들은 하나님을 알지 못하여 자기들 마음대로 행한다.

삿2:11-12 이스라엘 자손이 여호와의 목전에 악을 행하여 바알들을 섬기며 애굽 땅에서 그들을 인도하여 내신 그 열조의 하나님 여호와를 버리고 다른 신 곧 그 사방에 있는 백성의 신들을 좇아 그들에게 절하여 여호와를 진노하시게 하였느니라

모세로부터 여호수아와 그 시대 장로들 때까지 여호와께서 이스라엘을 위하여 행하신 모든 일을 아는 자, 소위 출애굽과 광야 경험 세대가 떠나자 그 후에 출생한 이스라엘 자손들은 하나님을 알지도, 인식하지도 못했으며 그 결과 애굽땅에서 인도하여 내신 여호와 하나님을 버리고 떠나게 되었다. 그들은 그 사방의 이방 신들에게 절하며 섬기러 떠난 것이다. 왜냐하면 그 사방 백성들의 신들은 모두 눈으로 쉽게 볼 수 있는 형상이 있었기 때문이다.

2) 둘째 원인

여호와 하나님께서 이스라엘 사람들을 위하여 행하신 일들을 모르기 때문이었다. 그들은 여호와를 모르기 때문에, 여호와께서 이스라엘 사람들을 위하여 행하신 일들 또한 알지 못하였다. 참으로 안타깝고 슬프게도 그들은 하나님의 은혜를 헛되이 받은 것이다.

> 고후6:1 우리가 하나님과 함께 일하는 자로서 너희를 권하노니 하나님의 은혜를 헛되이 받지 말라

사실 이스라엘 백성들은 하나님께 대한 증거가 무수히 많다. 그 일부를 살펴보면,

> 출12:24-27 너희는 이 일을 규례로 삼아 너희와 너희 자손이 영원히 지킬 것이니 너희는 여호와께서 허락하신대로 너희에게 주시는 땅에 이를 때에 이 예식을 지킬 것이라 이 후에 너희 자녀가 묻기를 이 예식이 무슨 뜻이냐 하거든 너희는 이르기를 이는 여호와의 유월절 제사라 여호와께서 애굽 사람을 치실 때에 애굽에 있는 이스라엘 자손의 집을 넘으사 우리의 집을 구원하셨느니라 하라 하매 백성이 머리 숙여 경배하니라

> 출12:40-42 이스라엘 자손이 애굽에 거주한 지 사백 삼십년이라 사백 삼십년이 마치는 그 날에 여호와의 군대가 다 애굽 땅에서 나왔은즉 이 밤은 그들을 애굽 땅에서 인도하여 내심을 인하여 여호와 앞에 지킬 것이니 이는 여호와의 밤이라 이스라엘 자손이 다 대대로 지킬 것이니라

> 출20:1-17 십계명

이미 구원받은 사람들이 어떻게 살아야하는지 가르친 것이 바로 십계명이다. 이것을 축약하면 하나님을 사랑하고 이웃을 자기 몸과 같이 사랑하는

것이다. 그러므로 십계명 중 가장 중요한 것은 바로 2절의 말씀이다.

> 출20:2 나는 너를 애굽 땅, 종 되었던 집에서 인도하여 낸 너의 하나님 여호와로라

왜냐하면 하나님께서 이스라엘 사람을 애굽 땅, 종 되었던 집에서 인도하여 내신 것은 그토록 큰 구원의 은혜요, 결코 잊어서는 안될 하나님의 은혜이기 때문이다. 그래서 구약 성경에서 출애굽 사건을 계속 언급하고 있는 것이다. 나아가 오직 이 구원의 은혜에 대하여 감사 감격하는 사람만이 비로소 하나님을 사랑하고, 이웃을 자기 몸과 같이 사랑할 수 있다. 또한,

> 신1:24-33 그들이 앞으로 가서 산지에 올라 에스골 골짜기에 이르러 그곳을 정탐하고 그 땅의 과실을 손에 가지고 우리에게로 돌아와서 우리에게 회보하여 이르되 우리의 하나님 여호와께서 우리에게 주시는 땅이 좋더라 하였느니라 그러나 너희가 올라가기를 즐겨 아니하고 너희 하나님 여호와의 명을 거역하여 장막 중에서 원망하여 이르기를 ~ 하기로 내가 너희에게 말하기를 그들을 무서워 말라 두려워하지 말라 너희 앞서 행하시는 너희 하나님 여호와께서 애굽에서 너희를 위하여 너희 목전에서 모든 일을 행하신것 같이 이제도 너희를 위하여 싸우실 것이며 광야에서도 너희가 당하였거니와 사람이 자기 아들을 안음 같이 너희 하나님 여호와께서 너희의 행로 중에 너희를 안으사 이곳까지 이르게 하셨느니라 하나 이 일에 너희가 너희 하나님 여호와를 믿지 아니하였도다 그는 너희 앞서 행하시며 장막 칠 곳을 찾으시고 밤에는 불로, 낮에는 구름으로 너희의 행할 길을 지시하신 자니라

> 수4:19-24 정월 십일에 백성이 요단에서 올라와서 여리고 동편 지경 길갈에 진 치매 여호수아가 그 요단에서 가져 온 열 두 돌을 길갈에 세우고 이스라엘 자손들에게 일러 가로되 후일에 너희 자손이 그 아비에게 묻기를 이 돌은 무슨 뜻이냐 하거든 너희는 자손에게 알게 하여 이르기를 이스라엘이 마른 땅을 밟고 이 요단을 건넜음이라 너희 하나님 여호와께서 요단 물을 너희

앞에 마르게 하사 너희로 건너게 하신 것이 너희 하나님 여호와께서 우리 앞에 홍해를 말리시고 우리로 건너게 하심과 같았나니 이는 땅의 모든 백성으로 여호와의 손이 능하심을 알게 하며 너희로 너희 하나님 여호와를 영원토록 경외하게 하려 하심이라 하라

그러나 그들은 여호와께서 이스라엘 사람들을 위하여 행하신 일들을 알지 못하였다. 오늘날 유럽과 호주 교회는 모두 이전 이스라엘과 같다. 2009년 호주통계청이 발표한 공식자료에 의하면 호주 국민 중 73% (가톨릭 27.3%, 영국성공회 23.9%, 개신교 22.8% 포함)가 기독교인이다. 그러나 정기적으로 집회에 참여하는 사람은 5% 미만이고, 그중 대부분은 노인들이어서 예배당은 갈수록 텅 비어가는 상태다. 그래서 문을 닫는 교회가 늘고 있으며, 또한 최근에는 독일과 프랑스도 2%에 불과하다고 들려온다.

삿2:10 그 세대 사람도 다 그 열조에게로 돌아갔고 그 후에 일어난 다른 세대는 여호와를 알지 못하며 여호와께서 이스라엘을 위하여 행하신 일도 알지 못하였더라

이것이 가장 근본적인 문제이다.

2. 해결 방안

호6:3 그러므로 우리가 여호와를 알자 힘써 여호와를 알자 그의 나오심은 새벽 빛 같이 일정하니 비와 같이, 땅을 적시는 늦은 비와 같이 우리에게 임하시리라 하리라

벧후3:18 오직 우리 주 곧 구주 예수 그리스도의 은혜와 저를 아는 지식에서 자라 가라 영광이 이제와 영원한 날까지 저에게 있을찌어다

그러므로 이 근본적인 문제에 대한 해결방안은 후세대가 하나님을 바로 알고, 하나님께서 행하신 일들을 깨달을 수 있도록 선세대가 돕는 것이다. 즉, 잘 가르치고 증인된 삶을 통해서 도와주는 것이다. 사실 이것은 새로운 방안이 아니라 예수 그리스도께서 이미 우리에게 말씀하셨던 것이다.

마28:19-20 그러므로 너희는 가서 모든 족속으로 제자를 삼아 아버지와 아들과 성령의 이름으로 세례를 주고 내가 너희에게 분부한 모든 것을 가르쳐 지키게 하라 볼찌어다 내가 세상 끝날까지 너희와 항상 함께 있으리라 하시니라

행1:8 오직 성령이 너희에게 임하시면 너희가 권능을 받고 예루살렘과 온 유대와 사마리아와 땅끝까지 이르러 내 증인이 되리라 하시니라

예수 그리스도께서 이렇게 말씀하심은 가르침과 증인 됨의 중요성을 이미 아셨기 때문이다. 성경은 두 가지 곧 『가르침과 증인 됨』을 같은 무게감을 가지고 강조하고 있다. 그러므로 우리는 이 둘 중의 하나라도 빼서는 안된다.

1) 가르침

신4:9-10 오직 너는 스스로 삼가며 네 마음을 힘써 지키라 두렵건대 네가 그 목도한 일을 잊어버릴까 하노라 두렵건대 네 생존하는 날 동안에 그 일들이 네 마음에서 떠날까 하노라 너는 그 일들을 네 아들들과 네 손자들에게 알게 하라 네가 호렙산에서 네 하나님 여호와 앞에 섰던 날에 여호와께서 내게 이르시기를 나를 위하여 백성을 모으라 내가 그들에게 내 말을 들려서 그들로 세상에 사는 날 동안 나 경외함을 배우게 하며 그 자녀에게 가르치게 하려 하노라

신6:1-9 이는 곧 너희 하나님 여호와께서 너희에게 가르치라 명하신바 명령과 규례와 법도라 너희가 건너가서 얻을 땅에서 행할 것이니 곧 너와 네 아들과 네 손자로 평생에 네 하나님 여호와를 경외하며 ~ 이스라엘아 들으

라 우리 하나님 여호와는 오직 하나인 여호와시니 너는 마음을 다하고 성품을 다하고 힘을 다하여 네 하나님 여호와를 사랑하라 오늘날 내가 네게 명하는 이 말씀을 너는 마음에 새기고 네 자녀에게 부지런히 가르치며 집에 앉았을 때에든지 길에 행할 때에든지 누웠을 때에든지 일어날 때에든지 이 말씀을 강론할 것이며 너는 또 그것을 네 손목에 매어 기호를 삼으며 네 미간에 붙여 표를 삼고 또 네 집 문설주와 바깥 문에 기록할찌니라

신31:9–13 모세가 이 율법을 써서 여호와의 언약궤를 메는 레위 자손 제사장들과 이스라엘 모든 장로에게 주고 그들에게 명하여 이르기를 매 칠년 끝해 곧 정기 면제년의 초막절에 온 이스라엘이 네 하나님 여호와 앞 그 택하신 곳에 모일 때에 이 율법을 낭독하여 온 이스라엘로 듣게 할찌니 곧 백성의 남녀와 유치와 네 성안에 우거하는 타국인을 모으고 그들로 듣고 배우고 네 하나님 여호와를 경외하며 이 율법의 모든 말씀을 지켜 행하게 하고 또 너희가 요단을 건너가서 얻을 땅에 거할 동안에 이 말씀을 알지 못하는 그들의 자녀로 듣고 네 하나님 여호와 경외하기를 배우게 할찌니라

이전의 영국교회는 선교사들을 세계 각처로 파송했으나 지금은 선교가 필요한 나라로 바뀌었다. 그 원인이 어디에 있을까? 전문가들이 분석한 원인 중의 하나는 "교회 안에서 제2세대를 향한 교육이 실패했기 때문"이라고 한다. 초대 교회는 우리가 본받고 연구해야 할 가장 모범적인 교회의 모습이다.

행2:37–47 저희가 이 말을 듣고 마음에 찔려 베드로와 다른 사도들에게 물어 가로되 형제들아 우리가 어찌할꼬 하거늘 베드로가 가로되 너희가 회개하여 각각 예수 그리스도의 이름으로 세례를 받고 죄 사함을 얻으라 그리하면 성령을 선물로 받으리니 이 약속은 너희와 너희 자녀와 모든 먼데 사람 곧 주 우리 하나님이 얼마든지 부르시는 자들에게 하신 것이라 하고 또 여러 말로 확증하며 권하여 가로되 너희가 이 패역한 세대에서 구원을 받으라 하니 그 말을 받는 사람들은 세례를 받으매 이 날에 제자의 수가 삼천이나 더 하더라 저희가 사도의 가르침을 받아 서로 교제하며 떡을 떼며 기도하기를 전혀 힘쓰니라 사람마다 두려워하는데 사도들로 인하여 기사와 표적이 많

이 나타나니 믿는 사람이 다 함께 있어 모든 물건을 서로 통용하고 또 재산과 소유를 팔아 각 사람의 필요를 따라 나눠 주고 날마다 마음을 같이 하여 성전에 모이기를 힘쓰고 집에서 떡을 떼며 기쁨과 순전한 마음으로 음식을 먹고 하나님을 찬미하며 또 온 백성에게 칭송을 받으니 주께서 구원 받는 사람을 날마다 더하게 하시니라

아래의 말씀은 우리들을 일깨워 준다.

엡4:11-16 그가 혹은 사도로, 혹은 선지자로, 혹은 복음 전하는 자로, 혹은 목사와 교사로 주셨으니 이는 성도를 온전케 하며 봉사의 일을 하게 하며 그리스도의 몸을 세우려 하심이라 우리가 다 하나님의 아들을 믿는 것과 아는 일에 하나가 되어 온전한 사람을 이루어 그리스도의 장성한 분량이 충만한 데까지 이르리니 이는 우리가 이제부터 어린 아이가 되지 아니하여 사람의 궤술과 간사한 유혹에 빠져 모든 교훈의 풍조에 밀려 요동치 않게 하려 함이라 오직 사랑 안에서 참된 것을 하여 범사에 그에게까지 자랄찌라 그는 머리니 곧 그리스도라 그에게서 온 몸이 각 마디를 통하여 도움을 입음으로 연락하고 상합하여 각 지체의 분량대로 역사하여 그 몸을 자라게 하며 사랑 안에서 스스로 세우느니라

성경을 가르침에는 일반계시와 특별계시가 모두 포함이 되는데, 일반계시의 경우 소홀히 여기기 쉽다. 그러나 성경에서 일반계시를 소홀하게 다룬 적이 없음을 우리는 늘 기억해야 한다.

2) 증인 됨

창45:1-15 요셉이 시종하는 자들 앞에서 그 정을 억제하지 못하여 소리질러 모든 사람을 자기에게서 물러가라 ~ 나는 당신들의 아우 요셉이니 당신들이 애굽에 판 자라 당신들이 나를 이곳에 팔았으므로 근심하지 마소서 한탄하지 마소서 하나님이 생명을 구원하시려고 나를 당신들 앞서 보내셨나이다 이 땅에 이년 동안 흉년이 들었으나 아직 오년은 기경도 못하고 추수도

못할찌라 하나님이 큰 구원으로 당신들의 생명을 보존하고 당신들의 후손을 세상에 두시려고 나를 당신들 앞서 보내셨나니 그런즉 나를 이리로 보낸 자는 당신들이 아니요 하나님이시라 하나님이 나로 바로의 아비를 삼으시며 그 온 집의 주를 삼으시며 애굽 온 땅의 치리자를 삼으셨나이다 ~ 요셉이 또 형들과 입맞추며 안고 우니 형들이 그제야 요셉과 말하니라

창48:15-16 그가 요셉을 위하여 축복하여 가로되 내 조부 아브라함과 아버지 이삭의 섬기던 하나님, 나의 남으로부터 지금까지 나를 기르신 하나님, 나를 모든 환난에서 건지신 사자께서 이 아이에게 복을 주시오며 이들로 내 이름과 내 조부 아브라함과 아버지 이삭의 이름으로 칭하게 하시오며 이들로 세상에서 번식되게 하시기를 원하나이다

신6:20-25 후일에 네 아들이 네게 묻기를 우리 하나님 여호와의 명하신 증거와 말씀과 규례와 법도가 무슨 뜻이뇨 하거든 너는 네 아들에게 이르기를 우리가 옛적에 애굽에서 바로의 종이 되었더니 여호와께서 권능의 손으로 우리를 애굽에서 인도하여 내셨나니 곧 여호와께서 우리의 목전에서 크고 두려운 이적과 기사를 애굽과 바로와 그 온 집에 베푸시고 우리 열조에게 맹세하신 땅으로 우리에게 주어 들어가게 하시려고 우리를 거기서 인도하여 내시고 여호와께서 우리에게 이 모든 규례를 지키라 명하셨으니 이는 우리로 우리 하나님 여호와를 경외하여 항상 복을 누리게 하기 위하심이며 또 여호와께서 우리로 오늘날과 같이 생활하게 하려 하심이라 우리가 그 명하신 대로 이 모든 명령을 우리 하나님 여호와 앞에서 삼가 지키면 그것이 곧 우리의 의로움이니라 할찌니라

신8:11-20 ~ 네가 먹어서 배불리고 아름다운 집을 짓고 거하게 되며 또 네 우양이 번성하며 네 은금이 증식되며 네 소유가 다 풍부하게 될 때에 두렵건대 네 마음이 교만하여 네 하나님 여호와를 잊어버릴까 하노라 여호와는 너를 애굽 땅 종 되었던 집에서 이끌어 내시고 너를 인도하여 그 광대하고 위험한 광야 곧 불뱀과 전갈이 있고 물이 없는 간조한 땅을 지나게 하셨으며 또 너를 위하여 물을 굳은 반석에서 내셨으며 네 열조도 알지 못하던 만나를 광야에서 네게 먹이셨나니 ~

신9:4-5 네 하나님 여호와께서 그들을 네 앞에서 쫓아내신 후에 네가 심중에 이르기를 나의 의로움을 인하여 여호와께서 나를 이 땅으로 인도하여 들여서 그것을 얻게 하셨다 하지 말라 실상은 이 민족들이 악함을 인하여 여호와께서 그들을 네 앞에서 쫓아내심이니라 ~ 여호와께서 이 같이 하심은 네 열조 아브라함과 이삭과 야곱에게 하신 맹세를 이루려 하심이니라

신29:22-29 ~ 그 때에 사람이 대답하기를 그 무리가 자기의 조상의 하나님 여호와께서 그 조상을 애굽에서 인도하여 내실 때에 더불어 세우신 언약을 버리고 가서 자기들이 알지도 못하고 여호와께서 그들에게 주시지도 아니한 다른 신들을 섬겨 그에게 절한 까닭이라 이러므로 여호와께서 이 땅을 향하여 진노하사 이 책에 기록된 모든 저주대로 재앙을 내리시고 여호와께서 또 진노와 분한과 크게 통한하심으로 그들을 이 땅에서 뽑아내사 다른 나라에 던져보내심이 오늘날과 같다 하리라 ~

수24:1-31 여호수아가 이스라엘 모든 지파를 세겜에 모으고 이스라엘 장로들과 그 두령들과 재판장들과 유사들을 부르매 그들이 하나님 앞에 보인지라 여호수아가 모든 백성에게 이르되 ~ 그러므로 이제는 여호와를 경외하며 성실과 진정으로 그를 섬길 것이라 너희의 열조가 강 저편과 애굽에서 섬기던 신들을 제하여 버리고 여호와만 섬기라 만일 여호와를 섬기는 것이 너희에게 좋지 않게 보이거든 너희 열조가 강 저편에서 섬기던 신이든지 혹 너희의 거하는 땅 아모리 사람의 신이든지 너희 섬길 자를 오늘날 택하라 오직 나와 내 집은 여호와를 섬기겠노라 ~ 이스라엘이 여호수아의 사는 날 동안과 여호수아 뒤에 생존한 장로들 곧 여호와께서 이스라엘을 위하여 행하신 모든 일을 아는 자의 사는 날 동안 여호와를 섬겼더라

시116:12 여호와께서 내게 주신 모든 은혜를 무엇으로 보답할꼬

시139:17-18 하나님이여 주의 생각이 내게 어찌 그리 보배로우신지요 그 수가 어찌 그리 많은지요 내가 세려고 할찌라도 그 수가 모래보다 많도소이다 내가 깰 때에도 오히려 주와 함께 있나이다

증인이란 현장 증인, 목격자, 눈으로 목도 한 사람을 의미한다. 그러면, 예수님을 직접 본 적이 없는 그리스도인은 어찌해야 하는가? 이는 문제가 되지 않는다. 왜냐하면 당시 증인들의 신앙과 지금 우리들의 신앙은 시대가 달라도 동일하기 때문에 서로 분리하여 생각할 수 없다.

> 벧후1:16 우리 주 예수 그리스도의 능력과 강림하심을 너희에게 알게 한 것이 공교히 만든 이야기를 좇은 것이 아니요 우리는 그의 크신 위엄을 친히 본 자라
>
> 고전15:1-8 형제들아 내가 너희에게 전한 복음을 너희로 알게 하노니 이는 너희가 받은 것이요 또 그 가운데 선 것이라 너희가 만일 나의 전한 그 말을 굳게 지키고 헛되이 믿지 아니하였으면 이로 말미암아 구원을 얻으리라 내가 받은 것을 먼저 너희에게 전하였노니 이는 성경대로 그리스도께서 우리 죄를 위하여 죽으시고 장사 지낸바 되었다가 성경대로 사흘만에 다시 살아나사 게바에게 보이시고 후에 열 두 제자에게와 그 후에 오백여 형제에게 일시에 보이셨나니 그 중에 지금까지 태반이나 살아 있고 어떤이는 잠들었으며 그 후에 야고보에게 보이셨으며 그 후에 모든 사도에게와 맨 나중에 만삭되지 못하여 난 자 같은 내게도 보이셨느니라
>
> 히2:3 ~ 이 구원은 처음에 주로 말씀하신 바요 들은 자들이 우리에게 확증한 바니라
>
> 눅1:1-4 우리 중에 이루어진 사실에 대하여 처음부터 말씀의 목격자 되고 일군 된 자들의 전하여 준 그대로 내력을 저술하려고 붓을 든 사람이 많은지라 그 모든 일을 근원부터 자세히 미루어 살핀 나도 데오빌로 각하에게 차례대로 써 보내는 것이 좋은줄 알았노니 이는 각하로 그 배운 바의 확실함을 알게 하려 함이로라

또한 우리는 이 말씀을 기억해야 한다.

요20:29 예수께서 가라사대 너는 나를 본 고로 믿느냐 보지못하고 믿는 자들은 복되도다 하시니라

그러므로 예수 그리스도를 보지 않고 믿는 사람들은 복이 있는 사람들이다. 사실 하나님께서는 이미 믿을 만한 특별하고 확실한 증거를 우리에게 주셨다.

행17:29-31 이와 같이 신의 소생이 되었은즉 신을 금이나 은이나 돌에다 사람의 기술과 고안으로 새긴 것들과 같이 여길 것이 아니니라 알지 못하던 시대에는 하나님이 허물치 아니하셨거니와 이제는 어디든지 사람을 다 명하사 회개하라 하셨으니 이는 정하신 사람으로 하여금 천하를 공의로 심판할 날을 작정하시고 이에 저를 죽은 자 가운데서 다시 살리신 것으로 모든 사람에게 믿을만한 증거를 주셨음이니라 하니라

우리는 성경에서 모범적인 그리스도인들을 발견할 수 있다.

벧전1:8-12 예수를 너희가 보지 못하였으나 사랑하는도다 이제도 보지 못하나 믿고 말할 수 없는 영광스러운 즐거움으로 기뻐하니 믿음의 결국 곧 영혼의 구원을 받음이라 이 구원에 대하여는 너희에게 임할 은혜를 예언하던 선지자들이 연구하고 부지런히 살펴서 자기 속에 계신 그리스도의 영이 그 받으실 고난과 후에 얻으실 영광을 미리 증거하여 어느 시, 어떠한 때를 지시하시는지 상고하니라 이 섬긴 바가 자기를 위한 것이 아니요 너희를 위한 것임이 계시로 알게 되었으니 이것은 하늘로부터 보내신 성령을 힘입어 복음을 전하는 자들로 이제 너희에게 고한 것이요 천사들도 살펴 보기를 원하는 것이니라

그들은 예수님을 믿음으로 구원을 받고, 말할 수 없는 영광스러움이 가득한 큰 기쁨이 있었다. 그러므로 신앙생활에서 간증은 당연하고, 또한 반드시

필요하다. 그러나 성경의 가르침에 부합해야 한다. 그 좋은 예를 살펴보자.

행15:4 예루살렘에 이르러 교회와 사도와 장로들에게 영접을 받고 하나님이 자기들과 함께 계셔 행하신 모든 일을 말하니라

행21:19 바울이 문안하고 하나님이 자기의 봉사로 말미암아 이방 가운데서 하신 일을 낱낱이 고하니라

위 성경말씀에서 살펴보듯 우리가 복음을 전할 때 실제 주재자(主宰者)는 보이지 않는 하나님이시요, 사람이 아닌 것을 볼 수 있다.

좋은 증인이 되기 위해서는, 하나님의 은혜를 기록 등으로 지혜롭게 소중히 보존하고, 회상하며, 감사 속에 은혜를 간직하고, 또한 필요한 때는 증인이 되어야 한다. 이 모든 것은 매우 유익하고, 중요하다.

미국에서 발생한 911 테러 사건은 미국 사람들 뿐만 아니라 전 세계 사람들을 경악케 한 사건이었다. 이 일로 미국의 수많은 사람들이 교회로 돌아오게 되었지만 약 6개월 정도가 지나자 다시 많은 사람들이 교회를 떠나기 시작했다고 한다. 이렇듯 아무리 큰 일을 겪어도 세월이 지나면 감동이나 특별한 느낌은 감소되기 마련이다. 하물며 직접 경험이 없는 후세대는 말할 것도 없을 것이다. "은혜는 흐르는 물에 새기고, 원수는 돌에 새긴다"는 속담이 있다.

이처럼 우리 사람은 하나님의 은혜에 대해서 항상 이렇게 행하기 쉽다. 컴퓨터로 글을 쓸 때는 반드시 저장해야 한다. 그렇지 않으면 자료는 다 사라져 버린다. 그러므로 하나님의 특별하신 은혜마다 늘 기록하여 소중히 보존함은 하나의 지혜로운 방법이다.

당신은, 하나님께서 당신을 위하여 무엇을 하셨는지 능히 간증할 수 있는가? 각 세대는 모두 사사기2:10 말씀을 거울로 삼아야 한다.

삿2:10 그 세대 사람도 다 그 열조에게로 돌아갔고 그 후에 일어난 다른 세대는 여호와를 알지 못하며 여호와께서 이스라엘을 위하여 행하신 일도 알지 못하였더라

그러므로 각 세대는 하나님을 알고, 하나님께서 우리를 위해서 행하신 일들을 반드시 깨달아야 한다. 하나님을 깊이 알고, 은혜에 대한 풍성한 간증이 있는 삶이 얼마나 소중하고 감사한 일인지 모른다. 왜냐하면 오직 이런 사람들만이 진정으로 하나님을 경외하며 영화롭게 할 수 있기 때문이다.

시77:12 또 주의 모든 일을 묵상하며 주의 행사를 깊이 생각하리이다

사12:4-5 그 날에 너희가 또 말하기를 여호와께 감사하라 그 이름을 부르며 그 행하심을 만국 중에 선포하며 그 이름이 높다 하라 여호와를 찬송할 것은 극히 아름다운 일을 하셨음이니 온 세계에 알게 할찌어다

하나님께서는 우리가 능히 예수님의 증인이 되고, 다른 사람을 가르칠 수 있기를 바라신다. 사도 바울은 바로 그런 사람이었다.

행20:21 유대인과 헬라인들에게 하나님께 대한 회개와 우리 주 예수 그리스도께 대한 믿음을 증거한 것이라

각 세대는 모두 전 세대가 되고, 후 세대가 된다. 따라서 모든 세대는 믿음의 세대가 되기 위해 마땅히 노력할 부분, 보충해야 할 부분이 무엇인지 깊이 생각하고 행해야 한다.

은준관 실천신학대학원대학교 명예총장은 "오늘 한국교회를 서서히 위기로 몰아가는 '신앙의 세속화'의 원인은 안티들의 악풀이나 교회신뢰도의 추락, 젊은이들의 교회 이탈에 있지 않으며 이것들은 현상에 불과하다"면서

"오히려 그 원인은 그가 늙은이든 젊은이든, 부자든 가난하든 한국교회는 한 사람, 한 사람을 하나님 앞에 제대로 세우지 못한 교회의 시스템과 목회 패러다임에 있다"고 말했다. (국민일보. 2013.10.01)

한국기독교군선교연합회에 따르면 1998년부터 2012년까지 군에서 세례 받은 인원은 265만8,290명이다. 이들이 제대 후 교회에 잘 정착했다면 같은 기간 한국 기독교인수가 엄청나게 늘었어야 했지만 결과적으로 그러지 못했다. 예비역 육군 중령 김홍태 목사는 "세례만 베풀었지 양육을 하지 못해 다 흩어져 버린 셈"이라며 세례에만 집중하는 군 선교 현실을 꼬집었다. (국민일보. 2017.07.11)

제3장

오직 육안만 있고,
영안이 없는 사람들

하나님께 대하여 문제가 있는 사람들에게는 어떤 현상들이 있을까? 즉, 하나님을 경외하지 않는 세상 사람들, 이스라엘 사람, 그리스도인들에게는 어떤 현상들이 나타날까?

1. 하나님을 경외하지 않는 일반 세상 사람

롬1:18-32 하나님의 진노가 불의로 진리를 막는 사람들의 모든 경건치 않음과 불의에 대하여 하늘로 좇아 나타나나니 이는 하나님을 알만한 것이 저희 속에 보임이라 하나님께서 이를 저희에게 보이셨느니라 창세로부터 그의 보이지 아니하는 것들 곧 그의 영원하신 능력과 신성이 그 만드신 만물에 분명히 보여 알게 되나니 그러므로 저희가 핑계치 못할찌니라 하나님을 알되 하나님으로 영화롭게도 아니하며 감사치도 아니하고 오히려 그 생각이 허망하여지며 미련한 마음이 어두워졌나니 스스로 지혜 있다 하나 우준하게 되어 썩어지지 아니하는 하나님의 영광을 썩어질 사람과 금수와 버러지 형상의 우상으로 바꾸었느니라 ~ 또한 저희가 마음에 하나님 두기를 싫어하매 하나님께서 저희를 그 상실한 마음대로 내어 버려두사 합당치 못한 일을 하게 하셨으니 곧 모든 불의, 추악, 탐욕, 악의가 가득한 자요 시기, 살인, 분쟁, 사기, 악독이 가득한 자요 수군수군하는 자요 비방하는 자요 하나님의 미워하시는 자요 능욕하는 자요 교만한 자요 자랑하는 자요 악을 도모하는 자요 부모를 거역하는 자요 우매한 자요 배약하는 자요 무정한 자요 무자비한 자라 저희가 이같은 일을 행하는 자는 사형에 해당하다고 하나님의 정하심을 알고도 자기들만 행할 뿐 아니라 또한 그 일을 행하는 자를 옳다 하느니라

시115:4-7 저희 우상은 은과 금이요 사람의 수공물이라 입이 있어도 말하지 못하며 눈이 있어도 보지 못하며 귀가 있어도 듣지 못하며 코가 있어도 맡지 못하며 손이 있어도 만지지 못하며 발이 있어도 걷지 못하며 목구멍으로 소리도 못하느니라

행17:22-31 바울이 아레오바고 가운데 서서 말하되 아덴 사람들아 너희를 보니 범사에 종교성이 많도다 내가 두루 다니며 너희의 위하는 것들을 보다가 알지 못하는 신에게라고 새긴 단도 보았으니 그런즉 너희가 알지 못하고 위하는 그것을 내가 너희에게 알게 하리라 ~

2. 하나님을 경외하지 않는 이스라엘 사람

1) 모세 시대

민14:22-23 나의 영광과 애굽과 광야에서 행한 나의 이적을 보고도 이같이 열번이나 나를 시험하고 내 목소리를 청종치 아니한 그 사람들은 내가 그 조상들에게 맹세한 땅을 결단코 보지 못할 것이요 또 나를 멸시하는 사람은 하나라도 그것을 보지 못하리라

2) 여호수아 시대

수24:14-15 그러므로 이제는 여호와를 경외하며 성실과 진정으로 그를 섬길 것이라 너희의 열조가 강 저편과 애굽에서 섬기던 신들을 제하여 버리고 여호와만 섬기라 만일 여호와를 섬기는 것이 너희에게 좋지 않게 보이거든 너희 열조가 강 저편에서 섬기던 신이든지 혹 너희의 거하는 땅 아모리 사람의 신이든지 너희 섬길 자를 오늘날 택하라 오직 나와 내 집은 여호와를 섬기겠노라

3) 사사 시대

삿2:11-23 이스라엘 자손이 여호와의 목전에 악을 행하여 바알들을 섬기며 애굽 땅에서 그들을 인도하여 내신 그 열조의 하나님 여호와를 버리고 다른 신 곧 그 사방에 있는 백성의 신들을 좇아 그들에게 절하여 여호와를 진노하시게 하였으되 ~ 여호와께서 그들을 위하여 사사를 세우실 때에는 그 사사와 함께 하셨고 그 사사의 사는 날 동안에는 여호와께서 그들을 대적의 손에서 구원하셨으니 이는 그들이 대적에게 압박과 괴롭게 함을 받아 슬피 부르짖으므로 여호와께서 뜻을 돌이키셨음이어늘 그 사사가 죽은 후에는 그들이 돌이켜 그 열조보다 더욱 패괴하여 다른 신들을 좇아 섬겨 그들에게 절하고 그 행위와 패역한 길을 그치지 아니하였으므로 여호와께서 이스라엘에게 진노하여 이르시되 ~

삿21:25 그 때에 이스라엘에 왕이 없으므로 사람이 각각 그 소견에 옳은대로 행하였더라

4) 열왕과 선지자 시대

왕상18:21 엘리야가 모든 백성에게 가까이 나아가 이르되 너희가 어느때까지 두 사이에서 머뭇머뭇 하려느냐 여호와가 만일 하나님이면 그를 좇고 바알이 만일 하나님이면 그를 좇을찌니라 하니 백성이 한 말도 대답지 아니하는지라

사1:2-4 하늘이여 들으라 땅이여 귀를 기울이라 여호와께서 말씀하시기를

내가 자식을 양육하였거늘 그들이 나를 거역하였도다 소는 그 임자를 알고 나귀는 주인의 구유를 알건마는 이스라엘은 알지 못하고 나의 백성은 깨닫지 못하는도다 하셨도다 슬프다 범죄한 나라요 허물 진 백성이요 행악의 종자요 행위가 부패한 자식이로다 그들이 여호와를 버리며 이스라엘의 거룩한 자를 만홀히 여겨 멀리하고 물러갔도다

사29:13 주께서 가라사대 이 백성이 입으로는 나를 가까이하며 입술로는 나를 존경하나 그 마음은 내게서 멀리 떠났나니 그들이 나를 경외함은 사람의 계명으로 가르침을 받았을 뿐이라

렘2:13 내 백성이 두가지 악을 행하였나니 곧 생수의 근원되는 나를 버린 것과 스스로 웅덩이를 판 것인데 그것은 물을 저축지 못할 터진 웅덩이니라

렘4:22 내 백성은 나를 알지 못하는 우준한 자요 지각이 없는 미련한 자식이라 악을 행하기에는 지각이 있으나 선을 행하기에는 무지하도다

겔33:30-31 인자야 네 민족이 담 곁에서와 집 문에서 너를 의논하며 각각 그 형제로 더불어 말하여 이르기를 자, 가서 여호와께로부터 무슨 말씀이 나오는가 들어보자 하고 백성이 모이는 것 같이 네게 나아오며 내 백성처럼 네 앞에 앉아서 네 말을 들으나 그대로 행치 아니하니 이는 그 입으로는 사랑을 나타내어도 마음은 이욕을 좇음이라

그들의 마음은 재물을 하나님보다 더 좋아하였다.

호4:1-2 이스라엘 자손들아 여호와의 말씀을 들으라 여호와께서 이 땅 거민과 쟁변하시나니 이 땅에는 진실도 없고 인애도 없고 하나님을 아는 지식도 없고 오직 저주와 사위와 살인과 투절과 간음 뿐이요 강포하여 피가 피를 뒤대임이라

호4:6 내 백성이 지식이 없으므로 망하는도다 네가 지식을 버렸으니 나도 너를 버려 내 제사장이 되지 못하게 할 것이요 네가 네 하나님의 율법을 잊

었으니 나도 네 자녀들을 잊어버리리라

말1:6-10 내 이름을 멸시하는 제사장들아 ~ 만군의 여호와가 이르노라 너희가 눈 먼 희생으로 드리는 것이 어찌 악하지 아니하며 저는 것, 병든 것으로 드리는 것이 어찌 악하지 아니하냐 이제 그것을 너희 총독에게 드려보라 그가 너를 기뻐하겠느냐 너를 가납하겠느냐 만군의 여호와가 이르노라 너희는 나 하나님께 은혜를 구하기를 우리를 긍휼히 여기소서 하여 보라 너희가 이같이 행하였으니 내가 너희 중 하나인들 받겠느냐 만군의 여호와가 이르노라 너희가 내 단 위에 헛되이 불 사르지 못하게 하기 위하여 너희 중에 성전 문을 닫을 자가 있었으면 좋겠도다 내가 너희를 기뻐하지 아니하며 너희 손으로 드리는 것을 받지도 아니하리라

5) 예수님 시대

마15:7-9 외식하는 자들아 이사야가 너희에게 대하여 잘 예언하였도다 일렀으되 이 백성이 입술로는 나를 존경하되 마음은 내게서 멀도다 사람의 계명으로 교훈을 삼아 가르치니 나를 헛되이 경배하는도다 하였느니라

마23:25-28 화 있을찐저 외식하는 서기관들과 바리새인들이여 잔과 대접의 겉은 깨끗이 하되 그 안에는 탐욕과 방탕으로 가득하게 하는도다 소경된 바리새인아 너는 먼저 안을 깨끗이 하라 그리하면 겉도 깨끗하리라 화 있을찐저 외식하는 서기관들과 바리새인들이여 회칠한 무덤 같으니 겉으로는 아름답게 보이나 그 안에는 죽은 사람의 뼈와 모든 더러운 것이 가득하도다 이와 같이 너희도 겉으로는 사람에게 옳게 보이되 안으로는 외식과 불법이 가득하도다

6) 사도 시대

살전2:15-16 유대인은 주 예수와 선지자들을 죽이고 우리를 쫓아내고 하나님을 기쁘시게 아니하고 모든 사람에게 대적이 되어 우리가 이방인에게 말하여 구원 얻게 함을 저희가 금하여 자기 죄를 항상 채우매 노하심이 끝까지 저희에게 임하였느니라

3. 하나님을 경외하지 않는 그리스도인들

1) 가룟 유다

눅6:12-16 이 때에 예수께서 기도하시러 산으로 가사 밤이 □도록 하나님께 기도하시고 밝으매 그 제자들을 부르사 그 중에서 열 둘을 택하여 사도라 칭하셨으니 곧 베드로라고도 이름 주신 시몬과 및 그 형제 안드레와 및 야고보와 요한과 빌립과 바돌로매와 마태와 도마와 및 알패오의 아들 야고보와 및 셀롯이라 하는 시몬과 및 야고보의 아들 유다와 및 예수를 파는 자 될 가룟 유다라

사도라 불리운 가룟 유다는 하나님을 경외하지 않는 전도사, 사모, 목사, 선교사들을 대표한다.

2) 아나니아 삽비라 부부

행4:33-5:3 사도들이 큰 권능으로 주 예수의 부활을 증거하니 무리가 큰 은혜를 얻어 그 중에 핍절한 사람이 없으니 이는 밭과 집 있는 자는 팔아 그 판 것의 값을 가져다가 사도들의 발 앞에 두매 저희가 각 사람의 필요를 따라 나눠줌이러라 ~ 아나니아라 하는 사람이 그 아내 삽비라로 더불어 소유를 팔아 그 값에서 얼마를 감추매 그 아내도 알더라 얼마를 가져다가 사도들의 발 앞에 두니 베드로가 가로되 아나니아야 어찌하여 사단이 네 마음에 가득하여 네가 성령을 속이고 땅값 얼마를 감추었느냐

아나니아와 삽비라는 하나님을 경외하지 않는 집사, 장로들을 대표한다.

3) 시몬

행8:9 그 성에 시몬이라 하는 사람이 전부터 있어 마술을 행하여 사마리아 백성을 놀라게 하며 자칭 큰 자라 하니라

행8:12-13 빌립이 하나님 나라와 및 예수 그리스도의 이름에 관하여 전도

함을 저희가 믿고 남녀가 다 세례를 받으니 시몬도 믿고 세례를 받은 후에 전심으로 빌립을 따라 다니며 그 나타나는 표적과 큰 능력을 보고 놀라니라

행8:18-23 시몬이 사도들의 안수함으로 성령 받는 것을 보고 돈을 드려 가로되 이 권능을 내게도 주어 누구든지 내가 안수하는 사람은 성령을 받게 하여 주소서 하니 베드로가 가로되 네가 하나님의 선물을 돈 주고 살 줄로 생각하였으니 네 은과 네가 함께 망할찌어다 하나님 앞에서 네 마음이 바르지 못하니 이 도에는 네가 관계도 없고 분깃 될 것도 없느니라 그러므로 너의 이 악함을 회개하고 주께 기도하라 혹 마음에 품은 것을 사하여 주시리라 내가 보니 너는 악독이 가득하며 불의에 매인바 되었도다

시몬은 하나님을 경외하지 않는 신자들을 대표한다.

4) 그 밖의 사람들

빌3:18-19 내가 여러 번 너희에게 말하였거니와 이제도 눈물을 흘리며 말하노니 여러 사람들이 그리스도 십자가의 원수로 행하느니라 저희의 마침은 멸망이요 저희의 신은 배요 그 영광은 저희의 부끄러움에 있고 땅의 일을 생각하는 자라

이런 사람들은 하나님을 경외하지 않는 모든 기독교인들을 대표한다. 위와 같이 하나님을 경외하지 않는 사람들은 모두 각자의 우상을 가지고 있다는 공통점이 있다. 단지 유형 혹은 무형이라는 차이뿐이다.

왜 이럴까? 그들은 모두 오직 육안만 있고, 영안은 없기 때문이다.

누구든지 만유의 주님을 분명히 알지 못하면 오직 재물만 의지하며 살아가게 되는데 안타깝게도 그리스도인 중에 많은 사람들이 미혹을 받아 재물에 대한 탐욕을 따라 살아간다. 만약 회개가 없다면 그들은 마치 맛을 잃은 소금과 같이 되고 말 것이다. 그러므로 성경은 다음의 말씀으로 우리에게 경고하며 가르침을 준다.

골3:5 그러므로 땅에 있는 지체를 죽이라 곧 음란과 부정과 사욕과 악한 정욕과 탐심이니 탐심은 우상 숭배니라

어떤 사람은 "세례 받을 때 돈지갑도 세례 받아야 한다"고 말하는데 일리가 있는 말이다.

마6:24 한 사람이 두 주인을 섬기지 못할 것이니 혹 이를 미워하며 저를 사랑하거나 혹 이를 중히 여기며 저를 경히 여김이라 너희가 하나님과 재물을 겸하여 섬기지 못하느니라

마6:21 네 보물 있는 그 곳에는 네 마음도 있느니라

딤전6:7-10 우리가 세상에 아무 것도 가지고 온 것이 없으매 또한 아무 것도 가지고 가지 못하리니 우리가 먹을 것과 입을 것이 있은즉 족한 줄로 알 것이니라 부하려 하는 자들은 시험과 올무와 여러가지 어리석고 해로운 정욕에 떨어지나니 곧 사람으로 침륜과 멸망에 빠지게 하는 것이라 돈을 사랑함이 일만 악의 뿌리가 되나니 이것을 사모하는 자들이 미혹을 받아 믿음에서 떠나 많은 근심으로써 자기를 찔렀도다

그러므로 우리는 반드시 하나님은 창조주시요, 만유의 주인이시며, 천지의 주재-지배자이심을 깨달아야 한다.

아들 셋을 둔 부자 아버지가 있었다. 어느 날 아버지는 재산을 나눠주기 위해 그들을 불러 "너희는 각자 원하는 재산을 말해 보아라. 어떤 것이라도 가능하나 단, 오직 한가지만 요구할 수 있다."라고 말하였다. 이에 큰 아들은 가장 큰 회사를, 둘째 아들은 가장 큰 땅을 요구했다. 마지막으로 막내는 잠시 머뭇거리다가 이내 입을 열어 말하길 "저는 아무 것도 원하지 않습니다. 다만 아버지만을 원합니다. 아버지께서 저와 함께 계시면 저는 그것으로 충분합니다."

세 사람 중 누가 제일 지혜롭다고 여기는가? 우리는 영적인 지혜와 총명이 필요하다. 하나님께서 우리와 함께 하신다는 것이야말로 더할 나위 없이 가장 좋은 것이다. 우리는 하나님을 경외해야 한다. 그러나 중요한 사실은 오직 하나님을 아는 사람만이 하나님을 경외할 수 있다는 것이다. 그래서 성경은 아래와 같이 말한다.

> 호6:3 그러므로 우리가 여호와를 알자 힘써 여호와를 알자 그의 나오심은 새벽 빛 같이 일정하니 비와 같이, 땅을 적시는 늦은 비와 같이 우리에게 임하시리라 하리라

> 벧후3:18 오직 우리 주 곧 구주 예수 그리스도의 은혜와 저를 아는 지식에서 자라 가라 영광이 이제와 영원한 날까지 저에게 있을찌어다

제4장

우주 만물에 가득찬 하나님의 계시

바울은 유대인과 헬라인들에게 「하나님께 대하여 회개하고, 우리 주 예수 그리스도를 믿으라」고 말할 때 왜 먼저 「하나님께 대하여 회개하라」고 하였을까?

이는 만약 하나님의 존재에 대하여 불신하거나 혹은 확신이 없으면, 우상을 숭배하게 되고, 마음대로 행하여 하나님을 경외할 수도 없고, 나아가 예수 그리스도를 믿을 수도 없기 때문이었다. 여기서 유대인과 헬라인은 전 인류를 대표하고 있다. 유대인은 하나님을 아는 사람들을 대표하고, 헬라인은 하나님을 모르는 사람들을 대표하기 때문이다.

그러면 우리는 보이지 않는 하나님을 과연 어떻게 알 수 있는가?

이것을 위해 우리에게는 일반 계시와 특별 계시가 주어졌고, 그래서 우주에는 하나님께서 주신 계시들로 가득 차 있다. 그러나 신앙생활에서 많은 그리스도인들이 일반 계시를 소홀히 여기는 것 같다. 실상은 일반 계시나 특별

계시 모두 다 매우 중요하다.

Ⅰ. 일반계시

하나님께서는 우주, 만물, 자연, 이성(理性), 양심, 역사……등등을 통하여 하나님 자신을 끊임없이 우리에게 계시하고 계신다.

1. 하나님께서 창조하신 우주 만물을 통하여 우리는 하나님을 알고, 경외할 수 있다

> 롬1:19-20 이는 하나님을 알만한 것이 저희 속에 보임이라 하나님께서 이를 저희에게 보이셨느니라 창세로부터 그의 보이지 아니하는 것들 곧 그의 영원하신 능력과 신성이 그 만드신 만물에 분명히 보여 알게 되나니 그러므로 저희가 핑계치 못할찌니라

그러므로 하나님께서 창조하신 우주 만물은 마치 살아있는 그림책과 같아서 우리로 하여금 하나님을 알고, 경외할 수 있게 한다.

우리가 살고 있는 이 지구의 자전 속도는 시속 1,674.4 km 이다. 매우 신비하게도 이렇게 빠르지만 우리는 어지럽지도 않고, 넘어지지도 않고, 또한 바닷물도 분산되지 않는다. 한 바퀴 자전하면 하루요, 또한 밤과 낮이 생긴다. 지구의 공전 속도는 시속 107,280 km 이다. 매우 신비하게도 지구는 태양의 주위를 돌고 있다. 지구가 태양을 한 바퀴 돌면 일년이요, 또한 봄, 여름, 가을, 겨울 사계절이 생긴다.

빛의 속도(모든 전자파의 속도)는 초속 약 30만 km 이다. 이는 1초에 지구 일

곱바퀴 반을 돌 수 있는 속도이다. 지구에서 달까지는 약 1.3초가 걸린다. 그러면 1광년(빛이 1년 동안 가는 거리)은 얼마나 먼 거리이겠는가!

전자파의 종류로는 전파, 적외선, 가시광선, 자외선, X선, 감마선 등이 있으며, 또한 공간상에서 전자파는 광속도(光速度)로 전파된다. 오늘날 많은 사람들이 날마다 사용하는 핸드폰과 무선으로도 인터넷을 사용할 수 있는 것은 하나님께서 이미 전자파를 만들어 놓으셨기에 가능한 일이다. 그러나 대부분의 사람들은 하나님의 창조를 모르거나 생각치 못한다. 하나님의 창조는 실로 매우 기이하고 신비롭다.

위키백과에 따르면 우리가 관측 가능한 우주에는 약 1천 7백억 개 이상의 은하들이 존재하는 것으로 추측된다. 그 중에 우리 은하는 약 2천억(2×1011) 개의 별들을 가지고 있다고 한다.

그러면 우주의 무수한 별들 가운데 우리 인류가 직접 가 보았던 별은 지금까지 얼마나 되는가? 미국 항공우주국(NASA)은 1977년 9월에 무인 우주탐사선 보이저(Voyager) 1호를 발사하였다.

2013.9.13 신문 : 보이저 1호가 태양계를 탈출했다. 9.12일(현지시각) 미국 항공우주국(NASA)은 "보이저 1호가 인간이 만든 물체로는 최초로 태양계를 벗어나 항성 간 무한 우주 공간에 진입했다. 현재 시속 6만㎞의 속도로 멀어지고 있다"고 공식 발표했다. 발사된지 36년이 지나 태양으로부터 약 190억 km 떨어져 있는 것으로 추정되는 보이저 1호는 2025년쯤 연료가 고갈돼 작동을 멈출 것으로 알려졌다.

하나님께서 창조하신 우주는 이렇게 넓어 온전히 형용할 수 없다. 이처럼 우주는 끝없이 넓기 때문에 우주에서 거리를 측정할려면, 우리가 일상생활에서 사용하는 cm, m, km 등등의 단위는 모두 무용지물이 됨으로 항상 가장 빠른 광속을 사용한다.

사40:15 보라 그에게는 열방은 통의 한 방울 물 같고 저울의 적은 티끌 같으며 섬들은 떠오르는 먼지 같으니라

사40:17 그 앞에는 모든 열방이 아무 것도 아니라 그는 그들을 없는 것 같이, 빈 것 같이 여기시느니라

이러한 표현들은 오늘날 우리가 우주선을 통해서 보는 것과 일치한다. 실로 놀라운 내용이다. 또한 우주의 무수한 별들 중에 지구는 가장 아름다운 별이다. 인류는 오늘날까지 지구보다 더 아름다운 어떤 별도 아직 발견하지 못하였다. 전해지기로는, 『나폴레옹이 애굽을 정복하기 위하여 지중해를 건너고 있을 때 갑판 위에서 두 명의 병사가 말로 다투는 것을 보았다. 한 명은 하나님이 계시다고 하고, 한 명은 없다는 것이었다. 나폴레옹은 그들에게 하늘을 바라보라면서 "저 무수한 별을 보고도 하나님이 계신 것을 모르겠는가?"』라고 하였다 한다.

창1장
창1:31 하나님이 그 지으신 모든 것을 보시니 보시기에 심히 좋았더라 저녁이 되며 아침이 되니 이는 여섯째 날이니라

시104편
시104:19-20 여호와께서 달로 절기를 정하심이여 해는 그 지는 것을 알도다 주께서 흑암을 지어 밤이 되게 하시니 삼림의 모든 짐승이 기어 나오나이다

밤에 어둠 속에 있지 않는 식물은 모두 결실이 좋지 않다. (예 : 가로등 아래 식물) 밤에 모든 생물은 어둠이 필요하다. 어둔 밤은 모든 생물에게 성장을 위한 쉼을 주기 때문이다.

2. 양심을 통하여 하나님을 알고 경외할 수 있다

롬2:14-15 율법 없는 이방인이 본성으로 율법의 일을 행할 때는 이 사람은 율법이 없어도 자기가 자기에게 율법이 되나니 이런 이들은 그 양심이 증거가 되어 그 생각들이 서로 혹은 송사하며 혹은 변명하여 그 마음에 새긴 율법의 행위를 나타내느니라

양심은 우리로 하여금 하나님을 알고 경외할 수 있도록 하나님께서 우리 각 사람에게 주신 보편적이고 강력한 장치이다.

어느 날 TV를 보니, 한 할머니가 기차 역에 오셔서 천원(선교지 화폐)을 직원에게 건네주었다. 그리고 말하기를『47년 전에 타이뻬이에서 이란까지 기차를 탔었는데 무임승차를 하였습니다. 죄송합니다. 이 때문에 지난 47년 동안 마음에 평안이 없었습니다.』라고 하였다.

사48:22 여호와께서 말씀하시되 악인에게는 평강이 없다 하셨느니라

그것은 바로 양심 때문이다.

요8:1-11 예수는 ~ 앉으사 저희를 가르치시더니 서기관들과 바리새인들이 간음 중에 잡힌 여자를 끌고 와서 가운데 세우고 예수께 말하되 선생이여 이 여자가 간음하다가 현장에서 잡혔나이다 모세는 율법에 이러한 여자를 돌로 치라 명하였거니와 선생은 어떻게 말하겠나이까 저희가 이렇게 말함은 고소할 조건을 얻고자하여 예수를 시험함이러라 예수께서 몸을 굽히사 손가락으로 땅에 쓰시니 저희가 묻기를 마지 아니하는지라 이에 일어나 가라사대 너희 중에 죄 없는 자가 먼저 돌로 치라 하시고 다시 몸을 굽히사 손가락으로 땅에 쓰시니 저희가 이 말씀을 듣고 양심의 가책을 받아 어른으로 시작하여 젊은이까지 하나씩 하나씩 나가고 오직 예수와 그 가운데 섰는 여자만 남았더라 ~

우리는 양심을 통하여 옳고 그름을 분별할 수 있다. 왜냐하면 양심은 마치 우리 마음 속에 장치된 지남침(나침반)과 같기 때문이다. 그래서 양심(良心)을 天良 (하늘이 준 양심)이라고도 말한다.

행23:1 바울이 공회를 주목하여 가로되 여러분 형제들아 오늘날까지 내가 범사에 양심을 따라 하나님을 섬겼노라

행24:14-16 그러나 이것을 당신께 고백하리이다 나는 저희가 이단이라 하는 도를 좇아 조상의 하나님을 섬기고 율법과 및 선지자들의 글에 기록된 것을 다 믿으며 저희의 기다리는바 하나님께 향한 소망을 나도 가졌으니 곧 의인과 악인의 부활이 있으리라 함이라 이것을 인하여 나도 하나님과 사람을 대하여 항상 양심에 거리낌이 없기를 힘쓰노라

딤전1:19 믿음과 착한 양심을 가지라 어떤이들이 이 양심을 버렸고 그 믿음에 관하여는 파선하였느니라

영적으로 건강한 사람은 믿음과 양심 이 두 가지가 모두 좋다.

엡4:17-24 그러므로 내가 이것을 말하며 주 안에서 증거하노니 이제부터는 이방인이 그 마음의 허망한 것으로 행함 같이 너희는 행하지 말라 저희 총명이 어두워지고 저희 가운데 있는 무지함과 저희 마음이 굳어짐으로 말미암아 하나님의 생명에서 떠나 있도다 저희가 감각 없는 자 되어 (중역 : 양심을 다 잃어버려) 자신을 방탕에 방임하여 모든 더러운 것을 욕심으로 행하되 오직 너희는 그리스도를 이같이 배우지 아니하였느니라 진리가 예수 안에 있는 것 같이 너희가 과연 그에게서 듣고 또한 그 안에서 가르침을 받았을찐대 너희는 유혹의 욕심을 따라 썩어져 가는 구습을 좇는 옛 사람을 벗어 버리고 오직 심령으로 새롭게 되어 하나님을 따라 의와 진리의 거룩함으로 지으심을 받은 새 사람을 입으라

속담에도 "양심에 부끄러운 일을 하지 않으면 귀신이 문을 열라고 해도 두려워하지 않는다 – 不做虧心事 不怕鬼叫門" 고 말한다. 주님을 믿는 사람들은 양심을 가볍게 혹은 소홀히 여겨서는 안된다. 왜냐하면 선한 양심은 항상 하나님을 향하여 찾아가기 때문이다.

> 벧전3:21 물은 예수 그리스도의 부활하심으로 말미암아 이제 너희를 구원하는 표니 곧 세례라 육체의 더러운 것을 제하여 버림이 아니요 오직 선한 양심이 하나님을 향하여 찾아가는 것이라

또한 성경은 이 귀중한 양심이 무엇으로 깨끗하게 되는지, 즉 무엇으로 바른 양심으로 변화되는지를 우리에게 분명히 가르쳐준다. 그것은 바로 예수 그리스도 십자가의 죽으심이다. 그러므로 누구든지 예수 그리스도 십자가 구원의 은혜를 진실로 아는 사람은 하나님과 사람에게 항상 깨끗하고 올바른 양심으로 행한다.

> 히9:14 하물며 영원하신 성령으로 말미암아 흠 없는 자기를 하나님께 드린 그리스도의 피가 어찌너희 양심으로 죽은 행실에서 깨끗하게 하고 살아계신 하나님을 섬기게 못하겠느뇨(중역: 어찌 너희 양심을 깨끗이 씻고 죽은 행실을 제거하며 살아계신 하나님을 섬기게 못하겠느뇨)

우리나라 최초의 신학잡지인 '신학월보' 1907년 4월호에는 다음과 같은 기록이 남아 있다. 1903년 원산 부흥운동 당시 교회를 다니지 않던 윤승근이라는 사람이 부흥회에 참여해 성령을 체험한 뒤 원산에서 자신의 집이 있는 김아까지 3일길을 걸어오면서 과거 기억나는 죄를 통회자복했다고 한다. 그는 10년 전 동전을 만드는 정부 화폐 주전소에서 일한 적이 있었는데 한꺼번에 두 달치 월급을 받은 일이 기억났다. 당시에는 횡재라 생각해 그냥 써

버렸는데 지금 그게 마음에 걸린 것이다. 그는 이것이 국가의 재정을 횡령한 일이라고 생각해 이자까지 모아 하디 선교사를 통해 정부에 반납했다. 당시 정부 관리는 이 돈을 돌려받으면서 '양심전'이라는 제목으로 영수증을 써 줬고 이후 기독교인들은 과거에 횡령했던 것들을 되돌려 주는 양심전 운동을 펼쳤다는 내용이다.

오늘날 사회에 물의를 일으키고 있는 이단 중의 하나는 '여호와의 증인'이다. 이는 19세기 미국에서 생긴 이단으로, 성경이 밝히지 않은 그리스도 재림의 해를 몇 차례 예언했다가 이루어지지 않아 결국 자신들의 비성경적인 정체만 더욱 드러나게 되었다. 뿐만 아니라 저들은 국기에 대한 경례 거부, 병역 거부, 수혈 거부 등을 하며 국가의 공공 선거에도 거의 참여하지 않는다. 저들에게 '나라'는 그렇게 중요한 대상이 되지 못하는 셈이요 무관심, 무책임에 가까운 대상이다.

특히 양심을 핑계로 병역의무를 거부함으로 많은 사람들에게 자신들은 '투철한 선한 양심의 사람'처럼 보이려 하지만, 실상은 그릇된 신앙을 위해 세뇌되어 시비를 분별하지 못하는 그릇된 양심의 어리석은 사람들이다. 양심은 하나님께서 주신 시비지심(是非之心–옳고 그름을 가릴 줄 아는 마음, 중역:롬 2:15)으로, 어떤 특별한 사람이나 집단에게만 주신 것이 아니라 모든 사람에게 주신 것이다. 선한 양심은 자기의 유익을 구치 아니하며, 공익을 추구함으로 이웃사랑을 실천하고, 항상 하나님을 향한다. 그러나 저들은 '신앙과 양심'이란 말로 자신들의 양심을 속이며, 그릇된 양심을 선한 양심으로 위장한다.

그러면 그들과 달리 군대 간 사람들은 모두 양심 없는 사람들인가? '국방의 의무'는 문자 그대로 침략과 전쟁이 목적이 아니라 '외국의 침략으로부터 나라를 지키기 위한 의무'이다. 내 나라, 우리나라 백성을 위험으로부터 지키기를 거부하면서 무슨 이웃사랑, 하나님 사랑을 말할 수 있는가? 만약 목숨 걸고 나라를 지키는 사람들이 지금까지 없었다면, 우리 나라는 이미 또 다시 침략 당해 나라를 빼앗기고 식민지 국가로 전락되었거나 공산화 되었을 것이다. 모든 사람이 시비지심으로 저들의 그릇됨을 손가락질 하는데 저들은 반대로 손가락질 하며 세상을 요란케 한다. 이는 결국 그릇된 양심으로 양심 없는 짓을 하고 있는 집단임을 스스로 자인하고 있는 꼴이다.

3. 역사를 통하여 심판하시는 하나님을 깨닫고 경외할 수 있다

창6:17-18 내가 홍수를 땅에 일으켜 무릇 생명의 기식 있는 육체를 천하에서 멸절하리니 땅에 있는 자가 다 죽으리라 그러나 너와는 내가 내 언약을 세우리니 너는 네 아들들과 네 아내와 네 자부들과 함께 그 방주로 들어가라

☞ 船(배 선) = 舟(배 주) + 八口(여덟 사람) : 노아의 방주

유1:5-7 너희가 본래 범사를 알았으나 내가 너희로 다시 생각나게 하고자 하노라 주께서 백성을 애굽에서 구원하여 내시고 후에 믿지 아니하는 자들을 멸하셨으며 또 자기 지위를 지키지 아니하고 자기 처소를 떠난 천사들을 큰 날의 심판까지 영원한 결박으로 흑암에 가두셨으며 소돔과 고모라와 그 이웃 도시들도 저희와 같은 모양으로 간음을 행하며 다른 색을 따라 가다가 영원한 불의 형벌을 받음으로 거울이 되었느니라

소돔(Sodom)의 위치는 오늘날의 사해(死海) 근방으로 추정한다. 'sodomy, 남색' 이 낱말은 'Sodom, 소돔'에서 유래된 것이다.

오늘날은 '동성애'와 '동성결혼'이란 말을 흔하게 듣는다. 그래서 "말세는 말세다"라는 뭇사람의 한탄도 함께 듣게 된다. 여전히 많은 사람들은 『'동성애'와 '동성결혼'이란 표현은 어불성설이요, 오히려 '동성음란' 혹은 '동성음행'이란 표현이 더 적합하며, 이는 공산주의보다 더 악하게 여겨야 한다. 왜냐하면 아직 남아있는 공산주의 국가는 독재와 위협으로 비록 자유를 제한

할지라도 그래도 가정, 사회 그리고 국가의 모습은 지금까지 유지하고 있다. 그러나 '동성음행'은 양심과 도덕을 무너뜨려 사람을 동물이하로 전락시키며, 가정과 사회를 암처럼 파괴해 나가고, 국가를 외부 침략없이도 자연히 망하게 하는 망국의 선봉이요, 인류에게 미래와 희망을 사라지게 하며, 또한 역사 속에서도 분명히 알 수 있는 하나님의 무서운 심판을 초래하는 비극적인 현상이기 때문이다.』는 말에 모두 공감하며 정상적인 결혼을 행한다.

그러나 설상가상으로 주로 속이 들여다보이는 어떤 정치인들은『동성애와 동성결혼을 지지한다』는 비양심적인 말을 내뱉는다. 그리 좋게 여기면 자기도 이혼하고 그리 살아야 하고, 자기 아들과 딸 모두 결혼시키지 말고 그리 살라고 강조해야 당연한데 실상은 전혀 그렇지 않다. 그들 모두 자신의 이중성과 특히 비겁성을 스스로 폭로하는 격이다.

"1974년 동성애를 미국정신질환분류(DSM)에서 삭제하기 위한 미국정신의학회의 표결이 있었다. 표결이 있기 수년 전부터 미국의 정신과 의사들은 게이 지지 그룹의 폭력적 시위와 압박, 협박편지 등에 줄기차게 시달리고 있었다. 당시 미국정신의학회 회원 1만7905명중 1만555명이 투표에 참여하여 5854명이 동성애를 질병에서 삭제하자는 의견에 찬성한다. 전체 미국정신과 의사회원의 과반수도 아닌 32.7%의 찬성으로 동성애가 정신과 질병분류에서 빠지게 된다.

3년 후 1977년 타임지에서 다시 설문조사를 실시했다. 설문결과 대다수(69%)의 정신과 의사들은 이전 표결 결과와는 달리 여전히 동성애를 질병으로 생각한다는 상반된 결과를 얻게 된다. 이 결과를 두고 동성애를 질병분류에서 빼기 위해 앞장섰던 로센과 바바라 기킹스는 그의 저서에서 "의학적(과학적) 결정이기보다는 정치적 결정이었다"고 고백한다. 정신과 의사들이 동성애 지지그룹의 정치력에 무릎을 꿇은 것이다. 정치가 의학을 이겼다. 지성과 이성을 감성과 압력으로 무너뜨린 사건이다." (정치가 과학을 이겼다-국민일보 2017.08.29)『동성애와 동성결혼은 자신과 상대방을 쾌락위주의 동물이하 인간으로 타락시키며, 가정과 사회 그리고 국가를 무너뜨리고 망하게 한다. 생각해 보라! 저들이 행하는 세상대로라면, 출산은 없고 병으로 사망자만 평균보다 훨씬 늘어나니, 30년이란 한 세대안에 모든 초중고와 대학교는 문을 닫게 되고, 군대도 어쩔수 없이 사라지고, 사람들은 갈수록 희소하여 국가체제는 붕괴되고, 또다시 30년이 지나면 국가는 적의 침입이 없어도 완전 자멸하게 될 것이다.

이처럼 이 죄악은 역사가 증언하고 있는 뚜렷한 심판과 멸망을 초래하는 죄악인데 왜 어찌하여 사법기관이나 국정원이나 그리고 대통령은 수수방관하는지 이해할 수가 없다. 또한 경고하고 계몽하며 선도할 막중한 책임이 있는 각종 언론매체는 도대체 눈과 귀를 어디에 두고 왜 입 다물고 있는지? 그리고 똥과 된장을 구별 못하는 자칭 똑똑한 사람들은 도라지 타령도 제대로 못하는 주제에 감히 인권 타령 운운하며 왜 그리 구역질나게 나서대는지? 참으로 답답하고 꼴불견이다!』

백성들의 이런 탄식이 '한때 과거의 탄식'으로 어서 속히 바뀌면 정말 좋겠다.

예수님께서 세상에 오시기 이전뿐만 아니라 또한 오신 이후에도 예수님을 전혀 알지 못하는 사람들은 하나님께서 어떻게 그들을 심판하실까? 성경에는 분명하게 하나님께서 각 사람의 행위를 따라서 갚으신다고 기록되어 있다.

> 렘17:9-10 만물보다 거짓되고 심히 부패한 것은 마음이라 누가 능히 이를 알리요마는 나 여호와는 심장을 살피며 폐부를 시험하고 각각 그 행위와 그 행실대로 보응하느니라

> 롬2:6-16 하나님께서 각 사람에게 그 행한대로 보응하시되 참고 선을 행하

> 여 영광과 존귀와 썩지 아니함을 구하는 자에게는 영생으로 하시고 오직 당을 지어 진리를 좇지 아니하고 불의를 좇는 자에게는 노와 분으로 하시리라 악을 행하는 각 사람의 영에게 환난과 곤고가 있으리니 첫째는 유대인에게요 또한 헬라인에게며 선을 행하는 각 사람에게는 영광과 존귀와 평강이 있으리니 첫째는 유대인에게요 또한 헬라인에게라 이는 하나님께서 외모로 사람을 취하지 아니하심이니라 무릇 율법 없이 범죄한 자는 또한 율법 없이 망하고 무릇 율법이 있고 범죄한 자는 율법으로 말미암아 심판을 받으리라 하나님 앞에서는 율법을 듣는 자가 의인이 아니요 오직 율법을 행하는 자라야 의롭다 하심을 얻으리니 (율법 없는 이방인이 본성으로 율법의 일을 행할 때는 이 사람은 율법이 없어도 자기가 자기에게 율법이 되나니 이런 이들은 그 양심이 증거가 되어 그 생각들이 서로 혹은 송사하며 혹은 변명하여 그 마음에 새긴 율법의 행위를 나타내느니라) 곧 내 복음에 이른 바와 같이 하나님이 예수 그리스도로 말미암아 사람들의 은밀한 것을 심판하시는 그날이라

하나님의 형상대로 지음받은 사람들은 누구든지 일반 계시(우주, 만물, 자연, 이성, 양심, 역사… 등등)를 통하여 모두 하나님께 대한 자신의 앎(인식)이 있다. 그러므로 하나님께서는 그들의 하나님께 대한 성실성에 근거하여 그들 각 사람을 심판하실 것이다. 왜냐하면 각 사람의 행위 속에는 반드시 하나님께 대한 자신의 성실성이 들어 있기 때문이다.

그러면 왜 복음을 전해야 하는가? 사람들이 하나님의 존재에 대하여 믿지 않거나 혹은 확신이 없으면, 자기 옳은대로 행하고, 우상을 숭배하고, 죄악에 빠져 살게 되어 하나님을 경외할 수 없게 된다. 그런 사람은 결국 평안도 삶의 의미도 그리고 삶의 목적도 없이 살다가 소망없이 이 세상을 떠나게 된다.

한 소년이 신실한 기독교 가정에서 태어나 부모를 따라 열심히 교회에 출석하며 신앙생활을 하였다. 그러나 청년기에 교회를 떠나 세상 속으로 빠져들었다. 그는 유명한 작가가 되어 많은 작품을 남겼다. 하나님을 버린 대신 세상의 모든 것을 얻은 듯했다. 그러나 1961년 7월 2일 세상을 떠들썩하게

만든 한 사건이 발생했다. 가장 성공한 사람으로 칭송 받던 바로 그 사람이 참혹한 시체로 발견된 것이다. 그는 자신의 몸을 엽총으로 쏴 자살했다. 유서에는 다음과 같은 글이 적혀 있었다. "나는 방전된 건전지와 같은 존재다. 전원을 찾지 못한 고장 난 코드다. 인생의 공허와 고독을 달랠 길이 없구나." 이것이 세계적인 작가 헤밍웨이의 비극적인 마지막 모습이었다.

> 롬3:9-18 그러면 어떠하뇨 우리는 나으뇨 결코 아니라 유대인이나 헬라인이나 다 죄 아래 있다고 우리가 이미 선언하였느니라 기록한바 의인은 없나니 하나도 없으며 깨닫는 자도 없고 하나님을 찾는 자도 없고 다 치우쳐 한가지로 무익하게 되고 선을 행하는 자는 없나니 하나도 없도다 저희 목구멍은 열린 무덤이요 그 혀로는 속임을 베풀며 그 입술에는 독사의 독이 있고 그 입에는 저주와 악독이 가득하고 그 발은 피 흘리는데 빠른지라 파멸과 고생이 그 길에 있어 평강의 길을 알지 못하였고 저희 눈앞에 하나님을 두려워함이 없느니라 함과 같으니라

그러므로 바울은 유대인과 헬라인들에게「하나님께 대하여 회개하고, 우리 주 예수 그리스도를 믿으라」고 전도하며 증거했던 것이다. 왜냐하면 이 세상에는 우리로 하여금 하나님을 알지 못하게 하는 다양한 방해물이 많이 있어서 이로 인해 누구든지 자기 지혜만으로는 하나님을 바르게, 명백하게 알 수가 없기 때문이다.

> 고전1:21 하나님의 지혜에 있어서는 이 세상이 자기 지혜로 하나님을 알지 못하는고로 하나님께서 전도의 미련한 것으로 믿는 자들을 구원하시기를 기뻐하셨도다

특히 감사한 일은 바로 예수 그리스도께서 우리에게 하나님을 가장 분명히 보여주셨다는 것이다.

요17:3 영생은 곧 유일하신 참 하나님과 그의 보내신 자 예수 그리스도를 아는 것이니이다

불문법(양심)이든 성문법(율법)이든 이것들을 통해서는 누구도 하나님께 의롭다 하심을 얻지 못한다. 오직 하나님의 아들 예수 그리스도를 믿음으로써만 은혜로 의를 얻게 된다. 예수 그리스도께 대한 믿음은 오히려 양심을 새롭게 하고, 율법을 완전케 한다. 그래서 선한 양심은 항상 하나님을 향하고(벧전3:21), 율법은 우리 자신에게는 절망을 주며 율법의 마침이 되시는(롬10:4) 그리스도에게로 우리를 인도한다(갈3:24). 그리고 복음은 우리로 하나님의 사랑과 은혜에 감사감격케 하며 새 사람을 만들어 낸다.

그러므로 누구든지 이 은혜의 천국 복음을 받아 들인 사람은 차별없이 영생을 얻고, 이로 인하여 평안을 누리며, 삶의 의미와 목적을 분명히 갖고, 소망 중에 성결하게 살게 된다. 즉 십자가 구원의 기쁨 속에 하나님을 사랑하고, 이웃을 사랑하며, 소망 중에 성결하게 살아간다. 이러한 삶은 정말로 얼마나 귀한가! 이것이 바로 우리가 복음을 전해야 하는 이유이다.

Ⅱ. 특별계시

1. 하나님께서는 성경을 통하여 하나님 자신을 우리에게 더 명확하게 계시하여 주신다

1) 창조주 하나님

2) 사랑의 하나님

① 창세 이전의 사랑

하나님께서는 창세 이전부터 우리를 사랑하신다.

엡1:3-6 찬송하리로다 하나님 곧 우리 주 예수 그리스도의 아버지께서 그리스도 안에서 하늘에 속한 모든 신령한 복으로 우리에게 복 주시되 곧 창세 전에 그리스도 안에서 우리를 택하사 우리로 사랑 안에서 그 앞에 거룩하고 흠이 없게 하시려고 그 기쁘신 뜻대로 우리를 예정하사 예수 그리스도로 말미암아 자기의 아들들이 되게 하셨으니 이는 그의 사랑하시는 자 안에서 우리에게 거저 주시는바 그의 은혜의 영광을 찬미하게 하려는 것이라

롬8:29-30 하나님이 미리 아신 자들로 또한 그 아들의 형상을 본받게 하기 위하여 미리 정하셨으니 이는 그로 많은 형제 중에서 맏아들이 되게 하려 하심이니라 또 미리 정하신 그들을 또한 부르시고 부르신 그들을 또한 의롭다 하시고 의롭다 하신 그들을 또한 영화롭게 하셨느니라

② 창조 때의 사랑

하나님은 창조자시요, 또한 자기 형상대로 우리를 창조하셨다. 여기에서 우리는 하나님의 사랑을 발견할 수 있다.

창1:27-28 하나님이 자기 형상 곧 하나님의 형상대로 사람을 창조하시되 남자와 여자를 창조하시고 하나님이 그들에게 복을 주시며 그들에게 이르시되 생육하고 번성하여 땅에 충만하라, 땅을 정복하라, 바다의 고기와 공중의 새와 땅에 움직이는 모든 생물을 다스리라 하시니라

어느 날 길을 가고 있을 때, 뒤에서 부르는 작은 목소리가 있었다. 한 할머님이 나를 부르신 것이었다. 전혀 모르는 분이었는데, 말씀하시기를 나의 뒷모습과 당신 아들의 뒷 모습이 매우 닮았다는 것이었다. 우리의 조상은 원숭이가 아니다. 우리는 모두 하나님의 형상대로 창조되었다. 그래서 모두가 존귀한 자다.

③ 우리가 범죄한 이후의 사랑

요1:14 말씀이 육신이 되어 우리 가운데 거하시매 우리가 그 영광을 보니 아버지의 독생자의 영광이요 은혜와 진리가 충만하더라

딤전1:15 미쁘다 모든 사람이 받을만한 이 말이여 그리스도 예수께서 죄인을 구원하시려고 세상에 임하셨다 하였도다 죄인 중에 내가 괴수니라

요3:16 하나님이 세상을 이처럼 사랑하사 독생자를 주셨으니 이는 저를 믿는 자마다 멸망치 않고 영생을 얻게 하려 하심이니라

요일3:16 그가 우리를 위하여 목숨을 버리셨으니 우리가 이로써 사랑을 알고 우리도 형제들을 위하여 목숨을 버리는 것이 마땅하니라

요일4:8-10 사랑하지 아니하는 자는 하나님을 알지 못하나니 이는 하나님은 사랑이심이라 하나님의 사랑이 우리에게 이렇게 나타난바 되었으니 하나님이 자기의 독생자를 세상에 보내심은 저로 말미암아 우리를 살리려 하심이니라 사랑은 여기 있으니 우리가 하나님을 사랑한 것이 아니요 오직 하나님이 우리를 사랑하사 우리 죄를 위하여 화목제로 그 아들을 보내셨음이니라

롬5:6-8 우리가 아직 연약할 때에 기약대로 그리스도께서 경건치 않은 자를 위하여 죽으셨도다 의인을 위하여 죽는 자가 쉽지 않고 선인을 위하여 용감히 죽는 자가 혹 있거니와 우리가 아직 죄인 되었을 때에 그리스도께서 우리를 위하여 죽으심으로 하나님께서 우리에게 대한 자기의 사랑을 확증하셨느니라

고전2:2 내가 너희 중에서 예수 그리스도와 그의 십자가에 못 박히신 것 외에는 아무 것도 알지 아니하기로 작정하였음이라

갈6:14 그러나 내게는 우리 주 예수 그리스도의 십자가 외에 결코 자랑할 것이 없으니 그리스도로 말미암아 세상이 나를 대하여 십자가에 못 박히고 내가 또한 세상을 대하여 그러하니라

엡3:18-19 능히 모든 성도와 함께 지식에 넘치는 그리스도의 사랑을 알아 그 넓이와 길이와 높이와 깊이가 어떠함을 깨달아 하나님의 모든 충만하신 것으로 너희에게 충만하게 하시기를 구하노라

요일3:1 보라 아버지께서 어떠한 사랑을 우리에게 주사 하나님의 자녀라 일컬음을 얻게 하셨는고, 우리가 그러하도다 그러므로 세상이 우리를 알지 못함은 그를 알지 못함이니라

말씀이 육신이 되신 것은 곧 내려오신 사랑이요, 죄인을 위하여 생명을 버리신 것은 희생의 사랑이다. 하나님께서는 우리 죄인으로 하여금 하나님의 자녀가 되게 하시고, 하나님을 아바 아버지라 부를 수 있게 하셨다. 이는 본래 소망이 없던 우리를 용서하시고, 더 나아가 하나님의 자녀가 되게 하신 것이다. 이 모두는 우리가 전혀 생각하지 못했던 것으로 놀랍고 탄복할 일이다.

④ 풍성하고 무한한 사랑

시23편 : 가득한 하나님의 사랑

마6:25-33 그러므로 내가 너희에게 이르노니 목숨을 위하여 무엇을 먹을까 무엇을 마실까 몸을 위하여 무엇을 입을까 염려하지 말라 목숨이 음식보다 중하지 아니하며 몸이 의복보다 중하지 아니하냐 공중의 새를 보라 심지도 않고 거두지도 않고 창고에 모아 들이지도 아니하되 너희 천부께서 기르시나니 너희는 이것들보다 귀하지 아니하냐 너희 중에 누가 염려함으로 그 키를 한 자나 더할 수 있느냐 또 너희가 어찌 의복을 위하여 염려하느냐 들의 백합화가 어떻게 자라는가 생각하여 보라 수고도 아니하고 길쌈도 아니하느니라 그러나 내가 너희에게 말하노니 솔로몬의 모든 영광으로도 입은 것이 이 꽃 하나만 같지 못하였느니라 오늘 있다가 내일 아궁이에 던지우는 들풀도 하나님이 이렇게 입히시거든 하물며 너희일까보냐 믿음이 적은 자들아 그러므로 염려하여 이르기를 무엇을 먹을까 무엇을 마실까 무엇을 입을까 하지 말라 이는 다 이방인들이 구하는 것이라 너희 천부께서 이 모든 것이 너희에게 있어야 할 줄을 아시느니라 너희는 먼저 그의 나라와 그의 의를

구하라 그리하면 이 모든 것을 너희에게 더하시리라

롬8:32 자기 아들을 아끼지 아니하시고 우리 모든 사람을 위하여 내어주신 이가 어찌 그 아들과 함께 모든 것을 우리에게 은사로 주지 아니하시겠느뇨

눅15장: 잃은 양, 잃은 돈, 탕자의 비유

겔33:11 주 여호와의 말씀에 나의 삶을 두고 맹세하노니 나는 악인의 죽는 것을 기뻐하지 아니하고 악인이 그 길에서 돌이켜 떠나서 사는 것을 기뻐하노라 이스라엘 족속아 돌이키고 돌이키라 너희 악한 길에서 떠나라 어찌 죽고자 하느냐 하셨다 하라

시68:19 날마다 우리 짐을 지시는 주 곧 우리의 구원이신 하나님을 찬송할찌로다

레19:9-10 너희 땅의 곡물을 벨 때에 너는 밭 모퉁이까지 다 거두지 말고 너의 떨어진 이삭도 줍지 말며 너의 포도원의 열매를 다 따지 말며 너의 포도원에 떨어진 열매도 줍지 말고 가난한 사람과 타국인을 위하여 버려 두라 나는 너희 하나님 여호와니라

요13:3-5 저녁 먹는 중 예수는 아버지께서 모든 것을 자기 손에 맡기신 것과 또 자기가 하나님께로부터 오셨다가 하나님께로 돌아가실 것을 아시고 저녁 잡수시던 자리에서 일어나 겉옷을 벗고 수건을 가져다가 허리에 두르시고 이에 대야에 물을 담아 제자들의 발을 씻기시고 그 두르신 수건으로 씻기기를 시작하시니라

고전13장

고전13장은 인류 역사상 가장 유명한 사랑의 내용을 담고 있다. 사랑을 논하는 그 어떤 것도 이와 비교할 수 없다. 어떤 때 비 온 뒤 하늘에 무지개가

나타난다. 이는 곧 햇빛이 일곱 색깔의 무지개로 바뀐 것이다. 이처럼 고전 13장의 내용은 참 사랑을 여러 가지로 형용해 낸 것이다.

요14:1-3 너희는 마음에 근심하지 말라 하나님을 믿으니 또 나를 믿으라 내 아버지 집에 거할 곳이 많도다 그렇지 않으면 너희에게 일렀으리라 내가 너희를 위하여 처소를 예비하러 가노니 가서 너희를 위하여 처소를 예비하면 내가 다시 와서 너희를 내게로 영접하여 나 있는 곳에 너희도 있게 하리라

3) 가정을 세우신 하나님

마19:4-6 예수께서 대답하여 가라사대 사람을 지으신 이가 본래 저희를 남자와 여자로 만드시고 말씀하시기를 이러므로 사람이 그 부모를 떠나서 아내에게 합하여 그 둘이 한 몸이 될찌니라 하신 것을 읽지 못하였느냐 이러한즉 이제 둘이 아니요 한 몸이니 그러므로 하나님이 짝지어 주신 것을 사람이 나누지 못할찌니라 하시니라

4) 살아계신 유일의 하나님

출15:11 여호와여 신 중에 주와 같은 자 누구니이까 주와 같이 거룩함에 영광스러우며 찬송할만한 위엄이 있으며 기이한 일을 행하는 자 누구니이까

신4:32-40 네가 있기 전 하나님이 사람을 세상에 창조하신 날부터 지금까지 지나간 날을 상고하여 보라 하늘 이 끝에서 저 끝까지 이런 큰 일이 있었느냐 이런 일을 들은 적이 있었느냐 어떤 국민이 불 가운데서 말씀하시는 하나님의 음성을 너처럼 듣고 생존하였었느냐 어떤 신이 와서 시험과 이적과 기사와 전쟁과 강한 손과 편 팔과 크게 두려운 일로 한 민족을 다른 민족에게서 인도하여 낸 일이 있느냐 이는 다 너희 하나님 여호와께서 애굽에서 너희를 위하여 너희의 목전에서 행하신 일이라 이것을 네게 나타내심은 여호와는 하나님이시요 그 외에는 다른 신이 없음을 네게 알게 하려 하심이니라 ~ 그런즉 너는 오늘날 상천 하지에 오직 여호와는 하나님이시요 다른 신이 없는 줄을 알아 명심하고 오늘 내가 네게 명하는 여호와의 규례와 명령을 지키라 너와 네 후손이 복을 받아 네 하나님 여호와께서 네게 주시는 땅에서

한 없이 오래 살리라

신6:4-9 이스라엘아 들으라 우리 하나님 여호와는 오직 하나인 여호와시니 너는 마음을 다하고 성품을 다하고 힘을 다하여 네 하나님 여호와를 사랑하라 ~

신10:12-22 ~ 너희의 하나님 여호와는 신의 신이시며 주의 주시요 크고 능하시며 두려우신 하나님이시라 사람을 외모로 보지 아니하시며 뇌물을 받지 아니하시고 고아와 과부를 위하여 신원하시며 나그네를 사랑하사 그에게 식물과 의복을 주시나니 ~

신16:21-22 네 하나님 여호와를 위하여 쌓은 단 곁에 아무 나무로든지 아세라상을 세우지 말며 자기를 위하여 주상을 세우지 말라 네 하나님 여호와께서 미워하시느니라

신30:15-16 보라 내가 오늘날 생명과 복과 사망과 화를 네 앞에 두었나니 곧 내가 오늘날 너를 명하여 네 하나님 여호와를 사랑하고 그 모든 길로 행하며 그 명령과 규례와 법도를 지키라 하는 것이라 그리하면 네가 생존하며 번성할 것이요 또 네 하나님 여호와께서 네가 가서 얻을 땅에서 네게 복을 주실 것임이니라

수2:8-14 두 사람이 눕기 전에 라합이 지붕에 올라가서 그들에게 이르러 말하되 여호와께서 이 땅을 너희에게 주신 줄을 내가 아노라 우리가 너희를 심히 두려워하고 이 땅 백성이 다 너희 앞에 간담이 녹나니 이는 너희가 애굽에서 나올 때에 여호와께서 너희 앞에서 홍해 물을 마르게 하신 일과 너희가 요단 저편에 있는 아모리 사람의 두 왕 시혼과 옥에게 행한 일 곧 그들을 전멸시킨 일을 우리가 들었음이라 우리가 듣자 곧 마음이 녹았고 너희의 연고로 사람이 정신을 잃었나니 너희 하나님 여호와는 상천 하지에 하나님이시니라 ~

삼하7:22 여호와 하나님이여 이러므로 주는 광대하시니 이는 우리 귀로 들

은대로는 주와 같은 이가 없고 주 외에는 참 신이 없음이니이다

왕상8:22-23 솔로몬이 여호와의 단 앞에서 이스라엘의 온 회중을 마주서서 하늘을 향하여 손을 펴고 가로되 이스라엘 하나님 여호와여 상천 하지에 주와 같은 신이 없나이다 주께서는 온 마음으로 주의 앞에서 행하는 종들에게 언약을 지키시고 은혜를 베푸시나이다

시136편

단2:47 왕이 대답하여 다니엘에게 이르되 너희 하나님은 참으로 모든 신의 신이시요 모든 왕의 주재시로다 네가 능히 이 은밀한 것을 나타내었으니 네 하나님은 또 은밀한 것을 나타내시는 자시로다

단3:1-30
단3:28-30 느부갓네살이 말하여 가로되 사드락과 메삭과 아벳느고의 하나님을 찬송할찌로다 그가 그 사자를 보내사 자기를 의뢰하고 그 몸을 버려서 왕의 명을 거역하고 그 하나님 밖에는 다른 신을 섬기지 아니하며 그에게 절하지 아니한 종들을 구원하셨도다 그러므로 내가 이제 조서를 내리노니 각 백성과 각 나라와 각 방언하는 자가 무릇 사드락과 메삭과 아벳느고의 하나님께 설만히 말하거든 그 몸을 쪼개고 그 집으로 거름터를 삼을찌니 이는 이같이 사람을 구원할 다른 신이 없음이니라 하고 왕이 드디어 사드락과 메삭과 아벳느고를 바벨론 도에서 더욱 높이니라

단4:1-37

단4:34-37 그 기한이 차매 나 느부갓네살이 하늘을 우러러 보았더니 내 총명이 다시 내게로 돌아온지라 이에 내가 지극히 높으신 자에게 감사하며 영생하시는 자를 찬양하고 존경하였노니 그 권세는 영원한 권세요 그 나라는 대대에 이르리로다 땅의 모든 거민을 없는 것 같이 여기시며 하늘의 군사에게든지 땅의 거민에게든지 그는 자기 뜻대로 행하시나니 누가 그의 손을 금하든지 혹시 이르기를 네가 무엇을 하느냐 할 자가 없도다 ~ 그러므로 지금

나 느부갓네살이 하늘의 왕을 찬양하며 칭송하며 존경하노니 그의 일이 다 진실하고 그의 행하심이 의로우시므로 무릇 교만하게 행하는 자를 그가 능히 낮추심이니라

단5:1-31 벨사살왕이 그 귀인 일천명을 위하여 큰 잔치를 배설하고 그 일천명 앞에서 술을 마시니라 ~ 그 때에 사람의 손가락이 나타나서 왕궁 촛대 맞은편 분벽에 글자를 쓰는데 왕이 그 글자 쓰는 손가락을 본지라 이에 왕의 즐기던 빛이 변하고 그 생각이 번민하여 넓적다리 마디가 녹는듯하고 그 무릎이 서로 부딪힌지라 ~ 벨사살이여 왕은 그의 아들이 되어서 이것을 다 알고도 오히려 마음을 낮추지 아니하고 도리어 스스로 높여서 하늘의 주재를 거역하고 그 전 기명을 왕의 앞으로 가져다가 왕과 귀인들과 왕후들과 빈궁들이 다 그것으로 술을 마시고 왕이 또 보지도 듣지도 알지도 못하는 금, 은, 동, 철과 목, 석으로 만든 신상들을 찬양하고 도리어 왕의 호흡을 주장하시고 왕의 모든 길을 작정하시는 하나님께는 영광을 돌리지 아니한지라 이러므로 그의 앞에서 이 손가락이 나와서 이 글을 기록하였나이다 기록한 글자는 이것이니 ~

단6:25-27 이에 다리오왕이 온 땅에 있는 모든 백성과 나라들과 각 방언하는 자들에게 조서를 내려 가로되 원컨대 많은 평강이 너희에게 있을찌어다 내가 이제 조서를 내리노라 내 나라 관할 아래 있는 사람들은 다 다니엘의 하나님 앞에서 떨며 두려워할찌니 그는 사시는 하나님이시요 영원히 변치 않으실 자시며 그 나라는 망하지 아니할 것이요 그 권세는 무궁할 것이며 그는 구원도 하시며 건져내기도 하시며 하늘에서든지 땅에서든지 이적과 기사를 행하시는 자로서 다니엘을 구원하여 사자의 입에서 벗어나게 하셨음이니라 하였더라

행14:8-18 루스드라에 발을 쓰지 못하는 한 사람이 있어 앉았는데 나면서 앉은뱅이 되어 걸어 본 적이 없는 자라 바울의 말하는 것을 듣거늘 바울이 주목하여 구원받을만한 믿음이 그에게 있는것을 보고 큰 소리로 가로되 네 발로 바로 일어서라 하니 그 사람이 뛰어 걷는지라 무리가 바울의 행한 일을 보고 루가오니아 방언으로 소리질러 가로되 신들이 사람의 형상으로 우

리 가운데 내려 오셨다 ~ 두 사도 바나바와 바울이 듣고 옷을 찢고 무리 가운데 뛰어 들어가서 소리질러 가로되 여러분이여 어찌하여 이러한 일을 하느냐 우리도 너희와 같은 성정을 가진 사람이라 너희에게 복음을 전하는 것은 이 헛된 일을 버리고 천지와 바다와 그 가운데 만유를 지으시고 살아 계신 하나님께로 돌아 오라 함이라 ~

행17:22-29 바울이 아레오바고 가운데 서서 말하되 아덴 사람들아 ~ 우주와 그 가운데 있는 만유를 지으신 신께서는 천지의 주재시니 손으로 지은 전에 계시지 아니하시고 또 무엇이 부족한 것처럼 사람의 손으로 섬김을 받으시는 것이 아니니 이는 만민에게 생명과 호흡과 만물을 친히 주시는 자이심이라 ~ 그는 우리 각 사람에게서 멀리 떠나 계시지 아니하도다 우리가 그를 힘입어 살며 기동하며 있느니라 너희 시인 중에도 어떤 사람들의 말과 같이 우리가 그의 소생이라 하니 이와 같이 신의 소생이 되었은즉 신을 금이나 은이나 돌에다 사람의 기술과 고안으로 새긴 것들과 같이 여길 것이 아니니라

딤전6:15-16 기약이 이르면 하나님이 그의 나타나심을 보이시리니 하나님은 복되시고 홀로 한 분이신 능하신 자이며 만왕의 왕이시며 만주의 주시요 오직 그에게만 죽지 아니함이 있고 가까이 가지 못할 빛에 거하시고 아무 사람도 보지 못하였고 또 볼 수 없는 자시니 그에게 존귀와 영원한 능력을 돌릴찌어다 아멘

우상은 세상에서 아무것도 아니다. 살아계신 하나님은 오직 한 분이시다.

고전8:4-7 그러므로 우상의 제물 먹는 일에 대하여는 우리가 우상은 세상에 아무 것도 아니며 또한 하나님은 한분 밖에 없는줄 아노라 비록 하늘에나 땅에나 신이라 칭하는 자가 있어 많은 신과 많은 주가 있으나 그러나 우리에게는 한 하나님 곧 아버지가 계시니 만물이 그에게서 났고 우리도 그를 위하며 또한 한 주 예수 그리스도께서 계시니 만물이 그로 말미암고 우리도 그로 말미암았느니라 그러나 이 지식은 사람마다 가지지 못하여 어떤이들은 지금까지 우상에 대한 습관이 있어 우상의 제물로 알고 먹는고로 그들의 양심이 약하여지고 더러워지느니라

요4:24 하나님은 영이시니 예배하는 자가 신령과 진정으로 예배할찌니라

이처럼 하나님은 육안으로는 보이지 않는 분이시기 때문에 믿음이 필요하다.

히11:6 믿음이 없이는 기쁘시게 못하나니 하나님께 나아가는 자는 반드시 그가 계신 것과 또한 그가 자기를 찾는 자들에게 상 주시는 이심을 믿어야 할찌니라

5) 경고의 하나님

창2:15-17 여호와 하나님이 그 사람을 이끌어 에덴 동산에 두사 그것을 다스리며 지키게 하시고 여호와 하나님이 그 사람에게 명하여 가라사대 동산 각종 나무의 실과는 네가 임의로 먹되 선악을 알게하는 나무의 실과는 먹지 말라 네가 먹는 날에는 정녕 죽으리라 하시니라

하나님께서는 우리 사람을 로봇 같은 기계로 만들지 아니하시고 하나님의 형상대로 존귀하게 인격체로 창조하셨다. 그러므로 하나님은 창조자시요 우리 인간은 피조물이다. 여기에는 반드시 분명한 구별이 필요하다. 그것이 바로 선악과다. 많은 차가 다니는 도로의 중앙선은 반드시 지켜야 하는 생명선과 같다. 만약 무시되면 바로 죽음과 직결된다. 그러므로 선악과를 탓하는 사람은 마치 중앙선을 탓하는 사람과 같다.

6) 심판의 하나님

심판=상+벌

삿1:4-7 유다가 올라가매 여호와께서 가나안 사람과 브리스 사람을 그들의 손에 붙이신지라 그들이 베섹에서 일만명을 죽이고 또 베섹에서 아도니 베섹을 만나서 그와 싸워 가나안 사람과 브리스 사람을 죽이니 아도니 베섹이 도망하는지라 그를 쫓아가서 잡아 그 수족의 엄지가락을 끊으매 아도니 베

섹이 가로되 옛적에 칠십 왕이 그 수족의 엄지가락을 찍히고 내 상 아래서 먹을 것을 줍더니 하나님이 나의 행한대로 내게 갚으심이로다 하니라 무리가 그를 끌고 예루살렘에 이르렀더니 그가 거기서 죽었더라

렘17:9-10 만물보다 거짓되고 심히 부패한 것은 마음이라 누가 능히 이를 알리요마는 나 여호와는 심장을 살피며 폐부를 시험하고 각각 그 행위와 그 행실대로 보응하느니라

유1:4-7 이는 가만히 들어온 사람 몇이 있음이라 저희는 옛적부터 이 판결을 받기로 미리 기록된 자니 경건치 아니하여 우리 하나님의 은혜를 도리어 색욕거리로 바꾸고 홀로 하나이신 주재 곧 우리 주 예수 그리스도를 부인하는 자니라 너희가 본래 범사를 알았으나 내가 너희로 다시 생각나게 하고자 하노라 주께서 백성을 애굽에서 구원하여 내시고 후에 믿지 아니하는 자들을 멸하셨으며 또 자기 지위를 지키지 아니하고 자기 처소를 떠난 천사들을 큰 날의 심판까지 영원한 결박으로 흑암에 가두셨으며 소돔과 고모라와 그 이웃 도시들도 저희와 같은 모양으로 간음을 행하며 다른 색을 따라 가다가 영원한 불의 형벌을 받음으로 거울이 되었느니라
히9:27 한번 죽는 것은 사람에게 정하신 것이요 그 후에는 심판이 있으리라

마25:31-46 인자가 자기 영광으로 모든 천사와 함께 올때에 자기 영광의 보좌에 앉으리니 모든 민족을 그 앞에 모으고 각각 분별하기를 목자가 양과 염소를 분별하는것 같이 하여 양은 그 오른편에, 염소는 왼편에 두리라 그 때에 임금이 그 오른편에 있는 자들에게 이르시되 내 아버지께 복 받을 자들이여 나아와 창세로부터 너희를 위하여 예비된 나라를 상속하라 ~ 임금이 대답하여 가라사대 내가 진실로 너희에게 이르노니 너희가 여기 내 형제 중에 지극히 작은 자 하나에게 한 것이 곧 내게 한 것이니라 하시고 또 왼편에 있는 자들에게 이르시되 저주를 받은 자들아 ~ 내가 진실로 너희에게 이르노니 이 지극히 작은 자 하나에게 하지 아니한 것이 곧 내게 하지 아니한 것이니라 하시리니 저희는 영벌에, 의인들은 영생에 들어가리라 하시니라

계22:12-15 보라 내가 속히 오리니 내가 줄 상이 내게 있어 각 사람에게 그

의 일한대로 갚아 주리라 나는 알파와 오메가요 처음과 나중이요 시작과 끝이라 그 두루마기를 빠는 자들은 복이 있으니 이는 저희가 생명 나무에 나아가며 문들을 통하여 성에 들어갈 권세를 얻으려 함이로다 개들과 술객들과 행음자들과 살인자들과 우상 숭배자들과 및 거짓말을 좋아하며 지어내는 자마다 성밖에 있으리라

7) 긍휼의 하나님

8) 용서의 하나님

9) 치료의 하나님

10) 구원의 하나님

시18:1-2 나의 힘이 되신 여호와여 내가 주를 사랑하나이다 여호와는 나의 반석이시요 나의 요새시요 나를 건지시는 자시요 나의 하나님이시요 나의 피할 바위시요 나의 방패시요 나의 구원의 뿔이시요 나의 산성이시로다

11) 연약한 사람을 돌보시는 하나님

누가 연약한 사람인가? 유대인들은 자신들은 하나님의 백성이라고 여기며 이방인들을 멸시하였다. 그들은 하나님께서는 지옥 불을 위한 땔감으로 이방인들을 창조하셨다고까지 생각하였다. 당시 세리들은 면허증 가진 강도로 여김 받고, 무시 당하고, 한센병자(문둥병자)들은 살아있는 시체요, 하나님께 저주 받은 자로 여겨졌다. 또한 여자들과 어린이들은 모두 무시 당하여 인구에도 계산되지 않았다. 그리고 고아와 과부, 남종과 여종, 장애인, 병든 사람, 노인, 가난한 사람, 배우지 못한 사람, 타향살이 하는 나그네... 등등은 모두 시대를 초월하여 연약한 사람들이다.

출20:8-11 안식일을 기억하여 거룩히 지키라 엿새 동안은 힘써 네 모든 일을 행할 것이나 제 칠일은 너의 하나님 여호와의 안식일인즉 너나 네 아들이나 네 딸이나 네 남종이나 네 여종이나 네 육축이나 네 문안에 유하는 객이

라도 아무 일도 하지 말라 이는 엿새 동안에 나 여호와가 하늘과 땅과 바다와 그 가운데 모든 것을 만들고 제 칠일에 쉬었음이라 그러므로 나 여호와가 안식일을 복되게 하여 그 날을 거룩하게 하였느니라

레19:9-10 너희 땅의 곡물을 벨 때에 너는 밭 모퉁이까지 다 거두지 말고 너의 떨어진 이삭도 줍지 말며 너의 포도원의 열매를 다 따지 말며 너의 포도원에 떨어진 열매도 줍지 말고 가난한 사람과 타국인을 위하여 버려 두라 나는 너희 하나님 여호와니라

신16:9-15 ~ 네 하나님 여호와 앞에 칠칠절을 지키되 네 하나님 여호와께서 네게 복을 주신대로 네 힘을 헤아려 자원하는 예물을 드리고 너와 네 자녀와 노비와 네 성중에 거하는 레위인과 및 너희 중에 있는 객과 고아와 과부가 함께 네 하나님 여호와께서 그 이름을 두시려고 택하신 곳에서 네 하나님 여호와 앞에서 즐거워할찌니라 너는 애굽에서 종 되었던 것을 기억하고 이 규례를 지켜 행할찌니라 너희 타작 마당과 포도주 틀의 소출을 수장한 후에 칠일 동안 초막절을 지킬 것이요 절기를 지킬 때에는 너와 네 자녀와 노비와 네 성중에 거하는 레위인과 객과 고아와 과부가 함께 연락하되 네 하나님 여호와께서 택하신 곳에서 너는 칠일 동안 네 하나님 여호와 앞에서 절기를 지키고 ~

잠14:31 가난한 사람을 학대하는 자는 그를 지으신 이를 멸시하는 자요 궁핍한 사람을 불쌍히 여기는 자는 주를 존경하는 자니라

시68:5-6 그 거룩한 처소에 계신 하나님은 고아의 아버지시며 과부의 재판장이시라 하나님은 고독한 자로 가속 중에 처하게 하시며 수금된 자를 이끌어 내사 형통케 하시느니라 오직 거역하는 자의 거처는 메마른 땅이로다

시113:5-9 여호와 우리 하나님과 같은 자 누구리요 높은 위에 앉으셨으나 스스로 낮추사 천지를 살피시고 가난한 자를 진토에서 일으키시며 궁핍한 자를 거름 무더기에서 드셔서 방백들 곧 그 백성의 방백들과 함께 세우시며 또 잉태하지 못하던 여자로 집에 거하게 하사 자녀의 즐거운 어미가 되게 하

시는도다 할렐루야

시138:6 여호와께서 높이 계셔도 낮은 자를 하감하시며 멀리서도 교만한 자를 아시나이다

시140:12 내가 알거니와 여호와는 고난 당하는 자를 신원하시며 궁핍한 자에게 공의를 베푸시리이다

시147:1–3 할렐루야 우리 하나님께 찬양함이 선함이여 찬송함이 아름답고 마땅하도다 여호와께서 예루살렘을 세우시며 이스라엘의 흩어진 자를 모으시며 상심한 자를 고치시며 저희 상처를 싸매시는도다

고후7:6 그러나 비천한 자들을 위로하시는 하나님이 디도의 옴으로 우리를 위로하셨도다

눅4:18–19 주의 성령이 내게 임하셨으니 이는 가난한 자에게 복음을 전하게 하시려고 내게 기름을 부으시고 나를 보내사 포로 된 자에게 자유를, 눈먼 자에게 다시 보게 함을 전파하며 눌린 자를 자유케 하고 주의 은혜의 해를 전파하게 하려 하심이라 하였더라

마4:23–24 예수께서 온 갈릴리에 두루 다니사 저희 회당에서 가르치시며 천국 복음을 전파하시며 백성 중에 모든 병과 모든 약한 것을 고치시니 그의 소문이 온 수리아에 퍼진지라 사람들이 모든 앓는 자 곧 각색 병과 고통에 걸린 자, 귀신 들린 자, 간질하는 자, 중풍병자들을 데려오니 저희를 고치시더라

막6:34 예수께서 나오사 큰 무리를 보시고 그 목자 없는 양 같음을 인하여 불쌍히 여기사 이에 여러가지로 가르치시더라

막10:13–16 사람들이 예수의 만져주심을 바라고 어린 아이들을 데리고 오매 제자들이 꾸짖거늘 예수께서 보시고 분히 여겨 이르시되 어린 아이들의

내게 오는 것을 용납하고 금하지 말라 하나님의 나라가 이런 자의 것이니라 내가 진실로 너희에게 이르노니 누구든지 하나님의 나라를 어린 아이와 같이 받들지 않는 자는 결단코 들어가지 못하리라 하시고 그 어린 아이들을 안고 저희 위에 안수하시고 축복하시니라

눅5:12-13 예수께서 한 동네에 계실 때에 온 몸에 문둥병 들린 사람이 있어 예수를 보고 엎드려 구하여 가로되 주여 원하시면 나를 깨끗케 하실 수 있나이다 하니 예수께서 손을 내밀어 저에게 대시며 가라사대 내가 원하노니 깨끗함을 받으라 하신대 문둥병이 곧 떠나니라

눅5:27-32 그 후에 나가사 레위라 하는 세리가 세관에 앉은 것을 보시고 나를 좇으라 하시니 저가 모든 것을 버리고 일어나 좇으니라 레위가 예수를 위하여 자기 집에서 큰 잔치를 하니 세리와 다른 사람이 많이 함께 앉았는지라 바리새인과 저희 서기관들이 그 제자들을 비방하여 가로되 너희가 어찌하여 세리와 죄인과 함께 먹고 마시느냐 예수께서 대답하여 가라사대 건강한 자에게는 의원이 쓸데 없고 병든 자에게라야 쓸데 있나니 내가 의인을 부르러 온 것이 아니요 죄인을 불러 회개시키러 왔노라

출34:6 여호와께서 그의 앞으로 지나시며 반포하시되 여호와로라 여호와로라 자비롭고 은혜롭고 노하기를 더디하고 인자와 진실이 많은 하나님이로라

약5:11 보라 인내하는 자를 우리가 복되다 하나니 너희가 욥의 인내를 들었고 주께서 주신 결말을 보았거니와 주는 가장 자비하시고 긍휼히 여기는 자시니라

사42:1-4 내가 붙드는 나의 종, 내 마음에 기뻐하는 나의 택한 사람을 보라 내가 나의 신을 그에게 주었은즉 그가 이방에 공의를 베풀리라 그는 외치지 아니하며 목소리를 높이지 아니하며 그 소리로 거리에 들리게 아니하며 상한 갈대를 꺾지 아니하며 꺼져가는 등불을 끄지 아니하고 진리로 공의를 베풀 것이며 그는 쇠하지 아니하며 낙담하지 아니하고 세상에 공의를 세우기에 이르리니 섬들이 그 교훈을 앙망하리라

마11:28-30 수고하고 무거운 짐진 자들아 다 내게로 오라 내가 너희를 쉬게 하리라 나는 마음이 온유하고 겸손하니 나의 멍에를 메고 내게 배우라 그러면 너희 마음이 쉼을 얻으리니 이는 내 멍에는 쉽고 내 짐은 가벼움이라 하시니라

롬15:1-3 우리 강한 자가 마땅히 연약한 자의 약점을 담당하고 자기를 기쁘게 하지 아니할 것이라 우리 각 사람이 이웃을 기쁘게 하되 선을 이루고 덕을 세우도록 할찌니라 그리스도께서 자기를 기쁘게 하지 아니하셨나니 기록된바 주를 비방하는 자들의 비방이 내게 미쳤나이다 함과 같으니라

12) 고아와 과부의 하나님

시68:5 그 거룩한 처소에 계신 하나님은 고아의 아버지시며 과부의 재판장이시라

13) 기뻐하시는 하나님

14) 도우시는 하나님

15) 예비하시는 하나님

16) 인도하시는 하나님

17) 사람을 감동시키시는 하나님

예전에 성경을 파는 한 사람이 있었다. 어느 날 밤 부득불 하나의 산을 지나야만 했다. 숲에 이르렀을 때, 그만 산적에게 붙잡히고 말았다. 권총을 들이대서 그는 손을 들고 있었다. 산적들은 그에게 "책 모두를 태워버리라"고 말했다. 그의 마음은 매우 괴로웠다. 그가 불을 피웠을 때, 그는 "이 책들을 태우기 전에 각 책에서 조금씩 당신들에게 읽어주면 어떻겠느냐?"고 산적들에게 물었다. 그들이 "좋다"라고 하여서 그는 첫번째 책에서 시편 23편을, 또 다른 책에서는 선한 사마리아인의 이야기를, 또 다른 책에서는 산상보훈을, 그리고 다른 곳에서는 고린도전서 13장을 읽었다. 매번 그것을 읽을 때마다

끝에 가서는 산적 두목은 "그것 참 좋은 책이로군! 그것을 태우지 않겠으니 나에게 주게"라고 말했다. 결국은 한 책도 태우지 못하고 그 산적들은 성경 파는 사람만을 남기고 그 성경 책을 몽땅 가지고 가버렸다. 여러 해가 지난 뒤, 이전의 산적 두목이 또 다시 나타났다. 그러나 그때 그는 이미 목사가 되어 있었다.

18) 질투의 하나님

19) 공의의 하나님

20) 거룩하신 하나님

21) 교훈하시는 하나님

22) 예언의 하나님

23) 기회를 주시는 하나님

시51:1-10 하나님이여 주의 인자를 좇아 나를 긍휼히 여기시며 주의 많은 자비를 좇아 내 죄과를 도말하소서 나의 죄악을 말갛게 씻기시며 나의 죄를 깨끗이 제하소서 대저 나는 내 죄과를 아오니 내 죄가 항상 내 앞에 있나이다 내가 주께만 범죄하여 주의 목전에 악을 행하였사오니 ~내 모든 죄악을 도말하소서 하나님이여 내 속에 정한 마음을 창조하시고 내 안에 정직한 영을 새롭게 하소서

시51:11 나를 주 앞에서 쫓아내지 마시며 주의 성신을 내게서 거두지 마소서

* 롬8:09 만일 너희 속에 하나님의 영이 거하시면 너희가 육신에 있지 아니하고 영에 있나니 누구든지 그리스도의 영이 없으면 그리스도의 사람이 아니라

시51:12-19 주의 구원의 즐거움을 내게 회복시키시고 자원하는 심령을 주사 나를 붙드소서 그러하면 내가 범죄자에게 주의 도를 가르치리니 죄인들이 주께 돌아오리이다 하나님이여 나의 구원의 하나님이여 피 흘린 죄에서 나를 건지소서 내 혀가 주의 의를 높이 노래하리이다 ~

위와 같이 하나님께서는 범죄한 다윗에게 회개의 기회를 주셨다.

요4:1-42 ~ 예수께서 행로에 곤하여 우물 곁에 그대로 앉으시니 때가 제 육시쯤 되었더라 사마리아 여자 하나가 물을 길러 왔으매 예수께서 물을 좀 달라 하시니라 ~ 여자가 가로되 주여 이런 물을 내게 주사 목마르지도 않고 또 여기 물 길러 오지도 않게 하옵소서 가라사대 가서 네 남편을 불러 오라 여자가 대답하여 가로되 나는 남편이 없나이다 예수께서 가라사대 네가 남편이 없다 하는 말이 옳도다 네가 남편 다섯이 있었으나 지금 있는 자는 네 남편이 아니니 네 말이 참되도다 ~ 여자가 물동이를 버려두고 동네에 들어가서 사람들에게 이르되 나의 행한 모든 일을 내게 말한 사람을 와 보라 이는 그리스도가 아니냐 ~

주님은 이 여자에게 새롭게 살아갈 수 있는 기회를 주셨다.

눅19:1-10 예수께서 여리고로 들어 지나가시더라 삭개오라 이름하는 자가 있으니 세리장이요 또한 부자라 저가 예수께서 어떠한 사람인가 하여 ~ 삭개오가 서서 주께 여짜오되 주여 보시옵소서 내 소유의 절반을 가난한 자들에게 주겠사오며 만일 뉘 것을 토색한 일이 있으면 사배나 갚겠나이다 예수께서 이르시되 오늘 구원이 이 집에 이르렀으니 이 사람도 아브라함의 자손임이로다 인자의 온 것은 잃어버린 자를 찾아 구원하려 함이니라

사람들이 이미 낙인을 찍은 삭개오에게 주님은 새롭게 살아갈 수 있는 기회를 주셨다.

눅23:32-43 ~ 거기서 예수를 십자가에 못 박고 두 행악자도 그렇게 하니 하나는 우편에, 하나는 좌편에 있더라 이에 예수께서 가라사대 아버지여 저희를 사하여 주옵소서 자기의 하는 것을 알지 못함이니이다 하시더라 ~ 달린 행악자 중 하나는 비방하여 가로되 네가 그리스도가 아니냐 너와 우리를 구원하라 하되 하나는 그 사람을 꾸짖어 가로되 네가 동일한 정죄를 받고서도

하나님을 두려워 아니하느냐 우리는 우리의 행한 일에 상당한 보응을 받는 것이니 이에 당연하거니와 이 사람의 행한 것은 옳지 않은 것이 없느니라 하고 가로되 예수여 당신의 나라에 임하실 때에 나를 생각하소서 하니 예수께서 이르시되 내가 진실로 네게 이르노니 오늘 네가 나와 함께 낙원에 있으리라 하시니라

절망의 최후 순간을 맞이한 사람에게도 주님은 구원받는 기회를 주셨다.

눅22:54-62 예수를 잡아 끌고 대제사장의 집으로 들어갈쌔 베드로가 멀찍이 따라가니라 사람들이 뜰 가운데 불을 피우고 함께 앉았는지라 베드로도 그 가운데 앉았더니 한 비자가 베드로의 불빛을 향하여 앉은 것을 보고 주목하여 가로되 이 사람도 그와 함께 있었느니라 하니 ~ 방금 말할 때에 닭이 곧 울더라 주께서 돌이켜 베드로를 보시니 베드로가 주의 말씀 곧 오늘 닭 울기 전에 네가 세번 나를 부인하리라 하심이 생각나서 밖에 나가서 심히 통곡하니라

요21:15-19 저희가 조반 먹은 후에 예수께서 시몬 베드로에게 이르시되 요한의 아들 시몬아 네가 이 사람들보다 나를 더 사랑하느냐 하시니 가로되 주여 그러하외다 내가 주를 사랑하는줄 주께서 아시나이다 가라사대 내 어린 양을 먹이라 하시고 ~ 주께서 세번째 네가 나를 사랑하느냐 하시므로 베드로가 근심하여 가로되 주여 모든 것을 아시오매 내가 주를 사랑하는 줄을 주께서 아시나이다 예수께서 가라사대 내 양을 먹이라 ~

예수 그리스도께서는 시몬 베드로의 연약함과 그가 통곡할 것을 이미 알고 계셨다. 그래서 주님은 그에게 다시 새롭게 출발하는 기회를 주신 것이다. 이처럼 하나님은 우리를 사랑하시는 하나님, 용서하시는 하나님, 깨끗케 하시는 하나님, 회복시키시는 하나님, 우리로 다시 일어나 새롭게 출발케 하시는 하나님, 우리를 새 사람으로 변화시키시는 하나님이시다. 할렐루야!

24) 용기를 주시는 하나님

25) 모든 위로의 하나님 (고후1:3)

26) 은사를 주시는 하나님

27) 영생을 주시는 하나님

28) 새 사람으로 변화시키시는 하나님

> 고후5:17 그런즉 누구든지 그리스도 안에 있으면 새로운 피조물이라 이전 것은 지나갔으니 보라 새것이 되었도다

『그리스도 안에 있다』는 것은 무슨 뜻인가?

바로 행2:38이 그 뜻을 잘 요약하고 있다. (참고 : 요일4:12-16)

> 행2:38 베드로가 가로되 너희가 회개하여 각각 예수 그리스도의 이름으로 세례를 받고 죄 사함을 얻으라 그리하면 성령을 선물로 받으리라

① 하나님께 대한 회개

② 죄인의 구주시요, 하나님의 아들이신 예수 그리스도께 대한 믿음

③ 죄 사함

④ 성령님을 선물로(값 없이, 은혜로) 받음

①②는 사람이 마땅히 할 일(사람의 책임)이고, ③④는 하나님의 은혜이다. 그럼, ①② 중에 가장 먼저 해야 할 것은 어느 것인가?

예전에 조만식이라는 장로가 있었다. 그는 원래 기독교인이 아니었다. 그의 집은 부자여서 그는 술을 좋아하고, 늘 기생집에 다니고, 놀음하며, 방탕한 생활에 빠져 있었다. 또 장사하는 아버지를 도와 돈벌이에 나서서 젊은 날에 많은 재물도 모았다. 그러던 어느 날 그의 친구가 그에게 와서 말하기를 "여보게, 지금 우리 나라의 상황을 보게. 나라가 위기에 처해 있는 것을

어찌 모르는가? 우리는 돈만 모은다고 잘 살겠는가?" 친구의 말을 듣고 보니 조만식도 걱정이 되어 물었다. "그럼 어떡하면 좋겠는가?" 친구가 응답하길 "우리가 이럴 때 올바른 정신을 가지고 우선 나부터 옳게 산 뒤에 다른 청년들도 옳게 살도록 하는 운동을 해야 될 때라고 생각하네. 그렇게 하는 길은 하나 밖에 없어. 새 사람이 되는 것이네. 새 사람이 되려면 예수를 믿어야 하네. 예수를 믿으면 술을 좋아하던 사람이 술을 끊고, 도박꾼이 도박을 끊고, 기생집 드나들던 사람이 신실해져 새사람이 되더군. 새사람 되어 나도 살고 나라도 살리는 운동을 해야 하네." 그 말을 들은 청년 조만식은 마음에 깊은 감명을 받고 그 자리에서 바로 예수 그리스도를 믿기로 결단했다. 당시 그는 스물 두살이었다. 이후 그는 예수님을 믿고 정말로 새사람으로 변화되어 큰 인물이 되었다.

> 행3:19 그러므로 너희가 회개하고 돌이켜 너희 죄 없이 함을 받으라 이같이 하면 유쾌하게 되는 날이 주 앞으로부터 이를 것이요 (행2:38 참고)

누구든지 회개하고 돌이켜 죄 사함을 받으면, 그는 하나님의 자녀가 되고, 영생을 얻는다. 그러므로 회개는 유쾌하게 되는 날을 위한 필수조건이다.

☞ 용서 받음 = 무죄 = 의인 = 새 사람(새로운 피조물) = 하나님의 자녀

10 × 0 = 0, 100 × 0 = 0, 100000000 × 0 = 0

어떤 수를 막론하고 '0'을 곱하면 정답은 모두 똑같이 '0'이다. 이처럼 과거에 그가 어떤 사람이고, 무슨 죄를 범했든지 관계없이 만약 그가 하나님께 대하여 회개하고, 예수 그리스도를 믿으면, 반드시 죄 용서받고, 의인. 새 사람. 하나님의 자녀가 된다. 이것이 바로 복음이다. 그래서 복음을 은혜의 복

음이라 부른다. 누구든지 그리스도 안에 있으면 새로 지음받은 사람이다. 그 새 사람은 성결한 삶의 책임이 있다.

요일2:5-6 누구든지 그의 말씀을 지키는 자는 하나님의 사랑이 참으로 그 속에서 온전케 되었나니 이로써 우리가 저 안에 있는 줄을 아노라 저 안에 거한다 하는 자는 그의 행하시는대로 자기도 행할찌니라

29) 말씀하시는 하나님

30) 약속하시는 하나님

31) 침묵하시는 하나님

창16:16-17:1 하갈이 아브람에게 이스마엘을 낳을 때에 아브람이 팔십 륙 세이었더라 아브람의 구십 구세 때에 여호와께서 아브람에게 나타나서 그에게 이르시되 나는 전능한 하나님이라 너는 내 앞에서 행하여 완전하라

32) 소원을 두고 행하게 하시는 하나님

빌2:13 너희 안에서 행하시는 이는 하나님이시니 자기의 기쁘신 뜻을 위하여 너희로 소원을 두고 행하게 하시느니라

33) 선을 행케 하시는 하나님

34) 지혜의 하나님

35) 측량할 수 없는 하나님

36) 선택하시는 하나님

37) 은혜의 하나님

38) 복을 베푸시는 하나님

39) 기도를 들어주시는 하나님

하나님은 우리의 아바 아버지이시고, 우리는 하나님의 자녀이기 때문에 하나님께서는 우리의 기도를 들으신다. 예수 그리스도께서 기도하실 때는

막15:34를 제외하고는 항상 하나님을 아버지로 부르셨다.

> 신4:7 우리 하나님 여호와께서 우리가 그에게 기도할 때마다 우리에게 가까이 하심과 같이 그 신의 가까이 함을 얻은 나라가 어디 있느냐

> 마6:6-8 너는 기도할 때에 네 골방에 들어가 문을 닫고 은밀한 중에 계신 네 아버지께 기도하라 은밀한 중에 보시는 네 아버지께서 갚으시리라 또 기도할 때에 이방인과 같이 중언부언하지 말라 저희는 말을 많이 하여야 들으실 줄 생각하느니라 그러므로 저희를 본받지 말라 구하기 전에 너희에게 있어야 할 것을 하나님 너희 아버지께서 아시느니라

> 단9:20-23 내가 이같이 말하여 기도하며 내 죄와 및 내 백성 이스라엘의 죄를 자복하고 내 하나님의 거룩한 산을 위하여 내 하나님 여호와 앞에 간구할 때 곧 내가 말하여 기도할 때에 이전 이상 중에 본 그 사람 가브리엘이 빨리 날아서 저녁 제사를 드릴 때 즈음에 내게 이르더니 내게 가르치며 내게 말하여 가로되 다니엘아 내가 이제 네게 지혜와 총명을 주려고 나왔나니 곧 네가 기도를 시작할 즈음에 명령이 내렸으므로 이제 네게 고하러 왔느니라 너는 크게 은총을 입은 자라 그런즉 너는 이 일을 생각하고 그 이상을 깨달을찌니라
> 마7:11 너희가 악한 자라도 좋은 것으로 자식에게 줄줄 알거든 하물며 하늘에 계신 너희 아버지께서 구하는 자에게 좋은 것으로 주시지 않겠느냐

> 엡3:20 우리 가운데서 역사하시는 능력대로 우리의 온갖 구하는 것이나 생각하는 것에 더 넘치도록 능히 하실 이에게

> 시116:1-2 여호와께서 내 음성과 내 간구를 들으시므로 내가 저를 사랑하는도다 그 귀를 내게 기울이셨으므로 내가 평생에 기도하리로다

기도는 세상을 향하지 않고 하나님을 향하며, 하나님을 의지하며, 하나님의 뜻을 찾으며, 하나님께서 역사하시게 하며, 우리로 하여금 풍성하게 하나님의 은혜를 경험하게 하는 것이다.

벧전5:7 너희 염려를 다 주께 맡겨 버리라 이는 저가 너희를 권고하심이니라

살전5:17 쉬지 말고 기도하라

삼상12:23 나는 너희를 위하여 기도하기를 쉬는 죄를 여호와 앞에 결단코 범치 아니하고 선하고 의로운 도로 너희를 가르칠 것이라

행6:1-4 그 때에 제자가 더 많아졌는데 헬라파 유대인들이 자기의 과부들이 그 매일 구제에 빠지므로 히브리파 사람을 원망한대 열 두 사도가 모든 제자를 불러 이르되 우리가 하나님의 말씀을 제쳐 놓고 공궤를 일삼는 것이 마땅치 아니하니 형제들아 너희 가운데서 성령과 지혜가 충만하여 칭찬 듣는 사람 일곱을 택하라 우리가 이 일을 저희에게 맡기고 우리는 기도하는 것과 말씀 전하는 것을 전무하리라 하니라

삼상12:23, 행6:1-4은 모두 하나님의 종들의 책임을 명백하게 나타낸다. 우리 기독교와 세상의 종교는 완전히 다르다. 왜냐하면,

약4:1-3 너희 중에 싸움이 어디로, 다툼이 어디로 좇아 나느뇨 너희 지체 중에서 싸우는 정욕으로 좇아 난 것이 아니냐 너희가 욕심을 내어도 얻지 못하고 살인하며 시기하여도 능히 취하지 못하나니 너희가 다투고 싸우는도다 너희가 얻지 못함은 구하지 아니함이요 구하여도 받지 못함은 정욕으로 쓰려고 잘못 구함이니라

막14:36 가라사대 아바 아버지여 아버지께는 모든 것이 가능하오니 이 잔을 내게서 옮기시옵소서 그러나 나의 원대로 마옵시고 아버지의 원대로 하옵소서

시66:18 내가 내 마음에 죄악을 품으면 주께서 듣지 아니하시리라

잠28:9 사람이 귀를 돌이키고 율법을 듣지 아니하면 그의 기도도 가증하니라

이처럼 올바른 기도의 사람이 되는 것은 정말 중요하고, 또한 평상시의 생활 역시 매우 중요하다.

시19:14 나의 반석이시요 나의 구속자이신 여호와여 내 입의 말과 마음의 묵상이 주의 앞에 열납되기를 원하나이다

왕상3:3-15 ~ 밤에 여호와께서 솔로몬의 꿈에 나타나시니라 하나님이 이르시되 내가 네게 무엇을 줄꼬 너는 구하라 솔로몬이 가로되 ~ 지혜로운 마음을 종에게 주사 주의 백성을 재판하여 선악을 분별하게 하옵소서 솔로몬이 이것을 구하매 그 말씀이 주의 마음에 맞은지라 ~내가 네 말대로 하여 네게 지혜롭고 총명한 마음을 주노니 너의 전에도 너와 같은 자가 없었거니와 너의 후에도 너와 같은 자가 일어남이 없으리라 내가 또 너의 구하지 아니한 부와 영광도 네게 주노니 네 평생에 열왕 중에 너와 같은 자가 없을 것이라 ~

한편 아직도 많은 그리스도인들이 자기 이외에 당연한 기도의 대상을 잘 모른다.

딤전5:8 누구든지 자기 친족 특히 자기 가족을 돌아보지 아니하면 믿음을 배반한 자요 불신자보다 더 악한 자니라

엡6:18-20 모든 기도와 간구로 하되 무시로 성령 안에서 기도하고 이를 위하여 깨어 구하기를 항상 힘쓰며 여러 성도를 위하여 구하고 또 나를 위하여 구할 것은 내게 말씀을 주사 나로 입을 벌려 복음의 비밀을 담대히 알리게 하옵소서 할 것이니 이 일을 위하여 내가 쇠사슬에 매인 사신이 된 것은 나로 이 일에 당연히 할 말을 담대히 하게 하려 하심이니라

딤전2:1-4 그러므로 내가 첫째로 권하노니 모든 사람을 위하여 간구와 기도와 도고와 감사를 하되 임금들과 높은 지위에 있는 모든 사람을 위하여 하라 이는 우리가 모든 경건과 단정한 중에 고요하고 평안한 생활을 하려 함이니라 이것이 우리 구주 하나님 앞에 선하고 받으실 만한 것이니 하나님은 모

든 사람이 구원을 받으며 진리를 아는데 이르기를 원하시느니라

하나님께서는 우리의 기도를 기다리신다.

벧전4:7 만물의 마지막이 가까왔으니 그러므로 너희는 정신을 차리고 근신하여 기도하라

40) 응답하시는 하나님

41) 감찰하시는 하나님

42) 세밀하게 살피시는 하나님

43) 나를 익히 아시는 하나님

만약 어느 날 당신이 길에서 낯선 사람을 만났는데, 그가 당신의 모든 일들을 전부 알고 있다면, 느낌이 어떠하겠는가? 신기하게 느껴지겠는가? 아니면 두렵게 느껴지겠는가?

착한 사람 : 매우 기쁘고, 격려를 얻고, 더 열심을 갖고……

악한 사람 : 부끄럽고, 회개할 수 있고……

우리의 하나님께서는 한사람 한사람을 익히 아시는 하나님이시다.

시139:1-24 여호와여 주께서 나를 감찰하시고 아셨나이다 주께서 나의 앉고 일어섬을 아시며 멀리서도 나의 생각을 통촉하시오며 나의 길과 눕는 것을 감찰하시며 나의 모든 행위를 익히 아시오니 여호와여 내 혀의 말을 알지 못하시는 것이 하나도 없으시니이다 ~

우리 그리스도인들은 정말 매우 행복한 사람들이다. 왜 그럴까?

마6:8 그러므로 저희를 본받지 말라 구하기 전에 너희에게 있어야 할 것을 하나님 너희 아버지께서 아시느니라

마6:31-32 그러므로 염려하여 이르기를 무엇을 먹을까 무엇을 마실까 무엇을 입을까 하지 말라 이는 다 이방인들이 구하는 것이라 너희 천부께서 이 모든 것이 너희에게 있어야 할 줄을 아시느니라

하나님께서는 우리를 익히 아시므로, 신앙생활에서 우리의 부족한 부분도 이미 모두 알고 계신다. 고넬료와 시몬 베드로의 부족한 부분도 이미 알고 계셨다. 그래서 하나님께서는 그들을 위하여 대단히 놀라운 이런 일들을 행하셨다.

행10:1-2 가이사랴에 고넬료라 하는 사람이 있으니 이달리야대라 하는 군대의 백부장이라 그가 경건하여 온 집으로 더불어 하나님을 경외하며 백성을 많이 구제하고 하나님께 항상 기도하더라

행10:3-6 하루는 제 구시쯤 되어 환상 중에 밝히 보매 하나님의 사자가 들어와 가로되 고넬료야 하니 고넬료가 주목하여 보고 두려워 가로되 주여 무슨 일이니이까 천사가 가로되 네 기도와 구제가 하나님 앞에 상달하여 기억하신 바가 되었으니 네가 지금 사람들을 욥바에 보내어 베드로라 하는 시몬을 청하라 저는 피장 시몬의 집에 우거하니 그 집은 해변에 있느니라 하더라

행10:23-35 베드로가 불러 들여 유숙하게 하니라 이튿날 일어나 저희와 함께 갈쌔 욥바 두어 형제도 함께 가니라 ~ 고넬료가 가로되 ~ 이제 우리는 주께서 당신에게 명하신 모든 것을 듣고자 하여 다 하나님 앞에 있나이다 베드로가 입을 열어 가로되 내가 참으로 하나님은 사람의 외모를 취하지 아니하시고 각 나라중 하나님을 경외하며 의를 행하는 사람은 하나님이 받으시는줄 깨달았도다

44) 멀리서도 나의 생각을 아시는 하나님

45) 나를 붙드시는 하나님

46) 나의 전후를 두르시는 하나님

47) 천지의 주재

창45:1-8 요셉이 ~ 나는 당신들의 아우 요셉이니 당신들이 애굽에 판 자라 당신들이 나를 이곳에 팔았으므로 근심하지 마소서 한탄하지 마소서 하나님이 생명을 구원하시려고 나를 당신들 앞서 보내셨나이다 ~

단5:1-31

단5:18-28 왕이여 지극히 높으신 하나님이 왕의 부친 느부갓네살에게 나라와 큰 권세와 영광과 위엄을 주셨고 그에게 큰 권세를 주셨으므로 ~ 지극히 높으신 하나님이 인간 나라를 다스리시며 자기의 뜻대로 누구든지 그 위에 세우시는줄을 알기까지 이르게 되었었나이다 벨사살이여 왕은 그의 아들이 되어서 이것을 다 알고도 오히려 마음을 낮추지 아니하고 도리어 스스로 높여서 하늘의 주재를 거역하고 ~ 도리어 왕의 호흡을 주장하시고 왕의 모든 길을 작정하시는 하나님께는 영광을 돌리지 아니한지라 이러므로 그의 앞에서 이 손가락이 나와서 이 글을 기록하였나이다 ~

48) 미리 아시는 하나님

49) 미리 정하시는 하나님

50) 부르시는 하나님

51) 우리를 의롭다 하시는 하나님

52) 사람을 영화롭게 하시는 하나님

53) 전능하신 하나님

54) 영원히 살아계신 하나님

55) 죽은 자를 살리시는 하나님

56) 독생자를 보내신 하나님

57) 보혜사를 주신 하나님

58) 성육신 하신 하나님

59) 삼위일체 하나님

60) 함께 하시는 하나님

61) 아버지 하나님

62) 신실하신 하나님

시18:1-2 나의 힘이 되신 여호와여 내가 주를 사랑하나이다 여호와는 나의 반석이시요 나의 요새시요 나를 건지시는 자시요 나의 하나님이시요 나의 피할 바위시요 나의 방패시요 나의 구원의 뿔이시요 나의 산성이시로다

시62:1-2 나의 영혼이 잠잠히 하나님만 바람이여 나의 구원이 그에게서 나는도다 오직 저만 나의 반석이시요 나의 구원이시요 나의 산성이시니 내가 크게 요동치 아니하리로다

"나의 반석" (성경 안에는 이러한 표현이 많다) : 문자상으로 반석의 의미는 큰 바위이다. 그러나 반석이 상징하는 의미는 여러가지가 있다. 곧 매우 견고하고, 안정되고, 요동이 없고, 변함이 없고, 믿음직하고…등등이다.

그러므로 "하나님은 신실하신 하나님이시다"를 "하나님은 나의 반석이시다"로 표현하기도 한다. 경건한 성도들은 모두 『우리 하나님은 신실하신 하나님이시라』는 사실을 알고 있다.

신7:9 그런즉 너는 알라 오직 네 하나님 여호와는 하나님이시요 신실하신 하나님이시라 그를 사랑하고 그 계명을 지키는 자에게는 천대까지 그 언약을 이행하시며 인애를 베푸시느니라

시27:10 내 부모는 나를 버렸으나 여호와는 나를 영접하시리이다

시71:9 나를 늙은 때에 버리지 마시며 내 힘이 쇠약한 때에 떠나지 마소서

시136:1 여호와께 감사하라 그는 선하시며 그 인자하심이 영원함이로다

시146:6 여호와는 천지와 바다와 그 중의 만물을 지으시며 영원히 진실함을 지키시도다

사26:3-4 주께서 심지가 견고한 자를 평강에 평강으로 지키시리니 이는 그가 주를 의뢰함이니이다 너희는 여호와를 영원히 의뢰하라 주 여호와는 영원한 반석이심이로다

고전10:13 사람이 감당할 시험 밖에는 너희에게 당한 것이 없나니 오직 하나님은 미쁘사 너희가 감당치 못할 시험 당함을 허락지 아니하시고 시험 당할 즈음에 또한 피할 길을 내사 너희로 능히 감당하게 하시느니라

하나님은 하나님 자신의 형상대로 우리를 창조하셨다. 그러므로 우리가 비록 범죄하였어도 하나님은 여전히 변함이 없으시며, 또한 엄청나게 큰 대가를 치루시고 우리를 구원하셨다.

롬5:8 우리가 아직 죄인 되었을 때에 그리스도께서 우리를 위하여 죽으심으로 하나님께서 우리에게 대한 자기의 사랑을 확증하셨느니라

왜냐하면 하나님은 신실하신 분이시기 때문이다. 사랑의 특징은 바로 신실, 성실, 변함없는 마음, 오래 참음, 끝까지, 끊임없이…… 등등이다. 하나님은 바로 이와 같은 분이시기 때문에, 우리를 위하여 하신 약속은 모두 반드시 성취된다.

창17:15-19 하나님이 또 아브라함에게 이르시되 네 아내 사래는 이름을 사래라 하지 말고 그 이름을 사라라 하라 내가 그에게 복을 주어 그로 네게 아들을 낳아주게 하며 내가 그에게 복을 주어 그로 열국의 어미가 되게 하리니 민족의 열왕이 그에게서 나리라 ~ 하나님이 가라사대 아니라 네 아내 사라

가 정녕 네게 아들을 낳으리니 너는 그 이름을 이삭이라 하라 내가 그와 내 언약을 세우리니 그의 후손에게 영원한 언약이 되리라

고후1:20 하나님의 약속은 얼마든지 그리스도 안에서 예가 되니 그런즉 그로 말미암아 우리가 아멘 하여 하나님께 영광을 돌리게 되느니라 (그리스도 안에서 이루어짐)

하나님께서는 신실한 사람을 크게 쓰신다.

느9:7-8 주는 하나님 여호와시라 옛적에 아브람을 택하시고 갈대아 우르에서 인도하여 내시고 아브라함이라는 이름을 주시고 그 마음이 주 앞에서 충성됨을 보시고 더불어 언약을 세우사 가나안 족속과 헷 족속과 아모리 족속과 브리스 족속과 여부스 족속과 기르가스 족속의 땅을 그 씨에게 주리라 하시더니 그 말씀대로 이루셨사오니 주는 의로우심이로소이다

창39:4 요셉이 그 주인에게 은혜를 입어 섬기매 그가 요셉으로 가정 총무를 삼고 자기 소유를 다 그 손에 위임하니라

창39:6 주인이 그 소유를 다 요셉의 손에 위임하고 자기 식료 외에는 간섭하지 아니하였더라 요셉은 용모가 준수하고 아담하였더라

창39:22-23 전옥이 옥중 죄수를 다 요셉의 손에 맡기므로 그 제반 사무를 요셉이 처리하고 전옥은 그의 손에 맡긴 것을 무엇이든지 돌아보지 아니하였으니 이는 여호와께서 요셉과 함께하심이라 여호와께서 그의 범사에 형통케 하셨더라

딤전1:12 나를 능하게 하신 그리스도 예수 우리 주께 내가 감사함은 나를 충성되이 여겨 내게 직분을 맡기심이니라

* 하나님께서 기뻐하시는 신실한(충성스런) 사람들의 특징

① 작은 일에 충성

마25:21 그 주인이 이르되 잘 하였도다 착하고 충성된 종아 네가 작은 일에 충성하였으매 내가 많은 것으로 네게 맡기리니 네 주인의 즐거움에 참예할 찌어다

마25:23 그 주인이 이르되 잘 하였도다 착하고 충성된 종아 네가 작은 일에 충성하였으매 내가 많은 것으로 네게 맡기리니 네 주인의 즐거움에 참예할 찌어다

② 죽도록 충성

계2:10 네가 장차 받을 고난을 두려워 말라 볼찌어다 마귀가 장차 너희 가운데서 몇 사람을 옥에 던져 시험을 받게 하리니 너희가 십일 동안 환난을 받으리라 네가 죽도록 충성하라 그리하면 내가 생명의 면류관을 네게 주리라

빌2:30 저가 그리스도의 일을 위하여 죽기에 이르러도 자기 목숨을 돌아보지 아니한 것은 나를 섬기는 너희의 일에 부족함을 채우려 함이니라

빌2:5-11 너희 안에 이 마음을 품으라 곧 그리스도 예수의 마음이니 그는 근본 하나님의 본체시나 하나님과 동등됨을 취할 것으로 여기지 아니하시고 오히려 자기를 비워 종의 형체를 가져 사람들과 같이 되었고 사람의 모양으로 나타나셨으매 자기를 낮추시고 죽기까지 복종하셨으니 곧 십자가에 죽으심이라 이러므로 하나님이 그를 지극히 높여 모든 이름 위에 뛰어난 이름을 주사 하늘에 있는 자들과 땅에 있는 자들과 땅 아래 있는 자들로 모든 무릎을 예수의 이름에 꿇게 하시고 모든 입으로 예수 그리스도를 주라 시인하여 하나님 아버지께 영광을 돌리게 하셨느니라

③ 선한 충성

딛2:10 떼어 먹지 말고 오직 선한 충성을 다하게 하라 이는 범사에 우리 구주 하나님의 교훈을 빛나게 하려 함이라

하나님은 신실하신 하나님이시기 때문에 하나님의 자녀인 우리 그리스도인들이 마땅이 신실하기를 원하신다. 참으로 하나님께서는 신실함을 매우 중요하게 여기신다.

갈5:22-23 오직 성령의 열매는 사랑과 희락과 화평과 오래 참음과 자비와 양선과 충성(중역:신실)과 온유와 절제니 이같은 것을 금지할 법이 없느니라

63) 선하시며 그 인자하심이 영원하신 하나님

시136:1 여호와께 감사하라 그는 선하시며 그 인자하심이 영원함이로다

64) 우리를 안고 품으시는 하나님

사46:3-4 야곱 집이여 이스라엘 집의 남은 모든 자여 나를 들을찌어다 배에서 남으로부터 내게 안겼고 태에서 남으로부터 내게 품기운 너희여 너희가 노년에 이르기까지 내가 그리하겠고 백발이 되기까지 내가 너희를 품을 것이라 내가 지었은즉 안을 것이요 품을 것이요 구하여 내리라

65) 분노하시는 하나님

66) 관용하시는 하나님

67) 회개하기를 원하시는 하나님

68) 상을 주시는 하나님

69) 목자

70) 양육하시는 하나님

71) 나의 남으로부터 지금까지 나를 기르신 하나님

창48:15 그가 요셉을 위하여 축복하여 가로되 내 조부 아브라함과 아버지 이삭의 섬기던 하나님, 나의 남으로부터 지금까지 나를 기르신 하나님

72) 나를 모든 환난에서 건지신 하나님

창48:16 나를 모든 환난에서 건지신 사자께서 이 아이에게 복을 주시오며 이들로 내 이름과 내 조부 아브라함과 아버지 이삭의 이름으로 칭하게 하시오며 이들로 세상에서 번식되게 하시기를 원하나이다

73) 사람들이 복음 전하기를 원하시는 하나님

74) 한탄하시는 하나님

창6:5-7 여호와께서 사람의 죄악이 세상에 관영함과 그 마음의 생각의 모든 계획이 항상 악할 뿐임을 보시고 땅위에 사람 지으셨음을 한탄하사 마음에 근심하시고 가라사대 나의 창조한 사람을 내가 지면에서 쓸어 버리되 사람으로부터 육축과 기는 것과 공중의 새까지 그리하리니 이는 내가 그것을 지었음을 한탄함이니라 하시니라

75) 근심하시는 하나님

창6:5-7 여호와께서 사람의 죄악이 세상에 관영함과 그 마음의 생각의 모든 계획이 항상 악할 뿐임을 보시고 땅위에 사람 지으셨음을 한탄하사 마음에 근심하시고 ~

76) 모든 사람이 구원 받기를 원하시는 하나님

77) 보응하시는 하나님

78) 사람에게 져주시는 하나님

창32:28 그 사람이 가로되 네 이름을 다시는 야곱이라 부를 것이 아니요 이스라엘이라 부를 것이니 이는 네가 하나님과 사람으로 더불어 겨루어 이기었음이니라

79) 사람을 존중히 여기시는 하나님

삼상2:30 그러므로 이스라엘의 하나님 나 여호와가 말하노라 내가 전에 네 집과 네 조상의 집이 내 앞에 영영히 행하리라 하였으나 이제 나 여호와가 말하노니 결단코 그렇게 아니하리라 나를 존중히 여기는 자를 내가 존중히 여기고 나를 멸시하는 자를 내가 경멸히 여기리라

80) 악인을 경멸히 여기시는 하나님

삼상2:30 그러므로 이스라엘의 하나님 나 여호와가 말하노라 ~ 나를 멸시하는 자를 내가 경멸히 여기리라

81) 일하시는 하나님

요5:17 예수께서 저희에게 이르시되 내 아버지께서 이제까지 일하시니 나도 일한다 하시니라

82) 안식하신 하나님

창2:1–3 천지와 만물이 다 이루니라 하나님의 지으시던 일이 일곱째 날이 이를 때에 마치니 그 지으시던 일이 다하므로 일곱째 날에 안식하시니라 하나님이 일곱째 날을 복 주사 거룩하게 하셨으니 이는 하나님이 그 창조하시며 만드시던 모든 일을 마치시고 이 날에 안식하셨음이더라

83) 농부 되신 하나님

요15:1 내가 참 포도나무요 내 아버지는 그 농부라

84) 열매 맺지 않는 가지를 자르시는 하나님

요15:2 무릇 내게 있어 과실을 맺지 아니하는 가지는 아버지께서 이를 제해버리시고 무릇 과실을 맺는 가지는 더 과실을 맺게 하려하여 이를 깨끗케 하시느니라

85) 열매 맺는 가지를 깨끗케 하시는 하나님

요15:2 무릇 내게 있어 과실을 맺지 아니하는 가지는 아버지께서 이를 제해버리시고 무릇 과실을 맺는 가지는 더 과실을 맺게 하려하여 이를 깨끗케 하시느니라

86) 토기장이

사64:8 그러나 여호와여 주는 우리 아버지시니이다 우리는 진흙이요 주는

토기장이시니 우리는 다 주의 손으로 지으신 것이라

87) 남편

사54:5 이는 너를 지으신 자는 네 남편이시라 그 이름은 만군의 여호와시며 네 구속자는 이스라엘의 거룩한 자시라 온 세상의 하나님이라 칭함을 받으실 것이라

88) 생수의 근원

렘2:13 내 백성이 두가지 악을 행하였나니 곧 생수의 근원되는 나를 버린 것과 스스로 웅덩이를 판 것인데 그것은 물을 저축지 못할 터진 웅덩이니라

89) 반석에서 물을 내신 하나님

민20:7-12 여호와께서 모세에게 일러 가라사대 지팡이를 가지고 네 형 아론과 함께 회중을 모으고 그들의 목전에서 너희는 반석에게 명하여 물을 내라 하라 네가 그 반석으로 물을 내게 하여 회중과 그들의 짐승에게 마시울찌니라 ~

90) 순종을 좋아하시는 하나님

삼상15:22 사무엘이 가로되 여호와께서 번제와 다른 제사를 그 목소리 순종하는 것을 좋아하심 같이 좋아하시겠나이까 순종이 제사보다 낫고 듣는것이 수양의 기름보다 나으니이다

91) 온 땅을 두루 감찰하시는 하나님

대하16:9 여호와의 눈은 온 땅을 두루 감찰하사 ~

92) 전심으로 자기에게 향하는 자를 위하여 능력을 베푸시는 하나님

대하16:9 ~ 전심으로 자기에게 향하는 자를 위하여 능력을 베푸시나니 ~

93) 성도의 죽는 것을 귀중히 보시는 하나님

시116:15 성도의 죽는 것을 여호와께서 귀중히 보시는도다

94) 그 백성에게 힘과 능을 주시는 하나님

시68:35 하나님이여 위엄을 성소에서 나타내시나이다 이스라엘의 하나님은 그 백성에게 힘과 능을 주시나니 하나님을 찬송할찌어다

95) 계시를 주시는 하나님

계1:1 예수 그리스도의 계시라 이는 하나님이 그에게 주사 반드시 속히 될 일을 그 종들에게 보이시려고 그 천사를 그 종 요한에게 보내어 지시하신 것이라

96) 천사를 보내시는 하나님

행27:23-24 나의 속한바 곧 나의 섬기는 하나님의 사자가 어제 밤에 내 곁에 서서 말하되 바울아 두려워 말라 네가 가이사 앞에 서야 하겠고 또 하나님께서 너와 함께 행선하는 자를 다 네게 주셨다 하였느니라

97) 강하신 하나님

계18:8 그러므로 하루 동안에 그 재앙들이 이르리니 곧 사망과 애통과 흉년이라 그가 또한 불에 살라지리니 그를 심판하신 주 하나님은 강하신 자이심이니라

98) 새 하늘과 새 땅을 창조하시는 하나님

사65:17 보라 내가 새 하늘과 새 땅을 창조하나니 이전 것은 기억되거나 마음에 생각나지 아니할 것이라

99) 모든 눈물을 씻기시는 하나님

계21:4 모든 눈물을 그 눈에서 씻기시매 다시 사망이 없고 애통하는 것이나 곡하는 것이나 아픈 것이 다시 있지 아니하리니 처음 것들이 다 지나갔음이

러라

100) 알파와 오메가요 처음과 나중이신 하나님

계21:6 또 내게 말씀하시되 이루었도다 나는 알파와 오메가요 처음과 나중이라 내가 생명수 샘물로 목 마른 자에게 값 없이 주리라

101) 성전이신 하나님

계21:22 성안에 성전을 내가 보지 못하였으니 이는 주 하나님 곧 전능하신 이와 및 어린 양이 그 성전이심이라

102) 이스라엘의 찬송 중에 거하시는 하나님

시22:3 이스라엘의 찬송 중에 거하시는 주여 주는 거룩하시니이다

103) 우리로 말씀의 사람되게 하시는 하나님

히4:12 하나님의 말씀은 살았고 운동력이 있어 좌우에 날선 어떤 검보다도 예리하여 혼과 영과 및 관절과 골수를 찔러 쪼개기까지 하며 또 마음의 생각과 뜻을 감찰하느니라

엡6:17 구원의 투구와 성령의 검 곧 하나님의 말씀을 가지라

마4:1-4 그 때에 예수께서 성령에게 이끌리어 마귀에게 시험을 받으러 광야로 가사 사십 일을 밤낮으로 금식하신 후에 주리신지라 시험하는 자가 예수께 나아와서 가로되 네가 만일 하나님의 아들이어든 명하여 이 돌들이 떡덩이가 되게 하라 예수께서 대답하여 가라사대 기록되었으되 사람이 떡으로만 살것이 아니요 하나님의 입으로 나오는 모든 말씀으로 살 것이라 하였느니라

신8:3 너를 낮추시며 너로 주리게 하시며 또 너도 알지 못하며 네 열조도 알지 못하던 만나를 네게 먹이신 것은 사람이 떡으로만 사는 것이 아니요 여호

와의 입에서 나오는 모든 말씀으로 사는 줄을 너로 알게하려 하심이니라

렘23:29 나 여호와가 말하노라 내 말이 불 같지 아니하냐 반석을 쳐서 부스러뜨리는 방망이 같지 아니하냐

딤후3:15-17 또 네가 어려서부터 성경을 알았나니 성경은 능히 너로 하여금 그리스도 예수 안에 있는 믿음으로 말미암아 구원에 이르는 지혜가 있게 하느니라 모든 성경은 하나님의 감동으로 된 것으로 교훈과 책망과 바르게 함과 의로 교육하기에 유익하니 이는 하나님의 사람으로 온전케 하며 모든 선한 일을 행하기에 온전케 하려 함이니라

골3:16 그리스도의 말씀이 너희 속에 풍성히 거하여 모든 지혜로 피차 가르치며 권면하고 시와 찬미와 신령한 노래를 부르며 마음에 감사함으로 하나님을 찬양하라

수1:1-9 여호와의 종 모세가 죽은 후에 여호와께서 모세의 시종 눈의 아들 여호수아에게 일러 가라사대 ~ 나의 종 모세가 네게 명한 율법을 다 지켜 행하고 좌로나 우로나 치우치지 말라 그리하면 어디로 가든지 형통하리니 이 율법책을 네 입에서 떠나지 말게 하며 주야로 그것을 묵상하여 그 가운데 기록한대로 다 지켜 행하라 그리하면 네 길이 평탄하게 될 것이라 네가 형통하리라 내가 네게 명한 것이 아니냐 마음을 강하게 하고 담대히 하라 두려워 말며 놀라지 말라 네가 어디로 가든지 네 하나님 여호와가 너와 함께 하느니라 하시니라

시1:1-6 복 있는 사람은 악인의 꾀를 좇지 아니하며 죄인의 길에 서지 아니하며 오만한 자의 자리에 앉지 아니하고 오직 여호와의 율법을 즐거워하여 그 율법을 주야로 묵상하는 자로다 저는 시냇가에 심은 나무가 시절을 좇아 과실을 맺으며 그 잎사귀가 마르지 아니함 같으니 그 행사가 다 형통하리로다 ~

시 119 편
시 119:9 청년이 무엇으로 그 행실을 깨끗케 하리이까 주의 말씀을 따라 삼

갈 것이니이다

시 119:50 이 말씀은 나의 곤란 중에 위로라 주의 말씀이 나를 살리셨음이니이다

시 119:56 내 소유는 이것이니 곧 주의 법도를 지킨 것이니이다

시 119:67 고난 당하기 전에는 내가 그릇 행하였더니 이제는 주의 말씀을 지키나이다

시 119:98-100 주의 계명이 항상 나와 함께하므로 그것이 나로 원수보다 지혜롭게 하나이다 내가 주의 증거를 묵상하므로 나의 명철함이 나의 모든 스승보다 승하며 주의 법도를 지키므로 나의 명철함이 노인보다 승하니이다

시 119:105 주의 말씀은 내 발에 등이요 내 길에 빛이니이다

밥이 보약이라는 말이 있듯이 평소 규칙적인 식습관은 특별한 보양보다 낫다. 이와 마찬가지로 우리의 일상생활 속에서 꾸준한 성경 읽기와 묵상은 영적인 건강을 위해서 매우 중요한 일이다.

104) 우리로 다양한 모범을 보게 하시는 하나님

105) 모든 교회를 낱낱이 아시는 하나님

예수 그리스도는 몸 된 교회의 머리시다. 그리고 주님께서 교회에 대하여 바라시는 것은 바로 거룩하고 흠이 없는 모습이다.

골1:18 그는 몸인 교회의 머리라 그가 근본이요 죽은 자들 가운데서 먼저 나신 자니 이는 친히 만물의 으뜸이 되려 하심이요

엡5:26-27 이는 곧 물로 씻어 말씀으로 깨끗하게 하사 거룩하게 하시고 자기 앞에 영광스러운 교회로 세우사 티나 주름잡힌 것이나 이런 것들이 없이

거룩하고 흠이 없게 하려 하심이니라

이러한 소망 중에, 예수 그리스도는 각 교회의 상황을 모두 알고 계신다. 특히 우리가 깊이 생각해야 할 것은 바로 주님께서 각 교회의 크고 작음에 대하여 전혀 언급하시지 않고, 오직 각 교회의 신앙 상태에 대하여 언급하셨다는 것이다.

에베소 교회의 사자에게

계2:2-4 내가 네 행위와 수고와 네 인내를 알고 또 악한 자들을 용납지 아니한 것과 자칭 사도라 하되 아닌 자들을 시험하여 그 거짓된 것을 네가 드러낸 것과 또 네가 참고 내 이름을 위하여 견디고 게으르지 아니한 것을 아노라 그러나 너를 책망할 것이 있나니 너의 처음 사랑을 버렸느니라

서머나 교회의 사자에게

계2:9 내가 네 환난과 궁핍을 아노니 실상은 네가 부요한 자니라 자칭 유대인이라 하는 자들의 훼방도 아노니 실상은 유대인이 아니요 사단의 회라

버가모 교회의 사자에게

계2:13-15 네가 어디 사는 것을 내가 아노니 거기는 사단의 위가 있는 데라 네가 내 이름을 굳게 잡아서 내 충성된 증인 안디바가 너희 가운데 곧 사단의 거하는 곳에서 죽임을 당할 때에도 나를 믿는 믿음을 저버리지 아니하였도다 그러나 네게 두어가지 책망할 것이 있나니 거기 네게 발람의 교훈을 지키는 자들이 있도다 발람이 발락을 가르쳐 이스라엘 앞에 올무를 놓아 우상의 제물을 먹게 하였고 또 행음하게 하였느니라 이와 같이 네게도 니골라당의 교훈을 지키는 자들이 있도다

두아디라 교회의 사자에게

계2:19-20 내가 네 사업과 사랑과 믿음과 섬김과 인내를 아노니 네 나중 행

위가 처음것보다 많도다 그러나 네게 책망할 일이 있노라 자칭 선지자라 하는 여자 이세벨을 네가 용납함이니 그가 내 종들을 가르쳐 꾀어 행음하게 하고 우상의 제물을 먹게 하는도다

사데 교회의 사자에게

계3:1-2 ~ 내가 네 행위를 아노니 네가 살았다 하는 이름은 가졌으나 죽은 자로다 너는 일깨워 그 남은바 죽게 된 것을 굳게 하라 내 하나님 앞에 네 행위의 온전한 것을 찾지 못하였노라

계3:4 그러나 사데에 그 옷을 더럽히지 아니한 자 몇명이 네게 있어 흰 옷을 입고 나와 함께 다니리니 그들은 합당한 자인 연고라

빌라델비아 교회의 사자에게

계3:8 볼찌어다 내가 네 앞에 열린 문을 두었으되 능히 닫을 사람이 없으리라 내가 네 행위를 아노니 네가 적은 능력을 가지고도 내 말을 지키며 내 이름을 배반치 아니하였도다

라오디게아 교회의 사자에게

계3:15 내가 네 행위를 아노니 네가 차지도 아니하고 더웁지도 아니하도다 네가 차든지 더웁든지 하기를 원하노라

계3:17 네가 말하기를 나는 부자라 부요하여 부족한 것이 없다 하나 네 곤고한 것과 가련한 것과 가난한 것과 눈 먼것과 벌거벗은 것을 알지 못하도다

귀 있는 자는 성령께서 교회들에게 하시는 말씀을 들을찌어다! (계2:7, 11, 17, 29, 3:6, 13, 22) 그러므로 각 교회의 사자뿐만 아니라 또한 모든 성도들도 하나님의 말씀을 들어야 한다. 여기서 우리가 다시 기억해야 될 말씀은 바로,

고전15:58 그러므로 내 사랑 하는 형제들아 견고하며 흔들리지 말며 항상

주의 일에 더욱 힘쓰는 자들이 되라 이는 너희 수고가 주 안에서 헛되지 않은 줄을 앎이니라

주님께서도 또한 이미 알고 계신다. …… 등등 이상과 같이 성경은 한편으로는 일반 계시를 포함하면서 이와 더불어 더욱 깊이 있고, 더욱 다양한 가운데 분명하게 하나님을 계시하고 있다.

2. 하나님께서는 특별히 예수 그리스도를 통하여 하나님 자신을 우리에게 가장 분명히 계시하여 주셨다

요1:1 태초에 말씀이 계시니라 이 말씀이 하나님과 함께 계셨으니 이 말씀은 곧 하나님이시니라
요1:14 말씀이 육신이 되어 우리 가운데 거하시매 우리가 그 영광을 보니 아버지의 독생자의 영광이요 은혜와 진리가 충만하더라

요1:18 본래 하나님을 본 사람이 없으되 아버지 품속에 있는 독생하신 하나님이 나타내셨느니라

요14:8-11 빌립이 가로되 주여 아버지를 우리에게 보여 주옵소서 그리하면 족하겠나이다 예수께서 가라사대 빌립아 내가 이렇게 오래 너희와 함께 있으되 네가 나를 알지 못하느냐 나를 본 자는 아버지를 보았거늘 어찌하여 아버지를 보이라 하느냐 나는 아버지 안에 있고 아버지는 내 안에 계신 것을 네가 믿지 아니하느냐 내가 너희에게 이르는 말이 스스로 하는 것이 아니라 아버지께서 내 안에 계셔 그의 일을 하시는 것이라 내가 아버지 안에 있고 아버지께서 내 안에 계심을 믿으라 그렇지 못하겠거든 행하는 그 일을 인하여 나를 믿으라

벧후3:18 오직 우리 주 곧 구주 예수 그리스도의 은혜와 저를 아는 지식에서

자라 가라 영광이 이제와 영원한 날까지 저에게 있을찌어다

요컨대 우리는 더욱 힘써 하나님을 알아야 한다. 왜냐하면 하나님을 알수록 더욱 하나님을 경외할 수 있기 때문이요, 또한 깊이 있게 하나님을 아는 사람만이 하나님께 대하여 풍부하게 증거할 수 있기 때문이다. 오직 이런 사람만이 능히 하나님을 영화롭게 할 수 있다.

호6:3 그러므로 우리가 여호와를 알자 힘써 여호와를 알자

제5장

신앙의 쌍두마차

아는 것과 믿는 것은 '신앙의 쌍두마차'라 부를 수 있다. 성경은 우리에게 신앙 안에는 아는 것과 믿는 것 이 두 가지가 모두 있음을 가르쳐 준다. 마치 플러스 선과 마이너스 선이 있어야 전등이 켜지는 것처럼 신앙은 믿음과 앎이 반드시 필요하다. 또한 하나의 손이 손바닥과 손등으로 구별되지만 서로 뗄수 없는 것처럼 신앙도 믿음과 앎이 그러하다.

우리는 믿음으로 알게 되고, 앎으로 더 믿게 된다. 바꿔 말하면 앎으로 믿게 되고 믿음으로 더 알게 된다. 마치 왼쪽 눈과 오른쪽 눈이 서로 협력하여 더 넓게, 더 분명히 보게 하는 것처럼, 믿음과 앎은 서로 협력하여 능히 우리로 하여금 맹목적 신앙에서 벗어나게 하고, 진리 가운데 굳게 설 수 있도록 한다. 이처럼 우리의 신앙은 믿음과 앎을 통해 더욱 진보하고 성장할 수 있다. 그러므로 아는 것과 믿는 것은 '신앙의 쌍두마차'라 부를 수 있다.

신7:9 그런즉 너는 알라 ! 오직 네 하나님 여호와는 하나님이시요 신실하신

하나님이시라 그를 사랑하고 그 계명을 지키는 자에게는 천대까지 그 언약을 이행하시며 인애를 베푸시니라

삿2:8–10 여호아의 종 눈의 아들 여호수아가 일백 십세에 죽으매 무리가 그의 기업의 경내 에브라임 산지 가아스산 북 딤낫 헤레스에 장사하였고 그 세대 사람도 다 그 열조에게로 돌아갔고 그 후에 일어난 다른 세대는 여호와를 알지 못하며 여호와께서 이스라엘을 위하여 행하신 일도 알지 못하였더라

사1:2–4 하늘이여 들으라 땅이여 귀를 기울이라 여호와께서 말씀하시기를 내가 자식을 양육하였거늘 그들이 나를 거역하였도다 소는 그 임자를 알고 나귀는 주인의 구유를 알건마는 이스라엘은 알지 못하고 나의 백성은 깨닫지 못하는도다 하셨도다 슬프다 범죄한 나라요 허물 진 백성이요 행악의 종자요 행위가 부패한 자식이로다 그들이 여호와를 버리며 이스라엘의 거룩한 자를 만홀히 여겨 멀리하고 물러갔도다

렘4:22 내 백성은 나를 알지 못하는 우준한 자요 지각이 없는 미련한 자식이라 악을 행하기에는 지각이 있으나 선을 행하기에는 무지하도다

호4:1–2 이스라엘 자손들아 여호와의 말씀을 들으라 여호와께서 이 땅 거민과 쟁변하시나니 이 땅에는 진실도 없고 인애도 없고 하나님을 아는 지식도 없고 오직 저주와 사위와 살인과 투절과 간음 뿐이요 강포하여 피가 피를 뒤대임이라

호4:6 내 백성이 지식이 없으므로 망하는도다 네가 지식을 버렸으니 나도 너를 버려 내 제사장이 되지 못하게 할 것이요 네가 네 하나님의 율법을 잊었으니 나도 네 자녀들을 잊어버리리라

사43:10 나 여호와가 말하노라 너희는 나의 증인, 나의 종으로 택함을 입었나니 이는 너희로 나를 알고 믿으며 내가 그인줄 깨닫게 하려 함이라 나의 전에 지음을 받은 신이 없었느니라 나의 후에도 없으리라

호6:3 그러므로 우리가 여호와를 알자 힘써 여호와를 알자 그의 나오심은 새벽 빛같이 일정하니 비와 같이, 땅을 적시는 늦은 비와 같이 우리에게 임하시리라 하리라

요17:3 영생은 곧 유일하신 참 하나님과 그의 보내신 자 예수 그리스도를 아는 것이니이다

요17:25 의로우신 아버지여 세상이 아버지를 알지 못하여도 나는 아버지를 알았삽고 저희도 아버지께서 나를 보내신 줄 알았삽나이다

롬1:19-20 이는 하나님을 알만한 것이 저희 속에 보임이라 하나님께서 이를 저희에게 보이셨느니라 창세로부터 그의 보이지 아니하는 것들 곧 그의 영원하신 능력과 신성이 그 만드신 만물에 분명히 보여 알게 되나니 그러므로 저희가 핑계치 못할지니라

빌3:8 또한 모든 것을 해로 여김은 내 주 그리스드 예수를 아는 지식이 가장 고상함을 인함이라 내가 그를 위하여 모든 것을 잃어버리고 배설물로 여김은 그리스도를 얻고

벧후3:18 오직 우리 주 곧 구주 예수 그리스도의 은혜와 저를 아는 지식에서 자라가라 영광이 이제와 영원한 날까지 저에게 있을지어다

요일5:20 또 아는 것은 하나님의 아들이 이르러 우리에게 지각을 주사 우리로 참된 자를 알게 하신 것과 또한 우리가 참된 자 곧 그의 아들 예수 그리스도 안에 있는 것이니 그는 참 하나님이시요 영생이시라

요일4:14 아버지가 아들을 세상의 구주로 보내신 것을 우리가 보았고 또 증거하노라

요6:29 예수께서 대답하여 가라사대 하나님의 보내신 자를 믿는 것이 하나님의 일이니라

요17:20-21 내가 비옵는 것은 이 사람들만 위함이 아니요 또 저희 말을 인하여 나를 믿는 사람들도 위함이니 아버지께서 내 안에 내가 아버지 안에 있는 것같이 저희도 다 하나가 되어 우리 안에 있게 하사 세상으로 아버지께서 나를 보내신 것을 믿게 하옵소서

히11:6 믿음이 없이는 기쁘시게 못하나니 하나님께 나아가는 자는 반드시 그가 계신 것과 또한 그가 자기를 찾는 자들에게 상 주시는 이심을 믿어야 할지니라

롬1:17 복음에는 하나님의 의가 나타나서 믿음으로 믿음에 이르게 하나니 기록된 바 오직 의인은 믿음으로 말미암아 살리라 함과 같으니라

엡4:13 우리가 다 하나님의 아들을 믿는 것과 아는 일에 하나가 되어 온전한 사람을 이루어 그리스도의 장성한 분량이 충만한 데까지 이르리라

요6:69 우리가 주는 하나님의 거룩하신 자신줄 믿고 알았삽나이다

요17:8 나는 아버지께서 내게 주신 말씀들을 저희에게 주었사오며 저희는 이것을 받고 내가 아버지께로부터 나온 줄을 참으로 아오며 아버지께서 나를 보내신 줄도 믿었사옵나이다

요일4:16 하나님이 우리를 사랑하시는 사랑을 우리가 알고 믿었노니 하나님은 사랑이시라 사랑 안에 거하는 자는 하나님 안에 거하고 하나님도 그 안에 거하시느니라

오늘날과 같은 첨단과학 시대에도 통계에 의하면 한국에는 무속인이 100여만명, 복채가 연간 4조원이라고 한다(2010년). 이 사실은 나라의 미래를 걱정스럽게 만든다. 더욱 놀라운 사실은 그 복채 가운데는 기독교인이 바친 돈도 있다는 것이다. 이는 하나님께 대하여 분명치 않은 신앙이 가져오는 현상 중의 하나이다. 그러므로 우리는 앎으로 믿고, 믿음으로 알아 더욱더 하나님

께 대한 분명하고 견고한 신앙을 반드시 가져야 한다.

* 믿음의 크기는 하나님을 아는 만큼이다

시139:1-24 여호와여 주께서 나를 감찰하시고 아셨나이다 주께서 나의 앉고 일어섬을 아시며 멀리서도 나의 생각을 통촉하시오며 나의 길과 눕는 것을 감찰하시며 나의 모든 행위를 익히 아시오니 여호와여 내 혀의 말을 알지 못하시는 것이 하나도 없으시니이다 주께서 나의 전후를 두르시며 내게 안수하셨나이다 이 지식이 내게 너무 기이하니 높아서 내가 능히 미치지 못하나이다 내가 주의 신을 떠나 어디로 가며 주의 앞에서 어디로 피하리이까 내가 하늘에 올라갈찌라도 거기 계시며 음부에 내 자리를 펼찌라도 거기 계시니이다 내가 새벽 날개를 치며 바다 끝에 가서 거할찌라도 곧 거기서도 주의 손이 나를 인도하시며 주의 오른손이 나를 붙드시리이다 내가 혹시 말하기를 흑암이 정녕 나를 덮고 나를 두른 빛은 밤이 되리라 할찌라도 주에게서는 흑암이 숨기지 못하며 밤이 낮과 같이 비취나니 주에게는 흑암과 빛이 일반이니이다 주께서 내 장부를 지으시며 나의 모태에서 나를 조직하셨나이다 내가 주께 감사하옴은 나를 지으심이 신묘막측하심이라 주의 행사가 기이함을 내 영혼이 잘 아나이다 내가 은밀한데서 지음을 받고 땅의 깊은 곳에서 기이하게 지음을 받은 때에 나의 형체가 주의 앞에 숨기우지 못하였나이다 내 형질이 이루기 전에 주의 눈이 보셨으며 나를 위하여 정한 날이 하나도 되기 전에 주의 책에 다 기록이 되었나이다 하나님이여 주의 생각이 내게 어찌 그리 보배로우신지요 그 수가 어찌 그리 많은지요 내가 세려고 할찌라도 그 수가 모래보다 많도소이다 내가 깰 때에도 오히려 주와 함께 있나이다 하나님이여 주께서 정녕히 악인을 죽이시리이다 ~ 하나님이여 나를 살피사 내 마음을 아시며 나를 시험하사 내 뜻을 아옵소서 내게 무슨 악한 행위가 있나 보시고 나를 영원한 길로 인도하소서

사9:6 이는 한 아기가 우리에게 났고 한 아들을 우리에게 주신바 되었는데 그 어깨에는 정사를 메었고 그 이름은 기묘자라, 모사라, 전능하신 하나님이라, 영존하시는 아버지라, 평강의 왕이라 할것임이라

요1:14 말씀이 육신이 되어 우리 가운데 거하시매 우리가 그 영광을 보니 아버지의 독생자의 영광이요 은혜와 진리가 충만하더라

마8:23-27 배에 오르시매 제자들이 좇았더니 바다에 큰 놀이 일어나 물결이 배에 덮이게 되었으되 예수는 주무시는지라 그 제자들이 나아와 깨우며 가로되 주여 구원하소서 우리가 죽겠나이다 예수께서 이르시되 어찌하여 무서워하느냐 믿음이 적은 자들아 하시고 곧 일어나사 바람과 바다를 꾸짖으신대 아주 잔잔하게 되거늘 그 사람들이 기이히 여겨 가로되 이 어떠한 사람이기에 바람과 바다도 순종하는고 하더라

눅7:1-10 예수께서 모든 말씀을 백성에게 들려주시기를 마치신 후에 가버나움으로 들어가시니라 어떤 백부장의 사랑하는 종이 병들어 죽게 되었더니 예수의 소문을 듣고 유대인의 장로 몇을 보내어 오셔서 그 종을 구원하시기를 청한지라 이에 저희가 예수께 나아와 간절히 구하여 가로되 이 일을 하시는 것이 이 사람에게는 합당하니이다 저가 우리 민족을 사랑하고 또한 우리를 위하여 회당을 지었나이다 하니 예수께서 함께 가실쌔 이에 그 집이 멀지 아니하여 백부장이 벗들을 보내어 가로되 주여 수고하시지 마옵소서 내 집에 들어오심을 나는 감당치 못하겠나이다 그러므로 내가 주께 나아가기도 감당치 못할 줄을 알았나이다 말씀만 하사 내 하인을 낫게 하소서 저도 남의 수하에 든 사람이요 제 아래에도 군병이 있으니 이더러 가라 하면 가고 저더러 오라 하면 오고 제 종더러 이것을 하라 하면 하나이다 예수께서 들으시고 저를 기이히 여겨 돌이키사 좇는 무리에게 이르시되 내가 너희에게 이르노니 이스라엘 중에서도 이만한 믿음은 만나보지 못하였노라 하시더라 보내었던 사람들이 집으로 돌아가 보매 종이 이미 강건하여졌더라

딤전6:15-16 기약이 이르면 하나님이 그의 나타나심을 보이시리니 하나님은 복되시고 홀로 한 분이신 능하신 자이며 만왕의 왕이시며 만주의 주시요 오직 그에게만 죽지 아니함이 있고 가까이 가지 못할 빛에 거하시고 아무 사람도 보지 못하였고 또 볼 수 없는 자시니 그에게 존귀와 영원한 능력을 돌릴찌어다 아멘

사람을 비롯하여 모든 동식물은 햇빛이 절대적으로 필요하다. 만약 오랫동안 햇빛을 받지 못한다면 결국에는 모두 다 죽는다. 이처럼 하나님은 우리 각 사람에게 마치 해와 같이 절대 필요한 분이시다. 그래서 성경은 다음과 같이 말한다.

시84:11 여호와 하나님은 해요 방패시라

제2부

주 예수 그리스도를 **믿으라**

제1장

긴 시간을 가지고 있는 하나님의 복음

1. 예수님께서 전파하신 하나님의 복음

> 막1:14-15 요한이 잡힌 후 예수께서 갈릴리에 오셔서 하나님의 복음을 전파하여 가라사대 때가 찼고 하나님 나라가 가까왔으니 회개하고 복음을 믿으라 하시더라

예수님께서 전파하신 하나님의 복음 안에는 세상 종말과 하나님 나라에 대한 일깨움이 있다. 그러므로 여기에는 회개하고 복음을 믿으라는 절대 요구가 들어있다.

1) 때가 찼고 하나님 나라가 가까이 왔다

이 말씀은 우리에게 세상 종말과 하나님 나라에 대한 일깨움을 주고 있다. 이는 임박한 재림에 대한 구체적 표현이다.

① 세상 종말

A. 역사의 종말과 심판

"주님이 첫 강림하신 때는 이미 말세의 시기이다"

히1:1-2 옛적에 선지자들로 여러 부분과 여러 모양으로 우리 조상들에게 말씀하신 하나님이 이 모든 날 마지막에 아들로 우리에게 말씀하셨으니 이 아들을 만유의 후사로 세우시고 또 저로 말미암아 모든 세계를 지으셨느니라

"주님 재림의 날은 역사 최후 종말의 날이 된다"

벧후3:10 그러나 주의 날이 도적 같이 오리니 그 날에는 하늘이 큰 소리로 떠나가고 체질이 뜨거운 불에 풀어지고 땅과 그 중에 있는 모든 일이 드러나리로다

"첫 강림의 주님은 구원자로 오셨지만 재림의 주님은 심판주로 오신다"

행17: 31 이는 정하신 사람으로 하여금 천하를 공의로 심판할 날을 작정하시고 이에 저를 죽은 자 가운데서 다시 살리신 것으로 모든 사람에게 믿을만한 증거를 주셨음이니라 하니라

"세상 마지막 날은 또한 죽은 자들이 부활하는 날이다"

요6:40 내 아버지의 뜻은 아들을 보고 믿는 자마다 영생을 얻는 이것이니 마지막 날에 내가 이를 다시 살리리라 하시니라

살전4:16-17 주께서 호령과 천사장의 소리와 하나님의 나팔로 친히 하늘로 좇아 강림하시리니 그리스도 안에서 죽은 자들이 먼저 일어나고 그 후에 우리 살아 남은 자도 저희와 함께 구름 속으로 끌어 올려 공중에서 주를 영접하게 하시리니 그리하여 우리가 항상 주와 함께 있으리라

요5:25-29 진실로 진실로 너희에게 이르노니 죽은 자들이 하나님의 아들의 음성을 들을 때가 오나니 곧 이 때라 듣는 자는 살아나리라 아버지께서 자기 속에 생명이 있음 같이 아들에게도 생명을 주어 그 속에 있게 하셨고 또 인자됨을 인하여 심판하는 권세를 주셨느니라 이를 기이히 여기지 말라 무덤 속에 있는 자가 다 그의 음성을 들을 때가 오나니 선한 일을 행한 자는 생명

의 부활로, 악한 일을 행한 자는 심판의 부활로 나오리라

"주님 재림의 날은 초림으로 시작된 하나님 나라가 완성되는 날이요, 새 하늘과 새 땅을 보는 날이다"
벧후3:10-13 그러나 주의 날이 도적 같이 오리니 그 날에는 하늘이 큰 소리로 떠나가고 체질이 뜨거운 불에 풀어지고 땅과 그 중에 있는 모든 일이 드러나리로다 이 모든 것이 이렇게 풀어지리니 너희가 어떠한 사람이 되어야 마땅하뇨 거룩한 행실과 경건함으로 하나님의 날이 임하기를 바라보고 간절히 사모하라 그 날에 하늘이 불에 타서 풀어지고 체질이 뜨거운 불에 녹아지려니와 우리는 그의 약속대로 의의 거하는바 새 하늘과 새 땅을 바라보도다

계21:1-4 또 내가 새 하늘과 새 땅을 보니 처음 하늘과 처음 땅이 없어졌고 바다도 다시 있지 않더라 또 내가 보매 거룩한 성 새 예루살렘이 하나님께로부터 하늘에서 내려오니 그 예비한 것이 신부가 남편을 위하여 단장한 것 같더라 내가 들으니 보좌에서 큰 음성이 나서 가로되 보라 하나님의 장막이 사람들과 함께 있으매 하나님이 저희와 함께 거하시리니 저희는 하나님의 백성이 되고 하나님은 친히 저희와 함께 계셔서 모든 눈물을 그 눈에서 씻기시매 다시 사망이 없고 애통하는 것이나 곡하는 것이나 아픈 것이 다시 있지 아니하리니 처음 것들이 다 지나갔음이러라

"그러므로 그 날은 알지 못함으로 깨어 있어야 한다"
마24:42-44 그러므로 깨어 있으라 어느 날에 너희 주가 임할는지 너희가 알지 못함이니라 너희도 아는 바니 만일 집 주인이 도적이 어느 경점에 올 줄을 알았더면 깨어 있어 그 집을 뚫지 못하게 하였으리라 이러므로 너희도 예비하고 있으라 생각지 않은 때에 인자가 오리라

"건강한 신앙은 주님의 재림을 사모한다"
히9:28 이와 같이 그리스도도 많은 사람의 죄를 담당하시려고 단번에 드리신바 되셨고 구원에 이르게 하기 위하여 죄와 상관 없이 자기를 바라는 자들에게 두 번째 나타나시리라

계22:20 이것들을 증거하신 이가 가라사대 내가 진실로 속히 오리라 하시거늘 아멘 주 예수여 오시옵소서

B. 개인의 종말과 심판

히9:27 한번 죽는 것은 사람에게 정하신 것이요 그 후에는 심판이 있으리라

마25:31-46 인자가 자기 영광으로 모든 천사와 함께 올때에 자기 영광의 보좌에 앉으리니 모든 민족을 그 앞에 모으고 각각 분별하기를 목자가 양과 염소를 분별하는것 같이 하여 양은 그 오른편에, 염소는 왼편에 두리라 그 때에 임금이 그 오른편에 있는 자들에게 이르시되 내 아버지께 복 받을 자들이여 ~ 또 왼편에 있는 자들에게 이르시되 저주를 받은 자들아 나를 떠나 마귀와 그 사자들을 위하여 예비된 영영한 불에 들어가라 ~ 이에 임금이 대답하여 가라사대 내가 진실로 너희에게 이르노니 이 지극히 작은 자 하나에게 하지 아니한 것이 곧 내게 하지 아니한 것이니라 하시리니 저희는 영벌에, 의인들은 영생에 들어가리라 하시니라

계20:11-15 또 내가 크고 흰 보좌와 그 위에 앉으신 자를 보니 땅과 하늘이 그 앞에서 피하여 간데 없더라 또 내가 보니 죽은 자들이 무론 대소하고 그 보좌 앞에 섰는데 책들이 펴 있고 또 다른 책이 펴졌으니 곧 생명 책이라 죽은 자들이 자기 행위를 따라 책들에 기록된 대로 심판을 받으니 바다가 그 가운데서 죽은 자들을 내어주고 또 사망과 음부도 그 가운데서 죽은 자들을 내어주매 각 사람이 자기의 행위대로 심판을 받고 사망과 음부도 불못에 던지우니 이것은 둘째 사망 곧 불못이라 누구든지 생명책에 기록되지 못한 자는 불못에 던지우더라

② 하나님 나라

A. 이미 시작된 하나님 나라

보라 처녀가 잉태하여 아들을 낳을 것이요 그 이름은 임마누엘이라 하리라 하셨으니 이를 번역한즉 하나님이 우리와 함께 계시다 함이라(마1:23). 이처럼 임마누엘의 이름을 가지신 예수님, 하나님이신 말씀이 육신이 되어 우

리 가운데 거하신 예수님 (요1:1,14), 주님의 그 첫 번째 강림을 통해 하나님의 나라는 이미 시작되었다.

마12:28 그러나 내가 하나님의 성령을 힘입어 귀신을 쫓아내는 것이면 하나님의 나라가 이미 너희에게 임하였느니라

마13:24-30 예수께서 그들 앞에 또 비유를 베풀어 가라사대 천국은 좋은 씨를 제 밭에 뿌린 사람과 같으니 사람들이 잘 때에 그 원수가 와서 곡식 가운데 가라지를 덧뿌리고 갔더니 싹이 나고 결실할 때에 가라지도 보이거늘 ~ 주인이 가로되 가만 두어라 가라지를 뽑다가 곡식까지 뽑을까 염려하노라 둘 다 추수 때까지 함께 자라게 두어라 추수 때에 내가 추숫군들에게 말하기를 가라지는 먼저 거두어 불사르게 단으로 묶고 곡식은 모아 내 곳간에 넣으라 하리라

마13:36-43 이에 예수께서 무리를 떠나사 집에 들어가시니 제자들이 나아와 가로되 밭의 가라지의 비유를 우리에게 설명하여 주소서 대답하여 가라사대 좋은 씨를 뿌리는 이는 인자요 밭은 세상이요 좋은 씨는 천국의 아들들이요 가라지는 악한 자의 아들들이요 가라지를 심은 원수는 마귀요 추수때는 세상 끝이요 추숫군은 천사들이니 그런즉 가라지를 거두어 불에 사르는 것 같이 세상끝에도 그러하리라 인자가 그 천사들을 보내리니 저희가 그 나라에서 모든 넘어지게 하는 것과 또 불법을 행하는 자들을 거두어 내어 풀무 불에 던져 넣으리니 거기서 울며 이를 갊이 있으리라 그 때에 의인들은 자기 아버지 나라에서 해와 같이 빛나리라 귀 있는 자는 들으라

마13:31-32 또 비유를 베풀어 가라사대 천국은 마치 사람이 자기 밭에 갖다 심은 겨자씨 한 알 같으니 이는 모든 씨보다 작은 것이로되 자란 후에는 나물보다 커서 나무가 되매 공중의 새들이 와서 그 가지에 깃들이느니라

눅16:16 율법과 선지자는 요한의 때까지요 그 후부터는 하나님 나라의 복음이 전파되어 사람마다 그리로 침입하느니라

"예수 그리스도를 믿는 자는 이미 하나님 나라에 속한 자다"
요1:12 영접하는 자 곧 그 이름을 믿는 자들에게는 하나님의 자녀가 되는 권세를 주셨느니라

요일5:13 내가 하나님의 아들의 이름을 믿는 너희에게 이것을 쓴 것은 너희로 하여금 너희에게 영생이 있음을 알게 하려 함이라

눅17:20-21 바리새인들이 하나님의 나라가 어느 때에 임하나이까 묻거늘 예수께서 대답하여 가라사대 하나님의 나라는 볼 수 있게 임하는 것이 아니요 또 여기 있다 저기 있다고도 못하리니 하나님의 나라는 너희 안에 있느니라

B. 장차 완성될 하나님 나라

장차 예수 그리스도의 영광스런 재림을 통해 세상은 끝을 맺고, 심판과 죽은 자의 부활이 있게 되며, 하나님 나라는 완성된다. 새 하늘과 새 땅은 바로 모두가 소망하는 영생의 천국이다.

살전4:13-5:8 형제들아 자는 자들에 관하여는 너희가 알지 못함을 우리가 원치 아니하노니 이는 소망 없는 다른이와 같이 슬퍼하지 않게 하려 함이라 우리가 예수의 죽었다가 다시 사심을 믿을찐대 이와 같이 예수 안에서 자는 자들도 하나님이 저와 함께 데리고 오시리라 ~ 그러므로 우리는 다른 이들과 같이 자지 말고 오직 깨어 근신할찌라 자는 자들은 밤에 자고 취하는 자들은 밤에 취하되 우리는 낮에 속하였으니 근신하여 믿음과 사랑의 흉배를 붙이고 구원의 소망의 투구를 쓰자

요6:40 내 아버지의 뜻은 아들을 보고 믿는 자마다 영생을 얻는 이것이니 마지막 날에 내가 이를 다시 살리리라 하시니라

요5:25-29 진실로 진실로 너희에게 이르노니 죽은 자들이 하나님의 아들의 음성을 들을 때가 오나니 곧 이 때라 듣는 자는 살아나리라 ~ 이를 기이히 여기지 말라 무덤 속에 있는 자가 다 그의 음성을 들을 때가 오나니 선한 일

을 행한 자는 생명의 부활로, 악한 일을 행한 자는 심판의 부활로 나오리라

벧후3:8-13 사랑하는 자들아 ~ 그러나 주의 날이 도적 같이 오리니 그 날에는 하늘이 큰 소리로 떠나가고 체질이 뜨거운 불에 풀어지고 땅과 그 중에 있는 모든 일이 드러나리로다 이 모든 것이 이렇게 풀어지리니 너희가 어떠한 사람이 되어야 마땅하뇨 거룩한 행실과 경건함으로 하나님의 날이 임하기를 바라보고 간절히 사모하라 그 날에 하늘이 불에 타서 풀어지고 체질이 뜨거운 불에 녹아지려니와 우리는 그의 약속대로 의의 거하는바 새 하늘과 새 땅을 바라보도다

계21:1-22:5 또 내가 새 하늘과 새 땅을 보니 처음 하늘과 처음 땅이 없어졌고 바다도 다시 있지 않더라 또 내가 보매 거룩한 성 새 예루살렘이 하나님께로부터 하늘에서 내려오니 그 예비한 것이 신부가 남편을 위하여 단장한 것 같더라 내가 들으니 보좌에서 큰 음성이 나서 가로되 보라 하나님의 장막이 사람들과 함께 있으매 하나님이 저희와 함께 거하시리니 저희는 하나님의 백성이 되고 하나님은 친히 저희와 함께 계셔서 모든 눈물을 그 눈에서 씻기시매 다시 사망이 없고 애통하는 것이나 곡하는 것이나 아픈 것이 다시 있지 아니하리니 처음 것들이 다 지나갔음이러라 보좌에 앉으신 이가 가라사대 보라 내가 만물을 새롭게 하노라 하시고 ~ 일곱 천사중 하나가 나아와서 내게 말하여 가로되 이리 오라 내가 신부 곧 어린 양의 아내를 네게 보이리라 하고 성령으로 나를 데리고 크고 높은 산으로 올라가 하나님께로부터 하늘에서 내려오는 거룩한 성 예루살렘을 보이니 하나님의 영광이 있으매 그 성의 빛이 지극히 귀한 보석 같고 벽옥과 수정 같이 맑더라 ~ 성안에 성전을 내가 보지 못하였으니 이는 주 하나님 곧 전능하신 이와 및 어린 양이 그 성전이심이라 그 성은 해나 달의 비췸이 쓸데 없으니 이는 하나님의 영광이 비취고 어린 양이 그 등이 되심이라 ~ 다시 저주가 없으며 하나님과 그 어린 양의 보좌가 그 가운데 있으리니 그의 종들이 그를 섬기며 그의 얼굴을 볼터이요 그의 이름도 저희 이마에 있으리라 다시 밤이 없겠고 등불과 햇빛이 쓸데 없으니 이는 주 하나님이 저희에게 비취심이라 저희가 세세토록 왕 노릇하리로다

2) 회개하고 복음을 믿으라

세상 종말과 하나님 나라에 대한 절대 요구는 오직 회개하고 복음을 믿으라는 것이다.

회개하라

문자적으로 회개는 마음의 변화를 뜻한다. 그것은 바로 하나님의 살아계심과 사랑을 깨닫고, 죄를 미워하고 떠나서 하나님께로 돌아와 바르게 사는 것을 의미한다. 그런 사람은 하나님께 대하여는 성결하게, 사람에 대하여는 의롭게 산다. 이처럼 참으로 회개한 사람은 반드시 하나님을 경외하며 살게 된다. 하나님을 공경하며 두려워 떠는 이 경외는 바로 회개의 확실한 증거요, 신앙의 뿌리가 되며, 그리고 하나님을 사랑하는 자의 특징이 된다.

> 눅15:11-32 또 가라사대 어떤 사람이 두 아들이 있는데 그 둘째가 아비에게 말하되 아버지여 재산 중에서 내게 돌아올 분깃을 내게 주소서 하는지라 아비가 그 살림을 각각 나눠 주었더니 그 후 며칠이 못되어 둘째 아들이 재물을 다 모아가지고 먼 나라에 가 거기서 허랑방탕하여 그 재산을 허비하더니 다 없이한 후 그 나라에 크게 흉년이 들어 저가 비로소 궁핍한지라 ~ 이에 일어나서 아버지께로 돌아가니라 아직도 상거가 먼데 아버지가 저를 보고 측은히 여겨 달려가 목을 안고 입을 맞추니 아들이 가로되 아버지여 내가 하늘과 아버지께 죄를 얻었사오니 지금부터는 아버지의 아들이라 일컬음을 감당치 못하겠나이다 하나 아버지는 종들에게 이르되 제일 좋은 옷을 내어다가 입히고 손에 가락지를 끼우고 발에 신을 신기라 그리고 살진 송아지를 끌어다가 잡으라 우리가 먹고 즐기자 이 내 아들은 죽었다가 다시 살아났으며 내가 잃었다가 다시 얻었노라 하니 저희가 즐거워하더라 ~

> 눅19:1-10 예수께서 여리고로 들어 지나가시더라 삭개오라 이름하는 자가 있으니 세리장이요 또한 부자라 ~ 삭개오가 서서 주께 여짜오되 주여 보시옵소서 내 소유의 절반을 가난한 자들에게 주겠사오며 만일 뉘 것을 토색한

일이 있으면 사배나 갚겠나이다 예수께서 이르시되 오늘 구원이 이 집에 이르렀으니 이 사람도 아브라함의 자손임이로다 인자의 온 것은 잃어버린 자를 찾아 구원하려 함이니라

복음을 믿으라

복음은 문자적으로 기쁜 소식, 좋은 소식을 뜻한다. 세상에는 육체를 가진 우리 인간이 기뻐하는 좋은 소식이 다양하게 있고, 그것을 얻기 위하여 혼자, 혹은 여러 사람이, 혹은 국가 차원에서 노력하기도 한다. 그 중에 먹고 마시는 것은 굶주리고 목마른 자에게는 하나의 기쁨이 되고 복음이 된다. 그러나 배부른 자에게는 기쁜 소식이 되지 않는다.

그러면 동서고금 남녀노소 빈부귀천을 물론하고 모든 사람이 똑같이 갈망하고 있는 것은 과연 무엇일까? 간단히 말하면 그것은 바로 어떤 슬픔, 고통, 걱정도 없이 마음에 평안을 누리고 행복하게 살며, 그리고 죽음도 없이 영원히 살고 싶어하는 것이다.

그러나 실상은 만물보다 거짓되고 심히 부패한 것은 우리의 마음(렘17:9)이기에 내가 원하는 바 선은 하지 아니하고 도리어 원치 아니하는 바 악은 행하는(롬7:19) 죄의 종(롬6:16)된 현실 속에서, 연약과 부끄러움과 양심의 가책으로 인해 평안을 얻지 못하고, 수고하고 무거운 짐 진 자(마11:28)로 산다.

또한 선을 행하고 죄를 범치 아니하는 의인은 세상에 아주 없고(전7:20), 의인은 없나니 하나도 없음(롬3:10)을 깨달으며, 죄를 해결하기 위해 온갖 노력을 다 기울여보지만 결국은 방법 없는 세상과 자신에 절망하며 오호라 나는 곤고한 사람이로다 이 사망의 몸에서 누가 나를 건져 내랴(롬7:24)라는 탄식만 하게 된다.

어찌 이뿐인가? 우리의 년 수가 칠십이요 강건하면 팔십이라도 그 년 수의 자랑은 수고와 슬픔 뿐이요 신속히 가니 우리가 날아가나이다(시90:10). 이처럼 짧은 생을 아쉬워하며, 죽기를 무서워하므로 일생에 매여 종노릇 하고

(히2:15), 어두움과 죽음의 그늘에 앉은 자(눅1:79)로 영원을 사모(전3:11)하다 슬픔과 눈물 속에 이 세상을 떠나간다.

심리학자들도 이 사실을 밝히고 있다. 그들의 연구에 의하면 사람에게는 본질적으로 두 가지 걱정만 있다고 한다. 먼저는 '죽음'이다. 비록 우리는 정확한 최후 날짜와 시간을 알지 못하지만, 죽음이 우리를 향하여 점점 가까이 오고 있다는 사실을 알기 때문에 두려움을 느낀다고 한다. 그 다음은 '죄'다. 죄는 먼저 마음의 평안부터 빼앗아가고, 양심은 우리로 하여금 죄 때문에 하나님께 받을 심판의 두려움을 느끼게 한다고 한다. 성경은 죄와 죽음의 관계가 원인과 결과의 관계임을 우리에게 명백히 알려준다.

롬6:23 죄의 삯은 사망이요

위와 같이 죄와 죽음은 모든 사람으로 하여금 자유와 평안을 얻지 못하게 한다. 그러므로 죄와 죽음의 문제를 해결하고, 영생을 얻게 하며, 이 세상에서 평안을 누리고, 성결과 의로써 아름답게 살게 하는 그 소식이 바로 최고 좋은 소식 즉, 복음이다.

그러면, 「먼 땅에서 오는 좋은 기별은 목마른 사람에게 냉수 같으니라」(잠25:25) 처럼, 죄와 죽음의 문제를 안고 사는 모든 시대 모든 사람에게 큰 기쁨을 줄 수 있는 그 복음은 과연 있는 것인가?

할렐루야! 성경은 바로 그 복음을 가지고 있으며 우리에게 전해주고 있다. 성경은 이미 근본적이고 영적인 면에서 복음을 말하며 그것을 하나님의 복음(막1:14), 혹은 천국 복음(마4:23)이라 말한다.

하나님의 복음은 긴 시간을 가지고 있다. 왜냐하면 구원의 약속에서 성취까지, 그리고 마지막 약속인 재림이 이루어질 때까지는 긴 시간이 흐르기 때문이다. 즉, 하나님께서 구약 창세기에서부터 여러 차례 말씀하신 구원의 약속에서 신약의 예수 그리스도 십자가를 통한 구원의 성취까지, 그리고 영광스런 재림을 통해 하나님 나라가 완성될 그 때까지는 오랜 시간이 흐르기 때문이다.

A. 복음의 구약적 정의

복음은 하나님이 선지자들로 말미암아 그의 아들에 관하여 구약 성경에 미리 약속하신 것이다

> 롬1:2 이 복음은 하나님이 선지자들로 말미암아 그의 아들에 관하여 성경에 미리 약속하신 것이라

성경에 하나님의 아들 그리스도에 관한 약속은 매우 풍부하다. 예를 들면, 그는 장차 무엇을 할 것이며, 어떤 분이며, 누구를 통해 어디서 탄생하고, 누구의 자손이라 일컬음 받고, 어떻게 살고, 어떤 고난을 받고, 어떻게 죽으며, 언제 부활하고, 어떻게 승천하고, 어떻게 재림하며 ……등등. 오직 재림을 제외하고 이 모든 약속은 이미 성취되었다.

> 창3:15 내가 너로 여자와 원수가 되게 하고 너의 후손도 여자의 후손과 원수가 되게 하리니 여자의 후손은 네 머리를 상하게 할 것이요 너는 그의 발꿈치를 상하게 할 것이니라 (최초의 복음–primus evangelium)

> 사9:6 이는 한 아기가 우리에게 났고 한 아들을 우리에게 주신바 되었는데 그 어깨에는 정사를 메었고 그 이름은 기묘자라, 모사라, 전능하신 하나님이라, 영존하시는 아버지라, 평강의 왕이라 할 것임이라

> 사7:14 그러므로 주께서 친히 징조로 너희에게 주실 것이라 보라 처녀가 잉태하여 아들을 낳을 것이요 그 이름을 임마누엘이라 하리라

미5:2 베들레헴 에브라다야 너는 유다 족속 중에 작을찌라도 이스라엘을 다스릴 자가 네게서 내게로 나올 것이라 그의 근본은 상고에, 태초에니라

사11:1-10 이새의 줄기에서 한 싹이 나며 그 뿌리에서 한 가지가 나서 결실할 것이요 여호와의 신 곧 지혜와 총명의 신이요 모략과 재능의 신이요 지식과 여호와를 경외하는 신이 그 위에 강림하시리니 ~ 그 날에 이새의 뿌리에서 한 싹이 나서 만민의 기호로 설 것이요 열방이 그에게로 돌아오리니 그 거한 곳이 영화로우리라

사29:18-19 그 날에 귀머거리가 책의 말을 들을 것이며 어둡고 캄캄한데서 소경의 눈이 볼 것이며 겸손한 자가 여호와를 인하여 기쁨이 더하겠고 사람 중 빈핍한 자가 이스라엘의 거룩하신 자를 인하여 즐거워하리라

사35:5-6 그 때에 소경의 눈이 밝을 것이며 귀머거리의 귀가 열릴 것이며 그 때에 저는 자는 사슴 같이 뛸 것이며 벙어리의 혀는 노래하리니 이는 광야에서 물이 솟겠고 사막에서 시내가 흐를 것임이라

사61:1-3 주 여호와의 신이 내게 임하셨으니 이는 여호와께서 내게 기름을 부으사 가난한 자에게 아름다운 소식을 전하게 하려 하심이라 나를 보내사 마음이 상한 자를 고치며 포로된 자에게 자유를, 갇힌 자에게 놓임을 전파하며 여호와의 은혜의 해와 우리 하나님의 신원의 날을 전파하여 모든 슬픈 자를 위로하되 무릇 시온에서 슬퍼하는 자에게 화관을 주어 그 재를 대신하며 희락의 기름으로 그 슬픔을 대신하며 찬송의 옷으로 그 근심을 대신하시고 그들로 의의 나무 곧 여호와의 심으신바 그 영광을 나타낼 자라 일컬음을 얻게 하려 하심이니라

시41:9 나의 신뢰하는바 내 떡을 먹던 나의 가까운 친구도 나를 대적하여 그 발꿈치를 들었나이다

슥11:12 내가 그들에게 이르되 너희가 좋게 여기거든 내 고가를 내게 주고 그렇지 아니하거든 말라 그들이 곧 은 삼십을 달아서 내 고가를 삼은지라

신21:22-23 사람이 만일 죽을 죄를 범하므로 네가 그를 죽여 나무 위에 달거든 그 시체를 나무 위에 밤새도록 두지 말고 당일에 장사하여 네 하나님 여호와께서 네게 기업으로 주시는 땅을 더럽히지 말라 나무에 달린 자는 하나님께 저주를 받았음이니라

사53:1-12 ~ 그는 실로 우리의 질고를 지고 우리의 슬픔을 당하였거늘 우리는 생각하기를 그는 징벌을 받아서 하나님에게 맞으며 고난을 당한다 하였노라 그가 찔림은 우리의 허물을 인함이요 그가 상함은 우리의 죄악을 인함이라 그가 징계를 받음으로 우리가 평화를 누리고 그가 채찍에 맞음으로 우리가 나음을 입었도다 우리는 다 양 같아서 그릇 행하여 각기 제 길로 갔거늘 여호와께서는 우리 무리의 죄악을 그에게 담당시키셨도다 ~ 그러나 실상은 그가 많은 사람의 죄를 지며 범죄자를 위하여 기도하였느니라 하시니라

시16:10 이는 내 영혼을 음부에 버리지 아니하시며 주의 거룩한 자로 썩지 않게 하실 것임이니이다

욘1:17 여호와께서 이미 큰 물고기를 예비하사 요나를 삼키게 하셨으므로 요나가 삼일 삼야를 물고기 배에 있으니라

욘2:10 여호와께서 그 물고기에게 명하시매 요나를 육지에 토하니라

호6:2 여호와께서 이틀 후에 우리를 살리시며 제 삼일에 우리를 일으키시리니 우리가 그 앞에서 살리라

시68:18 주께서 높은 곳으로 오르시며 사로잡은 자를 끌고 선물을 인간에게서, 또는 패역자 중에서 받으시니 여호와 하나님이 저희와 함께 거하려 하심이로다

시47:5 하나님이 즐거이 부르는 중에 올라가심이여 여호와께서 나팔 소리 중에 올라가시도다

시7:7 민족들의 집회로 주를 두르게 하시고 그 위 높은 자리에 돌아오소서

사66:15-16 보라 여호와께서 불에 옹위되어 강림하시리니 그 수레들은 회리바람 같으리로다 그가 혁혁한 위세로 노를 베푸시며 맹렬한 화염으로 견책하실 것이라 여호와께서 불과 칼로 모든 혈육에게 심판을 베푸신즉 여호와께 살륙 당할 자가 많으리라

말4:1 만군의 여호와가 이르노라 보라 극렬한 풀무 불 같은 날이 이르리니 교만한 자와 악을 행하는 자는 다 초개 같을 것이라 그 이르는 날이 그들을 살라 그 뿌리와 가지를 남기지 아니할 것이로다

단7:13-14 내가 또 밤 이상 중에 보았는데 인자 같은 이가 하늘 구름을 타고 와서 옛적부터 항상 계신 자에게 나아와 그 앞에 인도되매 그에게 권세와 영광과 나라를 주고 모든 백성과 나라들과 각 방언하는 자로 그를 섬기게 하였으니 그 권세는 영원한 권세라 옮기지 아니할 것이요 그 나라는 폐하지 아니할 것이니라

B. 복음의 신약적 정의

a. 복음은 하나님께서 아들 예수 그리스도를 통하여 구원의 약속을 성취하신 기쁜 소식이다

눅1:68-75 찬송하리로다 주 이스라엘의 하나님이여 그 백성을 돌아보사 속량하시며 우리를 위하여 구원의 뿔을 그 종 다윗의 집에 일으키셨으니 이것은 주께서 예로부터 거룩한 선지자의 입으로 말씀하신 바와 같이 우리 원수에게서와 우리를 미워하는 모든 자의 손에서 구원하시는 구원이라 우리 조상을 긍휼히 여기시며 그 거룩한 언약을 기억하셨으니 곧 우리 조상 아브라함에게 맹세하신 맹세라 우리로 원수의 손에서 건지심을 입고 종신토록 주의 앞에서 성결과 의로 두려움이 없이 섬기게 하리라 하셨도다

마1:20-21 이 일을 생각할 때에 주의 사자가 현몽하여 가로되 다윗의 자손 요셉아 네 아내 마리아 데려오기를 무서워 말라 저에게 잉태된 자는 성령으

로 된 것이라 아들을 낳으리니 이름을 예수라 하라 이는 그가 자기 백성을 저희 죄에서 구원할 자이심이라 하니라

요3:16 하나님이 세상을 이처럼 사랑하사 독생자를 주셨으니 이는 저를 믿는 자마다 멸망치 않고 영생을 얻게 하려 하심이니라

요19:30 예수께서 신 포도주를 받으신 후 가라사대 다 이루었다 하시고 머리를 숙이시고 영혼이 돌아가시니라

롬5:6-8 우리가 아직 연약할 때에 기약대로 그리스도께서 경건치 않은 자를 위하여 죽으셨도다 의인을 위하여 죽는 자가 쉽지 않고 선인을 위하여 용감히 죽는 자가 혹 있거니와 우리가 아직 죄인 되었을 때에 그리스도께서 우리를 위하여 죽으심으로 하나님께서 우리에게 대한 자기의 사랑을 확증하셨느니라

딤전1:15 미쁘다 모든 사람이 받을만한 이 말이여 그리스도 예수께서 죄인을 구원하시려고 세상에 임하셨다 하였도다 죄인 중에 내가 괴수니라

고후5:14-15 그리스도의 사랑이 우리를 강권하시는도다 우리가 생각건대 한 사람이 모든 사람을 대신하여 죽었은즉 모든 사람이 죽은 것이라 저가 모든 사람을 대신하여 죽으심은 산 자들로 하여금 다시는 저희 자신을 위하여 살지 않고 오직 저희를 대신하여 죽었다가 다시 사신 자를 위하여 살게 하려 함이니라

요일4:10 사랑은 여기 있으니 우리가 하나님을 사랑한 것이 아니요 오직 하나님이 우리를 사랑하사 우리 죄를 위하여 화목제로 그 아들을 보내셨음이니라

요일2:2 저는 우리 죄를 위한 화목 제물이니 우리만 위할 뿐 아니요 온 세상의 죄를 위하심이라

b. 복음은 예수 그리스도 재림을 통하여 완성될 하나님 나라에 대한 기쁜 소식이다

마16:27-17:3 인자가 아버지의 영광으로 그 천사들과 함께 오리니 그 때에 각 사람의 행한 대로 갚으리라 진실로 너희에게 이르노니 여기 섰는 사람 중에 죽기 전에 인자가 그 왕권을 가지고 오는 것을 볼 자들도 있느니라 엿새 후에 예수께서 베드로와 야고보와 그 형제 요한을 데리시고 따로 높은 산에 올라가셨더니 저희 앞에서 변형되사 그 얼굴이 해 같이 빛나며 옷이 빛과 같이 희어졌더라 때에 모세와 엘리야가 예수로 더불어 말씀하는 것이 저희에게 보이니라

요14:1-3 너희는 마음에 근심하지 말라 하나님을 믿으니 또 나를 믿으라 내 아버지 집에 거할 곳이 많도다 그렇지 않으면 너희에게 일렀으리라 내가 너희를 위하여 처소를 예비하러 가노니 가서 너희를 위하여 처소를 예비하면 내가 다시 와서 너희를 내게로 영접하여 나 있는 곳에 너희도 있게 하리라

계21:1-22:5 또 내가 새 하늘과 새 땅을 보니 처음 하늘과 처음 땅이 없어졌고 바다도 다시 있지 않더라… 다시 밤이 없겠고 등불과 햇빛이 쓸데 없으니 이는 주 하나님이 저희에게 비취심이라 저희가 세세토록 왕노릇하리로다

계22:20 이것들을 증거하신 이가 가라사대 내가 진실로 속히 오리라 하시거늘 아멘 주 예수여 오시옵소서

그러므로 복음 안에는 하나님의 아들에 관한 약속과 예수 그리스도를 통한 성취(탄생, 삶, 십자가의 구원, 부활, 승천, 그리고 재림과 영원한 하나님 나라)가 있으며, 또한 그 가운데 성령님의 역사가 들어있다. 이처럼 복음에는 우리를 위한 삼위일체 하나님의 사랑의 역사가 들어있다.

위와 같이, 하나님께서 선지자들로 말미암아 성경에 미리 약속하신 구원은 하나님의 아들 예수 그리스도를 통하여 이미 성취되었고, 특히 십자가와

부활은 예수께서 그리스도(죄인의 구원자)와 하나님의 아들이심을 확증하였다. 또한 하나님의 성육신을 통해 시작된 하나님 나라는 장차 예수 그리스도의 재림을 통하여 완성된다. 그 새 나라는 우리 모두가 소망하는 영생의 나라요 우리의 상상을 초월하는 영광의 천국이다. 이는 바로 죄와 사망의 땅에서 사는 우리 모든 사람에게 평안과 소망과 힘을 주는 가장 큰 좋은 소식이다.

뿐만 아니라 이 구원의 복음(엡1:13)에 대하여 우리가 해야 할 일은 오직 예수님이 죄인 나를 위해 대신 죽으시고 구원하신 구원자(그리스도)시요, 하나님의 아들이심을 깨닫고 믿는 일뿐이다. 오직 그 믿음 때문에 우리는 하나님께 모든 죄 다 용서받고, 의인이 되며, 하나님의 자녀가 되고, 영생을 얻고, 천국의 백성이 되며, 또한 이 땅에서 사는 동안에도 항상 하나님께서 함께 하시고 인도하시는 사람이 되는 것이다. 이 모두는 정말 값 없이 얻는 은혜요, 무한한 은혜이다. 그래서 하나님의 복음은 또한 은혜의 복음(행20:24)이라고 부른다. 이처럼 하나님의 복음은 정말 큰 기쁨의 좋은 소식(눅2:10)이요, 큰 구원(히2:3)이요, 화평의 복음(행10:36)이요, 평안의 복음(엡6:15)이요, 영원한 복음(계14:6)이다. 그래서 주님께서는 복음을 믿으라고 말씀하신다.

『죄와 죽음의 땅에 사는 우리에게 희망은 있는가? 』

『우리의 구원자는 그 누구인가? 』

『우리가 어떻게 하나님 나라에 들어갈 수 있는가? 』

이 모두는 아직 복음을 잘 모르는 사람들이 갖는 한결같은 질문이다. 거기에 대한 정답은 바로 『회개하고 복음을 믿으라』이다. 복음은 우리로 하여금 세상으로부터 도피하게 하는 것이 아니라, 오히려 이 세상에서 구원의 기쁨과 감사 감격을 가지고, 평안을 누리며, 성결과 의로 경건히 살며, 또한 주님의 재림과 영원한 천국을 바라고 사모하는 희망찬 사람이 되게 한다. 정말로 아름다운 소식이요, 영광의 복음(딤전1:11)이다.

그러므로 중요한 것은 이 생명의 복음이 믿음을 통해 내 복음(롬2:16)이 되어야 한다. 성경이 다음과 같이 말하고 있기 때문이다.

> 요3:16 하나님이 세상을 이처럼 사랑하사 독생자를 주셨으니 이는 저를 믿는 자마다 멸망치 않고 영생을 얻게 하려 하심이니라

2. 복음의 핵심 사건

하나님의 아들 예수 그리스도에 관한 약속과 성취는 성경에 매우 풍부하다. 그 중에 특히 십자가의 죽으심과 부활은 복음의 핵심 사건이다. 이 둘은 마치 손바닥과 손등처럼 뗄 수 없는 관계이다. 이는 예수님 자신의 예언을 통해서도 강조되었다.

> 마16:21 이때로부터 예수 그리스도께서 자기가 예루살렘에 올라가 장로들과 대제사장들과 서기관들에게 많은 고난을 받고 죽임을 당하고 제 삼일에 살아나야 할것을 제자들에게 비로소 가르치시니라

> 마17:22-23 갈릴리에 모일 때에 예수께서 제자들에게 이르시되 인자가 장차 사람들의 손에 넘기워 죽임을 당하고 제 삼일에 살아나리라 하시니 제자들이 심히 근심하더라

> 마20:17-19 예수께서 예루살렘으로 올라가려 하실 때에 열 두 제자를 따로 데리시고 길에서 이르시되 보라 우리가 예루살렘으로 올라가노니 인자가 대제사장들과 서기관들에게 넘기우매 저희가 죽이기로 결안하고 이방인들에게 넘겨주어 그를 능욕하며 채찍질하며 십자가에 못 박게 하리니 제 삼일에 살아나리라

마26:26-32 저희가 먹을 때에 예수께서 떡을 가지사 축복하시고 떼어 제자들을 주시며 가라사대 받아 먹으라 이것이 내 몸이니라 하시고 또 잔을 가지사 사례하시고 저희에게 주시며 가라사대 너희가 다 이것을 마시라 이것은 죄 사함을 얻게 하려고 많은 사람을 위하여 흘리는바 나의 피 곧 언약의 피니라 ~ 그러나 내가 살아난 후에 너희보다 먼저 갈릴리로 가리라

1) 십자가에서 죽으심

십자가는 마치 창문처럼 우리로 하여금 하나님의 공의와 사랑을 볼 수 있게 한다. 십자가의 사랑은 최고의 사랑이요, 또한 가장 큰 은혜이다. 십자가는 예수님께서 죄인의 구주(메시아, 그리스도)이심을 증명한다.

누구든지 예수 그리스도 십자가 구원의 은혜를 깨닫고, 믿음으로 말미암아 구원을 얻는다. 예수님의 십자가의 죽으심은 우리와 똑같이 인성을 가지신 한 인간임을 증명한다. 십자가는 하나님의 능력과 지혜를 보여 준다.

벧전2:24 친히 나무에 달려 그 몸으로 우리 죄를 담당하셨으니 이는 우리로 죄에 대하여 죽고 의에 대하여 살게 하려 하심이라 저가 채찍에 맞음으로 너희는 나음을 얻었느니라

롬5:6-8 우리가 아직 연약할 때에 기약대로 그리스도께서 경건치 않은 자를 위하여 죽으셨도다 의인을 위하여 죽는 자가 쉽지 않고 선인을 위하여 용감히 죽는 자가 혹 있거니와 우리가 아직 죄인 되었을 때에 그리스도께서 우리를 위하여 죽으심으로 하나님께서 우리에게 대한 자기의 사랑을 확증하셨느니라

갈6:14 그러나 내게는 우리 주 예수 그리스도의 십자가 외에 결코 자랑할 것이 없으니 그리스도로 말미암아 세상이 나를 대하여 십자가에 못 박히고 내가 또한 세상을 대하여 그러하니라

고전1:22-24 유대인은 표적을 구하고 헬라인은 지혜를 찾으나 우리는 십자가에 못 박힌 그리스도를 전하니 유대인에게는 거리끼는 것이요 이방인에

게는 미련한 것이로되 오직 부르심을 입은 자들에게는 유대인이나 헬라인이나 그리스도는 하나님의 능력이요 하나님의 지혜니라

히2:14-15 자녀들은 혈육에 함께 속하였으매 그도 또한 한 모양으로 혈육에 함께 속하심은 사망으로 말미암아 사망의 세력을 잡은 자 곧 마귀를 없이 하시며 또 죽기를 무서워하므로 일생에 매여 종노릇하는 모든 자들을 놓아 주려 하심이니라

2) 부활 하심

예수 그리스도의 부활은 가장 큰 기적으로 사망과 불의와 마귀에 대한 절대적인 승리의 증거이다. 부활은 예수님께서 신성을 가지신 하나님의 아들이심을 명백하게 증명한다. 부활은 도망친 제자들을 다시 함께 모이게 하였고(눅24장), 강하고 담대한 사람이 되게 하였다. 부활은 하나님께서 모든 사람에게 예수 그리스도를 믿을만한 확실한 증거로 주신 것이다.

주님은 잠자는 자들의 첫 열매가 되셔서 우리의 부활의 소망을 완전히 견고하게 하신다. 부활은 죽음 너머에 있는 영생의 하나님 나라를 확증해 준다. 부활하신 주님의 몸은 신령한 몸이요, 또한 장차 우리가 갖게 될 몸이다. 부활은 우리로 하여금 죽음은 최후만이 아니라 또한 새로운 시작임을 깨닫게 한다. 부활은 우리로 소망 중에 크게 즐거워하게 한다. 부활은 우리로 하여금 장차 우리의 부활이 있게 될 주님의 재림을 간절히 바라게 한다.

딤후1:10 이제는 우리 구주 그리스도 예수의 나타나심으로 말미암아 나타났으니 저는 사망을 폐하시고 복음으로써 생명과 썩지 아니할 것을 드러내신지라

롬1:4 성결의 영으로는 죽은 가운데서 부활하여 능력으로 하나님의 아들로 인정되셨으니 곧 우리 주 예수 그리스도시니라

행17:31 이는 정하신 사람으로 하여금 천하를 공의로 심판할 날을 작정하시고 이에 저를 죽은 자 가운데서 다시 살리신 것으로 모든 사람에게 믿을만한 증거를 주셨음이니라 하니라

고전15:20-22 그러나 이제 그리스도께서 죽은 자 가운데서 다시 살아 잠자는 자들의 첫 열매가 되셨도다 사망이 사람으로 말미암았으니 죽은 자의 부활도 사람으로 말미암는도다 아담 안에서 모든 사람이 죽은것 같이 그리스도 안에서 모든 사람이 삶을 얻으리라

고전15:42-44 죽은 자의 부활도 이와 같으니 썩을 것으로 심고 썩지 아니할 것으로 다시 살며 욕된 것으로 심고 영광스러운 것으로 다시 살며 약한 것으로 심고 강한 것으로 다시 살며 육의 몸으로 심고 신령한 몸으로 다시 사나니 육의 몸이 있은즉 또 신령한 몸이 있느니라

고전15:49-54 우리가 흙에 속한 자의 형상을 입은것 같이 또한 하늘에 속한 자의 형상을 입으리라 형제들아 내가 이것을 말하노니 혈과 육은 하나님 나라를 유업으로 받을 수 없고 또한 썩은 것은 썩지 아니한 것을 유업으로 받지 못하느니라 보라 내가 너희에게 비밀을 말하노니 우리가 다 잠잘 것이 아니요 마지막 나팔에 순식간에 홀연히 다 변화하리니 나팔 소리가 나매 죽은 자들이 썩지 아니할 것으로 다시 살고 우리도 변화하리라 이 썩을 것이 불가불 썩지 아니할 것을 입겠고 이 죽을 것이 죽지 아니함을 입으리로다 이 썩을 것이 썩지 아니함을 입고 이 죽을 것이 죽지 아니함을 입을 때에는 사망이 이김의 삼킨바 되리라고 기록된 말씀이 응하리라

살전4:13-18 형제들아 자는 자들에 관하여는 너희가 알지 못함을 우리가 원치 아니하노니 이는 소망 없는 다른이와 같이 슬퍼하지 않게 하려 함이라 우리가 예수의 죽었다가 다시 사심을 믿을찐대 이와 같이 예수 안에서 자는 자들도 하나님이 저와 함께 데리고 오시리라 ~ 그리하여 우리가 항상 주와 함께 있으리라 그러므로 이 여러 말로 서로 위로하라

히11:35 ~ 또 어떤이들은 더 좋은 부활을 얻고자 하여 악형을 받되 구차히

면하지 아니하였도다

그러므로 주님 십자가의 죽으심과 부활은 가장 큰 은혜와 기적이다. 왜냐하면 예수님은 구주로서 십자가를 통해 죄인 우리에게 큰 구원의 은혜를 주셨기 때문이요, 또한 하나님의 아들로서 놀라운 부활을 통해 사도들과 많은 사람들에게(고전15:3-8) 사망을 이긴 썩지 아니하고, 영광스럽고, 강하고, 신령한 몸을(고전15:42-44) 보여주시고, 영생과 천국을 확증하여 주셨기 때문이다.

3. 복음 속의 하나님의 아들 예수 그리스도

복음은 순서상으로 볼 때 약속의 복음, 구원의 복음, 천국의 복음이라 말할 수 있다. 즉, 복음은 하나님의 아들 예수 그리스도에 관한 약속의 복음, 하나님의 아들 예수 그리스도에 의해 성취된 구원의 복음, 그리고 하나님의 아들 예수 그리스도께서 이미 시작하시고 장차 완성하실 천국의 복음이다.

이처럼 하나님의 복음의 중심 인물은 바로 하나님의 아들 예수 그리스도시다. 그래서 하나님의 복음을 또한 「그리스도의 복음」(고전9:12) 이라 부른다. 「예수님은 그리스도시요, 하나님의 아들이시다」라는 이 중요한 사실은 십자가와 부활을 통해 확증되었고, 또한 복음서와 사도들이 강조한 것이다.

막1:1 하나님의 아들 예수 그리스도 복음의 시작이라

마16:15-17 가라사대 너희는 나를 누구라 하느냐 시몬 베드로가 대답하여 가로되 주는 그리스도시요 살아계신 하나님의 아들이시니이다 예수께서 대답하여 가라사대 바요나 시몬아 네가 복이 있도다 이를 네게 알게 한 이는 혈육이 아니요 하늘에 계신 내 아버지시니라

마26:62-68 대제사장이 일어서서 예수께 묻되 아무 대답도 없느냐 이 사람들의 너를 치는 증거가 어떠하뇨 하되 예수께서 잠잠하시거늘 대제사장이 가로되 내가 너로 살아 계신 하나님께 맹세하게 하노니 네가 하나님의 아들 그리스도인지 우리에게 말하라 예수께서 가라사대 네가 말하였느니라 그러나 내가 너희에게 이르노니 이 후에 인자가 권능의 우편에 앉은 것과 하늘 구름을 타고 오는 것을 너희가 보리라 하시니 이에 대제사장이 자기 옷을 찢으며 가로되 저가 참람한 말을 하였으니 ~

요20:31 오직 이것을 기록함은 너희로 예수께서 하나님의 아들 그리스도이심을 믿게 하려 함이요 또 너희로 믿고 그 이름을 힘입어 생명을 얻게 하려 함이니라

행9:19-22 음식을 먹으매 강건하여지니라 사울이 다메섹에 있는 제자들과 함께 며칠 있을쌔 즉시로 각 회당에서 예수의 하나님의 아들이심을 전파하니 듣는 사람이 다 놀라 말하되 ~ 사울은 힘을 더 얻어 예수를 그리스도라 증명하여 다메섹에 사는 유대인들을 굴복시키니라

1) 예수님은 그리스도이시다 (죄인의 구주이신 사명을 가리킨다)

마1:21 아들을 낳으리니 이름을 예수라 하라 이는 그가 자기 백성을 저희 죄에서 구원할 자이심이라 하니라

마9:13 너희는 가서 내가 긍휼을 원하고 제사를 원치 아니하노라 하신 뜻이 무엇인지 배우라 내가 의인을 부르러 온 것이 아니요 죄인을 부르러 왔노라 하시니라

요3:17 하나님이 그 아들을 세상에 보내신 것은 세상을 심판하려 하심이 아니요 저로 말미암아 세상이 구원을 받게하려 하심이라

딤전1:15 미쁘다 모든 사람이 받을만한 이 말이여 그리스도 예수께서 죄인을 구원하시려고 세상에 임하셨다 하였도다 죄인 중에 내가 괴수니라

요일2:2 저는 우리 죄를 위한 화목 제물이니 우리만 위할뿐 아니요 온 세상의 죄를 위하심이라

예수님께서 우리를 구원하시는 사명은 십자가를 통해 이루셨다(요19:30).

☞ 십자가 = 보혈 = 죽으심

이것을 깨닫는 것은 매우 중요하다. 만약 우리를 위한 주님의 죽으심에 주목하지 않고, 십자가 자체를 중시하고 능력 있다 여기면 십자가는 우상이 되고, 또한 보혈 자체만을 중시하고 능력 있다 여기면 그것은 곧 미신이 된다. 그러므로 우리는 고전11:23-26 성찬에 관한 말씀을 주목하고 바르게 이해해야 한다.

고전11:23-26 내가 너희에게 전한 것은 주께 받은 것이니 곧 주 예수께서 잡히시던 밤에 떡을 가지사 축사하시고 떼어 가라사대 이것은 너희를 위하는 내 몸이니 이것을 행하여 나를 기념하라 하시고 식후에 또한 이와 같이 잔을 가지시고 가라사대 이 잔은 내 피로 세운 새 언약이니 이것을 행하여 마실 때마다 나를 기념하라 하셨으니 너희가 이 떡을 먹으며 이 잔을 마실 때마다 주의 죽으심을 오실 때까지 전하는 것이니라

고후5:14-15 그리스도의 사랑이 우리를 강권하시는도다 우리가 생각건대 한 사람이 모든 사람을 대신하여 죽었은즉 모든 사람이 죽은 것이라 저가 모든 사람을 대신하여 죽으심은 산 자들로 하여금 다시는 저희 자신을 위하여 살지 않고 오직 저희를 대신하여 죽었다가 다시 사신 자를 위하여 살게 하려 함이니라

요일3:16 그가 우리를 위하여 목숨을 버리셨으니 우리가 이로써 사랑을 알고 우리도 형제들을 위하여 목숨을 버리는 것이 마땅하니라

2) 예수님은 하나님의 아들이시다 (신성의 신분을 가리킨다)

마3:16-17 예수께서 세례를 받으시고 곧 물에서 올라 오실쌔 하늘이 열리고 하나님의 성령이 비둘기 같이 내려 자기 위에 임하심을 보시더니 하늘로서 소리가 있어 말씀하시되 이는 내 사랑하는 아들이요 내 기뻐하는 자라 하시니라

마17:1-5 엿새 후에 예수께서 베드로와 야고보와 그 형제 요한을 데리시고 따로 높은 산에 올라가셨더니 저희 앞에서 변형되사 그 얼굴이 해 같이 빛나며 옷이 빛과 같이 희어졌더라 때에 모세와 엘리야가 예수로 더불어 말씀하는 것이 저희에게 보이거늘 ~ 홀연히 빛난 구름이 저희를 덮으며 구름 속에서 소리가 나서 가로되 이는 내 사랑하는 아들이요 내 기뻐하는 자니 너희는 저의 말을 들으라 하는지라

요5:36 내게는 요한의 증거보다 더 큰 증거가 있으니 아버지께서 내게 주사 이루게 하시는 역사 곧 나의 하는 그 역사가 아버지께서 나를 보내신 것을 나를 위하여 증거하는 것이요

『인자』는 메시아의 인성을 나타내고, 『하나님의 아들』은 메시아의 신성을 나타낸다. 하나님께로부터 오신 그 신성의 신분은 부활을 통해 확증되었다.

롬1:4 성결의 영으로는 죽은 가운데서 부활하여 능력으로 하나님의 아들로 인정되셨으니 곧 우리 주 예수 그리스도시니라

그러므로 누구든지 주님을 올바로 알고 믿으면 영생을 얻게 됨을 성경은 강력하게 가르치고 있다.

요1:12 영접하는 자 곧 그 이름을 믿는 자들에게는 하나님의 자녀가 되는 권세를 주셨느니라

요3:16 하나님이 세상을 이처럼 사랑하사 독생자를 주셨으니 이는 저를 믿

는 자마다 멸망치 않고 영생을 얻게 하려 하심이니라

요20:31 오직 이것을 기록함은 너희로 예수께서 하나님의 아들 그리스도이심을 믿게 하려 함이요 또 너희로 믿고 그 이름을 힘입어 생명을 얻게 하려 함이니라

행16:31 가로되 주 예수를 믿으라 그리하면 너와 네 집이 구원을 얻으리라 하니라

4. 심령이 가난한 사람만이 기쁘게 받아들이는 복음

복음은 모든 사람을 위한 것이다. 그러나 오직 심령이 가난한 사람만이 복음을 사모하고, 또한 기쁘게 복음을 받아들인다. 그러므로 하나님께서는 심령이 가난한 자에게 복음이 전파되게 하신다.

눅4:18-19 주의 성령이 내게 임하셨으니 이는 가난한 자에게 복음을 전하게 하시려고 내게 기름을 부으시고 나를 보내사 포로 된 자에게 자유를, 눈먼 자에게 다시 보게 함을 전파하며 눌린 자를 자유케 하고 주의 은혜의 해를 전파하게 하려 하심이라 하였더라

마11:4-5 예수께서 대답하여 가라사대 너희가 가서 듣고 보는 것을 요한에게 고하되 소경이 보며 앉은뱅이가 걸으며 문둥이가 깨끗함을 받으며 귀머거리가 들으며 죽은 자가 살아나며 가난한 자에게 복음이 전파된다 하라

만약 심령이 가난한 사람이 아니면 그는 복음을 잡음으로, 필요없는 것으로, 자기와는 상관없는 것으로 여기고, 또한 허튼소리로 여긴다.

그러면, 심령이 가난한 사람은 어떤 사람인가?

그는 바로 자신이 영적인 면에서 완전 무능한 사람이요, 죄인임을 아는

사람이요, 그래서 자신에 대해서 절망하고, 절대적으로 오직 하나님만을 의지해야 함을 깊이 깨달은 사람이다.

> 롬7:19 내가 원하는 바 선은 하지 아니하고 도리어 원치 아니하는 바 악은 행하는도다

> 롬7:24-25 오호라 나는 곤고한 사람이로다 이 사망의 몸에서 누가 나를 건져 내랴 우리 주 예수 그리스도로 말미암아 하나님께 감사하리로다 그런즉 내 자신이 마음으로는 하나님의 법을, 육신으로는 죄의 법을 섬기노라

> 욥1:20-22 욥이 일어나 겉옷을 찢고 머리털을 밀고 땅에 엎드려 경배하며 가로되 내가 모태에서 적신이 나왔사온즉 또한 적신이 그리로 돌아 가올찌라 주신 자도 여호와시요 취하신 자도 여호와시오니 여호와의 이름이 찬송을 받으실찌니이다 하고 이 모든 일에 욥이 범죄하지 아니하고 하나님을 향하여 어리석게 원망하지 아니하니라

> 렘17:9-10 만물보다 거짓되고 심히 부패한 것은 마음이라 누가 능히 이를 알리요마는 나 여호와는 심장을 살피며 폐부를 시험하고 각각 그 행위와 그 행실대로 보응하느니라

> 롬3:9-18 그러면 어떠하뇨 우리는 나으뇨 결코 아니라 유대인이나 헬라인이나 다 죄 아래 있다고 우리가 이미 선언하였느니라 기록한바 의인은 없나니 하나도 없으며 깨닫는 자도 없고 하나님을 찾는 자도 없고 다 치우쳐 한가지로 무익하게 되고 선을 행하는 자는 없나니 하나도 없도다 저희 목구멍은 열린 무덤이요 그 혀로는 속임을 베풀며 그 입술에는 독사의 독이 있고 그 입에는 저주와 악독이 가득하고 그 발은 피 흘리는데 빠른지라 파멸과 고생이 그 길에 있어 평강의 길을 알지 못하였고 저희 눈앞에 하나님을 두려워함이 없느니라 함과 같으니라

그러므로 우리는 모두 하나님 앞에서 교만할 수 없다. 하나님 앞에서 자

신을 어떤 사람으로 여기는가? 이것은 매우 중요하다. 왜냐하면 자신은 무능한 자요, 죄인임을 깨달은 그런 사람만이 비로소 하나님을 의지하며 구원의 길을 찾기 때문이다.

마 5:3 심령이 가난한 자는 복이 있나니 천국이 저희 것임이요

5. 죄와 죽음 때문에 고통 당하는 사람 (죄인에게만 기쁜 소식과 감격이 되는 복음)

행2:36-41 그런즉 이스라엘 온 집이 정녕 알찌니 너희가 십자가에 못 박은 이 예수를 하나님이 주와 그리스도가 되게 하셨느니라 하니라 저희가 이 말을 듣고 마음에 찔려 베드로와 다른 사도들에게 물어 가로되 형제들아 우리가 어찌할꼬 ~ 이 날에 제자의 수가 삼천이나 더하더라

롬7:24-8:2 오호라 나는 곤고한 사람이로다 이 사망의 몸에서 누가 나를 건져 내랴 우리 주 예수 그리스도로 말미암아 하나님께 감사하리로다 그런즉 내 자신이 마음으로는 하나님의 법을, 육신으로는 죄의 법을 섬기노라 그러므로 이제 그리스도 예수 안에 있는 자에게는 결코 정죄함이 없나니 이는 그리스도 예수 안에 있는 생명의 성령의 법이 죄와 사망의 법에서 너를 해방하였음이라

딤전1:15 미쁘다 모든 사람이 받을만한 이 말이여 그리스도 예수께서 죄인을 구원하시려고 세상에 임하셨다 하였도다 죄인 중에 내가 괴수니라

요일3:1 보라 아버지께서 어떠한 사랑을 우리에게 주사 하나님의 자녀라 일컬음을 얻게 하셨는고, 우리가 그러하도다 그러므로 세상이 우리를 알지 못함은 그를 알지 못함이니라

요일4:10 사랑은 여기 있으니 우리가 하나님을 사랑한 것이 아니요 오직 하나

님이 우리를 사랑하사 우리 죄를 위하여 화목제로 그 아들을 보내셨음이니라

요3:16 하나님이 세상을 이처럼 사랑하사 독생자를 주셨으니 이는 저를 믿는 자마다 멸망치 않고 영생을 얻게 하려 하심이니라

6. 하나님의 능력이 되는 복음

롬1:16 내가 복음을 부끄러워하지 아니하노니 이 복음은 모든 믿는 자에게 구원을 주시는 하나님의 능력이 됨이라 첫째는 유대인에게요 또한 헬라인에게로다

7. 은혜의 복음

엡2:8-9 너희가 그 은혜를 인하여 믿음으로 말미암아 구원을 얻었나니 이것이 너희에게서 난 것이 아니요 하나님의 선물이라 행위에서 난 것이 아니니 이는 누구든지 자랑치 못하게 함이니라

행20:24 나의 달려갈 길과 주 예수께 받은 사명 곧 하나님의 은혜의 복음 증거하는 일을 마치려 함에는 나의 생명을 조금도 귀한 것으로 여기지 아니하노라

계22:17 성령과 신부가 말씀하시기를 오라 하시는도다 듣는 자도 오라 할 것이요 목마른 자도 올 것이요 또 원하는 자는 값 없이 생명수를 받으라 하시더라

8. 진리의 사랑을 받으라는 복음

살후2:9-10 악한 자의 임함은 사단의 역사를 따라 모든 능력과 표적과 거짓 기적과 불의의 모든 속임으로 멸망하는 자들에게 임하리니 이는 저희가 진리의 사랑을 받지 아니하여 구원함을 얻지 못함이니라

9. 단편적이 아닌 전방위의 복음

복음 전파는 최고의 이웃사랑이다. 왜냐하면 믿는 자는 바로 하나님의 자녀가 되기 때문이다.

요1:12 영접하는 자 곧 그 이름을 믿는 자들에게는 하나님의 자녀가 되는 권세를 주셨느니라

하나님의 자녀가 누릴 수 있는 은총은 무궁무진하다.

☞ 복음=영생+무한한 은총

요10:10 도적이 오는 것은 도적질하고 죽이고 멸망시키려는 것뿐이요 내가 온 것은 양으로 생명을 얻게 하고 더 풍성히 얻게 하려는 것이라

마22:4 다시 다른 종들을 보내며 가로되 청한 사람들에게 이르기를 내가 오찬을 준비하되 나의 소와 살진 짐승을 잡고 모든 것을 갖추었으니 혼인 잔치에 오소서 하라 하였더라

☞ 인생=에벤에셀(삼상7:12) + 여호와이레(창22:14)

삼상7:12 사무엘이 돌을 취하여 미스바와 센 사이에 세워 가로되 여호와께서 여기까지 우리를 도우셨다 하고 그 이름을 에벤에셀이라 하니라

창22:14 아브라함이 그 땅 이름을 여호와이레라 하였으므로 오늘까지 사람들이 이르기를 여호와의 산에서 준비되리라 하더라

10. 아름다운 책임을 가르치고, 능히 행하게 하는 복음

빌1:27상반 오직 너희는 그리스도 복음에 합당하게 생활하라

엡5:8-9 너희가 전에는 어두움이더니 이제는 주 안에서 빛이라 빛의 자녀들처럼 행하라 빛의 열매는 모든 착함과 의로움과 진실함에 있느니라

11. 이 시대를 능히 분별하게 하는 복음

눅12:54-56 또 무리에게 이르시되 너희가 구름이 서에서 일어남을 보면 곧 말하기를 소나기가 오리라 하나니 과연 그러하고 남풍이 붊을 보면 말하기를 심히 더우리라 하나니 과연 그러하니라 외식하는 자여 너희가 천지의 기상은 분변할 줄을 알면서 어찌 이 시대는 분변치 못하느냐

딤후3:1-5 네가 이것을 알라 말세에 고통하는 때가 이르리니 사람들은 자기를 사랑하며 돈을 사랑하며 자긍하며 교만하며 훼방하며 부모를 거역하며 감사치 아니하며 거룩하지 아니하며 무정하며 원통함을 풀지 아니하며 참소하며 절제하지 못하며 사나우며 선한 것을 좋아 아니하며 배반하여 팔며 조급하며 자고하며 쾌락을 사랑하기를 하나님 사랑하는 것보다 더하며 경건의 모양은 있으나 경건의 능력은 부인하는 자니 이같은 자들에게서 네가 돌아서라

12. 역경을 이기게 하는 복음

합3:17-19 비록 무화과나무가 무성치 못하며 포도나무에 열매가 없으며 감람나무에 소출이 없으며 밭에 식물이 없으며 우리에 양이 없으며 외양간에 소가 없을찌라도 나는 여호와를 인하여 즐거워하며 나의 구원의 하나님을 인하여 기뻐하리로다 주 여호와는 나의 힘이시라 나의 발을 사슴과 같게 하사 나로 나의 높은 곳에 다니게 하시리로다 이 노래는 영장을 위하여 내 수금에 맞춘 것이니라

고후4:8-9 우리가 사방으로 우겨쌈을 당하여도 싸이지 아니하며 답답한 일을 당하여도 낙심하지 아니하며 핍박을 받아도 버린바 되지 아니하며 거꾸러뜨림을 당하여도 망하지 아니하노라

빌4:11-13 내가 궁핍하므로 말하는 것이 아니라 어떠한 형편에든지 내가 자족하기를 배웠노니 내가 비천에 처할 줄도 알고 풍부에 처할 줄도 알아 모든 일에 배부르며 배고픔과 풍부와 궁핍에도 일체의 비결을 배웠느라 내게 능력 주시는 자 안에서 내가 모든 것을 할 수 있느니라

13. 능히 사람을 변화시키며, 하나님의 형상을 회복시키는 복음

복음을 믿는 사람은 영생을 얻고, 성령님의 역사 속에 사람됨됨이가 성숙하며, 모든 선한 일을 사모하게 된다. 거듭난 사람의 모습이 바로 이렇기 때문에 성도의 과거와 현재는 아주 뚜렷한 차이가 나게 마련이다.

고후5:17 그런즉 누구든지 그리스도 안에 있으면 새로운 피조물이라 이전 것은 지나갔으니 보라 새것이 되었도다

어떤 성도가 어느 날 복음에는『곱하기 0의 영적 법칙』이 있음을 깨달았다

고 한다. 마치 어떤 숫자에도 0을 곱하면 0이 되듯이, 어떤 사람의 죄악이 아무리 크고 많을지라도 예수 그리스도를 믿으면 그의 죄악은 하나님 앞에서 0이 된다는 사실을 새롭게 깨달은 것이다.

> 행2:38 베드로가 가로되 너희가 회개하여 각각 예수 그리스도의 이름으로 세례를 받고 죄 사함을 얻으라 그리하면 성령을 선물로 받으리라

요한복음에는 성령님에 대한 독특한 호칭이 있다. 그것은 성령님을 파라클레토스(parakletos), 즉 보혜사라고 칭한 것이다. 성경 번역가들은 이 말을 위로자, 대변자, 협조자, 상담자, 곁에 서 있는 이, 친구, 편을 들어주는 사람 등 여러 의미로 번역한다.

이처럼 성령님을 파라클레토스라고 칭한 것은 성령님은 우리로 하여금 슬픔과 싸움과 이 세상의 무거운 짐을 능히 감당하게 해 주시는 분, 마음이 약한 자에게 용기를 북돋아주어 전투에 나가게하며 겁쟁이들에게 용기를 주시는 분, 생의 어려운 문제에 봉착했을 때 우리에게 현명한 조언과 힘 있는 협조를 주시는 분, 우리가 하나님의 심판대 앞에 설 때 우리에게 죄수의 친구와 같은 분이 되신다는 것을 의미하는 말이다. (William Barclay)

위의 두 성경 구절은 우리에게 복음은 사람으로 하여금 거듭나게 하는 큰 능력이 있음을 명백하게 말해준다. 아래의 말씀은 그 사실을 증명하고 있다.

> 고전6:9-11 불의한 자가 하나님의 나라를 유업으로 받지 못할 줄을 알지 못하느냐 미혹을 받지 말라 음란하는 자나 우상 숭배하는 자나 간음하는 자나 탐색하는 자나 남색하는 자나 도적이나 탐람하는 자나 술 취하는 자나 후욕하는 자나 토색하는 자들은 하나님의 나라를 유업으로 받지 못하리라 너희 중에 이와 같은 자들이 있더니 주 예수 그리스도의 이름과 우리 하나님의 성령 안에서 씻음과 거룩함과 의롭다 하심을 얻었느니라

딛3:3-5 우리도 전에는 어리석은 자요 순종치 아니한 자요 속은 자요 각색 정욕과 행락에 종노릇한 자요 악독과 투기로 지낸 자요 가증스러운 자요 피차 미워한 자이었으나 우리 구주 하나님의 자비와 사람 사랑하심을 나타내실 때에 우리를 구원하시되 우리의 행한바 의로운 행위로 말미암지 아니하고 오직 그의 긍휼하심을 좇아 중생의 씻음과 성령의 새롭게 하심으로 하셨느니라

이처럼 복음은 능히 하나님의 형상을 회복시키므로 다음과 같이 외친다.

엡4:22-24 너희는 유혹의 욕심을 따라 썩어져 가는 구습을 좇는 옛 사람을 벗어 버리고 오직 심령으로 새롭게 되어 하나님(중역:하나님의 형상)을 따라 의와 진리의 거룩함으로 지으심을 받은 새 사람을 입으라

그래서 예수 그리스도 십자가의 희생을 화목제, 혹은 만회제(중역: 만회는 처음 상태로 돌이키다는 의미), 혹은 속죄제(중신역)로 표현하고 있다.

요일4:10 사랑은 여기 있으니 우리가 하나님을 사랑한 것이 아니요 오직 하나님이 우리를 사랑하사 우리 죄를 위하여 화목제로 그 아들을 보내셨음이니라

14. 세상에 절대 필요한, 복음을 아는 사람

마5:13-16 너희는 세상의 소금이니 소금이 만일 그 맛을 잃으면 무엇으로 짜게 하리요 후에는 아무 쓸데 없어 다만 밖에 버리워 사람에게 밟힐 뿐이니라 너희는 세상의 빛이라 ~ 이같이 너희 빛을 사람 앞에 비취게 하여 저희로 너희 착한 행실을 보고 하늘에 계신 너희 아버지께 영광을 돌리게 하라

15. 복음 전하는 자들을 능히 살게 하는 복음

고전9:14 이와 같이 주께서도 복음 전하는 자들이 복음으로 말미암아 살리라 명하셨느니라

마6:31-33 그러므로 염려하여 이르기를 무엇을 먹을까 무엇을 마실까 무엇을 입을까 하지 말라 이는 다 이방인들이 구하는 것이라 너희 천부께서 이 모든 것이 너희에게 있어야 할 줄을 아시느니라 너희는 먼저 그의 나라와 그의 의를 구하라 그리하면 이 모든 것을 너희에게 더하시리라

16. 반드시 먼저 성령님 충만의 은혜를 받아야 하는 복음 전파

행1:8 오직 성령이 너희에게 임하시면 너희가 권능을 받고 예루살렘과 온 유대와 사마리아와 땅끝까지 이르러 내 증인이 되리라 하시니라

그래서 주님처럼! 사도 바울처럼!

마4:23 예수께서 온 갈릴리에 두루 다니사 저희 회당에서 가르치시며 천국 복음을 전파하시며 백성 중에 모든 병과 모든 약한 것을 고치시니라

딤후2:9 복음을 인하여 내가 죄인과 같이 매이는 데까지 고난을 받았으나 하나님의 말씀은 매이지 아니하니라

17. 발은 아름답고, 그 이름은 빛나게 하는 복음

왜냐하면 복음은 믿는 자로 아름다운 일생과 영생을 얻게 하기 때문이다.

롬10:11-15 성경에 이르되 누구든지 저를 믿는 자는 부끄러움을 당하지 아니하리라 하니 유대인이나 헬라인이나 차별이 없음이라 한 주께서 모든 사람의 주가 되사 저를 부르는 모든 사람에게 부요하시도다 누구든지 주의 이름을 부르는 자는 구원을 얻으리라 그런즉 저희가 믿지 아니하는 이를 어찌 부르리요 듣지도 못한 이를 어찌 믿으리요 전파하는 자가 없이 어찌 들으리요 보내심을 받지 아니하였으면 어찌 전파하리요 기록된바 아름답도다 좋은 소식을 전하는 자들의 발이여 함과 같으니라

단12:3 지혜 있는 자는 궁창의 빛과 같이 빛날 것이요 많은 사람을 옳은 데로 돌아오게 한 자는 별과 같이 영원토록 비취리라

18. 가장 지혜로운 자가 되게 하는 복음 전파

잠11:30 의인의 열매는 생명나무라 지혜로운 자는 사람을 얻느니라

눅6:12-16 이 때에 예수께서 기도하시러 산으로 가사 밤이 □도록 하나님께 기도하시고 밝으매 그 제자들을 부르사 그 중에서 열 둘을 택하여 사도라 칭하셨으니 곧 베드로라고도 이름 주신 시몬과 및 그 형제 안드레와 및 야고보와 요한과 빌립과 바돌로매와 마태와 도마와 및 알패오의 아들 야고보와 및 셀롯이라 하는 시몬과 및 야고보의 아들 유다와 및 예수를 파는 자 될 가룟 유다라

마28:19-20 그러므로 너희는 가서 모든 족속으로 제자를 삼아 아버지와 아들과 성령의 이름으로 세례를 주고 내가 너희에게 분부한 모든 것을 가르쳐 지키게 하라 볼찌어다 내가 세상 끝날까지 너희와 항상 함께 있으리라 하시니라

19. 힘써 지켜야 할 복음

고후11:1-15 원컨대 너희는 나의 좀 어리석은 것을 용납하라 청컨대 나를 용납하라 내가 하나님의 열심으로 너희를 위하여 열심 내노니 내가 너희를 정결한 처녀로 한 남편인 그리스도께 드리려고 중매함이로다 뱀이 그 간계로 이와를 미혹케 한것 같이 너희 마음이 그리스도를 향하는 진실함과 깨끗함에서 떠나 부패할까 두려워하노라 만일 누가 가서 ~ 저런 사람들은 거짓 사도요 궤휼의 역군이니 자기를 그리스도의 사도로 가장하는 자들이니라 이것이 이상한 일이 아니라 사단도 자기를 광명의 천사로 가장하나니 그러므로 사단의 일군들도 자기를 의의 일군으로 가장하는 것이 또한 큰 일이 아니라 저희의 결국은 그 행위대로 되리라

갈3:1-5 어리석도다 갈라디아 사람들아 예수 그리스도께서 십자가에 못 박히신 것이 너희 눈앞에 밝히 보이거늘 누가 너희를 꾀더냐 내가 너희에게 다만 이것을 알려 하노니 너희가 성령을 받은 것은 율법의 행위로냐 듣고 믿음으로냐 너희가 이같이 어리석으냐 성령으로 시작하였다가 이제는 육체로 마치겠느냐 너희가 이같이 많은 괴로움을 헛되이 받았느냐 과연 헛되냐 너희에게 성령을 주시고 너희 가운데서 능력을 행하시는 이의 일이 율법의 행위에서냐 듣고 믿음에서냐

요일4:1-3 사랑하는 자들아 영을 다 믿지 말고 오직 영들이 하나님께 속하였나 시험하라 많은 거짓 선지자가 세상에 나왔음이니라 하나님의 영은 이것으로 알찌니 곧 예수 그리스도께서 육체로 오신 것을 시인하는 영마다 하나님께 속한 것이요 예수를 시인하지 아니하는 영마다 하나님께 속한 것이 아니니 이것이 곧 적그리스도의 영이니라 오리라 한 말을 너희가 들었거니와 이제 벌써 세상에 있느니라

유1:3-4 사랑하는 자들아 내가 우리의 일반으로 얻은 구원을 들어 너희에게 편지하려는 뜻이 간절하던 차에 성도에게 단번에 주신 믿음의 도를 위하여 힘써 싸우라는 편지로 너희를 권하여야 할 필요를 느꼈노니 이는 가만히 들어온 사람 몇이 있음이라 저희는 옛적부터 이 판결을 받기로 미리 기록된

자니 경건치 아니하여 우리 하나님의 은혜를 도리어 색욕거리로 바꾸고 홀로 하나이신 주재 곧 우리 주 예수 그리스도를 부인하는 자니라

딤전6:11-12 오직 너 하나님의 사람아 이것들을 피하고 의와 경건과 믿음과 사랑과 인내와 온유를 좇으며 믿음의 선한 싸움을 싸우라 영생을 취하라 이를 위하여 네가 부르심을 입었고 많은 증인 앞에서 선한 증거를 증거하였도다

요약하면, 하나님의 아들이시요 죄인의 구주이신 예수님을 알고 믿음으로, 죄와 죽음의 문제를 해결하고, 이 세상에서 구원의 기쁨과 감사감격을 가지고 평안을 누리며, 성결과 의로 경건히 살며, 주님의 재림과 영원한 하나님 나라를 바라보고 사모하는 희망찬 사람이 되게 하는 그 소식이 바로 최고 좋은 기쁜 소식 즉, 복음이다. 이 하나님의 은혜를 누리면서 찬송 중에 강하고 담대하게 살아가는 사람이 바로 참 성도다. 그래서 성경은 간단히 이렇게 말한다.

요3:16 하나님이 세상을 이처럼 사랑하사 독생자를 주셨으니 이는 저를 믿는 자마다 멸망치 않고 영생을 얻게 하려 하심이니라

딤전2:4 하나님은 모든 사람이 구원을 받으며 진리를 아는데 이르기를 원하시느니라

* 아래의 두 귀절은 매우 난해한 말씀으로 알려져 있다.

벧전3:19 저가 또한 영으로 옥에 있는 영들에게 전파하시니라

벧전4:6 이를 위하여 죽은 자들에게도 복음이 전파되었으니 이는 육체로는 사람처럼 심판을 받으나 영으로는 하나님처럼 살게 하려 함이니라

"죽음은 죄에 대한 벌이요, 그러므로 죽음 자체는 심판에 속한다. 그러나 하나님께서는 이미 죽은 자라도 영을 통해 복음을 듣고 영생할 수 있는 회개의 기회를 주신다는 것이다. 만일 이러한 설명이 진리에 속한다면 이것은 곧 우리들에게 복음의 제2의 기회라는 깜짝 놀랄만한 사실이 될 것이다." (William Barclay)

그러나 이와 같이 단정하기 어려운 사실로부터도 우리가 다시금 발견할 수 있는 것은『예수님만이 죄인의 구주시다』라는 절대적 사실이다.

> 행4:12 다른 이로서는 구원을 얻을 수 없나니 천하 인간에 구원을 얻을만한 다른 이름을 우리에게 주신 일이 없음이니라 하였더라

제2장

예수 그리스도 일생 중에 진정으로 주님을 안 사람은 소수였다

1. 강생(출생) 하셨을 때 : 오직 약간의 사람만이 알았다

눅1:26-38 여섯째 달에 천사 가브리엘이 하나님의 보내심을 받들어 갈릴리 나사렛이란 동네에 가서 다윗의 자손 요셉이라 하는 사람과 정혼한 처녀에게 이르니 그 처녀의 이름은 마리아라 그에게 들어가 가로되 은혜를 받은 자여 평안할찌어다 주께서 너와 함께하시도다 ~ 이러므로 나실바 거룩한 자는 하나님의 아들이라 일컬으리라 ~ 대저 하나님의 모든 말씀은 능치 못하심이 없느니라 마리아가 가로되 주의 계집 종이오니 말씀대로 내게 이루어지이다 하매 천사가 떠나가니라

마1:18-25 예수 그리스도의 나심은 이러하니라 그 모친 마리아가 요셉과 정혼하고 동거하기 전에 성령으로 잉태된 것이 나타났더니 그 남편 요셉은 의로운 사람이라 저를 드러내지 아니하고 가만히 끊고자하여 이 일을 생각할 때에 주의 사자가 현몽하여 가로되 다윗의 자손 요셉아 네 아내 마리아 데려오기를 무서워 말라 저에게 잉태된 자는 성령으로 된 것이라 아들을 낳

으리니 이름을 예수라 하라 이는 그가 자기 백성을 저희 죄에서 구원할 자이심이라 하니라 ~ 요셉이 잠을 깨어 일어나서 주의 사자의 분부대로 행하여 그 아내를 데려왔으나 아들을 낳기까지 동침치 아니하더니 낳으매 이름을 예수라 하니라

눅1:39-45 이 때에 마리아가 일어나 ~ 엘리사벳이 마리아의 문안함을 들으매 아이가 복중에서 뛰노는지라 엘리사벳이 성령의 충만함을 입어 큰 소리로 불러 가로되 여자 중에 네가 복이 있으며 네 태중의 아이도 복이 있도다 내 주의 모친이 내게 나아오니 이 어찌 된 일인고 보라 네 문안하는 소리가 내 귀에 들릴 때에 아이가 내 복중에서 기쁨으로 뛰놀았도다 믿은 여자에게 복이 있도다 주께서 그에게 하신 말씀이 반드시 이루리라

눅2:25-32 예루살렘에 시므온이라 하는 사람이 있으니 이 사람이 의롭고 경건하여 이스라엘의 위로를 기다리는 자라 성령이 그 위에 계시더라 저가 주의 그리스도를 보기 전에 죽지 아니하리라 하는 성령의 지시를 받았더니 성령의 감동으로 성전에 들어가매 마침 부모가 율법의 전례대로 행하고자 하여 그 아기 예수를 데리고 오는지라 시므온이 아기를 안고 하나님을 찬송하여 가로되 주재여 이제는 말씀하신대로 종을 평안히 놓아 주시는도다 내 눈이 주의 구원을 보았사오니 이는 만민 앞에 예비하신 것이요 이방을 비추는 빛이요 주의 백성 이스라엘의 영광이니이다 하니라

눅2:36-38 또 아셀 지파 바누엘의 딸 안나라 하는 선지자가 있어 나이 매우 늙었더라 그가 출가한 후 일곱 해 동안 남편과 함께 살다가 과부 된지 팔십사년이라 이 사람이 성전을 떠나지 아니하고 주야에 금식하며 기도함으로 섬기더니 마침 이 때에 나아와서 하나님께 감사하고 예루살렘의 구속됨을 바라는 모든 사람에게 이 아기에 대하여 말하니라

2. 공생애 때

1) 시작 때 : 선구자 세례요한

요1:6-7 하나님께로서 보내심을 받은 사람이 났으니 이름은 요한이라 저가 증거하러 왔으니 곧 빛에 대하여 증거하고 모든 사람으로 자기를 인하여 믿게 하려 함이라

요1:15 요한이 그에 대하여 증거하여 외쳐 가로되 내가 전에 말하기를 내 뒤에 오시는 이가 나보다 앞선 것은 나보다 먼저 계심이니라 한 것이 이 사람을 가리킴이라 하니라

요1:29-34 이튿날 요한이 예수께서 자기에게 나아오심을 보고 가로되 보라 세상 죄를 지고 가는 하나님의 어린 양이로다 내가 전에 말하기를 내 뒤에 오는 사람이 있는데 나보다 앞선 것은 그가 나보다 먼저 계심이라 한 것이 이 사람을 가리킴이라 나도 그를 알지 못하였으나 내가 와서 물로 세례를 주는 것은 그를 이스라엘에게 나타내려 함이라 하니라 요한이 또 증거하여 가로되 내가 보매 성령이 비둘기 같이 하늘로서 내려와서 그의 위에 머물렀더라 나도 그를 알지 못하였으나 나를 보내어 물로 세례를 주라 하신 그이가 나에게 말씀하시되 성령이 내려서 누구 위에든지 머무는 것을 보거든 그가 곧 성령으로 세례를 주는 이인줄 알라 하셨기에 내가 보고 그가 하나님의 아들이심을 증거하였노라 하니라

요1:35-36 또 이튿날 요한이 자기 제자 중 두 사람과 함께 섰다가 예수의 다니심을 보고 말하되 보라 하나님의 어린 양이로다

요3:22-30 이 후에 예수께서 제자들과 유대 땅으로 가서 거기 함께 유하시며 세례를 주시더라 요한도 살렘 가까운 애논에서 세례를 주니 거기 물들이 많음이라 ~ 요한이 대답하여 가로되 만일 하늘에서 주신바 아니면 사람이 아무 것도 받을 수 없느니라 나의 말한바 나는 그리스도가 아니요 그의 앞에 보내심을 받은 자라고 한 것을 증거할 자는 너희니라 신부를 취하는 자는 신랑이나 서서 신랑의 음성을 듣는 친구가 크게 기뻐하나니 나는 이러한 기쁨이 충만하였노라 그는 흥하여야 하겠고 나는 쇠하여야 하리라 하니라

2) 중간 때 : 멸시 당하던 사마리아 사람들

요4:39-42 여자의 말이 그가 나의 행한 모든 것을 내게 말하였다 증거하므로 그 동네 중에 많은 사마리아인이 예수를 믿는지라 사마리아인들이 예수께 와서 자기들과 함께 유하기를 청하니 거기서 이틀을 유하시매 예수의 말씀을 인하여 믿는 자가 더욱 많아 그 여자에게 말하되 이제 우리가 믿는 것은 네 말을 인함이 아니니 이는 우리가 친히 듣고 그가 참으로 세상의 구주신줄 앎이니라 하였더라

3) 최후 때 : 십자가에 못박힌 한 강도와 이방인 로마 백부장

눅23:39-43 달린 행악자 중 하나는 비방하여 가로되 네가 그리스도가 아니냐 너와 우리를 구원하라 하되 하나는 그 사람을 꾸짖어 가로되 네가 동일한 정죄를 받고서도 하나님을 두려워 아니하느냐 우리는 우리의 행한 일에 상당한 보응을 받는 것이니 이에 당연하거니와 이 사람의 행한 것은 옳지 않은 것이 없느니라 하고 가로되 예수여 당신의 나라에 임하실 때에 나를 생각하소서 하니 예수께서 이르시되 내가 진실로 네게 이르노니 오늘 네가 나와 함께 낙원에 있으리라 하시니라

막15:39 예수를 향하여 섰던 백부장이 그렇게 운명하심을 보고 가로되 이 사람은 진실로 하나님의 아들이었도다 하더라

제3장

예수 그리스도 공성애 때
주님께 대한 사람들의 견해

공생애는 예수님의 30세 이후, 즉 복음을 전하기 시작하실 때부터 승천하실 때까지의 기간을 가리킨다.

1. 일반 세상 사람들의 견해

1) 선한 견해

마16:13-14 예수께서 가이사랴 빌립보 지방에 이르러 제자들에게 물어 가라사대 사람들이 인자를 누구라 하느냐 가로되 더러는 세례 요한, 더러는 엘리야, 어떤이는 예레미야나 선지자 중의 하나라 하나이다

요7:40-43 이 말씀을 들은 무리 중에서 혹은 이가 참으로 그 선지자라 하며 혹은 그리스도라 하며 어떤이들은 그리스도가 어찌 갈릴리에서 나오겠느냐

성경에 이르기를 그리스도는 다윗의 씨로 또 다윗의 살던 촌 베들레헴에서 나오리라 하지 아니하였느냐 하며 예수를 인하여 무리 중에서 쟁론이 되니라

2) 악한 견해

마11:19 인자는 와서 먹고 마시매 말하기를 보라 먹기를 탐하고 포도주를 즐기는 사람이요 세리와 죄인의 친구로다 하니 지혜는 그 행한 일로 인하여 옳다 함을 얻느니라

막3:30 이는 저희가 말하기를 더러운 귀신이 들렸다 함이러라

요7:12 예수께 대하여 무리 중에서 수군거림이 많아 혹은 좋은 사람이라 하며 혹은 아니라 무리를 미혹하게 한다 하니라

2. 제자들의 견해

눅24:1-24 눅24:21 우리는 이 사람이 이스라엘을 구속할 자라고 바랐노라

행1:1-9 ~ 해 받으신 후에 또한 저희에게 확실한 많은 증거로 친히 사심을 나타내사 사십 일 동안 저희에게 보이시며 하나님 나라의 일을 말씀하시니라 사도와 같이 모이사 저희에게 분부하여 가라사대 예루살렘을 떠나지 말고 내게 들은바 아버지의 약속하신 것을 기다리라 요한은 물로 세례를 베풀었으나 너희는 몇 날이 못되어 성령으로 세례를 받으리라 하셨느니라 저희가 모였을 때에 예수께 묻자와 가로되 주께서 이스라엘 나라를 회복하심이 이 때니이까 하니 가라사대 때와 기한은 아버지께서 자기의 권한에 두셨으니 너희의 알바 아니요 오직 성령이 너희에게 임하시면 너희가 권능을 받고 예루살렘과 온 유대와 사마리아와 땅끝까지 이르러 내 증인이 되리라 하시니라 이 말씀을 마치시고 저희 보는데서 올리워 가시니 구름이 저를 가리워 보이지 않게 하더라

제4장

열 한 제자와 바울은 언제 비로소 예수 그리스도를 알았는가?

1. 예수님께 부르심을 받았을 때

예수님께 부르심을 받았을 때 주님을 따르며, 그 사람됨됨이와 행위를 보고 또 가르치심을 듣고 놀라워하며 야심을 품는다.

> 막10:35-37 세베대의 아들 야고보와 요한이 주께 나아와 여짜오되 선생님이여 무엇이든지 우리의 구하는 바를 우리에게 하여주시기를 원하옵나이다 이르시되 너희에게 무엇을 하여주기를 원하느냐 여짜오되 주의 영광 중에서 우리를 하나는 주의 우편에, 하나는 좌편에 앉게 하여 주옵소서

> 막10:41 열 제자가 듣고 야고보와 요한에 대하여 분히 여기니라

2. 십자가 때

십자가 때 전혀 예상치 못한 일이라 두려워 도망하고, 부인하며, 근심하고, 슬퍼하며, 아쉽게 여기고, 실망한다

> 눅24:19-21 가라사대 무슨 일이뇨 가로되 나사렛 예수의 일이니 그는 하나님과 모든 백성 앞에서 말과 일에 능하신 선지자여늘 우리 대제사장들과 관원들이 사형 판결에 넘겨주어 십자가에 못 박았느니라 우리는 이 사람이 이스라엘을 구속할 자라고 바랐노라

3. 부활 때

부활 때 전혀 생각치 못한 일이어서 놀라며 기뻐한다

4. 승천하시기 전까지

승천하시기 전까지 아직도 여전히 알지 못하고, 깨닫지 못한다

> 행1:6 저희가 모였을 때에 예수께 묻자와 가로되 주께서 이스라엘 나라를 회복하심이 이 때니이까 하니라

그들은 원래 메시아가 이스라엘에 오실 때는 이스라엘로 하여금 전 세계를 지배하게 하실 것이라고 믿고 있었다. 그러나 그들이 기대해 온 메시아는 오직 이스라엘 국가만을 위한 메시아였고, 로마제국의 통치를 뒤엎을 수 있는 정치적인 메시아였으며, 또한 지상의 메시아였다. 그러므로 그들이 삼년

동안 예수님을 따른 것은 마치 색안경을 끼고 따른 것과 같다.

5. 승천하실 때

승천하실 때 역시 전혀 생각치 못한 일이었고, 여전히 알지 못한다

6. 승천하신 이후부터 성령님 강림하시기 전까지

☞ 대략 7일 동안 (유월절→오순절 : 50=3+40+7)

승천하신 이후부터 성령님 강림하시기 전까지 약 일백 이십 명이 함께 모여 전심으로 기도하는 가운데 새롭게 예수님을 생각하고, 또한 다시 새롭게 성경을 생각한다.

> 행1:12-15 제자들이 감람원이라 하는 산으로부터 예루살렘에 돌아오니 이 산은 예루살렘에서 가까와 안식일에 가기 알맞은 길이라 들어가 저희 유하는 다락에 올라가니 베드로, 요한, 야고보, 안드레와 빌립, 도마와 바돌로매, 마태와 및 알패오의 아들 야고보, 셀롯인 시몬, 야고보의 아들 유다가 다 거기 있어 여자들과 예수의 모친 마리아와 예수의 아우들로 더불어 마음을 같이하여 전혀 기도에 힘쓰니라 모인 무리의 수가 한 일백 이십 명이나 되더라

그들은 십자가 죽임을 당하시고, 사흘 만에 이미 부활하시고, 그리고 40일 동안 자신들에게 가끔 나타나시고, 최후에는 자신들의 눈 앞에서 승천하신 그 예수님을 직접 보았었다. 그래서 그들은 한 마음 한 뜻으로 간절히 기

도하는 가운데 한편 전심해서 다시 새롭게 예수님을 생각했다. 『예수님은 도대체 누구신가?』 또한 그렇기 때문에 그들은 성경을 다시 새롭게 생각하였다. 바울도 마찬가지로, 이미 부활 승천하신, 살아계신 예수님을 직접 만난 후에는 바로 그러하였다.

> 행9:9 사흘 동안을 보지 못하고 식음을 전폐하니라

이런 가운데 전심해서 예수님을 새롭게 생각하고, 성경을 새롭게 생각하였다. 그리고,

> 행9:20-22 즉시로 각 회당에서 예수의 하나님의 아들이심을 전파하니 듣는 사람이 다 놀라 말하되 이 사람이 예루살렘에서 이 이름 부르는 사람을 잔해하던 자가 아니냐 여기 온 것도 저희를 결박하여 대제사장들에게 끌어 가고자 함이 아니냐 하더라 사울은 힘을 더 얻어 예수를 그리스도라 증명하여 다메섹에 사는 유대인들을 굴복시키니라

그들은 모두 이 때(120명-7일, 바울-3일)부터 성경의 메시아에 대한 예언들이 모두 예수님께 대한 것임을 비로소 깨닫기 시작했다.

> 창3:15 내가 너로 여자와 원수가 되게하고 너의 후손도 여자의 후손과 원수가 되게 하리니 여자의 후손은 네 머리를 상하게 할 것이요 너는 그의 발꿈치를 상하게 할 것이니라

> 사7:14 그러므로 주께서 친히 징조로 너희에게 주실 것이라 보라 처녀가 잉태하여 아들을 낳을 것이요 그 이름을 임마누엘이라 하리라

> 사9:6 이는 한 아기가 우리에게 났고 한 아들을 우리에게 주신바 되었는데 그 어깨에는 정사를 메었고 그 이름은 기묘자라, 모사라, 전능하신 하나님

이라, 영존하시는 아버지라, 평강의 왕이라 할것임이라

시41:9 나의 신뢰하는바 내 떡을 먹던 나의 가까운 친구도 나를 대적하여 그 발꿈치를 들었나이다

슥11:12 내가 그들에게 이르되 너희가 좋게 여기거든 내 고가를 내게 주고 그렇지 아니하거든 말라 그들이 곧 은 삼십을 달아서 내 고가를 삼은지라

시34:20 그 모든 뼈를 보호하심이여 그 중에 하나도 꺾이지 아니하도다

시16:10 이는 내 영혼을 음부에 버리지 아니하시며 주의 거룩한 자로 썩지 않게 하실 것임이니이다

시68:18 주께서 높은 곳으로 오르시며 사로잡은 자를 끌고 선물을 인간에게서, 또는 패역자 중에서 받으시니 여호와 하나님이 저희와 함께 거하려 하심이로다

그들은 또한 얼마 전에 예수님께서 하신 말씀이 생각났다. 곧,

눅24:44-49 또 이르시되 내가 너희와 함께 있을 때에 너희에게 말한바 곧 모세의 율법과 선지자의 글과 시편에 나를 가리켜 기록된 모든 것이 이루어져야 하리라 한 말이 이것이라 하시고 이에 저희 마음을 열어 성경을 깨닫게 하시고 또 이르시되 이같이 그리스도가 고난을 받고 제 삼일에 죽은 자 가운데서 살아날 것과 또 그의 이름으로 죄 사함을 얻게 하는 회개가 예루살렘으로부터 시작하여 모든 족속에게 전파될 것이 기록되었으니 너희는 이 모든 일의 증인이라 볼찌어다 내가 내 아버지의 약속하신 것을 너희에게 보내리니 너희는 위로부터 능력을 입히울 때까지 이 성에 유하라 하시니라

그러나 그들이 새롭게 생각하는 가운데 예수님의 십자가에 대하여는 정말 쉽게 이해할 수 없었다. 왜냐하면 율법에 기록하기를,

신21:22-23 사람이 만일 죽을 죄를 범하므로 네가 그를 죽여 나무 위에 달거든 그 시체를 나무 위에 밤새도록 두지 말고 당일에 장사하여 네 하나님 여호와께서 네게 기업으로 주시는 땅을 더럽히지 말라 나무에 달린 자는 하나님께 저주를 받았음이니라

하나님께 저주받은 자가 어떻게 우리의 구주가 될 수 있는가?

이는 유대인들에게는 매우 모순된 것이다. 그래서 그들은 오히려 예수님의 십자가의 사건을 더욱 깊이 있게 생각하였다. 이렇게 그들이 새롭게 생각하는 가운데 이사야 53장의 내용을 비로소 진정으로 깨닫게 되었다.

사53:1-12 우리의 전한 것을 누가 믿었느뇨 ~ 그는 실로 우리의 질고를 지고 우리의 슬픔을 당하였거늘 우리는 생각하기를 그는 징벌을 받아서 하나님에게 맞으며 고난을 당한다 하였노라 그가 찔림은 우리의 허물을 인함이요 그가 상함은 우리의 죄악을 인함이라 그가 징계를 받음으로 우리가 평화를 누리고 그가 채찍에 맞음으로 우리가 나음을 입었도다 우리는 다 양 같아서 그릇 행하여 각기 제 길로 갔거늘 여호와께서는 우리 무리의 죄악을 그에게 담당시키셨도다 그가 곤욕을 당하여 괴로울 때에도 그 입을 열지 아니하였음이여 마치 도수장으로 끌려가는 어린 양과 털 깎는 자 앞에 잠잠한 양 같이 그 입을 열지 아니하였도다 그가 곤욕과 심문을 당하고 끌려 갔으니 그 세대 중에 누가 생각하기를 그가 산 자의 땅에서 끊어짐은 마땅히 형벌 받을 내 백성의 허물을 인함이라 하였으리요 ~

마침내 그들은 예수 그리스도 십자가 사건의 의미를 비로소 깨달았다.

베드로, 요한, 바울을 예로 들면,

베드로

벧전2:24 친히 나무에 달려 그 몸으로 우리 죄를 담당하셨으니 이는 우리로 죄에 대하여 죽고 의에 대하여 살게 하려 하심이라 저가 채찍에 맞음으로 너희는 나음을 얻었느니라

요한

요1:1 태초에 말씀이 계시니라 이 말씀이 하나님과 함께 계셨으니 이 말씀은 곧 하나님이시니라

요1:14 말씀이 육신이 되어 우리 가운데 거하시매 우리가 그 영광을 보니 아버지의 독생자의 영광이요 은혜와 진리가 충만하더라

요3:16 하나님이 세상을 이처럼 사랑하사 독생자를 주셨으니 이는 저를 믿는 자마다 멸망치 않고 영생을 얻게 하려 하심이니라

요일4:10 사랑은 여기 있으니 우리가 하나님을 사랑한 것이 아니요 오직 하나님이 우리를 사랑하사 우리 죄를 위하여 화목제로 그 아들을 보내셨음이니라

바울

빌2:6–8 그는 근본 하나님의 본체시나 하나님과 동등됨을 취할 것으로 여기지 아니하시고 오히려 자기를 비워 종의 형체를 가져 사람들과 같이 되었고 사람의 모양으로 나타나셨으매 자기를 낮추시고 죽기까지 복종하셨으니 곧 십자가에 죽으심이라

갈3:13 그리스도께서 우리를 위하여 저주를 받은바 되사 율법의 저주에서 우리를 속량하셨으니 기록된바 나무에 달린 자마다 저주 아래 있는 자라 하였음이라

롬5:6–8 우리가 아직 연약할 때에 기약대로 그리스도께서 경건치 않은 자를 위하여 죽으셨도다 7의인을 위하여 죽는 자가 쉽지 않고 선인을 위하여 용감히 죽는 자가 혹 있거니와 8우리가 아직 죄인 되었을 때에 그리스도께서 우리를 위하여 죽으심으로 하나님께서 우리에게 대한 자기의 사랑을 확증하셨느니라

예수 그리스도는 하나님의 아들이시요, 죄인의 구주이시다. (우리에게 가장 아름다운 이름은『죄인의 구주』이다) 예수 그리스도를 뒤늦게 깨달은 바울은 매우 놀라고 탄복하며 깊은 감동과 감격으로 충만하여 고백하기를,

딤전1:15 미쁘다 모든 사람이 받을만한 이 말이여 그리스도 예수께서 죄인을 구원하시려고 세상에 임하셨다 하였도다 죄인 중에 내가 괴수니라

갈6:14 그러나 내게는 우리 주 예수 그리스도의 십자가 외에 결코 자랑할 것이 없으니 그리스도로 말미암아 세상이 나를 대하여 십자가에 못 박히고 내가 또한 세상을 대하여 그러하니라

고전2:2 내가 너희 중에서 예수 그리스도와 그의 십자가에 못 박히신 것 외에는 아무 것도 알지 아니하기로 작정하였음이라

엡3:18-19 능히 모든 성도와 함께 지식에 넘치는 그리스도의 사랑을 알아 그 넓이와 길이와 높이와 깊이가 어떠함을 깨달아 하나님의 모든 충만하신 것으로 너희에게 충만하게 하시기를 구하노라

예수 그리스도 십자가 구원의 은혜는 인류 역사상, 그리고 전 우주 가운데서 가장 큰 은혜이다. 죄는 우리가 저지르고, 담당은 하나님 자신이 하셨기 때문이다. 그래서 우리 기독교의 복음을 하나님의 은혜의 복음이라 부른다. 은혜의 뜻은 거저 주는 것, 무료, 선물, 또한 비록 받을 자격이 없지만 그럼에도 불구하고 주는 것이다. 하나님의 은혜의 복음은 정말로 뜻밖의 놀라운 은혜이다.

그래서 예수 그리스도를 알게 된 바울은 다음과 같이 기쁘게 고백하였다.

행20:24 나의 달려갈 길과 주 예수께 받은 사명 곧 하나님의 은혜의 복음 증거하는 일을 마치려 함에는 나의 생명을 조금도 귀한 것으로 여기지 아니하노라

요약하면, 제자들은 예수님이 이 땅에 살아계실 때는 올바르게 알지 못하였고, 오히려 승천하셔서 이 땅을 떠나신 이후 더 이상 육신의 눈으로 볼 수 없을 때에 비로소 새롭게 생각하기 시작했다. 열한 제자와 바울의 공통점은 그들이 무엇보다도 성경을 통해서 하나님의 공의와 사랑이 있는 십자가 사건을 분명하게 깨달아 예수님이 그리스도이심을 마침내 알게 되었고, 그리고 죽은 가운데서 부활하신 사건을 통해서 그동안 단지 한 인간으로만 알았던 예수님이 또한 하나님의 아들이시라는 사실을 명백히 깨닫게 되었다. 그래서 그들이 깨달은『예수님은 그리스도시요, 하나님의 아들이시다』라는 이 사실은 특히 신약 성경 전반에 걸쳐 큰 산맥을 이루며 다양하게 증거되고 있다. 이처럼 복음의 핵심인 십자가와 부활은『하나님의 비밀인 그리스도』(골 2:2)를 깨닫게 하는 중요한 열쇠이다.

제5장

예수 그리스도 십자가에 대한 견해들

우리는 성경을 통해서 예수 그리스도 십자가에 대한 몇 가지 견해를 발견할 수 있다.

> 고전1:18–25 십자가의 도가 멸망하는 자들에게는 미련한 것이요 구원을 얻는 우리에게는 하나님의 능력이라 기록된바 내가 지혜 있는 자들의 지혜를 멸하고 총명한 자들의 총명을 폐하리라 하였으니 지혜 있는 자가 어디 있느뇨 선비가 어디 있느뇨 이 세대에 변사가 어디 있느뇨 하나님께서 이 세상의 지혜를 미련케 하신 것이 아니뇨 하나님의 지혜에 있어서는 이 세상이 자기 지혜로 하나님을 알지 못하는고로 하나님께서 전도의 미련한 것으로 믿는 자들을 구원하시기를 기뻐하셨도다 유대인은 표적을 구하고 헬라인은 지혜를 찾으나 우리는 십자가에 못 박힌 그리스도를 전하니 유대인에게는 거리끼는 것이요 이방인에게는 미련한 것이로되 오직 부르심을 입은 자들에게는 유대인이나 헬라인이나 그리스도는 하나님의 능력이요 하나님의 지혜니라 하나님의 미련한 것이 사람보다 지혜 있고 하나님의 약한 것이 사람보다 강하니라

1. 유대인 (거리끼는 것으로 여긴다)

유대인들은 예수님이 십자가에 못박힌 것을 그가 하나님의 아들과 그리스도가 아닌 결정적인 증거로 여긴다. 왜냐하면 성경에 이렇게 기록되어 있기 때문이다.

> 신21:22-23 사람이 만일 죽을 죄를 범하므로 너가 그를 죽여 나무 위에 달거든 그 시체를 나무 위에 밤새도록 두지 말고 당일에 장사하여 네 하나님 여호와께서 네게 기업으로 주시는 땅을 더럽히지 말라 나무에 달린 자는 하나님께 저주를 받았음이니라

유대인들이 기대한 메시아는 영광의 메시아요, 고난 받는 메시아가 아니다.

> 행1:6 저희가 모였을 때에 예수께 묻자와 가로되 주께서 이스라엘 나라를 회복하심이 이때니이까 하니라

그들이 오랫동안 믿어 온 것은 바로『메시아가 이스라엘에 오실 때에는 압제국을 뒤엎고, 이스라엘로 하여금 전 세계를 통치하게 하실 것이다』였다. 그들은 고난 받는 메시아에 대해서는 전혀 생각하지 못하였다.

그래서 유대인들은 십자가 때문에 예수님을 믿지 못하고, 그리스도인들은 오히려 십자가 때문에 예수님을 믿는다.

2. 이방인 (미련한 것으로 여긴다)

> 눅23:33-39 해골이라 하는 곳에 이르러 거기서 예수를 십자가에 못 박고 ~ 백성은 서서 구경하며 관원들도 비웃어 가로되 저가 남을 구원하였으니 만

일 하나님의 택하신 자 그리스도여든 자기도 구원할찌어다 하고 군병들도 희롱하면서 나아와 신 포도주를 주며 가로되 네가 만일 유대인의 왕이어든 네가 너를 구원하라 하더라 그의 위에 이는 유대인의 왕이라 쓴 패가 있더라 달린 행악자 중 하나는 비방하여 가로되 네가 그리스도가 아니냐 너와 우리를 구원하라 하니라

이방인들은『만일 하나님이 존재한다면 전능자일 것이요, 또한 예수가 하나님의 아들이요, 그리스도라면 하나님께서 어떻게 그렇게 대우하시겠는가? 만약 하나님이 살아계신 참 신이라면 예수로 십자가에 못 박혀 죽게 하는 그런 일은 정말로 미련한 일이다』고 여긴다.

3. 마귀 (십자가에 못 박힌 예수는 실패자, 자신은 승리자로 여긴다)

요13:2 마귀가 벌써 시몬의 아들 가룟 유다의 마음에 예수를 팔려는 생각을 넣었더라

요13:27 조각을 받은 후 곧 사단이 그 속에 들어간지라

막14:44 예수를 파는 자가 이미 그들과 군호를 짜 가로되 내가 입맞추는 자가 그이니 그를 잡아 단단히 끌어가라 하였는지라

눅23:33 해골이라 하는 곳에 이르러 거기서 예수를 십자가에 못 박고 두 행악자도 그렇게 하니 하나는 우편에, 하나는 좌편에 있더라

예수님은 마귀에 미혹된 유다에 의해 팔리고, 십자가에 못 박혀 죽으셨다. 그래서 마귀는 예수는 실패자요, 자신은 승리자로 여긴다.

4. 그리스도인 (하나님의 능력과 하나님의 지혜로 여긴다)

왜냐하면 예수 그리스도의 십자가에는 하나님의 공의와 사랑이 있기 때문이다.

롬6:23 죄의 삯은 사망이요 하나님의 은사는 그리스도 예수 우리 주 안에 있는 영생이니라

신21:22-23 사람이 만일 죽을 죄를 범하므로 네가 그를 죽여 나무 위에 달거든 그 시체를 나무 위에 밤새도록 두지 말고 당일에 장사하여 네 하나님 여호와께서 네게 기업으로 주시는 땅을 더럽히지 말라 나무에 달린 자는 하나님께 저주를 받았음이니라

이 두 말씀은 하나님의 엄격한 공의를 나타내고 있다. 하나님의 공의를 따라 말하자면, 우리는 본래 마땅히 죽어야 할 죄인들이요, 또한 마땅히 나무에 달려야 할 자들이다. 그러나,

갈3:13 그리스도께서 우리를 위하여 저주를 받은바 되사 율법의 저주에서 우리를 속량하셨으니 기록된바 나무에 달린 자마다 저주 아래 있는 자라 하였음이라

벧전2:24 친히 나무에 달려 그 몸으로 우리 죄를 담당하셨으니 이는 우리로 죄에 대하여 죽고 의에 대하여 살게 하려 하심이라 저가 채찍에 맞음으로 너희는 나음을 얻었느니라

롬5:8 우리가 아직 죄인 되었을 때에 그리스도께서 우리를 위하여 죽으심으로 하나님께서 우리에게 대한 자기의 사랑을 확증하셨느니라

요일4:9-10 하나님의 사랑이 우리에게 이렇게 나타난바 되었으니 하나님이

자기의 독생자를 세상에 보내심은 저로 말미암아 우리를 살리려 하심이니
라 사랑은 여기 있으니 우리가 하나님을 사랑한 것이 아니요 오직 하나님이
우리를 사랑하사 우리 죄를 위하여 화목제로 그 아들을 보내셨음이니라

이 말씀들은 하나님의 사랑을 나타내고 있다. 이처럼 예수 그리스도의 십자가에는 하나님의 공의와 사랑이 있다. 그러므로 우리는 예수 그리스도의 십자가에서 능히 하나님의 능력과 하나님의 지혜를 발견할 수 있다.

요19:30 예수께서 신 포도주를 받으신 후 가라사대 다 이루었다 하시고 머
리를 숙이시고 영혼이 돌아가시니라

사람들이 하나님의 아들을 죽이는 이 가장 큰 죄악 중에서, 하나님께서는 우리를 구원하시는 당신의 거룩하고, 아름다운 뜻을 온전히 이루셨다. 우리는 예수 그리스도 십자가의 죽으심으로 인하여 그를 알고, 믿음을 통하여 구원 받고, 즉 영생을 얻고, 하나님의 자녀가 되었으니 이것이 바로 십자가 구원의 은혜이다.

마27:50-53 예수께서 다시 크게 소리지르시고 영혼이 떠나시다 이에 성소
휘장이 위로부터 아래까지 찢어져 둘이 되고 땅이 진동하며 바위가 터지고
무덤들이 열리며 자던 성도의 몸이 많이 일어나되 예수의 부활 후에 저희가
무덤에서 나와서 거룩한 성에 들어가 많은 사람에게 보이니라

출26:33 그 장을 갈고리 아래 드리운 후에 증거궤를 그 장안에 들여 놓으라
그 장이 너희를 위하여 성소와 지성소를 구별하리라

히10:19-20 그러므로 형제들아 우리가 예수의 피를 힘입어 성소에 들어갈
담력을 얻었나니 그 길은 우리를 위하여 휘장 가운데로 열어 놓으신 새롭고
산 길이요 휘장은 곧 저의 육체니라

요14:6 예수께서 가라사대 내가 곧 길이요 진리요 생명이니 나로 말미암지 않고는 아버지께로 올 자가 없느니라

하나님께서는 사람들이 거리끼고 미련하게 브는 예수 그리스도 십자가를 통하여 우리를 구원하셨다. 하나님의 역사하심은 정말로 놀랍고 신묘막측하다. 여기에서 우리는 하나님의 능력과 하나님의 지혜를 깨닫게 된다.

롬11:33 깊도다 하나님의 지혜와 지식의 부요함이여, 그의 판단은 측량치 못할것이며 그의 길은 찾지 못할 것이로다

고전1:22-24 유대인은 표적을 구하고 헬라인은 지혜를 찾으나 우리는 십자가에 못 박힌 그리스도를 전하니 유대인에게는 거리끼는 것이요 이방인에게는 미련한 것이로되 오직 부르심을 입은 자들에게는 유대인이나 헬라인이나 그리스도는 하나님의 능력이요 하나님의 지혜니라

우리는 늘『하나님께는 이루기 어려운 일이 없다』고 말한다. 과연 그러한가? 하나님께는 불가능한 일은 없다. 그러나 오직 하나, 우리가 전혀 상상도 못한 매우 고통스럽고 어려운 일이 있었다. 그것은 바로 우리 죄인을 구원하는 일이다. 왜냐하면 그 구원을 이루기 위해서는 오직 하나님의 아들 예수 그리스도 십자가의 죽음이 반드시 있어야 했기 때문이다. 이처럼 우리의 구원을 위하여 하나님께서 지불하신 대가는 우리의 말과 글로는 도저히 형용할 수가 없다. 그러므로 성경은 우리에게 이렇게 권면한다.

벧후3:18 오직 우리 주 곧 구주 예수 그리스도의 은혜와 저를 아는 지식에서 자라 가라 영광이 이제와 영원한 날까지 저에게 있을찌어다

고전11:23-26 내가 너희에게 전한 것은 주께 받은 것이니 곧 주 예수께서 잡히시던 밤에 떡을 가지사 축사하시고 떼어 가라사대 이것은 너희를 위하

는 내 몸이니 이것을 행하여 나를 기념하라 하시고 식후에 또한 이와 같이 잔을 가지시고 가라사대 이 잔은 내 피로 세운 새 언약이니 이것을 행하여 마실 때마다 나를 기념하라 하셨으니 너희가 이 떡을 먹으며 이 잔을 마실 때마다 주의 죽으심을 오실 때까지 전하는 것이니라

십자가 목걸이나 귀고리를 그저 장식품으로 삼아서는 아니되고, 반드시 예수 그리스도의 희생을 기념하기 위한 기념품으로 여겨야 한다.

왜 많은 사람들이 예수님에 대해서 ???

그것은 바로 예수 그리스도는 하나님의 비밀이기 때문이다.

골2:2 이는 저희로 마음에 위안을 받고 사랑 안에서 연합하여 원만한 이해의 모든 부요에 이르러 하나님의 비밀인 그리스도를 깨닫게 하려 함이라

그러나 누구든지 십자가를 바르게 알면, 하나님의 비밀인 예수 그리스도를 올바르게 알 수 있다. 키에르케고르(Kierkegaard)는 "인생은 사십부터가 아니다. 이십부터도 아니다. 인생은 십자가로부터다"라고 말했다.

갈6:14 그러나 내게는 우리 주 예수 그리스도의 십자가 외에 결코 자랑할 것이 없으니 그리스도로 말미암아 세상이 나를 대하여 십자가에 못 박히고 내가 또한 세상을 대하여 그러하니라

제6장

예수님은 하나님의 아들이시요 그리스도시다

『주 예수를 믿으라 그리하면 너와 네 집이 구원을 얻으리라』(행16:31) 성경은 왜 이렇게 말할까? 오직 하나님께로부터 오신 예수님만이 죄인의 구주이시기 때문이다. 바꿔 말하면, 예수님은 하나님의 아들이시요, 그리스도(메시아, 구주)이시기 때문이다. 『예수님은 하나님의 아들이시요 그리스도이시다』 이 내용은 매우 중요하다. 왜냐하면 이 두 가지는 우리로 하여금 능히 주 예수 그리스도를 믿게 하는, 예수님께 대한 핵심 내용이기 때문이다.

초대교회가 핍박을 받을 때 성도들은 그리스도인의 상징으로 물고기를 그렸다. 헬라어 IXΘYΣ (ιχθυs–익투스)의 원래 의미는 물고기의 뜻인데, 기독교 안에서 『예수. 그리스도. 하나님. 아들. 구세주』를 표현하는 것으로 바뀌었다. 그러므로 물고기를 그려서 자신이 그리스도인임을 은밀하게 표시하였던 것이다.

* 성경의 많은 말씀이 『예수님은 하나님의 아들이시요, 그리스도시다』라는 이 복음의 핵심 내용과 관계가 있다.

마3:16-17 예수께서 세례를 받으시고 곧 물에서 올라 오실쌔 하늘이 열리고 하나님의 성령이 비둘기 같이 내려 자기 위에 임하심을 보시더니 하늘로서 소리가 있어 말씀하시되 이는 내 사랑하는 아들이요 내 기뻐하는 자라 하시니라

마14:22-33 ~ 배가 이미 육지에서 수리나 떠나서 바람이 거슬리므로 물결을 인하여 고난을 당하더라 밤 사경에 예수께서 바다 위로 걸어서 제자들에게 오시니 ~ 베드로가 배에서 내려 물 위로 걸어서 예수께로 가되 바람을 보고 무서워 빠져 가는지라 소리질러 가로되 주여 나를 구원하소서 하니 예수께서 즉시 손을 내밀어 저를 붙잡으시며 가라사대 믿음이 적은 자여 왜 의심하였느냐 하시고 배에 함께 오르매 바람이 그치는지라 배에 있는 사람들이 예수께 절하며 가로되 진실로 하나님의 아들이로소이다 하더라

눅1:35 천사가 대답하여 가로되 성령이 네게 임하시고 지극히 높으신 이의 능력이 너를 덮으시리니 이러므로 나실바 거룩한 자는 하나님의 아들이라 일컬으리라

눅4:40-41 해 질 적에 각색 병으로 앓는 자 있는 사람들이 다 병인을 데리고 나아오매 예수께서 일일히 그 위에 손을 얹으사 고치시니 여러 사람에게서 귀신들이 나가며 소리질러 가로되 당신은 하나님의 아들이니이다 예수께서 꾸짖으사 저희의 말함을 허락지 아니하시니 이는 자기를 그리스도인줄 앎이러라

요1:40-41 요한의 말을 듣고 예수를 좇는 두 사람 중에 하나는 시몬 베드로의 형제 안드레라 그가 먼저 자기의 형제 시몬을 찾아 말하되 우리가 메시야를 만났다 하고 (메시야는 번역하면 그리스도라)

요1:43-49 ~ 나다나엘이 가로되 나사렛에서 무슨 선한 것이 날 수 있느냐 빌립이 가로되 와 보라 하니라 예수께서 나다나엘이 자기에게 오는 것을 보

시고 그를 가리켜 가라사대 보라 이는 참 이스라엘 사람이라 그 속에 간사한 것이 없도다 나다나엘이 가로되 어떻게 나를 아시나이까 예수께서 대답하여 가라사대 빌립이 너를 부르기 전에 네가 무화과나무 아래 있을 때에 보았노라 나다나엘이 대답하되 랍비여 당신은 하나님의 아들이시요 당신은 이스라엘의 임금이로소이다

요9:35-38 예수께서 저희가 그 사람을 쫓아냈다 하는 말을 들으셨더니 그를 만나사 가라사대 네가 인자(중역:하나님의 아들)를 믿느냐 대답하여 가로되 주여 그가 누구시오니이까 내가 믿고자 하나이다 예수께서 가라사대 네가 그를 보았거니와 지금 너와 말하는 자가 그이니라 가로되 주여 내가 믿나이다 하고

요10:24-26 유대인들이 에워싸고 가로되 당신이 언제까지나 우리 마음을 의혹케 하려나이까 그리스도여든 밝히 말하시오 하니 예수께서 대답하시되 내가 너희에게 말하였으되 믿지 아니하는도다 내가 내 아버지의 이름으로 행하는 일들이 나를 증거하는 것이어늘 너희가 내 양이 아니므로 믿지 아니하는도다

요10:36 하물며 아버지께서 거룩하게 하사 세상에 보내신 자가 나는 하나님 아들이라 하는 것으로 너희가 어찌 참람하다 하느냐

요11:23-27 예수께서 가라사대 네 오라비가 다시 살리라 마르다가 가로되 마지막 날 부활에는 다시 살 줄을 내가 아나이다 예수께서 가라사대 나는 부활이요 생명이니 나를 믿는 자는 죽어도 살겠고 무릇 살아서 나를 믿는 자는 영원히 죽지 아니하리니 이것을 네가 믿느냐 가로되 주여 그러하외다 주는 그리스도시요 세상에 오시는 하나님의 아들이신줄 내가 믿나이다

마27:50-54 예수께서 다시 크게 소리지르시고 영혼이 떠나시다 이에 성소 휘장이 위로부터 아래까지 찢어져 둘이 되고 땅이 진동하며 바위가 터지고 무덤들이 열리며 자던 성도의 몸이 많이 일어나되 예수의 부활 후에 저희가 무덤에서 나와서 거룩한 성에 들어가 많은 사람에게 보이니라 백부장과 및

함께 예수를 지키던 자들이 지진과 그 되는 일들을 보고 심히 두려워하여 가로되 이는 진실로 하나님의 아들이었도다 하더라

신약 성경 중에 특별히 주목해서 보아야 할 몇 곳이 있다.

막1:1 하나님의 아들 예수 그리스도 복음의 시작이라(마가복음은 네 개의 복음서 중에 가장 먼저 기록된 복음서이다)

마16:15-17 가라사대 너희는 나를 누구라 하느냐 시몬 베드로가 대답하여 가로되 주는 그리스도시요 살아계신 하나님의 아들이시니이다 예수께서 대답하여 가라사대 바요나 시몬아 네가 복이 있도다 이를 네게 알게 한 이는 혈육이 아니요 하늘에 계신 내 아버지시니라(열 두 제자 중에서 베드로가 맨 처음 이렇게 말했다. 그래서 예수님은「네가 복이 있도다!」라고 말씀하셨다)

마26:62-68 대제사장이 일어서서 예수께 묻되 아무 대답도 없느냐 이 사람들의 너를 치는 증거가 어떠하뇨 하되 예수께서 잠잠하시거늘 대제사장이 가로되 내가 너로 살아 계신 하나님께 맹세하게 하노니 네가 하나님의 아들 그리스도인지 우리에게 말하라 예수께서 가라사대 네가 말하였느니라 그러나 내가 너희에게 이르노니 이 후에 인자가 권능의 우편에 앉은 것과 하늘 구름을 타고 오는 것을 너희가 보리라 하시니 이에 대제사장이 자기 옷을 찢으며 ~(이는 당시 종교지도자들의 예수님께 대한 최대 관심사항이었다)

요20:31 오직 이것을 기록함은 너희로 예수께서 하나님의 아들 그리스도이심을 믿게 하려 함이요 또 너희로 믿고 그 이름을 힘입어 생명을 얻게 하려 함이니라 (요한은 최장수의 사도요, 예수님께 대하여 가장 많이 생각한 사도이다)

행9:19-22 음식을 먹으매 강건하여지니라 사울이 다메섹에 있는 제자들과 함께 며칠 있을쌔 즉시로 각 회당에서 예수의 하나님의 아들이심을 전파하니 듣는 사람이 다 놀라 말하되 이 사람이 예루살렘에서 이 이름 부르는 사람을 잔해하던 자가 아니냐 여기 온 것도 저희를 결박하여 대제사장들에게 끌어 가고자 함이 아니냐 하더라 사울은 힘을 더 얻어 예수를 그리스도라 증

명하여 다메섹에 사는 유대인들을 굴복시키니라(사울은 원래 예수님을 핍박한 자다)

1. 하나님의 아들(신성의 신분)

『하나님의 아들』은 성부, 성자, 성령 삼위일체 하나님의 성자를 가리키고, 또한 인성 외에 예수 그리스도의 근본적인 신분 즉, 신성을 가지신 분임을 가리켜 그는 근본 하나님이심을 나타낸다. 특히 요한복음 1장에서 이 사실은 선명하다.

그러므로『예수님은 하나님의 아들이시다』의 의미는 바로『예수님은 하나님의 독생자시요, 삼위일체 하나님이시요, 하나님께로부터 오신 분이요, 또한 볼 수 있도록 성육신하신 하나님이시다』라는 뜻을 담고 있다.

1) 구약 성경은 이미 이 사실을 예언하고 있다

사7:14 그러므로 주께서 친히 징조로 너희에게 주실 것이라 보라 처녀가 잉태하여 아들을 낳을 것이요 그 이름을 임마누엘이라 하리라

사9:6 이는 한 아기가 우리에게 났고 한 아들을 우리에게 주신바 되었는데 그 어깨에는 정사를 메었고 그 이름은 기묘자라, 모사라, 전능하신 하나님이라, 영존하시는 아버지라, 평강의 왕이라 할것임이라

2) 예수님께서 이 사실을 말씀하셨을 때 유대인들은 그를 죽이고자 하였다

요5:17-18 예수께서 저희에게 이르시되 내 아버지께서 이제까지 일하시니 나도 일한다 하시매 유대인들이 이를 인하여 더욱 예수를 죽이고자 하니 이는 안식일만 범할뿐 아니라 하나님을 자기의 친 아버지라 하여 자기를 하나님과 동등으로 삼으심이러라

3) 그러나 예수님은 이 사실에 대하여 자세하게 증언하셨다

요5:19-47 ~ 내게는 요한의 증거보다 더 큰 증거가 있으니 아버지께서 내게 주사 이루게 하시는 역사 곧 나의 하는 그 역사가 아버지께서 나를 보내신 것을 나를 위하여 증거하는 것이요 또한 나를 보내신 아버지께서 친히 나를 위하여 증거하셨느니라 너희는 아무 때에도 그 음성을 듣지 못하였고 그 형용을 보지 못하였으며 그 말씀이 너희 속에 거하지 아니하니 이는 그의 보내신 자를 믿지 아니함이니라 너희가 성경에서 영생을 얻는줄 생각하고 성경을 상고하거니와 이 성경이 곧 내게 대하여 증거하는 것이로다 ~ 모세를 믿었더면 또 나를 믿었으리니 이는 그가 내게 대하여 기록하였음이라 그러나 그의 글도 믿지 아니하거든 어찌 내 말을 믿겠느냐 하시니라

요8:12-59 ~ 만일 내가 판단하여도 내 판단이 참되니 이는 내가 혼자 있는 것이 아니요 나를 보내신 이가 나와 함께 계심이라 너희 율법에도 두 사람의 증거가 참되다 기록하였으니 내가 나를 위하여 증거하는 자가 되고 나를 보내신 아버지도 나를 위하여 증거하시느니라 이에 저희가 묻되 네 아버지가 어디 있느냐 예수께서 대답하시되 너희는 나를 알지 못하고 내 아버지도 알지 못하는도다 나를 알았더면 내 아버지도 알았으리라 ~ 유대인들이 가로되 네가 아직 오십도 못되었는데 아브라함을 보았느냐 예수께서 가라사대 진실로 진실로 너희에게 이르노니 아브라함이 나기 전부터 내가 있느니라 하시니 저희가 돌을 들어 치려하거늘 예수께서 숨어 성전에서 나가시니라

요10:22-39 ~ 내가 내 아버지의 이름으로 행하는 일들이 나를 증거하는 것이어늘 너희가 내 양이 아니므로 믿지 아니하는도다 내 양은 내 음성을 들으며 나는 저희를 알며 저희는 나를 따르느니라 내가 저희에게 영생을 주노니 영원히 멸망치 아니할 터이요 또 저희를 내 손에서 빼앗을 자가 없느니라 저희를 주신 내 아버지는 만유보다 크시매 아무도 아버지 손에서 빼앗을 수 없느니라 나와 아버지는 하나이니라 하신대 유대인들이 다시 돌을 들어 치려 하거늘 ~ 아버지께서 거룩하게 하사 세상에 보내신 자가 나는 하나님 아들이라 하는 것으로 너희가 어찌 참람하다 하느냐 만일 내가 내 아버지의 일을 행치 아니하거든 나를 믿지 말려니와 내가 행하거든 나를 믿지 아니할찌라도 그 일은 믿으라 그러면 너희가 아버지께서 내 안에 계시고 내가 아버지

안에 있음을 깨달아 알리라 하신대 저희가 다시 예수를 잡고자 하였으나 그 손에서 벗어나 나가시니라

4) 유대인들은 이 사실을 끝까지 거부하고 예수님을 죽을 자로 정죄하였다

막14:60-65 ~ 대제사장이 다시 물어 가로되 네가 찬송 받을 자의 아들 그리스도냐 예수께서 이르시되 내가 그니라 인자가 권능자의 우편에 앉은 것과 하늘 구름을 타고 오는 것을 너희가 보리라 하시니 대제사장이 자기 옷을 찢으며 가로되 우리가 어찌 더 증인을 요구하리요 그 참람한 말을 너희가 들었도다 너희는 어떻게 생각하느뇨 하니 저희가 다 예수를 사형에 해당한 자로 정죄하고 혹은 그에게 침을 뱉으며 그의 얼굴을 가리우고 주먹으로 치며 가로되 선지자 노릇을 하라 하고 하속들은 손바닥으로 치더라

5) 빌라도는 이 사실을 듣고 잠시 두려워하였다

요19:7-9 유대인들이 대답하되 우리에게 법이 있으니 그 법대로 하면 저가 당연히 죽을 것은 저가 자기를 하나님 아들이라 함이니이다 빌라도가 이 말을 듣고 더욱 두려워하여 다시 관정에 들어가서 예수께 말하되 너는 어디로서냐 하되 예수께서 대답하여 주지 아니하시는지라

마27:19 총독이 재판 자리에 앉았을 때에 그 아내가 사람을 보내어 가로되 저 옳은 사람에게 아무 상관도 하지 마옵소서 오늘 꿈에 내가 그 사람을 인하여 애를 많이 썼나이다 하더라

6) 두려워하던 빌라도는 이 사실을 거절한 유대인들에게 만족을 주고자 하여 예수님께 십자가 처형을 선고하였다

막15:13-15 저희가 다시 소리지르되 저를 십자가에 못 박게 하소서 빌라도가 가로되 어찜이뇨 무슨 악한 일을 하였느냐 하니 더욱 소리지르되 십자가에 못 박게 하소서 하는지라 빌라도가 무리에게 만족을 주고자 하여 바라바는 놓아 주고 예수는 채찍질하고 십자가에 못 박히게 넘겨주니라

7) 특히 사도 요한과 바울은 예수님이 성육신하신 하나님이심을 명백하게 밝히고 있다

요1:14 말씀이 육신이 되어 우리 가운데 거하시매 우리가 그 영광을 보니 아버지의 독생자의 영광이요 은혜와 진리가 충만하더라

빌2:5-8 너희 안에 이 마음을 품으라 곧 그리스도 예수의 마음이니 그는 근본 하나님의 본체시나 하나님과 동등됨을 취할 것으로 여기지 아니하시고 오히려 자기를 비워 종의 형체를 가져 사람들과 같이 되었고 사람의 모양으로 나타나셨으매 자기를 낮추시고 죽기까지 복종하셨으니 곧 십자가에 죽으심이라

딤전3:16 크도다 경건의 비밀이여, 그렇지 않다 하는 이 없도다 그는 육신으로 나타난 바 되시고 영으로 의롭다 하심을 입으시고 천사들에게 보이시고 만국에서 전파되시고 세상에서 믿은바 되시고 영광 가운데서 올리우셨음이니라

8) 예수님이 하나님의 아들이심을 확증한 것은 바로 부활이다

롬1:4 성결의 영으로는 죽은 가운데서 부활하여 능력으로 하나님의 아들로 인정되셨으니(중역:명백해졌으니) 곧 우리 주 예수 그리스도시니라

요20:26-29 여드레를 지나서 제자들이 다시 집안에 있을 때에 도마도 함께 있고 문들이 닫혔는데 예수께서 오사 가운데 서서 가라사대 너희에게 평강이 있을찌어다 하시고 도마에게 이르시되 네 손가락을 이리 내밀어 내 손을 보고 네 손을 내밀어 내 옆구리에 넣어보라 그리하고 믿음 없는 자가 되지 말고 믿는 자가 되라 도마가 대답하여 가로되 나의 주시며 나의 하나님이시니이다 예수께서 가라사대 너는 나를 본 고로 믿느냐 보지못하고 믿는 자들은 복되도다 하시니라

행17:31 이는 정하신 사람으로 하여금 천하를 공의로 심판할 날을 작정하시고 이에 저를 죽은 자 가운데서 다시 살리신 것으로 모든 사람에게 믿을만한

증거를 주셨음이니라 하니라

『예수님은 하나님의 아들이시다』고 믿는 것은 또한 이미 하나님 나라와 영생에 대한 확신을 포함하고 있다.

불교의 석가모니, 유교의 공자…… 등등은 모두 우리와 똑 같은 사람으로 신성이 없고 오직 인성만 있을 뿐이다. 그러므로 어떤 면에서는 존경의 대상이 될 수 있으나, 신앙의 대상은 될 수 없다. 왜냐하면 신성이 없기 때문이다. 그러나 하나님의 아들 예수님은 신성과 인성이 있다. 그러므로 예수님은 신앙의 대상이 되며, 또한 최고 존경의 대상이 되신다. 왜냐하면 예수님의 사람됨됨이와 행위는 가장 좋은 모범이 되기 때문이다.

2. 그리스도 (사명)

1) 그리스도의 뜻

문자상의 의미 : 기름 부음 받은 자

기름 부음 받은 것은 하나님께 택함 받고, 거룩하게 구별되고, 사명을 받고, 성령님이 함께 하심을 나타낸다.

행10:38 하나님이 나사렛 예수에게 성령과 능력을 기름붓듯 하셨으매 저가 두루 다니시며 착한 일을 행하시고 마귀에게 눌린 모든 자를 고치셨으니 이는 하나님이 함께 하셨음이라

눅4:18-19 주의 성령이 내게 임하셨으니 이는 가난한 자에게 복음을 전하게 하시려고 내게 기름을 부으시고 나를 보내사 포로 된 자에게 자유를, 눈먼 자에게 다시 보게 함을 전파하며 눌린 자를 자유케 하고 주의 은혜의 해를 전파하게 하려 하심이라 하였더라

사42:1-4 내가 붙드는 나의 종, 내 마음에 기뻐하는 나의 택한 사람을 보라 내가 나의 신을 그에게 주었은즉 그가 이방에 공의를 베풀리라 그는 외치지 아니하며 목소리를 높이지 아니하며 그 소리로 거리에 들리게 아니하며 상한 갈대를 꺾지 아니하며 꺼져가는 등불을 끄지 아니하고 진리로 공의를 베풀 것이며 그는 쇠하지 아니하며 낙담하지 아니하고 세상에 공의를 세우기에 이르리니 섬들이 그 교훈을 앙망하리라

사명상의 의미 : 죄인의 구주

☞ 메시아 (구약) = 그리스도 (신약) = 구주 (구속주, 구세주, 구원자)

구약 시대에 기름 부음 받은 자는 오직 선지자, 제사장, 왕뿐이요, 그들은 하나님과 사람 사이의 중보자였다. 중보자는 하나님과 사람 사이에 서서 양편을 위하여 행하는 자이다. (갈3:20) 하나님께서는 기름 부음 받은 자에게 특별한 사명을 주셨다. 그것은 백성을 구원하는 것이다. 비록 선지자, 제사장, 왕으로 그 역할은 각각 달랐지만, 구원이라는 동일성의 사명이 있었다.

A. 선지자 : 하나님의 백성으로 하여금 오직 유일하신 참 하나님만을 경외하도록, 하나님의 말씀을 백성들에게 전함으로써, 그들을 불신과 우상숭배로부터 구해내고 지키는 그 일을 위하여, 하나님 편에 선, 사람을 향한 중보자다.

왕상18:21 엘리야가 모든 백성에게 가까이 나아가 이르되 너희가 어느때까지 두 사이에서 머뭇머뭇 하려느냐 여호와가 만일 하나님이면 그를 좇고 바알이 만일 하나님이면 그를 좇을찌니라 하니 백성이 한 말도 대답지 아니하는지라

B. 제사장 : 하나님의 백성으로 하여금 성결한 삶을 살도록, 그들을 가르치고 또

하나님께 제사(속죄제) 드림으로써, 그들을 무지와 하나님의 심판으로부터 구해내고 지키는 그 일을 위하여, 사람 편에 선, 하나님을 향한 중보자다.

레10:11 또 여호와가 모세로 명한 모든 규례를 이스라엘 자손에게 가르치리라

대하15:3 이스라엘에는 참 신이 없고 가르치는 제사장도 없고 율법도 없은 지가 이제 오래였더라

레4:20 그 송아지를 속죄제의 수송아지에게 한 것 같이 할찌며 제사장이 그것으로 회중을 위하여 속죄한즉 그들이 사함을 얻으리라

C. 왕 : 하나님의 백성들로 하여금 고요하고 평안하게 지내도록, 인자와 진리로 백성을 다스림으로써, 그들을 무질서나 방종 또한 각양의 위험과 재난으로부터 구해내고 지키는 그 일을 위하여, 하나님의 백성 가운데 선, 하나님의 백성을 섬기는 중보자다.

잠20:28 왕은 인자와 진리로 스스로 보호하고 그 위도 인자함으로 말미암아 견고하니라

삿21:25 그 때에 이스라엘에 왕이 없으므로 사람이 각각 그 소견에 옳은대로 행하였더라

딤전2:1-4 그러므로 내가 첫째로 권하노니 모든 사람을 위하여 간구와 기도와 도고와 감사를 하되 임금들과 높은 지위에 있는 모든 사람을 위하여 하라 이는 우리가 모든 경건과 단정한 중에 고요하고 평안한 생활을 하려 함이니라 이것이 우리 구주 하나님 앞에 선하고 받으실 만한 것이니 하나님은 모든 사람이 구원을 받으며 진리를 아는데 이르기를 원하시느니라

선지자, 제사장, 왕은 모두 장차 오실 예수 그리스도의 그림자였다. 또한

그들 모두는 완전하지 못하지만 오직 예수 그리스도는 완전하신 분이다.

눅24:19 가라사대 무슨 일이뇨 가로되 나사렛 예수의 일이니 그는 하나님과 모든 백성 앞에서 말과 일에 능하신 선지자였노라

히9:11-12 그리스도께서 장래 좋은 일의 대제사장으로 오사 손으로 짓지 아니한 곧 이 창조에 속하지 아니한 더 크고 온전한 장막으로 말미암아 염소와 송아지의 피로 아니하고 오직 자기 피로 영원한 속죄를 이루사 단번에 성소에 들어 가셨느니라

계17:14 저희가 어린 양으로 더불어 싸우려니와 어린 양은 만주의 주시요 만왕의 왕이시므로 저희를 이기실터이요 또 그와 함께 있는 자들 곧 부르심을 입고 빼내심을 얻고 진실한 자들은 이기리로다

2) 그러므로 일반적으로 「그리스도」는 하나님의 아들이신 예수님의 사명을 표명한다. 즉, 죄인의 구주이심을 뚜렷하게 나타내고 있다

마1:21 아들을 낳으리니 이름을 예수라 하라 이는 그가 자기 백성을 저희 죄에서 구원할 자이심이라 하니라

눅2:25-32 예루살렘에 시므온이라 하는 사람이 있으니 이 사람이 의롭고 경건하여 이스라엘의 위로를 기다리는 자라 성령이 그 위에 계시더라 저가 주의 그리스도를 보기 전에 죽지 아니하리라 하는 성령의 지시를 받았더니 성령의 감동으로 성전에 들어가매 마침 부모가 율법의 전례대로 행하고자 하여 그 아기 예수를 데리고 오는지라 시므온이 아기를 안고 하나님을 찬송하여 가로되 주재여 이제는 말씀하신대로 종을 평안히 놓아 주시는도다 내 눈이 주의 구원을 보았사오니 이는 만민 앞에 예비하신 것이요 이방을 비추는 빛이요 주의 백성 이스라엘의 영광이니이다 하니라

요1:29 이튿날 요한이 예수께서 자기에게 나아오심을 보고 가로되 보라 세상 죄를 지고 가는 하나님의 어린 양이로다

요3:16-17 하나님이 세상을 이처럼 사랑하사 독생자를 주셨으니 이는 저를 믿는 자마다 멸망치 않고 영생을 얻게 하려 하심이니라 하나님이 그 아들을 세상에 보내신 것은 세상을 심판하려 하심이 아니요 저로 말미암아 세상이 구원을 받게하려 하심이라

눅5:31-32 예수께서 대답하여 가라사대 건강한 자에게는 의원이 쓸데 없고 병든 자에게라야 쓸데 있나니 내가 의인을 부르러 온 것이 아니요 죄인을 불러 회개시키러 왔노라

요19:30 예수께서 신 포도주를 받으신 후 가라사대 다 이루었다 하시고 머리를 숙이시고 영혼이 돌아가시니라

롬5:8 우리가 아직 죄인 되었을 때에 그리스도께서 우리를 위하여 죽으심으로 하나님께서 우리에게 대한 자기의 사랑을 확증하셨느니라

십자가를 통해서 우리는 비로소 명백하게 예수님이 그리스도이심을 알 수 있다.

3) 성경 안에는 세 종류의 그리스도(기름 부음 받은 자)가 있다

선지자, 제사장, 왕 : 장차 오실 예수 그리스도의 그림자요, 불완전하며, 잠시의 구원자였다.

'예수 그리스도'는 하나님의 아들 그리스도로 이미 세상에 오셨던 완전하시며, 영원한 구원자이시다. '그리스도인'은 하나님의 아들 예수 그리스도를 이 말세에 다른 사람에게 전하여 그들로 하여금 구원을 얻게 하는 작은 구원자다.

기름 부음은 성령님을 의미하고, 상징한다. 성도는 기름 부음을 받은 사람이다. 그러므로 성도는 하나님께 택함 받고, 거룩하게 구별되고, 사명을 받고, 성령님이 함께 하시는 사람이다.

요일2:20 너희는 거룩하신 자에게서 기름 부음을 받고 모든 것을 아느니라

요일2:27 너희는 주께 받은바 기름 부음이 너희 안에 거하나니 아무도 너희를 가르칠 필요가 없고 오직 그의 기름 부음이 모든 것을 너희에게 가르치며 또 참되고 거짓이 없으니 너희를 가르치신 그대로 주 안에 거하라

그리스도인은 예수 그리스도로 인하여 작은 구원자가 되었다. 곧 다른 사람으로 하여금 예수 그리스도를 믿고 구원 얻게 하는 귀중한 사명이 있다.

마28:19-20 그러므로 너희는 가서 모든 족속으로 제자를 삼아 아버지와 아들과 성령의 이름으로 세례를 주고 내가 너희에게 분부한 모든 것을 가르쳐 지키게 하라 볼찌어다 내가 세상 끝날까지 너희와 항상 함께 있으리라 하시니라

행1:8 오직 성령이 너희에게 임하시면 너희가 권능을 받고 예루살렘과 온 유대와 사마리아와 땅끝까지 이르러 내 증인이 되리라 하시니라

눅15:7 내가 너희에게 이르노니 이와 같이 죄인 하나가 회개하면 하늘에서는 회개할 것 없는 의인 아흔 아홉을 인하여 기뻐하는 것보다 더하리라

단12:3 지혜 있는 자는 궁창의 빛과 같이 빛날 것이요 많은 사람을 옳은데로 돌아오게 한 자는 별과 같이 영원토록 비취리라

누구든지 예수님을 그리스도와 하나님의 아들로 분명히 알고 믿는 사람은 그 믿음으로 인하여 죄 사함 받고, 의인이 되며, 영생을 얻고, 하나님의 자녀가 된다. 이처럼 주님 십자가의 죽으심과 부활은 가장 큰 은혜와 기적으로서 지금도 믿는 사람들로 하여금 구원의 기적과 그 은혜를 받고 평안과 은총무한을 누리게 한다.

제7장

당신은 구원 받았는가?

어떤 사람은 말하길『나는 이미 세례를 받았습니다. 그러나 아직 구원받았다는 확신이 없습니다』, 혹은 말하길『나는 이미 세례를 받았습니다. 그러나 가끔 구원받은 것에 대한 의심이 듭니다』라고 한다.

사실 이런 고백을 하는 신자들이 어디에나 의외로 많다. 이 글을 쓰는 본인 또한 과거에 그 중의 한 사람이었다. 그러나 고통스런 광야 같은 날들을 지나고, 하나님의 은혜 가운데 비로소 구원의 비결, 곧 하나님의 아들 예수 그리스도 십자가 구원의 은혜를 명백히 깨닫게 되었다. 할렐루야!

그러므로 구원의 확신은 우리의 행위나 느낌, 감정……등에서 나오는 것이 아니고, 오직 하나님의 아들 예수 그리스도 십자가 구원의 은혜를 발견할 때 비로소 생긴다.

요일4:10 사랑은 여기 있으니 우리가 하나님을 사랑한 것이 아니요 오직 하나님이 우리를 사랑하사 우리 죄를 위하여 화목제로 그 아들을 보내셨음이니라 롬5:8 우리가 아직 죄인 되었을 때에 그리스도께서 우리를 위하여 죽으심으로 하나님께서 우리에게 대한 자기의 사랑을 확증하셨느니라

갈 6:14 ~ 내게는 우리 주 예수 그리스도의 십자가 외에 결코 자랑할 것이 없느니라 ~

그러므로 구원받기 위해서는,

1. 하나님께 대한 회개가 있어야 한다

수24:23 여호수아가 가로되 그러면 이제 너희 중에 있는 이방신들을 제하여 버리고 너희 마음을 이스라엘의 하나님 여호와께로 향하라

사55:7 악인은 그 길을, 불의한 자는 그 생각을 버리고 여호와께로 돌아오라 그리하면 그가 긍휼히 여기시리라 우리 하나님께로 나아오라 그가 널리 용서하시리라

막1:15 가라사대 때가 찼고 하나님 나라가 가까왔으니 회개하고 복음을 믿으라 하시더라

행2:38 베드로가 가로되 너희가 회개하여 각각 예수 그리스도의 이름으로 세례를 받고 죄 사함을 얻으라 그리하면 성령을 선물로 받으리라

행20:21 유대인과 헬라인들에게 하나님께 대한 회개와 우리 주 예수 그리스도께 대한 믿음을 증거한 것이라

2. 예수 그리스도는 죄인의 구주이심을 발견하고 믿어야 한다

1) 인간 자신의 행위와 노력은 절대로 죄를 해결하지 못한다

죄와 죽음은 인과관계를 이루며, 이 두 가지는 모든 시대 모든 사람을 두렵게 만든다. 그 중에 죄는 우리 인류의 가장 근본적이고, 가장 크고 가장 무거운 문제이다. 인류 역사를 보면 자신이 범한 죄를 해결하기 위하여 많은 사람들은 다음과 같은 방법들을 사용하였다. 곧 반성하거나, 선을 행하거나, 덕을 쌓거나, 많은 돈을 바치거나, 깊은 산 계곡이나 광야에 가서 수행하거나, 맑고 깨끗한 물로 목욕하거나, 금식하거나, 고행하거나, 심지어 고의로 자기 몸을 학대하거나 상하게 하여 고통을 받거나……등등. 그러나 이 모두 다 자신의 행위와 노력을 의지하는 것이다. 그렇지만 전혀 죄를 해결할 수 없고, 죄는 여전히 존재한다.

2) 사랑의 하나님께서는 우리에게 죄 해결의 방법을 가르쳐 주셨다

그것은 바로 속죄제사이다. 레위기 4장의 속죄제사를 보면, 하나님께서 죄인을 용서하기 위하여 생명의 희생, 곧 죽음을 요구하신다.

> 레4:1~27-35 여호와께서 모세에게 일러 가라사대 ~ 만일 평민의 하나가 여호와의 금령 중 하나라도 부지중에 범하여 허물이 있었다가 그 범한 죄에 깨우침을 받거든 그는 흠 없는 암염소를 끌고 와서 그 범한 죄를 인하여 그것을 예물로 삼아 그 속죄제 희생의 머리에 안수하고 그 희생을 번제소에서 잡을 것이요 제사장은 손가락으로 그 피를 찍어 번제단 뿔에 바르고 그 피 전부를 단 밑에 쏟고 그 모든 기름을 화목제 희생의 기름을 취한것 같이 취하여 단 위에 불살라 여호와께 향기롭게 할지니 제사장이 그를 위하여 속죄한즉 그가 사함을 얻으리라 그가 만일 어린 양을 속죄 제물로 가져오려거든 ~ 그를 위하여 속죄한즉 그가 사함을 얻으리라

『여호와께서 모세에게 일러 가라사대 ~ 그 범한 죄에 깨우침을 받거든 ~ 그 속죄제 희생의 머리에 안수하고 ~ 잡을 것이요 ~ 그 피를 ~ 불살라 ~ 그

가 사함을 얻으리라』

히9:22 율법을 좇아 거의 모든 물건이 피로써 정결케 되나니 피흘림이 없은 즉 사함이 없느니라

☞ 피=죽음=희생=피 흘림

죄인은 오직 귀중한 생명의 희생을 통하여 비로소 하나님의 용서를 받았다. 이것이 바로 죄 해결의 비결이다. 이토록 죄에 대한 하나님의 관점은 매우 엄격하다. 속죄제물의 처참한 죽음은 바로 죄의 댓가이다. 여기에서 죄에 대한 하나님의 공의는 뚜렷이 나타난다. 동시에 죄인은 오직 속죄제물의 희생을 통하여 비로소 하나님의 용서를 얻는다. 하나님께서는 죄인을 위하여 속죄제물로 하여금 희생케 하셨다. 여기에서 죄인을 향한 하나님의 사랑은 뚜렷이 나타난다. 이처럼 속죄제사 안에는 하나님의 공의와 사랑이 들어있다. 이는 속죄제사의 핵심 사상이다.

① 그러나 동물을 통한 속죄제사는 능히 죄를 없애지 못한다

히10:4 이는 황소와 염소의 피가 능히 죄를 없이 하지 못함이라

② 그러면 완전한 속죄제물은 무엇인가? 누구인가? 그는 바로 예수 그리스도시다

히10:10-12 이 뜻을 좇아 예수 그리스도의 몸을 단번에 드리심으로 말미암아 우리가 거룩함을 얻었노라 제사장마다 매일 서서 섬기며 자주 같은 제사를 드리되 이 제사는 언제든지 죄를 없게 하지 못하거니와 오직 그리스도는 죄를 위하여 한 영원한 제사를 드리시고 하나님 우편에 앉으셨느니라

요1:29 이튿날 요한이 예수께서 자기에게 나아오심을 보고 가로되 보라 세상 죄를 지고 가는 하나님의 어린 양이로다

요일4:10 사랑은 여기 있으니 우리가 하나님을 사랑한 것이 아니요 오직 하나님이 우리를 사랑하사 우리 죄를 위하여 화목제로 그 아들을 보내셨음이니라

예수 그리스도께서는 친히 우리의 죄를 담당하셨고, 우리를 위하여 희생하셨다.

갈3:13 그리스도께서 우리를 위하여 저주를 받은바 되사 율법의 저주에서 우리를 속량하셨으니 기록된바 나무에 달린 자마다 저주 아래 있는 자라 하였음이라

벧전2:24 친히 나무에 달려 그 몸으로 우리 죄를 담당하셨으니 이는 우리로 죄에 대하여 죽고 의에 대하여 살게 하려 하심이라 저가 채찍에 맞음으로 너희는 나음을 얻었느니라

롬5:6-8 우리가 아직 연약할 때에 기약대로 그리스도께서 경건치 않은 자를 위하여 죽으셨도다 의인을 위하여 죽는 자가 쉽지 않고 선인을 위하여 용감히 죽는 자가 혹 있거니와 우리가 아직 죄인 되었을 때에 그리스도께서 우리를 위하여 죽으심으로 하나님께서 우리에게 대한 자기의 사랑을 확증하셨느니라

3. 구원은 예수 그리스도를 믿는 자에게 주시는 하나님의 선물임을 깨달아야 한다

엡2:8-9 너희가 그 은혜를 인하여 믿음으로 말미암아 구원을 얻었나니 이것이 너희에게서 난 것이 아니요 하나님의 선물이라 행위에서 난 것이 아니니 이는 누구든지 자랑치 못하게 함이니라

☞ 은혜 + 믿음 = 구원

하나님의 풍성하신 은혜 + 우리의 믿음 = 하나님의 구원의 선물

1) 우리가 구원 받은 배경에는 창세 전부터 시작된 하나님의 풍성하신 은혜가 있다

특히 그 중에 가장 큰 은혜인 예수 그리스도 십자가 구원의 은혜가 있다.

> 엡1:3–14 찬송하리로다 하나님 곧 우리 주 예수 그리스도의 아버지께서 그리스도 안에서 하늘에 속한 모든 신령한 복으로 우리에게 복 주시되 곧 창세 전에 그리스도 안에서 우리를 택하사 우리로 사랑 안에서 그 앞에 거룩하고 흠이 없게 하시려고 그 기쁘신 뜻대로 우리를 예정하사 예수 그리스도로 말미암아 자기의 아들들이 되게 하셨으니 이는 그의 사랑하시는 자 안에서 우리에게 거저 주시는바 그의 은혜의 영광을 찬미하게 하려는 것이라 우리가 그리스도 안에서 그의 은혜의 풍성함을 따라 그의 피로 말미암아 구속 곧 죄 사함을 받았으니 ~ 그 안에서 너희도 진리의 말씀 곧 너희의 구원의 복음을 듣고 그 안에서 또한 믿어 약속의 성령으로 인치심을 받았으니 이는 우리의 기업에 보증이 되사 그 얻으신 것을 구속하시고 그의 영광을 찬미하게 하려 하심이라

우리는 창세 전부터 그리스도 안에서 시작된 하나님의 은혜의 풍성함을 따라, 예수 그리스도 십자가의 죽으심을 통하여, 가장 큰 구원(히2:3–4)의 은혜를 받게 되었다. 그러므로 우리의 구원은 우연이나 돌발적인 사건이 아니고, 하나님의 원대하신 아름다운 뜻(롬8:29–30) 가운데서 이루어진 가장 큰 은혜의 사건이요, 측량할 수 없는 사랑(엡3:18–19)의 열매이다.

> 히2:3–4 우리가 이같이 큰 구원을 등한히 여기면 어찌 피하리요 이 구원은 처음에 주로 말씀하신 바요 들은 자들이 우리에게 확증한 바니 하나님도 표

적들과 기사들과 여러가지 능력과 및 자기 뜻을 다라 성령의 나눠주신 것으로써 저희와 함께 증거하셨느니라

롬8:29-30 하나님이 미리 아신 자들로 또한 그 아들의 형상을 본받게 하기 위하여 미리 정하셨으니 이는 그로 많은 형제 중에서 맏아들이 되게 하려 하심이니라 또 미리 정하신 그들을 또한 부르시고 부르신 그들을 또한 의롭다 하시고 의롭다 하신 그들을 또한 영화롭게 하셨느니라

엡3:18-19 능히 모든 성도와 함께 지식에 넘치는 그리스도의 사랑을 알아 그 넓이와 길이와 높이와 깊이가 어떠함을 깨달아 하나님의 모든 충만하신 것으로 너희에게 충만하게 하시기를 구하노라

2) 우리가 마땅히 가져야 할 것은 믿음이다

우리는 십자가와 부활을 통해서 예수님은 그리스도시요, 하나님의 아들이심을 확실히 알고 믿을 수 있다. 또한 이 믿음은 우리로 영생(구원)과 함께 하나님의 풍성한 은혜를 받게 하니 베드로는 이를『보배로운 믿음』(벧후1:1)이라 말하였다.

요3:16 하나님이 세상을 이처럼 사랑하사 독생자를 주셨으니 이는 저를 믿는 자마다 멸망치 않고 영생을 얻게 하려 하심이니라

요10:10 도적이 오는 것은 도적질하고 죽이고 멸망시키려는 것뿐이요 내가 온 것은 양으로 생명을 얻게 하고 더 풍성히 얻게 하려는 것이라

3) 구원은 거저 주시는 하나님의 선물이다

하나님께서 선지자들로 말미암아 성경에 미리 약속하신 구원은 하나님의 아들 예수 그리스도를 통하여 이미 성취되었고, 특히 십자가와 부활은 예수께서 그리스도(죄인의 구원자)와 하나님의 아들이심을 확증하였다. 또한 하나

님의 성육신-예수 그리스도의 초림을 통해 시작된 하나님 나라는 장차 재림을 통하여 완성된다. 그 새 나라는 우리 모두가 소망하는 영생의 나라요 우리의 상상을 초월하는 영광의 천국이다.

그런데 이 복음에 대하여 우리가 해야 할 일은 오직 예수님이 죄인 나를 위해 대신 죽으시고 구원해 주신 구원자(그리스도)시요, 하나님의 아들이심을 깨닫고 믿는 일뿐이다. 오직 그 믿음 때문에 우리는 하나님께 모든 죄 다 용서받고, 의인이 되며, 하나님의 자녀가 되고, 영생을 얻고, 천국의 백성이 되며, 또한 이 땅에서 사는 동안에도 항상 하나님께서 함께 하시고 인도하시는 사람이 되니 정말 은혜 위에 은혜이다. 그러므로 구원은 믿는 자에게 거저주시는 하나님의 선물이다. 이처럼 구원은 우리의 행위에서 난 것이 아니기 때문에 누구든지 자기를 자랑할 수가 없다.

> 엡2:8-9 너희가 그 은혜를 인하여 믿음으로 말미암아 구원을 얻었나니 이것이 너희에게서 난 것이 아니요 하나님의 선물이라 행위에서 난 것이 아니니 이는 누구든지 자랑치 못하게 함이니라

성경에 구원은 하나님께서『예수님은 그리스도시요 하나님의 아들이심을 믿는 자』에게 주시는 선물임을 확증하는 예가 있다.

> 눅23:32-43 또 다른 두 행악자도 사형을 받게 되어 예수와 함께 끌려 가니라 해골이라 하는 곳에 이르러 거기서 예수를 십자가에 못 박고 두 행악자도 그렇게 하니 하나는 우편에, 하나는 좌편에 있더라 이에 예수께서 가라사대 아버지여 저희를 사하여 주옵소서 자기의 하는 것을 알지 못함이니이다 하시더라 ~ 하나는 그 사람을 꾸짖어 가로되 네가 동일한 정죄를 받고서도 하나님을 두려워 아니하느냐 우리는 우리의 행한 일에 상당한 보응을 받는 것이니 이에 당연하거니와 이 사람의 행한 것은 옳지 않은 것이 없느니라 하고 가로되 예수여 당신의 나라에 임하실 때에 나를 생각하소서 하니 예수께서

이르시되 내가 진실로 네게 이르노니 오늘 네가 나와 함께 낙원에 있으리라 하시니라

여기에서 구원받은 강도는 당시 예수님의 기도 『아버지여 저희를 사하여 주옵소서 자기의 하는 것을 알지 못함이니이다』를 듣고, 정말르 예수님은 하나님의 아들이시요 그리스도이심을 확신하고 『예수여 당신의 나라에 임하실 때에 나를 생각하소서』라며 자신의 믿음을 표명하자 주님은 바로 그에게 구원을 선언하셨다. 이처럼 구원은 믿는 자에게 값없이 주시는 하나님의 선물이다. 이 강도는 마땅히 죽어야 할 우리 죄인을 대표하기도 한다.

또한 은혜, 믿음, 구원 이 세 가지 중의 유일한 우리 사람편의 믿음도 사실은 우리가 알고 믿도록 하신 분이 바로 주님이시니 누구든지 자신을 자랑할 수가 없다.

요일5:20 또 아는 것은 하나님의 아들이 이르러 우리에게 지각을 주사 우리로 참된 자를 알게 하신 것과 또한 우리가 참된 자 곧 그의 아들 예수 그리스도 안에 있는 것이니 그는 참 하나님이시요 영생이시라

눅24:45 이에 저희 마음을 열어 성경을 깨닫게 하시니라

요일4:16 하나님이 우리를 사랑하시는 사랑을 우리가 알고 믿었노니 하나님은 사랑이시라 사랑 안에 거하는 자는 하나님 안에 거하고 하나님도 그 안에 거하시느니라

그러므로 구원의 은혜를 깨달은 사람은 곧 다음으로부터 하나님께 감사와 찬송을 드리게 된다.

우리는 오늘날 특별히 옳고 그름을 분별할 수 있어야 한다. 왜냐하면『구원』에 대해 허튼소리를 하는 사람들이 매우 많기 때문이다. 하나님의 아

들 예수 그리스도는 십자가 위에서 이렇게 말씀하셨다. 「다 이루었다 ! 」(요 19:30) 우리 죄인을 구원하는 사명을 성취하신 것이다 ! 그러므로 가장 기본적이고, 가장 중요한 것은 바로 십자가 구원의 은혜를 깨닫는 것이다. 왜냐하면 이런 사람만이 또한 능히 예수 그리스도의 강생, 부활, 승천, 재림… 등등을 모두 믿을 수 있기 때문이다.

여기서 비유를 하자면, 세계 모든 종교의 요구는 마치 각 사람으로 하여금 자신이 탈 비행기를 직접 만들어서 타라는 것과 같다. 그러나 복음의 요구는 오직 각 사람은 하나님께서 이미 만드신 비행기를 타기만 하라는 것이다. 여기에 필요한 것은 오직 믿음이다. 이 얼마나 좋은가! 할렐루야!

만약 어떤 사람이 하나님께 돌아오고, 하나님의 아들 예수 그리스도 십자가 구원의 은혜와 부활을 깨달으면, 그는 바로 예수님을 구주로 영접할 수 있다. 그리하면 그는 바로 영생을 얻고, 하나님의 자녀가 된다. 이는 참으로 놀라운 사실이다. 구원은 이렇게 간단하다! 또한 구원에 대하여 간단명료하게 이렇게 문답할 수 있다.

문 : 하나님의 아들 예수께서 당신을 위하여 무엇을 하셨습니까?

답 : 세상에 오신 주님은 십자가 위에서 나를 대신하여 죽으셨고,
다시 사셨습니다!

그러므로 예수님은 나의 구주시요, 하나님의 아들이십니다! 이처럼 구원의 확신은 우리의 행위나 느낌, 감정 등에서 나오지 않고, 하나님의 아들 예수 그리스도 십자가 구원의 은혜를 깨달음에서 나온다. 그러므로 우리 인생의 진정한 평안과 행복은 십자가 구원의 은혜를 깨달을 때부터 비로소 시작된다.

합3:17-19 비록 무화과나무가 무성치 못하며 포도나무에 열매가 없으며 감

람나무에 소출이 없으며 밭에 식물이 없으며 우리에 양이 없으며 외양간에 소가 없을찌라도 나는 여호와를 인하여 즐거워하며 나의 구원의 하나님을 인하여 기뻐하리로다 주 여호와는 나의 힘이시라 나의 발을 사슴과 같게 하사 나로 나의 높은 곳에 다니게 하시리로다 ~

제임스 심프슨(James Simpson, 1811-1870, Scotland)은 마취제 클로로포름의 발견자로 유명하다. 환자들로 통증 없이 수술 받을 수 있도록 해 준 사람이다. 그의 노년에 한 제자가 질문하기를 "선생님이 지금까지 발견한 것 가운데 가장 큰 발견은 무엇이라고 보십니까?" 그러자 그는 "나의 가장 큰 발견은 내가 큰 죄인이라는 사실과 예수님은 나를 구원해 주신 큰 구원자라는 사실이지요" 클로로포름이라고 대답할 것으로 기대했던 제자는 뜻밖의 대답에 깜짝 놀랐다고 한다.

구원의 은혜를 깊이 아는 사람은 확신을 넘어 감사 감격하며, 하나님을 향한 아름다운 응답의 삶을 찾고, 결심하고 그리고 행한다.

딤전1:15 미쁘다 모든 사람이 받을만한 이 말이여 그리스도 예수께서 죄인을 구원하시려고 세상에 임하셨다 하였도다 죄인 중에 내가 괴수니라

요일3:1 보라 아버지께서 어떠한 사랑을 우리에게 주사 하나님의 자녀라 일컬음을 얻게 하셨는고, 우리가 그러하도다

갈6:14 그러나 내게는 우리 주 예수 그리스도의 십자가 외에 결코 자랑할 것이 없으니 그리스도로 말미암아 세상이 나를 대하여 십자가에 못 박히고 내가 또한 세상을 대하여 그러하니라

시116:12 여호와께서 내게 주신 모든 은혜를 무엇으로 보답할꼬

행20:23-24 오직 성령이 각 성에서 내게 증거하여 결박과 환난이 나를 기다린다 하시나 나의 달려갈 길과 주 예수께 받은 사명 곧 하나님의 은혜의 복

음 증거하는 일을 마치려 함에는 나의 생명을 조금도 귀한 것으로 여기지 아니하노라

나 같은 죄인 살리신 주 은혜 놀라워 잃었던 생명 찾았고 광명을 얻었네
큰 죄악에서 건지신 주 은혜 고마워 나 처음 믿은 그 시간 귀하고 귀하다
이제껏 내가 산 것도 주님의 은혜라 또 나를 장차 본향에 인도해 주시리
거기서 우리 영원히 주님의 은혜로 해처럼 밝게 살면서 주 찬양 하리라
아멘!

* * * 생각해 보라!

당신은 이미 구원 받았는가? 누구 때문에?

제8장

성경 속의 구원에 대한 다양한 표현

하나의 예

요일4:10 사랑은 여기 있으니 우리가 하나님을 사랑한 것이 아니요 오직 하나님이 우리를 사랑하사 우리 죄를 위하여 화목제로 그 아들을 보내셨음이니라

☞ 화목제 = 만회제(중역) = 속죄제(중신역)

(만회 : 돌이켜 원래의 상태로 회복함)

성경에는 예수 그리스도 십자가 구원의 은혜에 대한 다양한 표현들이 있다. 이는 우리가 마땅히 하나님께 감사 드릴 일이다. 왜냐하면 우리가 다각도에서 예수 그리스도 십자가 죽으심의 결과를 생각할 수 있기 때문이다.

☞ 구원받다(救援) = 구속되다(救贖) = 구조되다

구출되다(拯救) = 죄 사함 받다(赦免) = 도말되다(塗抹) = 가리움 받다(遮蓋) = 무죄로 여김 받다(無罪) = 해방되다(解放) = 석방되다(釋放) = 자유케 되다(自由) = 의롭다 칭함 받다(稱義) = 의롭다 함을 얻다(得義) = 의인이 되다(義人)= 하나님과 화목되다(和好 · 和睦 · 和平) = 만회되다(挽回) = 피로 사(買) 졌다 = 영원히 속죄되다(永遠的贖罪) = 영원히 온전케 되다(永遠完全) = 거룩하게 되다(成聖) = 깨끗이 씻음 받다(洗淨) = 목욕한 사람이 되다(洗□ · 沐浴) = 영생을 얻다(永生) = 새로운 피조물이 되다(新造的人) = 거듭나다(重生) = 하나님의 자녀가 되다(神的兒女) = 천국 백성이 되다(天國的百姓)……등등

이상의 다양한 표현 속에는 하나의 동일성이 있는데, 그것은 바로 결과가 모두 같다는 것이다. 바꿔 말하면, 예수 그리스도의 희생은 우리로 하여금 더 이상 죄와 상관없는 사람 즉, 죄가 전혀 없는 새 사람, 하나님의 자녀가 되게 하였다는 것이다. 이 사실은 우리로 하여금 놀람과 기쁨이 그치지 않게 하고, 감탄하게 만든다.

편식이 건강에 좋지 않은 것처럼, 영적인 편식 또한 좋지 않다. 구원에 대한 다양한 표현이 있음에도 불구하고 어떤 사람은 그 중 한 가지만을 즐겨 사용한다. 그런 사람은 왜곡된 구원관을 가질 수 있다. 이와 같은 영적인 편식은 마치 뿌리가 한 가닥뿐인 나무와 같다. 이런 나무는 큰 바람이 불면 결국은 뿌리가 뽑혀 넘어지게 될 것이다.

그러므로 성경에 구원에 대한 다양한 표현들이 있음을 분명히 알고, 깨달아야 한다.

> 롬4:6-8 일한 것이 없이 하나님께 의로 여기심을 받는 사람의 행복에 대하여 다윗의 말한바 그 불법을 사하심을 받고 그 죄를 가리우심을 받는 자는 복이 있고 주께서 그 죄를 인정치 아니하실 사람은 복이 있도다 함과 같으니라

엡1:7 우리가 그리스도 안에서 그의 은혜의 풍성함을 따라 그의 피로 말미암아 구속 곧 죄 사함을 받았느니라

골1:20-22 그의 십자가의 피로 화평을 이루사 만물 곧 땅에 있는 것들이나 하늘에 있는 것들을 그로 말미암아 자기와 화목케 되기를 기뻐하심이라 전에 악한 행실로 멀리 떠나 마음으로 원수가 되었던 너희를 이제는 그의 육체의 죽음으로 말미암아 화목케 하사 너희를 거룩하고 흠 없고 책망할 것이 없는 자로 그 앞에 세우고자 하셨느니라

요일1:9 만일 우리가 우리 죄를 자백하면 저는 미쁘시고 의로우사 우리 죄를 사하시며 모든 불의에서 우리를 깨끗케 하실 것이요

오늘날 어떤 사람은 구원에 관하여 말할 때 '나는 ○○ 때에 인격적으로 예수님을 만났다" 라는 매우 모호한 표현을 하는데 이는 성경에 없는 표현이다. 구원 받음에 대한 가장 기본적이고 대표적인 표현은 바로『죄 사함 - 용서』이다.

레4장의 속죄제 (죄 사함)

히9:22 율법을 좇아 거의 모든 물건이 피로써 정결케 되나니 피흘림이 없은즉 사함이 없느니라

마6:12 우리가 우리에게 죄 지은 자를 사하여 준것 같이 우리 죄를 사하여 주옵소서 - (주기도문)

행2:38 베드로가 가로되 너희가 회개하여 각각 예수 그리스도의 이름으로 세례를 받고 죄 사함을 얻으라 그리하면 성령을 선물로 받으리라

제9장

피아노를 도마로 여기지 말라

(종교개혁을 생각하며)

Ⅰ. 역사상 로마 가톨릭교회의 큰 잘못

역사가들은 유럽의 중세시대 1,000년(5–15세기)을 암흑기로 여긴다. 왜 그럴까? 2000년 3월 5일 교황 요한 바오로 2세의 지시에 따라 교황청은 《회상과 화해 : 교회의 과거 범죄》라는 제목의 문건을 발표해 지난 2000년 동안 가톨릭교회가 하나님의 뜻이라는 핑계로 인류에게 저지른 각종 잘못을 최초로 공식 인정했다. 그리고 3월 12일을 '용서의 날'로 정하고 이날 '교회의 아들 딸들이 행한 죄'에 대해 용서를 구하는 바티칸 미사를 가졌다.

그러나 교황청의 문건 발표에 대하여 신학자들은 교황이 과오에 대한 구체적인 역사적 사례를 언급하지 않았다고 지적한다. 국제신학위원회의 보고서나 교황의 사죄 미사 가운데에는 십자군, 종교 재판, 마녀 사냥, 유대인 대학살 등에 대한 언급이 전혀 없었기 때문이다.

게다가 교황은 가톨릭교회의 과오에 대해 용서를 구하는 것이 아니라, '가톨릭교회는 죄가 없으며 신성하지만 신도들을 이끄는 어머니로서 교회는 아들, 딸들이 범한 죄를 자신의 것으로 받아들여' 용서를 구한다는 모호한 태도를 취했다. 나아가 국제신학위원회의 보고서에서는 '죄의 고백은 오직 신에 대해서만 할 수 있는 것이지 인간들에게 하는 것이 아니다'는 입장을 명백히 하고 있다.

"이 문헌은, '교회는 거룩하고 진리로부터 벗어날 수 없지만, 교회 안에 있는 구성원들은 항상 죄 사함을 받아야 하는 죄인들이다'고 말하면서, 역사적 잘못들은 '교회의 오류가 아니라, 교회 구성원들의 오류'임을 밝히고 있다" (전광진 신부)

한편 전세계 언론과 종교계는 무오류설(無誤謬說)의 상징인 교황이 무오류설 자체를 직접 부인했다고 평가하고 주목했다.

"그러나 알고 보니 관심의 초점이 된 40쪽 분량에 달하는 '회상과 화해－교회의 과거 범죄'라는 제목의 문건과 그와 관련된 기도서는 매스컴에서 떠들고 있는 것처럼 로마 가톨릭이 저질러온 각종 죄들의 구체적 항목을 열거하면서 회개하는 것이 아니었다. 단지, 일반적인 죄들, 진리를 증거하는 중에 저질러진 죄들, 교회 일치에 반하는 죄들, 유대인을 박해한 죄들, 사랑과 평화 및 문화에 관련하여 잘못한 죄들, 여성과 소수의 존엄성을 훼손한 죄들, 인권을 탄압한 죄 등 7개의 범주로 나눠 추상적 수준에서 서술해 놓은 정도다. 비록 무척이나 개연적이고 포괄적인 형태를 여전히 답습하고 있지만, 교권적 권위주의에 사로잡혀 자신의 잘못을 좀처럼 인정하려 들지 않았던 로마 가톨릭이 이제라도 양심의 일단을 열어 보인 것은 다행스런 일이다" (기독신문 2000. 03. 14)

또한 독일의 튀빙겐 대학 신학과 쿠쉘 교수는 '혁신이 따르지 않는 사죄'라는 글을 통해 교황이 가톨릭교회의 무오류설을 고집하고 있으며 사죄에 상응하는 교회 내부의 혁신이 없다는 점을 비판하면서 교황의 참회가 위선이라고 주장했다.

과연 교황청이 발표한 《교회의 과거 범죄》에서 사람들이 정말 듣고 싶어하는 정직한 고백은 언제나 들을 수 있을까? 그리고 그 범죄의 책임은 누구에게 있을까? 교황일까? 아니면 그를 제외한 가톨릭교회일까? 가톨릭교회의 과거 범죄 속에서 몇 가지를 간략하게 살펴보면,

1. 유대인 박해

이스라엘 전체 인구의 1%도 안 되는 기독교인 가운데 요셉 슐람 목사는 예수님을 믿는 유대인이다. 그는 "유대인은 예수에 대해 대부분 알고 있지만 메시아로 믿지 않고, 유대인을 박해했던 유럽 기독교에 대한 반감이 크다."고 하였다. 15세기부터 400년이 넘도록 스페인 등 유럽에선 가톨릭으로의 개종을 강요하며 유대인들을 산 채로 불태우는 등 박해가 심했다. 그는 "이런 역사 때문에 유대인들이 기독교를 수용할 수 없다"고 했다. (국민일보 2015.10.21)

가톨릭교회는 나치에 의한 유태인 대학살(홀로코스트)에도 침묵을 지켰다. 3월 5일 교황청이 발표한 국제신학위원회의 문건에서는 "유대인들은 우리의 친애하는 형제들이며, 진실로 어떤 면에 있어서는 그들이야말로 '우리의 형님들'인 것이다"라며 유대인들과의 화해를 시도했다. 그러나 이 문건엔 애초에 '유대인 대학살'(홀로코스트)과 당시 교황청의 침묵에 대한 구체적인 고백 등이 담겨 있었으나 보수파들의 반발에 의해 삭제됨으로써 독일과 유대인 신학자들의 거센 반발을 샀다.

2. 십자군 전쟁

"1095년, 클레르몽 공의회에서 교황 우르반 2세는 예루살렘으로 가는 순례자들이 박해를 받고 있다고 호소하면서 기독교도는 마땅히 성지 탈환을 위해 성전(聖戰)에 참여해야 한다고 주장했다.

그러나 교황이 십자군을 동원하는 목적에는 또 하나의 은밀한 이유가 있었다. 그것은 바로 당시에 두 교파로 분열되어 있던 로마 천주교와 희랍 정교회를 다시 하나로 단일화하여 강대한 로마 가톨릭교, 즉 천주교를 형성하여 그 힘으로 로마제국의 황제권까지도 제압해 보려는 숨은 의도가 있었던 것이다. 그렇지만 로마제국의 막강한 군대는 황제의 소유였기 때문에 교황이 마음대로 동원할 수 없어, 결국 교황은 십자군 동원(모집)령을 내려야만 했고, 갑자기 많은 사람들을 군인으로 동원하기 위해서 십자군으로 종군하는 자들에게 아래와 같은 특권을 주기로 약속했다.

- 종군자의 가족과 재산은 교황이 보호해 준다.
- 종군자의 모든 죄는 사함을 받을 수 있다.
- 형무소에서 복역 중인 자가 종군하면 세상의 법적인 죄와 종교적인 모든 죄도 사함을 받는다.
- 종군자의 빚은 탕감되고, 전사하면 하나님 나라에 갈 수 있다.
- 동방에는 성자의 유골(당시는 성자의 유골을 보관하고 있으면 행운이 온다는 미신이 유행하고 있었다고 한다), 금은보화, 미녀가 많으니 전리품으로 얼마든지 가져올 수 있다.

등등의 특권을 미끼로 내걸었다.

1096년부터 1272년까지 십자군은 약 200년간 총 9회에 걸쳐 출정하였다.

제1회 십자군 때인 1099년, 예루살렘을 점령한 이들 십자군은 남녀노소를 불문한 무차별한 학살을 자행하여 순식간에 성내는 피바다를 이루어 진격하는 병사들의 발목까지 피가 찼을 정도였다고 한다. 또 이때 이슬람교도군과 함께 성을 수비하던 유대인들도 모두 학살되어 예루살렘 성전에는 사람의 시체가 산처럼 쌓였었다고 기록으로 전해진다.

훗날 예루살렘은 다시 이슬람 세력에 빼앗겼으며, 십자군 전쟁 이전에 없던 기독교와 이슬람교의 극단적인 적대 태도는 앙금으로 남게 되어 지금까지 그 불씨가 전해지고 있다. 당시 십자군이 출정하는 가톨릭교회 지역 내에서는 가는 곳마다 교회에서 영접 받을 수 있었으나 이교도 지역으로 행군할 때의 의식주는 현지 조달에 의존해야 했다. 그래서 그들은 약탈자, 강도 등으로 변할 수 밖에 없었고, 행군이 길어지면서 나중에는 무차별 살인, 강간, 강도의 집단으로 전락하여 그들이 가는 곳마다 그 지방 일대는 공포의 도가니가 되었다.

'성지 탈환' 이라는 미명과 교황의 강력한 추진 때문에 잔인한 행동도 정당화, 이상화되어 그들은 양심의 가책이나 신앙상의 모순을 느끼지 않았다. 특히 이교도들을 죽이는 것은 영광스러운 일이며, 하나님께서 십자군에게 주신 특권으로 믿었다. 이는 이미 출정할 때에 교황이 허락한 특권이었다." (기독교 죄악사, 조찬선) 종교적인 경건함보다는 욕심과 증오와 학살로 점철되었던 십자군 원정은 오늘날 신학자들도 중세를 통틀어 가장 잔인한 사건 중 하나로 여긴다.

3. 종교재판

중세 가톨릭교회는 신앙의 순수성을 수호한다는 명분 아래 자신들의 가르침을 따르지 않는 사람들을 '이단자'들로 박해하며, 종교재판을 행하였는데 이는 교회 역사의 가장 어두운 장이었다.

그래서 혹자는 "로마 천주교 2,000년의 역사 속에서 결코 씻을 수 없는 오점, 인류 역사상 최대의 죄악, 무섭고 끔찍하고 몸서리쳐지는 인간으로서는 차마 할 수 없었던 죄악의 제도, 그것은 바로 '거룩한 재판' 이라 불렸던 『종교재판』이다"라고 말한다.

"당시 '이단'은 가톨릭교회가 자신들의 적이라고 간주했던 종교 집단에게 붙인 명칭으로, 부패한 교회에 대한 개혁을 시도했던 모든 운동들을 이단으로 정죄했다. 교회는 이단자 때문에 교회가 분열하거나 분파가 생기고, 최후에는 가톨릭교회 그 자체가 붕괴될까 봐 두려워했다.

중세 이단 사상의 배경 원인은 지나친 교회의 권력 신장에 따른 부의 편중과 성직자들의 부패, 그리고 일반 민중의 신앙 양태를 충족시켜주지 못한 이론적이며, 형식적인 당시 교회의 신앙 때문이었다. 그러므로 이단들의 윤리적 특징은 사도적 청빈과 도덕성을 추구, 금욕주의적 사고, 신비주의적 신앙 양태를 형성하며, 당시 교회와 세속 정부의 제도적 질서와 삶을 거부하기에 이르렀다. 이들에 대한 교회의 대응은 주로 힘에 의한 탄압 방법이었고, 그 대표적인 것이 알비 십자군 원정이었으며, 마침내 1231년 교황청 직속 기관이 종교 재판관을 임명되기에 이르렀다.

중세 교회의 부패를 가속시킨 원인

첫째, 교회의 권력과 부(富)의 확장에서 찾을 수 있다.

교회와 국가와의 관계에 있어서 교회의 권력이 세속 정부의 권력을 압도하였고, 부(富)의 확장은 당연히 교회의 부패로 이어질 수 밖에 없었다. 11세기 말엽 교황 그레고리(Gregory) 6세(재임 기간 : 1045-1046), 7세(재임 기간 : 1073-1085)를 거치면서 교황청 세력은 급진적 성장을 이룩하게 되었고, 일반 세속 왕권에 대해 우위적(優位的)이며 지배적인 위치를 확보하기까지 이르렀다. 중세 교황청의 권위가 최고조에 오르게 된 시기는 교황 이노센트 3세(Innocent III, 재임 기간 : 1198-1216)의 취임(A.D.1198)이다. 반 신적(Semi-divine) 존재로서의 교황상이 표면화된 것이다. 그는 자신을 "베드로의 대리자(Vicar of Peter)" 혹은 "그리스도의 대리자(Vicar of Christ)" 라고 불렀다. 이렇게 막강해진 교황청의 세력이 국가뿐 아니라 교회의 영적 치리에도 작용하게 되었던 것이다. 이 시기에 중세 이단 사상들에 대한 정죄가 본격화 된 것은 결코 우연이 아닐 것이다.

둘째, 성직자들의 도덕성의 문제이다.

도덕적 규율의 구실을 하던 성직자가 퇴폐하니 평신도나 일반 사회의 부패는 말할 여지조차 없었다. 이러므로 도덕성 회복 운동이 서서히 수도회를 중심으로 교회 안에 일기 시작했다.

셋째, 중세 교회의 신앙이 성직자를 중심으로 한 식자층과 엘리트 중심의 신앙 양태만을 반영했다는 것이다.

교회의 모든 제도적 신앙 양태는 일반 민중의 종교적 심성을 충족시켜 주지는 못하고, 억압하고 통제하는 기능만을 수행했다는 것이다. 미사가 봉헌되는 동안 감시자를 성당의 은밀한 곳에 숨어 있게 하고서는 성체에 경배하지 않는 자를 살피게 한 뒤 만일 그러한 자가 있으면 처벌하는 경우도 있었다. 사순절 시기에 임신한 여성이나 성 금요일에 무장한 기사에 대해서는 비난이 뒤따랐다. 극히 사적인 개인 생활의 영역에서 일어나는 일에 대해서도 교회는 관여하였다. 이를테면 속인들의 결혼 생활과 관련, 교회는 고백 전이나 교회의 축일 및 금식기간, 임신기간, 그리고 산후기간 동안 성 관계를 가졌는지 캐물었을 정도다.

이단의 출현이 기존 종교 자체 내에서의 만족감과 충족감이 없을 때, 돌출되어 나오는 집단 현상이라고 보았을 때, 이단 사상의 출현 배경으로 위와 같은 중세 교회 자체 내의 많은 문제점들이 자리잡고 있었음을 알 수 있다.

11-12세기를 중심으로 한 중세 이단 사상의 윤리적 특징 중 하나는 다음과 같이 요약할 수 있겠다. 유랑 설교자로 출발하여 사도적 청빈과 엄격한 도덕성을 추구하였다는 것이다. 중세 교회의 영향은 모든 사람들의 사고와 감정, 그들의 생활 구석구석에 스며들었다. 그러나 고위 성직자들의 부와 정치적 야심, 하위 성직자들의 축첩 혹은 성적 방종 - 이런 현상들에 대해 평신도들은 불만을 가지고 있었다.

자연히 참다운 복음에 대한 간절한 염원이 싹텄고, 민중들은 자신들의 경험과 연결시킬 수 있는 단순하면서도, 직접적으로 복음이 설교되는 것을 갈망하였다. 평신도들이 교회를 판단하는 기준은 이전에 교회 자신이 이상으로 제시했던 것들, 즉 복음서와 사도행전에 묘사되어 있는 초대 그리스도교의 삶이었다. 이러한 삶의 기준들은 사도들의 생활을 모방한 수도원 생활에 어느 정도는 보존되어 있었지만, 이 모든 것들은 수도원의 담장 안에서만 일어날 뿐, 평신도들에게는 별다른 감흥을 주지 못했다.

평신도들은 언제나 초대 그리스도인들의 청빈과 소박함이 그 당시의 부요하고 위계 질서로 꽉 짜인 제도적인 교회와는 얼마나 거리가 먼 것인가를 뼈저리게 느꼈다. 이들은 진정 그들이 신뢰할 수 있을 만큼 거룩한 삶을 사는 사람들을 보고 싶어했고, 초대 사도들과 같은 생활과 가르침을 그리워했다. 이런 욕구의 분출이 바로 평신도 설교자들이었다. 물론 평신도 설교자들이 전혀 없었던 시기는 한 번도 없었다. 이미 6세기 고올 지방에 그런 사람들이 있었다는 기록이 있으며, 그들은 계속해서 출현하였다. 그러나 교회 성직자들의 부패와 부도덕성이 극에 달했던 1,100년경부터 갑자기 그들의 숫자가 불어나 하나의 중요한 사회적 현상으로 등장하게 된 것은 결코 우연이 아닐 것이다. 그리하여 그레고리 7세의 개혁 운동은 모든 평신도들의 종교적 열정에 불을 질렀다. 자연히 사도적 생활을 하는 그들의 갈망은 과거 어느 때보다 뜨거워졌고, 11세기 말엽이 되자 새롭게 각성된 종교적 에너지가 교권의 통제를 벗어나 교회를 향하여 분출되기 시작했다. 이제 많은 사람들이 참된 성직자의 증거는 서품을 받았다는 사실에 있지 않고, 사도적 생활을 살려는 헌신성과 도덕성에 있다고 생각하게 되었다.

11세기 말과 12세기 초의 로잔느의 앙리(Henry of Lausanne), 왈도 파의 왈도, 겸비 파, 브리타뉴의 에온(Eon of Brittany), 안트워프의 탄켈름(Tanchelm of Antwerp), 크산텐의 노르베르(Norbert of Xanten), 아르브리셀의 로르베르(Robert of Arbissel) 등이 모두 사도적 삶을 추구한 유랑 설교자들로부터 출발하였다. 이들은 모든 계층에 걸쳐 청중을 획득하였고, 특별히 사회의 하층 계급에게 호소하였다. 그들의 설교에 대한 평신도들의 호응은 당연히 기존 성직자들과 구별되는 사도적 삶의 청빈과 도덕성에 있었다." (중세 종교재판에 대한 기독교 윤리학적 연구, 정용재)

교황 이노센트 3세(Innocent Ⅲ)는 "이단은 신께 대한 반역이므로 왕께 대한 반역보다 더 흉악한 죄이다"고 말했다. 이 종교재판은 교황 그레고리 9세(Gregory Ⅸ)가 1227년에 조직하였고, 1252년에 교황 이노센트 4세는 '박멸에 대하여'라는 교서를 통해 이단자들을 독사처럼 박멸할 것이며, 심문 절차의 수단으로서 고문 사용을 허락했다. 그후 수백 년 동안이나 유럽 전역에서 공공연한 공적 행사로서 종교재판이 계속되었다.

"종교 재판관은 도미니크 수도단과 프란시스코 수도회의 탁발 수도회 출신으로 그들은 단호하고, 열정적인 사상을 가졌고, 교회의 신앙과 진리를 수호하기 위해서는 강압적으로라도 달성시켜야만 하는 것이 자신들의 소명이라고 여겼다. 종교 재판관들은 이단자들에 대한 개종의 목표는 약해지고, 점차적으로 박해가 그들의 주된 임무가 되었다. 참으로 고문으로 인한 자백, 허위 자백으로 인한 '암흑 재판'이었다.

고문은 유죄 확정의 결정적인 단서인 자백을 받아내는데 없어서는 안 되는 재판적 절차로 사용되었다. 처음 종교 재판에서 사용되었던 고문은 교회법의 고행과 비슷한 수준이었다. 그리하여 감금이나 금식 조치, 혹한에 떨게 하거나 암흑 속에 가두는 방법, 혹은 구타의 방법이 동원되었다. 14세기에 이르면 고문은 일반화 된 현상으로 나타나게 되고, 특별히 그것은 증거를 발견하기 어려웠던 마녀 재판에 사용되었다. 그리고 15세기에 이르러서야 고문 방법의 단계적 구별이 도입되었고, 고문 도구도 그에 맞게 개발되었다. 그리하여 고문은 마녀 재판 때 인류 역사상 가장 잔혹한 형태로 완성을 보게 된다." (정용재)

"종교재판의 모든 절차는 일체 비밀이었고, 죄수(이단자)에게 밀고자를 알리지 않았고, 어떤 잔인무도한 고문도 가능했고, 기결수의 재산은 재판소와 밀고자들이 서로 분배하여 착복할 수 있었다. 그러므로 이 제도는 점차 양상을 달리하여 이단자 처형이란 미명하에 유대인, 이교도, 회교도, 개신교도, 재산가 등을 학살하고 그들의 재산을 몰수해 가는 쪽으로 확대되어 갔다.

물욕으로 타락한 천주교 사제들과 또 그들을 업고 남의 재산에 눈독을 들여 일확천금을 노리는 잔인한 신도들은 전 유럽 방방곡곡에서 재산 있는 이단자들을 색출하느라 여념이 없었다. 재산을 가진 이단자의 발견은 마치 광맥을 발견한 것과 흡사했다.

종교재판소 중에서도 잔인하기로 악명이 높았던 곳이 스페인의 종교재판소였다. 종교재판소에서의 처형 결과 2,000만 명이었던 스페인의 인구가 200년 후에는 600만 명으로 감소되었다고 하니 종교재판소의 횡포가 가히 어떠했는지를 짐작할 수 있다.

종교재판에 걸려든 피고인은 5세에서 85세까지 있었다. 일단 피고인이 되면 잔인한 고문이 자행되고, 고통을 견디지 못해 허위 자백을 하면 이단자로 낙인 찍혀 대체로 대중 앞에서 공개 화형에 처해졌다. 그 밖에 처형과 고문 방법을 몇 가지만 살펴보면,

• 뾰족하고 날카로운 칼과 송곳들이 박혀 있는 둥근 나무 통 속에 이단자를 나체로 집어넣고 굴려서 온몸이 찔려 피투성이가 되게 하는 방법
• 길고 뾰족한 못과 칼을 수없이 박아 놓은 판자를 땅바닥에 깔아 놓고 나체가 된 이단자들을 높은 곳에서 밀어 떨어뜨려 전신이 찔려서 고통스럽게 즉사시키는 방법
• 이단자의 자녀들을 잡아서 부모들이 보는 앞에서 살해하거나 끓는 물 속에 던져서 삶아버리 는 방법
• 끓는 납을 이단자의 귓속이나 입 속에 부어 넣는 방법
• 등 뒤에 묶은 두 팔에 밧줄을 매어 공중에 매달아 올렸다가 갑자기 땅으로 떨어뜨리는 방법
• 눈알을 파내고 혀를 자르는 방법
• 이단자들을 나체로 거꾸로 매달아 놓고 말려 죽이는 방법
• 사지(四肢)를 찢어 죽이는 방법–네 마리의 말이나 소가 사방으로 달려가면 사지는 찢기고 몸 통은 산산조각이 난다.

이러한 끔찍스러운 방법이 실행되는 동안에 사제들은 성의를 입고, 십자가를 들고 지켜보면서 "내가 네 영혼을 마귀에게 주노라."는 말을 엄숙한 음성으로 선포한다. 그리고 승리의 찬송가를 불렀다.

이와 같이 종교재판과 개신교 박해를 통해서 순교당한 신도 수는 천주교 당국의 발표가 없어서 정확히 알 수는 없으나 「재림뉴스」(1987.11.10)는 약 5,000만 명으로 발표하였다. 이런 일들을 자행한 중세기의 천주교는 예수님과는 아무런 관계가 없는 '살인 단체'였다고 말하면 틀린 표현일까?" (기독교 죄악사, 조찬선)

4. 여성에 대한 억압

『악마들은 마녀가 되고자 하는 '예비 마녀'들을 텅 빈 교회로 데려간다. 그녀들은 치마를 벗고 십자가에 궁둥이를 대며 큰 소리로 "나는 구원을 받기 위해 악마를 섬기며 숭배한다!"라고 맹세한다. 그런 다음 악마의 엉덩이에 입을 맞추고, 피로 계약서를 쓰고 서명도 한다. 글을 모르면 열십자(+)나 동그라미를 그렸다. 악마는 사람들의 눈에 안 띄는 신체의 은밀한 곳에 계약표시를 한다.

이렇게 악마와 계약한 마녀들은 고깔모자를 쓴 매부리코 늙은 할멈이 되어 빗자루를 타고 밤하늘을 날아다닌다. 집회에 참석하여 쥐 고기와 어린이 고기를 삶아 먹고, 마귀들과 온갖 음란한 짓을 벌인다. 악마의 힘을 빌려 전염병을 퍼뜨리고 가축을 죽게 하며 서리와 눈을 내려 흉년이 들게 한다.

이는 중세 유럽인들이 상상한 마녀 모습들의 일부분이다. 《마녀의 망치》를 비롯한 여러 서적과 마녀재판이 밝혀낸 마녀들의 정체는 그야말로 인간의 상상력을 총동원한 것이었다. 《마녀의 망치》는 구체적인 심문 내용을 다음과 같이 제시했다.

1) 악마와의 계약에 대해

마녀가 된 지 몇 년이 지났는가? 마녀가 된 이유는 무엇인가? 악마에게 무엇을 서약했는가? 악마와 계약을 한 곳은 어디인가?

2) 사바트에 대해

사바트에 참석했는가? 1년에 몇 번 개최되는가? 장소는 어디인가? 무엇을 먹고 마셨으며, 맛은 어떠했는가? 어떻게 춤을 추었는가?

3. 마녀 연고에 대해

빗자루에 칠하는 연고는 어떻게 만드는가? 무슨 빛깔인가? 그것을 제조하기 위해 사람의 기름이 필요한데, 얼마나 많은 사람을 죽였는가? 연고로 무엇을 하는가?

4) 마녀의 해코지에 대해

누구에게 저주를 했고, 그때 독약이나 연고를 썼는가? 어린이와 임신 부를 죽였는가? 몇 번이나 나쁜 날씨, 우박, 서리, 안개를 일으켰는가? 몇 명의 어린아이 고기를 먹었으며 어디서 조달했는가? 공동묘지에서 시체를 꺼낸 적 있는가? 그러나 그런 마녀를 실제로 본 이는 단 한 사람도 없었다. 그럼에도 불구하고 많은 사람이 '마녀'라는 죄목으로 처형당했다. 중세에 이르러 이단과 마녀 혐의자에게는 고문이 무차별적으로 실시되었다. '악마를 물리치기 위해 신의 이름으로' 하는 것이므로 아무리 잔인한 고문을 해도 죄책감을 느끼지 못했다. 고문실에는 예외 없이 십자가와 함께 '신에게 영광을'이라는 팻말이 걸려 있었다.

고문은 되도록 죽지 않는 범위에서 최대한 공포심을 심어주는 고통스런 방법을 썼다. 악마가 몰래 마녀의 힘을 북돋워주고, 마녀는 고통을 즐기는 변태이며, 살아서라도 죄의 대가를 받아야 한다는 명분으로 고문을 합리화했다. 마녀사냥 이후 일반 범죄 심문에서도 고문은 크게 확산되었다.

1단계 : 혐의자의 옷을 모두 벗기고 고문 도구로 위협한 뒤 채찍질과 손가락 조르기를 한다. 그다음 사다리 모양의 고문대에 눕히고 사지를 사방으로 끌어당긴다. 이 단계에서의 자백은 재판 기록에 '고문에 의하지 않은 자백'으로 적힌다.

2단계 : 격적인 고문을 실시한다. 양손을 등 뒤로 묶어 천장에 설치한 도르래에 걸어 일정 시간 매단다. 발목에는 무거운 추를 단다. 그리고 밧줄을 갑자기 풀어 바닥에 닿을락 말락 한 지점에서 순식간에 멈춘다. 관절이 모두 탈골되고, 세 번 이상 하면 실신하며 자칫 죽을 수도 있다. 그 외에도 정강이에 조임틀을 감고 뼈가 부숴질 때까지 죄는 방법 등이 있다.

3단계 : 손발톱에 쐐기를 박거나 빼기, 불에 달군 쇠로 겨드랑이 등 연약한 부분 지지기, 불에 달군 쇠구두 신기기, 망치로 그것을 박살내기, 가시의자에 앉히기, 의자 밑에 불 지피기 등 잔혹한 고문을 동원한다.

고문은 원칙적으로 세 번까지만 해야 했다. 그 다음 고문을 받기 전에는 하루를 쉬는데, 건강을 생각해서가 아니라 이어질 고문에 대한 두려움을 느낄 시간을 주자는 취지였다. 고문으로 몸과 마음이 이미 누더기가 된 혐의자는 재판관에게 "원하는 대로 모두 말씀 드리겠습니다"라고 하소연했다. 그때부터 혐의자는 재판관의 말에 순종하는 마녀가 된다.

그러나 그것으로 그치지 않았다. 마녀들의 씨를 말려버리겠다고 작정한 재판관은 사바트에 참석한 다른 마녀의 이름을 대라고 요구한다. 고문에 지친 마녀는 재판관이 불러주는 이름을 그대로 따라 부르거나 생각나는 대로 아무나 불렀다. 마녀사냥이 한창일 때에는 한 명을 잡아들이면 평균 20명의 마녀가 '탄생'했다. 어떤 마녀는 150명 이상을 가리켜서 마을을 발칵 뒤집어 놓기도 했다. 이렇게 고문은 마녀에 마녀를 낳아 마녀사냥을 확대시켰다.

자백 이후에는 한숨을 돌리지만, 마녀들에게는 고문보다 더 무서운 것이 기다리고 있었다. 바로 화형이다. 마녀사냥의 출발점이 되었던 이단 죄에 대한 벌은 참회의 고행, 채찍질, 십자군 종군, 큰 배에서 노 젓기, 벌금, 사형 등이었다. 그러나 이단자 심판이 엄격해지면서 대부분을 사형에 처했고, 마녀들도 같은 길을 걸었다. 악마와 맺은 계약은 아무리 뉘우쳐도 용서받을 수 없었다. 처형 방식은 교수형, 수장형, 참수형, 그리고 불에 태워 죽이는 화형이 있었다. 원칙은 화형이었는데, 14세 이하의 어린이는 고통이 가장 덜한

참형이나 교수형에 처했다.

산 채로 불에 타는 것은 죽음보다 더 큰 공포였다. 그래서 재판관들은 자백하면 교수형으로 죽여주겠다고 약속했다. 초기에는 산 채로 화형하는 것이 너무 잔인해 집행을 주저했다. 그러나 《마녀의 망치》 이후로는 망설임이 없었다. 책에서는 마녀의 시신이 온전하면 악마의 힘으로 되살아나 재판관들에게 복수할 것이라고 강조했다. 그래서 불로 태운 다음 재까지 완전히 없애야 했다.

화형식이 열리는 날은 축제였다. 곳곳에 화려한 깃발이 꽂히고 집집의 베란다는 꽃다발로 장식되었다. 보통 화형을 집행하기 한 달 전에 예고하는데, 참관하면 40일 동안 죄를 용서받을 수 있다며 참석을 독려했다. 성직자들은 전날 마을을 돌아다니며 화형식을 상기시킨다. 화형장은 죄를 선고하는 식장과는 떨어진 곳에 설치하는 게 원칙이다. 처형당할 마녀의 수만큼 쇠기둥을 세우고 그 주위에 마른 장작을 쌓는다. 장작에는 불이 잘 타오르도록 미리 기름을 바른다.

화형식이 거행되는 날, 여명과 함께 교회 종소리가 울려 퍼진다. 감옥에 있는 마녀의 머리를 빡빡 깎고, 깨끗한 흰옷으로 갈아 입힌다. 풍성한 아침 식사에 포도주까지 준다. 밧줄로 꽁꽁 묶인 마녀가 광장에 등장하면 군중은 환호하면서 조롱과 비난, 욕설을 퍼붓는다. 마녀에 대한 미사 후 재판관이 선고한다. 화형이 선고되면 재판관은 마녀를 위해 기도하고 화형 집행관에게 마녀들을 인계한다. 재판관들이 형장에 가지 않는 이유는 신성한 교회는 처벌에 손대지 않기 때문이었다. 군중은 화형장으로 끌려가는 마녀들에게 돌을 던졌다. 집행관들은 마녀들을 쇠사슬로 기둥에 묶은 후 즉각 불을 지핀다. 종종 재판 기록도 같이 불태웠다. 마녀의 기운이 붙은 것들을 완전히 없애고, 조작된 기록물을 남기지 않기 위해서였다. 쇠기둥에 묶였던 마녀는 얼마 후 뼈와 재만 남게 되는데, 집행관들이 이를 빻아 강물에 흘려버림으로써 마녀재판은 마침표를 찍는다. 돈이 많이 들어서 화형은 집단적으로 실시했으며, 고문 중에 죽은 마녀들의 시신도 같이 불태웠다.

화형이 끝나면 재판과 화형에 들어갔던 경비를 정산해야 한다. 이 비용은 누가 댈 것인가? 국왕인가 교황인가? 사실 마녀재판이 급증한 원인 중 하나가 재산이라는 주장도 있다. 정산의 원칙은 죽은 마녀의 돈으로 충당하는 것이었다. 따라서 마녀재판 시작과 동시에 마녀 혐의자의 재산을 파악하는 것은 매우 중요한 절차였다. 마녀 소유의 부동산과 동산 및 채무 관계까지 꼼꼼히 파악했다. 자기 돈으로 자신의 죽음까지 처리해야 하는 것이 마녀의 운명이었다.

마녀재판은 재판관이나 성직자가 부를 쌓는 수단이기도 했다. 부자였던 유대인이 자주 표적이 된 것은 우연이 아니다. 재판관들은 마녀가 생전에 남들에게 준 돈이나 금도 같이 몰수하는 한편, 경매에 나온 마녀의 부동산을 입찰자들과 짜고 가장 낮은 가격으로 샀다. 혐의자에게 빚이 있는 자를 증언대로 불러 거짓 증언을 하는 대신 그 빚을 탕감해주는 짓도 했다. 그래서 마녀재판은 '사람들의 피에서 돈을 만드는 연금술'이라는 조롱을 받았다.

누가 얼마나 희생당했을까? 어떤 사람들이 주로 마녀로 처형당했을까?

우선 대다수가 여성이었다. 《마녀의 망치》는 여성을 지독하게 경멸했다. 여성은 돼지 코에 걸려 있는 금테다. 그것은 아름답다. 하지만 부도덕하고 방탕하다. 그래서 여성은 육체적으로 더 외설스럽고 음란한 것이 분명하다. 여성은 마녀이고 창녀다.

직업으로 보면 점쟁이, 산파, 요리사, 민간요법 치료사가 많았다. 요리사와 민간요법 치료사는 특히 전염병이 돌 때 의심받기 제격이었다. 산파는 출산한 아기가 죽거나 기형의 아이가 나왔을 때 신고 당하는 일이 많았다. 점쟁이나 무당은 그들이 가진 예언 능력을 악마에게서 받았다는 이유로 처형당했다.

마녀의 나이는 대개 50살이 넘은, 당시로서는 노인에 해당하는 연령이었다. 노망이나 치매가 병이란 것을 알 리 없는 사람들에게 그들의 정신 이상 증세는 기이하게 보였다. 그리고 육체적으로 약한 노인들은 건강을 유지하기 위해 마법을 쓴다는 의심도 받았다.

심신장애인, 떠돌이, 거지, 외국인, 집시 등도 마녀사냥의 표적이 되었다. 이들은 법적인 보호를 받지 못해 재판 절차를 생략하고 간단히 처리할 수 있었다. 심신장애인은 악마가 몸 속에 들어간 대표적인 예였다. 부유한 유대인도 그들의 재산을 노린 사람들의 고발이나 예수를 고발한 민족이라는 이유 때문에 마녀재판의 단골손님이었다.

얼마나 많은 마녀가 처형당했는지 정확한 집계는 없다. 워낙 오랜 기간에 걸쳐 발생했고, 각 나라마다 규모나 시기가 크게 다르기 때문이다. 더구나 재판 기록은 화형장에서 마녀와 같이 불태워서 남아 있는 기록만으로는 파악하기 어렵다. 학자들 사이에서도 의견이 분분해, 수십만에서 수백만 명까지 추정치에 편차가 심하다.

마녀사냥의 전성기에는 전염병, 흉작, 전쟁 등으로 사회가 매우 불안했다. 유럽의 13~14세기는 혼돈의 시기였다. 십자군 전쟁의 실패로 교황의 권위가 추락했고 세속 왕들의 권력이 강해졌다. 1347년에 창궐한 흑사병은 전체 유럽 인구 3분의 1의 생명을 앗아갔다. 비슷한 시기에 발발한 백년전쟁과 종교전쟁, 독일 농민전쟁, 프랑스의 위그노 전쟁 등이 유럽을 휩쓸었다. 흑사병 이전에는 작은 빙하기로 불릴 만큼 자연재해가 잇따라 일어나는 바람에 흉년도 계속됐다. 이렇게 불안과 공포가 거듭될수록 사람들은 점점 이 모든 일이 악마의 소행이라고 믿기 시작했다. 게다가 이단에 대한 종교재판이 열리면서 자연스럽게 이단과 악마를 결합시켰다.』(비이성의 세계사, 정찬일)

"마녀사냥은 백년 전쟁이 끝난 다음 본격화되기 시작했고 백년 전쟁에서 프랑스를 구한 영웅으로 추앙받는 잔 다르크도 마녀재판을 받고 처형당했다. 그리고 마법을 실행했다는 혐의로 재판을 받고 형장의 이슬로 사라진 사람 중에 절대 다수가 여성이었다.

이단에 관해서는 깊이 개입했지만, 마녀에 관해서는 별로 관여하지 않았던 로마 가톨릭이 이단 심문을 통해 마녀 재판에 관심을 가지게 된 것은 15세기에 들어가면서부터이다.

중세의 마녀사냥은 1484년 교황이 '긴급 요청' 회칙을 발표해 마녀가 있다고 한 데 이어, 1487년 하인리히 크레이머와 자콥 스프렝거라는 도미니코 수도회 성직자 두 명이 《마녀의 망치》라는 마녀사냥 지침서를 내면서 본격화됐다. 이 책은 주술이나 마술을 믿는 민속 신앙은 있지만 실제 '마녀'는 존재하지 않는다는 세상 사람들의 인식을 바꾸고, 수사관들과 판사들이 마녀를 쉽게 구분하고 취조할 수 있도록 돕기 위해 쓴 책이다.

하지만 무엇보다 마녀사냥이 가장 극심했던 때는 가톨릭교회가 가장 약했을 때였다. 기나긴 십자군 전쟁의 패배로 혼란과 분열, 왕권에 대한 불만과 불신에 휩싸인 유럽 사회의 위기를 타개할 '희생양'이 필요했던 세속 권력, 그리고 종교개혁의 열풍과 극심한 갈등에서 우위를 점하기 위해 상대를 '신앙의 적'으로 몰아갈 필요성이 있었던 교회가 그들이다.

마녀재판은 상업적인 목적을 갖고 있었다. 마녀로 인식이 된 혐의자에게는 사형의 형벌을 내리는데 마녀는 그 혐의를 가리는 동안 소요되는 모든 비용을 마녀가 지불해야 한다. 고문 도구 대여료, 마녀를 고문하는 고문기술자 급여, 재판에 참여하는 판사 인건비, 마녀를 체포할 때 소요된 모든 시간과 비용, 마녀가 확정될 경우 화형을 집행하는 데 소요된 모든 비용 및 관 값, 교황에게 내야 하는 마녀세 등을 마녀 용의자가 모두 지불해야 했다. 심지어는 마녀가 화형에 처해진 이후 다시 한번 처해지는 형벌이 바로 '전 재산 몰수'형이었다. 즉, 마녀는 마녀재판 집행관과 교황에게 급여를 지불해가면서 고통을 당하는 것이고, 자신을 살해한 교황과 그 일당들에게 자신의 전 재산을 상속하는 꼴이 된다.

마녀 용의자는 주로 엄청나게 부유한 과부들이다. 특히 가족이라고는 아무도 없으면서 돈은 엄청나게 많은 여자들이 마녀로 잡혀가는 경우가 많았다. 과부들은 증인해 줄 사람이 없기 때문이다.

마녀재판을 하는 방법으로,

첫 번째는 눈물 시험(Traenenprobe)이다.

마녀 망치에서는 '마녀들은 사악하기 때문에 눈물이 없다, 그래서 혐의자가 눈물을 흘릴 수 있나 시험해보라'고 나와 있다. 눈물을 흘려서 혐의자가 죄가 없다는 것을 실증해 보여야 하는 것이다.

두 번째는 바늘 시험(Nadelprobe)이다.

바늘시험은 성경 구절의 예언서에서 유래된 것으로, 구원받은 자의 표식으로 이마에 먹이나 도장을 친다는 논리에서 유래됐다. 타락한 악마들은 지울 수 없는 표식을 가지고 있으며, 마녀 또한 마찬가지라는 논리다. 따라서 재판관이 그녀들의 나체를 관찰하고, 또 관찰의 용이성을 위해 몸의 털, 음모, 눈썹을 깎거나 태운다. 관찰에 의해 사마귀, 융기, 부스럼, 기미, 주근깨 등 마녀의 점이 나오면 형리는 그 자리를 누르거나 바늘로 찔러 감각을 느끼는지, 피가 흐르는지 시험한다. 사바스에서의 난교에 의해 마녀는 피를 다 써버렸기 때문에, 마녀는 피를 흘리지 않는다고 간주되었다.

세 번째는 불 시험(Feuerprobe)이다.

재판관은 혐의자에게 그들의 무혐의를 증명하는 방법으로 달구어진 쇠로 지지는 것을 견딜 수 있는지, 그리고 다치게 될지를 시험한다는 것이다. 이렇게 제안했을 때 혐의자가 승낙을 한다면 그는 마녀가 된다. 마녀는 이 난관을 악마의 도움을 받아 헤쳐나갈 수 있다고 믿어졌기 때문이다.

네 번째는 물 시험(Wasserprobe)이다.

일반적으로 물은 깨끗한 속성을 가지고 있다고 믿어졌다. 형리들은 혐의

자를 단단히 묶고 깊은 물에다 빠뜨린다. 물은 깨끗한 속성을 가지고 있기 때문에 마녀가 들어올 경우에는 물 밖으로 내쳐진다고 믿어졌다. 만약 혐의자가 물에서 익사한다면, 그는 혐의를 벗게 되겠지만, 물에서 떠오른다면 마녀로 간주되어 화형 되었다. 마녀든 아니든 죽는 것은 마찬가지였다." (위키백과)

"마녀에 대한 박해는 16, 17세기에 절정에 달했는데, 이 마녀사냥은 거의 300년간 유럽 전 대륙을 휩쓸고 지나갔다. 사상자가 나찌의 유대인 학살 수를 넘어서는 900만 에 달했고, 그 대상자의 80% 이상이 여자였다. 더욱이 재판과정에서는 고문과 성폭행이 자행되었다. 이러한 종교재판의 이름으로 우리가 너무나도 잘 알고 있는 갈릴레오(Galile'i, Galileo : 1564-1642) 역시 재판을 받았고, 과학적이고 합리적인 사고방식도 종교라는 거대한 권력 앞에 무릎을 꿇어야만 했던 것이다.

당시의 엘리트들 조차도 악마나 마녀의 존재를 믿었다고 해도 이상할 것이 없다. 성직자뿐 아니라 학자나 영주도 이것을 믿었다. 종교 개혁의 기수인 세 사람, 즉 루터와 칼빈과 쯔빙글리 같은 사람도 마녀 망상의 열렬한 신봉자였다는 것에 놀랄 필요는 없다.

마녀 사냥을 중세 말 나약해진 종교와 세속 권력이 그들의 지배권을 공고히 하고 확대시키기 위해 공동으로 전개한 사건으로 파악하고 있다. 교회와 세속 당국의 공통적 관심은 백성의 복종과 충성의 유지, 즉 교회와 사회 질서의 유지에 집중되고 있었다. 그러므로 '사회 통제'라는 명목 하에 힘없는 여성들을 종교 재판으로 정죄하고, 화형대로 내몰았던 당시 교회의 책임은 크다.

중세기 카톨릭 신학 사상에 깊은 영향을 끼쳤던 아리스토텔레스는 여자를 '잘못 낳은 남성'(misbegotten males) 이라고 정의하면서, 지적인 능력을 제대로 갖추지 못한 잘못 지어진 존재로 여기는 대신, 남자의 지적인 우월성과 은력을 대단히 숭고하고, 순수한 상태에 이를 수 있는 것으로 간주하였고,

토마스 아퀴나스 역시 이 같은 견해를 벗어나지 못하여 여자는 출산을 위한 도구적 기능, 그리고 임신이란 성적 행위를 동반해야 하는 것이므로 아퀴나스는 여자를 이성적이고, 정신적인 존재로 보지 않고, 육체적이며, 성적인 존재로 파악하였다. 결과적으로 여성은 남성에 비하여 열등한 존재이므로 영적 지도자가 될 수 없다는 견해가 지배적이었다.

마녀 사냥의 지침서 노릇을 하였던 "마녀의 망치(Malleus Maleficarum)" 는 중세 종교 재판 당시 "악마 = 여성 = 마녀" 라는 이미지 형성 과정과 그 내용을 잘 드러내주고 있다. 저자들이 주장하는 바에 따르면 여성들은 남성보다 뭐든지 믿기 쉬우며, 민감한 반면 본성 상 믿음을 유지하기가 어렵고, 무엇보다도 성적 욕구가 강하므로 악마의 유혹에 쉽게 넘어가서 마녀가 된다는 것이다. "여성(femina)은 신앙(fe)이 적기(minus)때문이다." 라는 언어학적 고증도 덧붙이고 있다. 거기에 원용된 근거 문헌은 성서, 교회법, 교황교서는 두말할 것도 없고, 어거스틴, 아퀴나스, 아리스토텔레스 등 당대에 이르기까지의 학문의 역사상의 모든 권위의 총동원이었다." (정용재)

위와 같이 중세의 세계를 종교적으로, 정치적으로 지배하려고 했던 가톨릭교회는 하나님께서 창조하신 여자에 대한 그릇된 사상 위에 무지하고 날조된 마녀 관념을 더하여 여자를 비롯한 다양한 약자들을 돕기는커녕 오히려 오랫동안 경멸하며, 공포 속에 가두고, 잔인하게 죽이며, 탐욕을 채우는 등 역사에 돌이킬 수 없는 엄청난 죄악을 범하였다.

> 요10:10 도적이 오는 것은 도적질하고 죽이고 멸망시키려는 것뿐이요 내가 온 것은 양으로 생명을 얻게 하고 더 풍성히 얻게 하려는 것이라

"1682년에 루이 14세는 칙령을 내려 점치는 행위에 대한 처벌은 체형에 그치도록 했으며, 마녀들의 행위는 악마와의 계약이 아닌 단순한 미신이라

고 규정했다. 이 칙령은 프랑스에서 마녀재판을 종식시키는 계기가 되었다. 영국에서는 1646년에 국가 차원의 마녀사냥이 끝났고, 스코틀랜드에서는 1662년에 끝났다. 마녀사냥이 가장 심했던 독일 지역에서는 1775년에, 스위스에서는 1782년에 마지막 마녀재판이 열린 것으로 기록하고 있다. 그러나 국가적으로는 금지했지만, 지방에서 마녀재판이 바로 사라지진 않았다." (정찬일)

5. 아메리카에서의 원주민 학살

"콜럼버스 일행의 중남미 도착은 천주교 세력의 중남미 침략의 서곡이었고, 원주민들에게 있어서는 악마의 도래였다. 콜럼버스가 도착한 날부터 원주민들은 하루도 평안한 날이 없었고, 친절과 호의에 대한 배신만이 되풀이 되었다. 원주민들에게 있어서 백인 천주교인이란, 곧 악마. 살인자. 약탈자. 배신자. 강간자라는 뜻밖에 다른 의미는 없었다.

콜럼버스의 뒤를 따라 중남미 지역에 침입한 유럽의 천주교인들은 원주민들의 영토를 빼앗아 점령하고 원주민들의 생존권을 침해했다. 예를 들면, 에스파냐의 피사로(Francisco Pizarro)는 1533년 잉카 제국을 정복하여 에스파냐의 식민지로 만들었다. 브라질은 1500년 4월 22일 포르투갈의 해군 부함장이었던 카브랄이 상륙하면서 세상에 알려졌다. 500년 전에 500만이었던 원주민 인구가 지금 32만 명으로 감소된 것만 보더라도 원주민들의 한을 상상할 수 있다. 1500년도 초기에 유럽에서 온 천주교인들은 남미 페루(Feru) 지방 일대에서 840~1,350만의 원주민을 학살하였다. 이는 그 지방 인구의 94%였다.

면역성이 없는 원주민들에게 침략자들이 처음에 전달한 가장 살인적인 선물은 천연두, 홍역, 매독 같은 전염병이었다. 수백 만의 원주민들은 그들이 옮긴 전염병에 걸려 전멸하다시피 멸종되고 말았다는 기록을 침략자 자신들이 남겨놓았다는 것은 믿기 어렵지만 사실이다.

천주교인들이 처음에 도착하였을 때 중미의 원주민 인구는 약 2,500만이었는데, 침략이 시작된 후 약 100년 동안에 그 인구가 100만으로 줄었다는 백인들의 기록이 남아 있다. 이는 그들이 최소한 2,400만 이상의 원주민들을 학살하였거나 죽게 만들었다는 증거이다. 또한 100년 동안의 인구증가율을 적용하면 그 수는 훨씬 많아진다. 참으로 믿기 어려운 사실이지만 중세기에 천주교인들이 중남미에서 처형한 원주민 수는 약 6,000만~8,000만 명으로 추산된다." (조찬선)

한편, 위와 같은 참혹한 죄악의 역사를 부끄러워하며, 지난 수십년 동안 중남미에서 사회정의 구현을 위하여 헌신적으로 활동하고 있는 양심적인 천주교인들도 있는데, 그 중 한 사람이 스페인 출신의 마누엘 페레스(Manuel Perez) 신부이다.

"페레스 신부는 1968년 남미 콜롬비아에 와서 목회 생활을 시작했는데, 그는 원주민들의 처참한 생활상을 목격하고 참을 수 없는 격분과 의분을 느낀다. 당시 콜롬비아는 정부의 천주교 백인 고관들과 소수의 백인 기업주들이 부와 권력을 독점하여 원주민들의 인권은 철저히 유린당하고 있었다. 페레스 신부는 도저히 그대로 십자가를 붙들고 미사만을 집전할 수가 없었다.

드디어 그는 결심하고 원주민들을 위하여 혁명을 주도하다가 1969년 정부에 의하여 스페인으로 추방당했다. 그러나 그는 다시 콜롬비아에 잠입하여 원주민 혁명단체인 E. L. N.에 가입하여 십자가를 버리고 대신 총을 들고 원주민들과 함께 반군에 가담하여 평등, 평화를 이루기 위하여 싸움터에 뛰어든 정의의 투사로 변신했다. 그 때문에 그는 교황청 사제직을 박탈당하였다.

정부군과의 무력투쟁으로 매년 수천 명의 사상자를 내던 1980년대에 페레스 신부는 E. L. N.의 통솔자가 되어 결사적인 투쟁을 벌여 정부로 하여금 반군과의 휴전협상을 통해서 내전을 종식시키지 않을 수 없는 결정적인 계기를 이끌어내는 데 성공하였다. 약 30년간이나 정부군과 싸운 값비싼 보상이었다. 그리고 그는 안데스산맥 깊은 곳에 있는 E. L. N. 아지트에서 1998년 2월 14일 간암으로 값있고 또 고귀한 혁명가로서의 삶을 마감했다." (조찬선)

6. 다른 종교와의 반목

교리의 차이에 따라 동방 그리스 정교회(Orthodox)와 서방 로마 가톨릭교회(Catholic)로 분리된 1054년 이후 세속권을 장악한 가톨릭의 전횡으로 16세기에 종교개혁이 일어나고 다시 구교로서의 가톨릭과 신교의 프로테스탄트 교회로 분열되고 반목하였다.

1545년 12월 13일에 교황 바오로 3세의 주최 아래 트리엔트에서 공의회가 소집되었다. 18년 동안 열린 트리엔트 공의회는 세 시기 즉, 교황 바오로 3세 치세에 속하는 제1기(1545년–1547년), 교황 율리오 3세가 속개한 제2기(1551년–1552년), 교황 비오 4세 치세 때 열린 제3기(1562년–1563년)로 구분된다. 결국 트리엔트 공의회는 프로테스탄트에 대한 탄압을 공식적으로 결의한 공의회로 평가되며, 이 공의회 이후 가톨릭교회의 프로테스탄트에 대한 탄압은 날로 극심해져서 성 바르톨로메오 축일의 학살과 30년 전쟁이 발생하게 된다. (위키백과)

"천주교가 개신교도들을 학살한 것은 수백 건에 이르며 셀 수도 없을 정도이지만, 그 중에서도 가장 대표적인 잔인한 사건은 1572년 8월 24일 밤에 프랑스의 파리 시에서 발생하였던 대학살 사건이다. 이것을 '바르톨로메오 축제일 대학살 사건'이라 칭한다. 당시의 프랑스 왕은 천주교의 강요에 의하여 마지못해 이 잔인한 사건을 묵인해 주는 연극을 연출한 셈이다.

개신교도들을 학살하라는 신호는 심야에 울려 퍼지는 성당의 종소리였다. 파리 시내 성당의 거룩한 종소리가 은은히 울려 퍼지자 사전에 미리 준비하고 있던 천주교 신도들은 손에 손에 흉기를 들고 일제히 일어나 깊이 잠들어 있던 개신교도들의 집으로 쳐들어가 닥치는 대로 학살하였다. 주야를 가리지 않고 7일간이나 계속되었다고 한다. 개신교도들은 낱낱이 색출되어 살해되었다. 그들은 국법의 보호권 안에서 제외되어 들짐승처럼 사냥의 대상이 되었다.

처음에는 파리 시에 국한되었으나 왕권을 배경으로 학살은 전국적으로 확산되었다. 남녀노소의 구별도 없이 개신교도란 냄새만 나도 살해되었다. 살육은 2개월 동안 계속되어 7만 명의 목숨을 앗아갔다. 개신교도들의 피는 세느 강을 붉게 물들였고, 한여름에 썩는 시신의 냄새는 파리 시민들의 코를 잡게 하였다.

이 소식이 로마 본부에 전달되자 천주교 성직자들의 기쁨은 충천하였다고 한다. 모든 교회에서 승리의 종소리가 일제히 울려 퍼지고 축포를 쏘며 축하했다. 그러는 동안 성직자들은 축하행진을 하였고, 학살기념 메달이 만들어지고, 바티칸 궁에서는 학살되는 모습을 담은 기념벽화가 그려졌다. 그리고 교황은 교좌에서 프랑스 왕에게 그 빛나는 공적을 찬양하는 훈장을 보내라고 선포하였다. 이와 같이 천주교는 놀랍게도 '살인단체'가 되었던 것이다." (조찬선)

또한 "30년(1618~1648) 전쟁은 독일의 보헤미아(Bohemia) 지방에서 천주교도들이 개신교 박멸작전을 시작했기 때문에 개신교도들이 분연히 일어나 싸운 전쟁으로서 전형적인 신구교 간의 종교전쟁 가운데 하나이다. 약 30년간이나 계속되었기 때문에 이 전쟁을 '30년 전쟁'이라고 한다.

1648년 10월 쌍방은 강화조약을 체결하였는데, 이 조약이 바로 베스트팔렌(Westfalen) 강화조약이다. 이때부터 개신교는 마침내 신앙의 자유를 확보할 수 있게 되었다.

이 30년 전쟁으로 가장 큰 피해를 입은 나라는 독일이었다. 통계에 의하면 독일 인구 3,000만이 1,200만으로 감소되었다." (조찬선)

제2차 바티칸공의회(1962-1965) 이전까지 가톨릭교회는 타 종교들을 무시하였다. 교회밖에 사는 사람들은 암흑의 미신에서 살고 있고, 악마의 지배를 받는 못된 노예들이며, 죽음의 그림자에 사로 잡혀있다. 따라서 그들은 교회에 들어와 해방되고 구원을 받아야 한다는 입장이었다. 그러다가 제2차 바티칸공의회에서 비로소 타 종교도 종교로서 인정되고 평가되기 시작했다.

7. 무솔리니, 히틀러와의 관계 및 태도

"교황청이 무솔리니의 집권을 인정하는 대신 거액을 받아 비밀리에 유럽 각국의 부동산을 사들였다고 영국 일간 가디언이 보도했다. 가디언은 런던 뉴본드 스트리트에 위치한 명품 보석상점 불가리, 세인트제임스 스퀘어 코너에 있는 알티움 캐피털 투자은행 건물 등이 교황청의 숨겨 놓은 재산이라고 폭로했다. 런던에서 가장 땅값이 비싼 이곳은 교황청이 무솔리니의 파시즘 정권을 인정하는 대신 받은 돈으로 구매한 장소라고 신문은 전했다. 1929년 2월 라테란 조약을 통해 교황청은 이탈리아를 승인해 줬고 무솔리니는 바티칸시티를 독립국가로 인정한 뒤 세금도 면제했다.

가디언에 따르면 이때 교황청이 받은 무솔리니의 비자금은 80여 년이 지난 현재 5억 파운드(약 8,410억원)까지 불었다. 이 돈의 실제 소유주는 공개되지 않았고 교황청도 답변을 거부했다. 하지만 세인트제임스 스퀘어 일대 건물 등의 명의를 추적한 결과 프로피마라는 스위스 그룹까지 이어졌다. 영국 국립기록보관소 자료 상으로 프로피마는 바티칸 소유의 지주회사다. 교황청은 영국 외에 프랑스와 스위스 등에도 비밀 부동산을 보유하고 있다고 가디언은 전했다. 케임브리지대 역사학자인 존 폴라드는『돈과 근대적 교황권의 대두』라는 저서를 통해 무솔리니의 돈이 교황청의 재정적 안정에 매우 중요한 역할을 했다고 강조했다. 교황청은 역사적으로 파시즘과 얽혀있다. 1922년 당시 교황이었던 피우스 11세는 "무솔리니는 신의 뜻을 부여받은 인물"이라고 극찬했다. 교황청은 1933년 7월 히틀러의 나치와도 상호 특권을 존중한다는 조약을 맺고 독일 내 가톨릭 세력을 유지한 바 있다." (중앙일보 2013.01.23)

"가톨릭은 공공연히 반유대주의를 표방하며 히틀러의 학살을 부추겼다. 나치의 유대인 학살이 한창일 때 폴란드의 유대인 랍비 '바이스만드'는 교황청에 도움을 요청하는 편지를 보냈다. "무고한 유대인, 특히 어린아이들만이라도 구해 달라"는 것이었다. 나치 치하에서 학살된 600만 유대인 가운데 150만 명이 어린아이였기 때문에 그의 간구는 절규에 가까운 호소였다. 그러나 그가 교황청으로부터 받은 답장은 매몰차다 못해 소름끼치는 것이었다. "이 세상에 무고한 유대인 어린아이 피라는 것은 없다. 모든 유대인의 피는 죄악 되다. 당신들은 죽어야 한다. 죄 때문에 당신들이 이러한 형벌을 받는 것이다."(교황 비오 12세). 가톨릭 교회는 유대인을 향하여 그리스도를 죽인 자라며 적대시 했다. 그리고 하나님을 대신해 유대인을 벌한다는 명목 아래 수많은 학살을 저질러 왔다.

이러한 가톨릭의 입장은 가톨릭의 열렬한 신자인 '히틀러'에게 많은 영향을 끼쳤다. 그럼으로 히틀러는 "~ 공산주의와 유대주의에 대한 승리가 아니라 유럽에서 유대인을 파멸시키는 것입니다."라고 외쳤다. 히틀러가 유대인들을 극도로 혐오한 까닭은 가톨릭이 1,600여 년간 참된 기독교인과 유대인을 무자비하게 다룬 역사적 경험 때문이었다. 또한 유대인 학살에 앞서 가톨릭 교회의 추기경들은 독일 나치당의 친위대원들을 위한 축복 미사를 집전

했고 히틀러의 유대인 박멸을 대대적으로 선전했다. "히틀러는 하나님이 보내신 사자!"(스테파닉 주교), "히틀러의 전쟁은 유럽문명 옹호를 위한 고귀한 과업이다!"(보드리라 추기경), "우리 가슴에는 스와스티카, 우리 심장에는 십자가를!" 외치며, 가톨릭 제단에는 스와스티카 십자가를 걸어 놓기도 했다. "그리스도는 '아돌프 히틀러를'를 통하여 오셨다!"(로이토이제르 목사), "독일(나치) 전쟁은 기독교를 위한 전투이다!"(쿠그린 사제), 그리고 가톨릭 사제와 신학생들은 히틀러식 경례로 충성을 맹세하기도 했다. 이와 같이 가톨릭(천주교)은 수세기에 걸쳐 종교의 이름으로 유대인 뿐만 아니라 약 5,000만 명에 달하는 그리스도인 등을 학살하였으며, 교황들은 그 원흉이었다." (기독교한국신문 2014. 08. 25)

"2차 세계대전 직후 바티칸과 마피아의 협력은 더욱 강화됐다. 바티칸은 마피아와 함께 '쥐새끼 도주로(rat line)'를 가동했다. 나치 전범을 아르헨티나 등으로 피신시키는 사업이었다. '리용의 도살자' 클라우스 바르비, 아우슈비츠에서 유태인 생체 실험을 진행한 요제프 멩겔레 등이 대표적인 고객이었다. 바티칸이 은신처를 제공하고, 마피아가 위조 여권을 만들었다. 나치 전범들은 도주 대가로 자신의 재산에서 40~50%를 내놓았다." (뉴시스 2013.11.19)

이외에도 많은 잘못이 있지만 근본적인 잘못을 살펴보면,

1. 성경의 권위 비하

"로마 가톨릭교회는 성서는 하나님의 말씀이고, 성전(聖傳)은 교회의 말씀으로 여긴다. 거룩한 전통을 뜻하는 '성전'은 보통 기록되지 않은 구전 형태로 교회의 초창기부터 전해 내려오는 가르침과 실천적 관행을 가리키며, 기

록된 성서의 말씀과 형식상 구별시킨다.

로마 가톨릭교회는 교회가 〈신약성서〉 이전에 존재했고, 사실상 〈신약성서〉를 생기게 하였으며, 그 성서가 하나님의 말씀임을 확증시켰다. 그래서 그리스도교 신앙의 규준으로 성서와 함께 성전도 인정해야 한다고 말한다.

개신교의 성서 유일주의에 대한 가톨릭의 주요 반론은, 성서 자체가 모든 계시를 다 간직하고 있다거나 신앙의 유일한 규준이라고 주장한 구절이 성서에 없다는 것이다. 또한 양식 비평(樣式批評)이 입증하고 있는 바와 같이 성서는 히브리 전통과 사도들의 전통이 낳은 문학적 산물이기에 그러한 전통이 없었다면 성서는 존재할 수 없었으며, 따라서 성서를 성전이라는 본래의 배경에서 분리 · 독립시켜 버리면 성서가 가지는 본래의 가치와 생명력을 없애는 결과가 된다는 것이다." (브리태니커 백과사전)

위의 내용은 로마 가톨릭교회의 성경과 교회에 대한 자신들의 사고방식을 잘 요약해 주고 있다.

종교 개혁자들은 이런 로마 가톨릭교회에 항거하여, 가톨릭교회의 교리를 논박하고, 성경이 지니고 있는 기독교 신앙에서의 권위와 그리스도에 대한 믿음과 하나님의 은혜를 통한 구원을 강조하였다.

이 주장은 『성경만으로(sola scriptura)!, 믿음만으로(sola fide)!, 은총만으로(sola gratia)!』 라는 말로 함축된다. 다시 말하면, 오직 성경, 오직 믿음, 오직 은총이다. 그리고 이 세 가지 모토는 중세 교회의 현주소가 어디였었는가를 반증한다.

특별히 기독교 역사에서 사람들이 종교개혁자들을 통해 진실로 새롭게 발견한 것은 바로 성경이다. 성경을 근거로 종교개혁자들은 교회의 타락을 비판하고, 오직 하나님의 말씀만이 신앙과 행위의 최고 기준이요, 최종 권위요, 절대권위임을 일깨우며 오랫동안 교회의 교만과 무지에 갇힌 성경을 모두가 알도록 하였다. 마르틴 루터가 종교개혁을 할 수 있었던 것도 오로지 하나님의 말씀만을 의지하였기 때문이다.

개신교(protestant)가 생긴 이후 지금까지도 가톨릭교회는 성경의 권위보다 교회의 권위를 더 높이고, 그래서 성경보다 교회의 전통과 교황의 권위를 더 높이고 있다. 이것이 가장 크고, 근본적인 잘못이요, 그 결과 가톨릭교회는 엄청난 불의와 부패와 범죄를 낳게 되었다.

하나님 말씀인 성경이 최고가 아니고 교회와 교황이 최고인 중세 가톨릭 교회는 어디로 갔었는가?

역사는 뚜렷이 증거하고 있다. 오죽했으면 역사가들이 유럽의 중세시대 약 1,000년을 암흑기로 여기겠는가! 로마 가톨릭교회는 아직도 무감각 속에 아래의 몇 귀절 말씀들을 간과하고 있다.

> 딤후3:15-17 또 네가 어려서부터 성경을 알았나니 성경은 능히 너로 하여금 그리스도 예수 안에 있는 믿음으로 말미암아 구원에 이르는 지혜가 있게 하느니라 모든 성경은 하나님의 감동으로 된 것으로 교훈과 책망과 바르게 함과 의로 교육하기에 유익하니 이는 하나님의 사람으로 온전케 하며 모든 선한 일을 행하기에 온전케 하려 함이니라

> 히1:1-3 옛적에 선지자들로 여러 부분과 여러 모양으로 우리 조상들에게 말씀하신 하나님이 이 모든 날 마지막에 아들로 우리에게 말씀하셨으니 이 아들을 만유의 후사로 세우시고 또 저로 말미암아 모든 세계를 지으셨느니라 이는 하나님의 영광의 광채시요 그 본체의 형상이시라 그의 능력의 말씀으로 만물을 붙드시며 죄를 정결케 하는 일을 하시고 높은 곳에 계신 위엄의 우편에 앉으셨느니라

> 골1:18 그는 몸인 교회의 머리라 그가 근본이요 죽은 자들 가운데서 먼저 나신 자니 이는 친히 만물의 으뜸이 되려 하심이요

> 엡1:17-23 우리 주 예수 그리스도의 하나님, 영광의 아버지께서 지혜와 계시의 정신을 너희에게 주사 하나님을 알게 하시고 너희 마음눈을 밝히사 그

의 부르심의 소망이 무엇이며 성도 안에서 그 기업의 영광의 풍성이 무엇이며 그의 힘의 강력으로 역사하심을 따라 믿는 우리에게 베푸신 능력의 지극히 크심이 어떤 것을 너희로 알게 하시기를 구하노라 그 능력이 그리스도 안에서 역사하사 죽은 자들 가운데서 다시 살리시고 하늘에서 자기의 오른편에 앉히사 모든 정사와 권세와 능력과 주관하는 자와 이 세상뿐 아니라 오는 세상에 일컫는 모든 이름 위에 뛰어나게 하시고 또 만물을 그 발 아래 복종하게 하시고 그를 만물 위에 교회의 머리로 주셨느니라 교회는 그의 몸이니 만물 안에서 만물을 충만케 하시는 자의 충만이니라

그러므로 교회의 머리는 오직 주님이시다. 교황은 머리가 아니고, 몸에 속한 한 지체일 뿐이다.

마16:18-19 또 내가 네게 이르노니 너는 베드로라 내가 이 반석 위에 내 교회를 세우리니 음부의 권세가 이기지 못하리라 내가 천국 열쇠를 네게 주리니 네가 땅에서 무엇이든지 매면 하늘에서도 매일 것이요 네가 땅에서 무엇이든지 풀면 하늘에서도 풀리리라

"너의 이름은 페트로스(베드로)라 그리고 네가 고백한 진리는 페트라(반석)라. 내가 그(페트라) 위에 내 교회를 세우리라" (Allen).

마18:18 진실로 너희에게(복수) 이르노니 무엇이든지 너희가 땅에서 매면 하늘에서도 매일 것이요 무엇이든지 땅에서 풀면 하늘에서도 풀리리라

갈2:7-9 도리어 내가 무할례자에게 복음 전함을 맡기를 베드로가 할례자에게 맡음과 같이 한 것을 보고 베드로에게 역사하사 그를 할례자의 사도로 삼으신 이가 또한 내게 역사하사 나를 이방인에게 사도로 삼으셨느니라 또 내게 주신 은혜를 알므로 기둥 같이 여기는 야고보와 게바(베드로)와 요한도 나와 바나바에게 교제의 악수를 하였으니 이는 우리는 이방인에게로, 저희는 할례자에게로 가게 하려 함이라

초대교회의 이런 상황을 바르게 알면, 마16:18–19 말씀을 가톨릭교회 해석처럼 그렇게 이해하지도 않았고, 또 자신이 예수님 수위계승자라고 말하거나 기록한 적도 없고, 그렇게 위세 떤 적도 전혀 없는 베드로를 마치 그런 사람처럼 마음대로 둔갑, 우상화, 모독할 수가 없다.

"초대 교회시대(사도시대)와 교부시대를 거쳐 4세기까지는 '고황'이나 '가톨릭'이 존재하지 않았다. 그때까지는 예루살렘, 안디옥, 로마, 알렉산드리아, 콘스탄티노플 등 5대 교구의 감독체제이었으며, 로마 교구 감독들이 5대 교구 가운데 수위권을 주장하기 시작한 레오 1세(440–461) 때와 그레고리우스 1세(590–604) 때부터 교황 제도가 시작되었다.

또한 1054년에는 중세 교회가 분열하여 동방교회(동방 정교회)와 서방교회(로마 가톨릭)로 나뉘었다. 그리고 1517년 루터의 종교개혁 이후로는 서방교회로부터 루터교회, 개혁교회, 장로교회, 회중교회, 침례교회, 성공회 등 여러 개신교회들이 탄생하게 되었다. 그러므로 로마 가톨릭은 역사적으로도 그리스도의 유일한 교회가 아니다. 오히려 교회사는 중세 로마 가톨릭교회를 극도로 타락한 교회라고 단죄한다." (교회연합신문, 2015.11.12)

> 막7:1–13 바리새인들과 또 서기관 중 몇이 예루살렘에서 와서 예수께 모였다가 그의 제자 중 몇 사람의 부정한 손 곧 씻지 아니한 손으로 떡 먹는 것을 보았더라 (바리새인들과 모든 유대인들이 장로들의 유전을 지키어 손을 부지런히 씻지 않으면 먹지 아니하며 또 시장에서 돌아 와서는 물을 뿌리지 않으면 먹지 아니하며 그 외에도 여러 가지를 지키어 오는 것이 있으니 잔과 주발과 놋그릇을 씻음이러라) 이에 바리새인들과 서기관들이 예수께 묻되 어찌하여 당신의 제자들은 장로들의 유전을 준행치 아니하고 부정한 손으로 떡을 먹나이까 가라사대 이사야가 너희 외식하는 자에 대하여 잘 예언하였도다 기록하였으되 이 백성이 입술로는 나를 존경하되 마음은 내게서 멀도다 사람의 계명으로 교훈을 삼아 가르치니 나를 헛되이 경배하는도다 하였느니라 너희가 하나님의 계명은 버

리고 사람의 유전을 지키느니라 또 가라사대 너희가 너희 유전을 지키려고 하나님의 계명을 잘 저버리는도다 모세는 네 부모를 공경하라 하고 또 아비나 어미를 훼방하는 자는 반드시 죽으리라 하였거늘 너희는 가로되 사람이 아비에게나 어미에게나 말하기를 내가 드려 유익하게 할 것이 고르반 곧 하나님께 드림이 되었다고 하기만 하면 그만이라 하고 제 아비나 어미에게 다시 아무 것이라도 하여 드리기를 허하지 아니하여 너희의 전한 유전으로 하나님의 말씀을 폐하며 또 이같은 일을 많이 행하느니라

이처럼 주님께서는 인간이 만든 전통이 얼마나 많이 하나님의 말씀을 거스르는지 말씀하셨다.

- 모든 성경은 하나님의 감동으로 된 것 : 성경은 원저자이신 하나님의 말씀이다
- 여러 부분과 여러 모양으로, 아들로 : 성경을 생기게 한 주체는 교회나 세상이 아니고 말씀하신 하나님이시다
- 그는 몸인 교회의 머리라 : 하나님의 영광의 광채시요 그 본체의 형상이신 예수 그리스도께서 몸인 교회의 머리시다.
- 너희의 전한 유전으로 하나님의 말씀을 폐하며 또 이같은 일을 많이 행하느니라 : 유대인들은 성문법이 물이라면 구전법은 포도주와 같다고 하였다. 그러나 예수님께서는 유전을 하나님의 말씀과 동등 혹은 그 이상으로 보는 유대 교권자들의 과오를 정면공격 하셨다. (이상근 신약주해)

요약하면, 로마 가톨릭교회는 성경이 누구의 말씀이고, 교회는 누구의 교회이며, 누가 교회에서, 또는 교회를 통해서, 과거에나 지금이나 역사하고 계시는지를 전혀 모르고 있는 것과 같다. 이는 성경은 하나님의 말씀이요, 교회는 세상으로부터 택함 받은 하나님의 백성이요, 그리고 교회의 머리는

예수 그리스도이심을 정녕 모른다는 말이 된다.

성경과 교회, 즉 하나님의 말씀과 하나님의 백성을 비교하고 권위를 운운한다는 게 얼마나 어불성설인가? 위경과 외경이 난무하는 가운데 교회가 정경을 채택하였다 해서 어떻게 성경과 교회를 권위로써 비교할 수 있는가? 분별은 교회가 당연히 할 일이지 무슨 엉뚱한 권위 비교인가?

예를 들어, 이 나라에서는 초등학교 하교 때 부모님들이 미리 가서 정문에서 아이들을 기다렸다 데려온다. 이 때 아이가 많은 학부모들 가운데서 자기 부모님을 찾으면 오직 기뻐할 뿐이지 그 일로 자신과 부모님의 권위를 비교하는 아이가 하나라도 있겠는가? 참으로 웃을 일이다.

어떻게 만왕의 왕이신 하나님의 말씀—성경의 권위와 믿는 사람들을 지칭하는 교회의 권위를 비교할 수 있는가? 더욱이 어떻게 성경보다 교회의 전통과 교황의 권위를 더 높일 수 있는가?

2. 성경번역 금지

하나님의 말씀 – 성경은 얼마나 보배로운 선물인가! 그러나 1517년 종교개혁 때까지 약 천 년의 오랜 세월 동안 교회는 오직 라틴어 성경만을 사용했다. 왜냐하면 그 이유 중 하나는 라틴어 성경을 최고 권위 있는 성경으로 여겼기 때문이다. 그래서 당시에 교회는 성경 번역을 금지하고, 만약 성경을 번역하는 사람을 발견하면 바로 체포하여 화형시켰다.

'종교개혁의 샛별'로 불리워지고 있는 존 위클리프(John Wycliffe, 약 1320–1384)는 영국 종교개혁의 선구자다. 당시 교회는 오직 라틴어(Vulgate) 성경만을 고수하며 사용하였고, 또한 신도들이 성경 읽는 것을 금지하였다. 그래서 일반 백성들이 성경을 열람하는 것은 쉽지 않았다. 이 때문에 모두가 성경의 의미를 알 수 있도록 하기 위하여 위클리프는 몇 친구들과 함께 이 라틴어 성경을 영어 성경으로 번역하였다. 마침내 1382년 첫 번째로 성경 전체를 영어로 번역한 '위클리프 성경(The Wycliffe Bible)'이 나왔다. 이는 라틴어 번역으로부터 약 1,000년이 지난 뒤의 쾌거이다. 또한 이 영어 성경은 종교개혁의 불씨를 일으켰다.

이 영어 성경이 백성들의 손에 들어가자 교황은 위협을 느끼고 크게 분노하며, 위클리프를 이단자로 정죄하고 그를 죽이라 명령하였으나 실패하였다. 이후 1384년에 위클리프는 주님 품에 안식하였다. 그러나 44년이 지난 뒤, 1428년에 그가 성경을 번역했다는 이유로 교황과 성직자들의 증오와 교만은 그의 유골을 파내어 불살라 그 재를 스위프트(Swift)강에 던졌다.

William Tyndale(1494－1536)또한 영국 사람이다. 그는 히브리어와 헬라어로 쓰여진 원어 성경을 영어로 번역해 낸 첫 번째 사람이다. 당시 그렇게 위험한 상황 속에서 틴데일은 "마땅히 일반 백성들로 하여금 성경을 읽음을 통해서 하나님을 알 수 있게 해야 한다"고 주장하였다. 그래서 결심하고 성경을 영어로 번역하였다. 하지만 이후에 체포되고 로마 천주교에 의해 이단으로 정죄되어 1536년 10월 6일에 화형을 당했다. 그는 화형을 당하는 중에 "주님이시여, 영국 왕의 눈을 뜨게 하여 주시옵소서" 라고 기도하였다.

그의 순교 이후, 엘리자베스 1세에 의해 영어 번역이 논의되었고 제임스 1세에 이르러 그의 번역을 기초로 하여 마침내 1611년에 흠정역 성경(King James Version, 약칭 KJV 혹은 AV－The Authorized Version: 흠정의 뜻은 국왕이 몸소 제정했다는 의미이다)이 나오게 되었다. 훗날 많은 사람들은 그 유명한 흠정역 성경의 90% (혹은 80%)는 윌리암 틴데일의 번역본을 채용한 것이라 말한다. 그의 평생의 목표는 바로 평신도들의 언어로 번역하여 그들 스스로 성경을 읽을 수 있도록 성경을 그들에게 주는 것이었다. 그의 목표는 하나님께서 기뻐하시는 것이었고, 마침내 이루어졌다.

종교개혁 이후에 성경은 여러 나라 말로 번역되어 사람들은 비로소 성경의 내용을 알기 시작했다.

독일의 경우, 『종교개혁 이전에 사용된 성서는 라틴어 성서였으므로 소수의 귀족과 성직자만이 읽을 수 있었는데, 루터가 고지(高地)독일어로 성서를 번역하면서 누구나 성서를 읽을 수 있게 되어, 독일 기독교인들은 성직자들의 지배에서 벗어나 자유롭게 성서를 읽고 그들의 이성으로 이해할 수 있게 되었다. 또한 루터가 성서 번역에 사용한 고지독일어는 현대 표준 독일어가 되었기 때문에, 루터의 성서 번역은 독일어와 문법이 통일되는 계기가 된 사건이기도 하다.

마르틴 루터는 성서 번역을 훌륭히 수행하여 '독일의 나이팅게일들이 로마의 방울새들만큼 노래를 아름답게 부를 수 있다'는 것을 만천하에 보여주고자 했다. 이것을 위해 보통 사람들의 언어를 사용하려고 상당한 관심을 기울였는데 슈팔라틴에게 보낸 편지에서 그의 성서 번역의 원칙을 알 수 있다.

"우리들은 당신에게 때때로 적합한 단어를 물어볼 것입니다. 그러나 우리들에게 단순한 말을 가르쳐 주십시오. 궁정이나 성 안에서 쓰는 말은 사절합니다. 왜냐하면 이 책은 단순성으로 유명해져야 하기 때문입니다."

루터의 독일어 성서가 구텐베르크의 인쇄술 덕분에 빠르게 보급됨으로써 기독교인들은 성서를 성직자의 해석을 거치지 않고도 그들의 이성으로 이해하게 되었다.』(위키백과)

참고로 구텐베르크의 성경 인쇄를 살펴보면. "1456년 8월, 독일의 금속세공기술자 요하네스 구텐베르크(1390~1468)가 성경 200권을 인쇄 출판했다. 그에 의한 활판 인쇄술의 발명과 성경출판은 기독교라는 테두리에 한정 지울 수 없는, 중요한 사건의 하나이다. 물론 성경이 주요 인쇄 대상이었지만 다른 출판물도 함께 쏟아져 나왔고, 그만큼 지식의 전달통로가 다양해져 문맹률을 감소시키는 계기가 됐기 때문이다.

약 1,400년간 수도사와 복사가들에 의해 손으로 쓰여지던 성경이, 그래서 수도사나 학자들의 전유물이었던 성경이, 비로소 평신도들에게 가까이 다가가게 됐다. 5년 후인 1460년에는 그 동안 1,000년 이상에 걸쳐 발간된 손으로 쓰여진 성경 보다 더 많은 성경책이 인쇄됐다.

구텐베르크의 이 「42행 성경」(한 페이지에 42줄로 쓰여짐) 또는 「마자랭 성경(Mazarin Bible)」은 필사본인 제롬의 라틴어 성경 불게이트(Vulgate)를 인쇄한 것으로, 활자체도 필사본과 다른 점이 없다. 현재 40여권이 남아 있고, 미국의 회도서관, 영국도서관, 프랑스국립도서관 등에 가죽장정 인쇄본이 소장돼 있다.

한편 교회사가들은 구텐베르크의 성경 인쇄술이 없었다면 종교개혁은 성공하지 못했을 것이라며 그의 업적을 높이 평가하고 있다." (기독신문 1999.12.15)

그 당시 죽음을 두려워하지 않고 성경을 번역한 위대한 신앙인들과 구텐베르크의 성경 인쇄술 그리고 '성경의 가르침으로 되돌아가자'는 종교개혁자들의 열심은 하나가 되어 기나긴 중세시대의 암흑을 밀어내기 시작했다. 그래서 복음이 전파되고 성경이 들어간 곳에서는 문맹이 퇴치되고, 개인과 사회와 국가에 변화가 일어났음을 역사는 뚜렷이 증거하고 있다.

그러나 로마 가톨릭교회가 각 나라의 언어로 성경을 번역하는 것은 제2차 바티칸 공의회(1962-1965) 이후에 비로소 시작되었다.

3. 교황을 비롯한 성직자들의 타락과 부패

"추기경들도 교회를 위해서 하는 일이라고는 하나도 없고 도적놈처럼 돈에만 정신을 팔고 있다. 로마로 흘러가는 돈은 마치 밑 빠진 독에 물 붓는 격이다. 교황청의 부패상은 글로 표현할 수 없을 정도로 극심하니 곧 성직매매, 술주정, 사기, 도적질, 강도질, 사치, 매춘, 협잡질 등 하나님을 모독하는 일로 가득 차 있다. 적그리스도가 다스렸다 해도 이보다 더 부패하지는 않았을 것이다."

이는 루터가 1520년에 「독일 기독교 귀족에게 쓴 서한」에서 당시 중세교회의 타락상을 지적한 글이다. 초기 르네상스 시기 교황청은 사실상 독자적인 영토를 지닌 세속 국가이면서 동시에 다른 군주들의 비판을 허용하지 않는 무소불위의 권위였다. 게다가 실재 교회의 운영은 성직의 매매가 공공연히 이루어지고, 교황이 자신의 사생아를 조카라 부르며 요직에 앉히는 네포티즘이 횡행하는 등 부패가 만연하였다. (《가톨릭 교회》)

중세시대 교황청의 극한 부패와 부정, 성직자들의 도덕적 타락, 성직 매매 그리고 역사 속의 큰 범죄 등등을 책임과 관련하여 생각해 볼 때, 넓게는 가톨릭교회이지만 실상은 먼저 성직자들이요 그리고 그 중심과 배후에는 교황이 있었음을 모르는 사람은 없다.

그러나 가톨릭정보사전에서는 다음과 같이 기록하고 있다. "교황은 세계 가톨릭의 본산인 로마 교구의 교구장이며, 바티칸 시국(市國)의 원수(元首)이다. 그래서 교황은 명실 공히 지상에서 그리스도의 구원 사업을 떠맡은 그리스도의 대리자이며, 전 세계 가톨릭의 영도자일 뿐만 아니라, 온 세상의 정신적인 지도자이다. 그래서 교황을 교회의 근본이며 으뜸이라는 의미에서 교종(敎宗)이라고도 한다."

그러므로 장로교회와 개혁교회의 신앙고백인 1647년의 웨스트민스터 신앙고백은 제25장 6절에서 교황을 '적그리스도'라고 규정한다. 그 이유는 '교회의 머리'는 오직 주 예수 그리스도뿐인데, 교황이 그리스도를 대적하여 교회에서 자기를 높이기 때문이다. 그런 의미에서 교황은 '적그리스도' 즉 '그리스도를 대적하는 자'라고 말한다.

그런데 여기서 주목해야 할 것은 "교황은 적그리스도"라고 했지 "적그리스도는 교황"이라고 말하지 않았다는 사실이다. '교황'은 성경에서 말하는 '미혹하는 자들' 곧 '거짓 선지자들' 중의 하나이지만, '적그리스도'는 교황뿐인 것은 아니다. '교황'은 많은 미혹자들 곧 그리스도를 대적하는 자들 중의 하나이다. (선지동산 67호)

한편 "교황은 적그리스도가 아니다. 로마 가톨릭은 짐승에게 쓰임 받고 죽는 존재이며, 세계 모든 사람을 속이는 역할을 하고 버림 받을 존재이다. 많은 이들이 그들의 화려한 옷과 형식, 그럴듯한 거짓말에 속아 지옥으로 갈 것이다. 로마 가톨릭은 바빌론 음녀이다. '짐승 위에 탄 여자'이므로 짐승(적그리스도)이 될 수 없다. 그리스도를 대적한다는 의미에서는 적그리스도라고 표현할 수 있지만, 세계를 통합해 군림할 짐승, 성전에 들어가 자신을 하나님이라고 할 그 적그리스도는 아니라는 것이다." (요한계시록 바로 알기)

마르틴 루터는 교황 개인을 공격하지 않고 교황제 자체를 적그리스도라고 공격했다.

그러므로 혹자는 말하길 "오늘날 우리는 가톨릭에 대해 차라리 '타종교'로 보는 것이 더 나을 것이다. 그리고 '타종교'에 대해서는 그것이 진리가 아님을 분명히 인식하고 가르치면서도, 불필요하게 비방하거나 자극함으로써 도리어 교회가 욕을 얻어먹고 하나님의 영광을 가리는 일은 하지 않는 것이 지혜로울 것이다. 그러나 가톨릭이 비진리이며 개신교에 큰 위협이 되는 것은 사실이다. "(선지동산 67호)

신의 이름으로 자행된 교황청의 착취

"문예부흥과 더불어서 각종 예술의 부흥이 유럽 전역에서 일어남과 동시에 교회도 예술적인 감각을 도입하였다. 역대 교황들은 취임과 더불어서 자신의 임기 동안에 거대한 성당과 궁전을 짓고 그 곳을 예술적으로 아름답게 치장하는 것을 일생의 보람과 업적으로 생각하였다. 이러한 큰 사업을 감당하기 위해서는 자금이 필요하였다. 그 자금원은 광활한 토지를 소유하고 있는 세속 제후들이었다.

루터가 그의 논문 "독일 그리스도 귀족에게 보내는 글"을 통하여 독일 내에서 개혁되어야 할 폐단 27종류를 열거하였는데 이것은 모두 이러한 로마 교황청의 수탈과 관련되어 있었다. 그 가운데에서 대표적인 것으로 폐해가 컸던 초입세, 팔리움, 보류권, 사라센세 등은 각종 공물 제도에 관한 것들이었다. 이 밖에도 조달비, 공석금, 기부금, 십자군 자금 등이 있었다. 그런가 하면 교황청은 십일조를 강요하였다. 이때 건축되거나 제작된 작품 중 유명한 것은 미켈란젤로의 시스티나 성당의 천장 그림 등과 함께 로마 교황청의 베드로 대성전이다. 종교개혁자들의 눈에는 이러한 광경이 신의 이름으로 개인의 호주머니를 털어가는 흡입기를 제도화 하고 있는 것으로 비쳐졌다.

초입세

초입세(annate)는 로마 가톨릭교회 성직자가 성직 취임 후 첫 해의 자기가 받아야 할 수입을 로마 가톨릭 교황에게 바치는 돈을 말한다. 로마 가톨릭교회의 주요 수입원이 된 면죄부 판매와 함께 종교개혁을 부른 가톨릭교회의 대표적 부조리한 행태이다.

대사와 면죄부(대사부, 면벌부-免罰符)

대사(大赦, Indulgentia) 또는 면벌(免罰)은 라틴어로 '은혜' 또는 '관대한 용서'라는 말이다. 그리고 면죄부는 로마 가톨릭교회의 일곱 성사들 가운데 하나인 고해성사와 연관된 것이다.

가톨릭교회 교리에 의하면 고해성사를 통하서 죄를 용서받았어도 죄에 따른 벌, 곧 잠벌(暫罰)은 여전히 남는다. 잠벌은 현세나 내세의 연옥에서 받게 되는 잠시적 벌로 지옥에서 받는 영원한 벌, 즉 '영벌(永罰, damnatio)'과는 상반되는 개념이다.

잠벌은 기도, 금식, 자선, 교회에 대한 기부 등으로 현세에서 보상하지 않으면 연옥에 가서 반드시 그 벌을 받아야 하고, 그리고 죄를 정화한 후 천국으로 간다고 믿는다. 이처럼 현세에서 행하는 보상을 보속(Satisfacio)이라 하며, 이러한 보속에 대한 면제를 대사라고 한다. 대사는 일정한 조건을 완수하면 주워지며, 대사를 얻은 사람은 보속이 면제된다. 면벌부(면죄부)는 이러한 보속을 면해주는 증서였다.

토마스 아퀴나스는 교황 그레고리오 1세가 로마의 사도 성당을 순례하러 온 신자들에게 대사를 주었다고 증언하였다. 9세기의 교황 세르지오 1세는 성 실베스테르 성당, 성 마르티노 성당의 순례자들에게 3년과 30일, 40일의 대사를 주었고, 11세기에는 교황 레오 9세가 비순디니 주교좌 성당 축성식에 참석한 신자들에게 각자의 보속의 1/3에 해당하는 감면 대사를 주었다. 또 같은 11세기에 교황 우르바노 2세는 십자군 입대자로서 개인의 명예가 아닌 교회를 구하려는 경건한 열정을 가지고 출정하는 이들에게 한해서 전대사를 주었다. 1300년에 보니파시오 8세는 성년 대사를 선포하는 동시에, 그 후부터는 100년에 한 번씩 이를 선포하기로 규정하였다. 1350년에는 교황 클레멘스 6세가 이를 50년마다 선포하기로 제정하였고, 1475년에는 교황 바오로 2세가 이를 25년마다 선포하기로 제정하여 오늘날까지 실시되고 있다.

그러나 11세기 말부터 '헌금으로 인해 주워지는 대사'가 본격적으로 출현했고, 르네상스 시대에 극에 달했다. 헌금으로 대사를 주고 그것을 남용하는 폐단(이른바 면벌부 판매)은 1035년 에스파니아의 따라고나(Tarragona)지방에 위치한 우르겔(Urgel)교구의 에르멘고드(Ermengaud) 주교가 프랑스 남부 나르본느(Narbonne)의 대주교등 몇몇 주교들과 함께 자기교구에 있는 산 베드로 뽀르뗄라(San Pedro de Portella) 수도원 성당을 위하여 판매한 것이 최초이다. 최초의 면벌부가 판매된 후에 1040년 베네딕투스 9세에 의해 면벌부 판매는 정식으로 인가되었다. 그러나 면벌(免罰)이 대사 전문 판매원들에 의해 교회법상의 죄를 사하여 주는 것으로 과장되어 광고되었고, 교구와 교황청의 예산을 충당하기 위한 방편으로 전락했다. 그 후 십자군 전쟁은 면벌부의 발전에 매우 중요한 역할을 하였다. 1198년 이노켄티우스 3세의 선언 후에는 십자군 전쟁에 재물을 후원하는 사람에게도 그 재물의 양에 비례하여 면벌을 받을 수 있게 되었다.

그러다가 15세기 중엽에 이르러 대사가 교회의 주요 수입원으로 오용되면서 대사 설교가들은 모금의 성공을 위해 대사의 효과를 과대하여 설명하게 되었다. 이러한 과정에서 죄의 잘못과 죄의 벌 사이의 구분이 불투명해지고 무지한 신자들은 대사를 구원과 혼동하여 대사 부여를 약속하는 대사부(大赦符)를 천국 통행증으로 오해하게 되었다. 결국 신자들은 대사부에서 강조하는 대사를 얻기 위한 내적 정화의 노력을 등한시하여 돈이면 구원될 수 있다는 생각에 이르렀다.

이러한 대사의 오·남용(헌금 대사)은 이미 1215년 제4차 라테라노 공의회에서 단죄되었고, 1414년 콘스탄츠 공의회도 대사 오용의 위험을 경고한 바 있었지만 이에 대한 실질적 개혁이 이루어지지 않았다. 14세기의 시작부터 면벌부는 교황청의 전쟁을 위해 군인을 징집하는데 사용되었으며 심지어 각종 신앙단체에서까지 면벌부를 남발하여 자기네 단체의 회원뿐만 아니라 여러 외래객을 불러들여 자기네 단체의 교회를 부유하게 만드는 데에도 사용되었다. 또한 면벌은 특별한 유물의 수집과도 관련을 맺는다. 특별한 유물이 있는 성소를 방문하는 신자들이 참배를 하고 적당한 헌금을 한다면 연옥에서 놓임을 받을 수 있다고 하였다. 비텐베르그에서는 많은 유물을 수집해 놓고서 그곳을 참배하고 헌금을 하는 사람은 연옥의 형벌을 면할 수 있다고 하였다.

특히 서방교회가 가톨릭과 프로테스탄트로 분열되게 된 결정적 계기가 된 대사는 1506년 독일 지방에 선포된 대사였다. 교황 레오 10세는 베드로 대성당을 짓기 위해 헌금을 통한 대사를 선포하였다.

당시 1500년 초 마인츠 대주교로 임명된 알브레히트가 그의 초입세(annate)를 납부하기 위하여 교황으로부터 면죄부 판매권을 얻어내 면죄부를 판매했다. 면죄부가 교회의 주요 수입원이 되면서 교회는 면죄부 판매에 열을 올렸는데, 알브레히트의 면죄부 판매원인 도미니크회의 수도사 테첼은 "단순히 면죄부를 산 사람만의 죄가 아니라 그의 부모 친지의 영혼조차 면죄부를 산 돈이 금고에 떨어져 짤랑거리는 소리와 함께 연옥으로부터 튀어나온다"는 식의 과대선전을 하면서 면죄부 판매에 열을 올렸다. 그는 프레데릭 현자가 작센 영내에서의 면죄부 판매를 거부하자 경계 근처에다 면죄부 판을 벌여 놓고, 성서도 적절히 인용하고 연옥에서 당신들의 부모가 고통을 받고 있다면서 감정에도 호소함으로써 순진한 신자들을 현혹하였다.

테첼과 같은 면죄부 판매원들도 "대사 헌금을 내는 순간 그만한 교회의 영적인 은혜를 얻기 때문에 자기 죄를 회개할 필요가 없다"는 식으로 설교를 하였고 "이미 죽은 사람을 위해서도 면죄부를 살 수 있으며 이때도 고해성사나 회개의 필요가 없이 오직 돈만을 가지고 오면 연옥의 영혼이 구제 받을 수 있다"고 주장하여 역시 순진한 신자들을 현혹하였다.

이리하여 종교개혁 직전의 당시에 면죄부가 엄청난 숫자로 팔렸으며 이는 당시의 교인들의 신앙심과 미신적인 요소에 대해 측정을 가능하게 하는 지표가 되었다. 이러한 타락에는 교인들도 원인을 제공하였다. 실제로 중세 교회의 신자들은 하나님께 자신의 잘못을 뉘우치는 진지한 신앙생활보다는 면죄부를 구입함으로써 죄의식을 면하려는 손쉬운 신앙생활을 좋아하였으며, 구원을 돈으로 살 수 있다는 교회의 주장이 과연 성서의 가르침에 부합하는가를 생각하지 않았다." (위키백과)

그러나 "당시에는 글을 읽을 줄 아는 사람이 소수여서 사람들은 저녁이 되면 동네의 공터에 모여 글을 읽을 줄 아는 사람이 읽어 주는 성경을 들었다. 이에 루터는 모든 사람이 스스로 성경을 읽을 수 있도록 하기 위해 각 도시의 시장이나 지배층에게 학교를 세워 달라고 했고, 루터의 독일어 성경은 오랫동안 독일 내 개신교 지역 학교에서 유일한 교재로 사용되었다." (독일어에 큰 발자취를 남긴 마르틴 루터–독일 편, 홍혜정)

독일 종교개혁 이전에 사용된 성서는 라틴어 성서였으므로 소수의 귀족과 성직자만이 읽을 수 있었는데, 성직자들은 이를 악용하여, 기독교인들을 자신들의 목회적 필요에 따라 조종할 수 있었다.(위키백과)

그러므로 인위적으로 만든 면벌부가 듣기 싫어하는 면죄부로 전락, 낙인찍히게 된 데는 전적으로 듣는 신자가 아닌 가르치고 외친 교회 지도자에게 그 책임이 있음을 발견할 수 있다.

이러한 중세 가톨릭 교회의 면죄부 판매 행위는 종교개혁가들을 분노하게 했다.

『마르틴 루터는 "죄의 용서는 오직 하나님만이 하실 수 있는 일"이라며 가톨릭교회의 면죄부를 그저 '잉크로 더럽혀진 종잇조각'이라고 주장했다. 결국 이는 마르틴 루터의 종교개혁을 초래했다.

마르틴 루터는 가톨릭교회가 현세의 소유와 권리를 포기해야 하며 초입세와 면죄부 판매, 십자군 전쟁세, 등 부조리한 관행을 없애야 한다고 선언했다. 그는 면죄부 판매, 교황청의 수입원이었던 고해성사의 문제점을 논박하고 교황의 권위도 부정함으로써 로마 가톨릭교회를 유지시키던 기존 질서에 대해 투쟁하였다.

교구민들의 영혼을 염려하는 목회적 책임감에 루터는 이미 이전에 행한 (1516년 10월 31일과 1517년 2월) 설교에서 면죄부 판매를 비난하였었다. 그러나 고해 문제의 재고 요청들이 결국 실패하자 루터는 공개 논쟁을 요청하기로 결심하여 1517년 10월 31일, 95개 논제를 비텐베르크성(城) 교회의 문에 내걸었다.

루터는 "우리의 주님이시며 선생이신 예수 그리스도께서 '회개하라'고 하실 때, 그는 신자들의 전 생애가 참회되어야 할 것을 요구하셨다"라고 논제(제1조)를 시작한다. 그는 자신의 복음의 재발견을 면죄부 문제에 적용하여 "교회의 참 보고(寶庫)가 하나님의 영광과 은혜의 거룩한 복음"(제62조)이라고 역설하면서, 면죄부는 그리스도의 십자가에 나타난 자비에 비할 바가 아님을 천명하였다(제68조).

카예탄 추기경과의 논쟁에서는 루터는 교황보다 공의회가 더 높으며, 모든 인간들은 오류를 범할 수 있기 때문에 기독교 신앙의 최종적인 권위는 교회가 아닌, 성서가 가진다고 반박하였다.

또한 잉골슈타트의 교수였던 엑크가 침묵을 깨트리고 루터를 공격하자 루터는 라이프치히에서 그와 논쟁을 벌이게 되었다(1519년 7월 4일 – 7월 14일). 이 논쟁에서 루터는 구원받기 위해 교황을 인정해야 할 필요는 없다고 반박하였다. 게다가 콘스탄스 공의회 (1414년 – 1418년)가 체코슬로바키아의 종교개혁자 얀 후스를 잘못 정죄한 것을 들어 교회의 공의회조차도 과오를 범할 수 있고, 에베소서에 근거하여 교회의 머리는 교황이 아니라 오직 만물의 우두머리이신 그리스도뿐이라는 논박을 하였다. 그는 교회의 권위보다 그리스도의 권위를 더 중요하게 생각한 자신의 주장이 가톨릭(보편적)이라고 확신했다. 루터와 에크의 논쟁은 다음 네 가지로 요약된다.

첫째, 교황의 기원과 권위에 관한 것

에크는 교황권이 하나님으로부터 나온 것이므로 교황에 순종해야 한다고 주장하였다. 그러나 루터는 교황의 권세는 위조문서인 '이시도리안 교령집(Isidorian Decretals)'에 기초하여 세워졌으므로 허위라고 반박하였다.

둘째, 성경의 권위에 관한 것

루터는 오직 성경만이 신앙의 도리와 생활의 규범이 되므로 성경의 가르침에 따라 교회를 개혁하자고 외쳤다. 반면 에크는 '오직 성경' 사상은 중세말 현대주의 사조를 따르는 이단들의 주장이라고 지적하며 루터를 이단이라고 몰아세웠다.

셋째, 연옥에 관한 것

에크는 연옥 사상이 마카비 2서 12장 45절에 나오므로 성경적인 것이라고 주장하였으나 루터는 마카비서는 성경이 아니라 외경에 불과하다고 하며 신적인 권위가 없고, 따라서 연옥 교리는 잘 못이라고 지적하였다.

넷째, 면죄부와 고해성사

에크는 면죄부와 고해성사가 교회 전통에 근거한 것이므로 교회가 따라야 한다고 주장하였다. 루터는 교회의 전통이 인간에게서 비롯된 것이므로 잘못될 수 있고, 오직 성경만이 오류가 없으며, 면죄부와 고해성사는 성경의 교훈에 배치되는 것이라고 반박하였다.

이 과정들에 있어서 공통점은 루터가 오로지 하나님의 말씀만을 의지하였다는 것이다. 성서가 정경화를 통해 등장하기 전에는 교회가 있었다는 이해에 따라 교회와 전통의 권위를 성서 위에 올려 놓은 로마 가톨릭교회에 대해 루터는 '성서만으로'를 주장하였고, 인간의 종교적 경험을 강조하는 열광주의자들의 주관적인 계시 이해에 대해서는 성서의 객관적인 말씀을 주장하였으며, 에라스무스의 인문주의에 대해서는 성서가 말하는 확실성을 주장하였고, 복음을 정치적으로 해석한 농민혁명에 대해서 복음은 오직 양심만을 상대한다고 하였다. 루터는 하나님의 말씀이 온전히 전파만 된다면 그 결과는 저절로 온다고 확신하였다.

루터의 신학사상은 크게 세 가지 구호로 설명된다.

성경만으로 (sola scriptura)! 은총만으로 (sola gratia)! 믿음만으로 (sola fide)! 즉, 오직 성경, 오직 은총, 오직 믿음이다.

루터의 종교개혁사상은 철저히 하나님 중심이었다. 그의 종교개혁 작업의 핵심은 하나님을 인간의 눈으로 판단하고 그 위에 자신의 종교를 쌓아가려는 로마 가톨릭교회에 대항하여 하나님을 하나님 되게 하는 것이었다.

당시 로마 가톨릭교회에서는 성경의 권위를 말하면서도 성경을 해석하는 교황의 권위를 그 위에 세웠으며, 은총을 하나님이 주신다고 말하면서도 그것을 인간이 율법의 의를 쌓는 데 도움을 주는 하나의 '능력'으로만 이해하였고, 믿음이 중요하다는 말을 처음에는 시작하다가 어느덧 '선행(善行)으로 형성된 믿음'을 강조했던 것이다.

루터는 로마 가톨릭 교회가 이것들을 말하면서도 실은 그 밑바닥에는 인간 중심의 종교가 사로잡고 있다고 생각하였다. '오직 성경' (Sola Scriptura)은 교권주의에 대한 저항이기도 했다. 신학과 교리의 최우선의 권위는 성경이라고 주장함으로써 교황의 권위는 절대적이지 않음을 밝힌 것이다.』(위키백과)

그러나 제1차 바티칸 공의회(1869년)는 최종 표결을 통해 다음과 같이 결정하였다. "베드로의 후계자이며 그리스도의 대리자, 교회의 최고 권위자로서 교황은 전 교회와 각 교구에 대해 완전히 정상적이고 직접적인 주교권, 즉 전 교회의 주교로서의 교황이 지니는 수위권을 지닌다. 아울러 교황이 직무의 소유자로서 전 교회를 위해 신앙이나 도덕에 관해 최종 결정을 내린다면 그것은 그 자체로서 그르칠 수 없다. 즉, 무류성의 교리를 말한다."

그러나 역사 속 가톨릭교회의 깊고 긴 범죄의 발자취 가운데와 그 배후에 교황이 있었음을 통해, 그리고 최소한 2000년 3월 5일 교황 요한 바오로 2세의 지시에 따라《회상과 화해 : 교회의 과거 범죄》라는 제목으로 교황청이 발표한 문건을 통해, 교황의 수위권과 무류성이 증명되기는커녕 오히려 전혀 그렇지 않음을 어린아이라도 발견할 수 있다.

그래서 2000년 3월에 전세계 언론과 종교계는 무오류설(無誤謬說)의 상징인 교황이 무오류설 자체를 직접 부인했다고 평가하고 주목했던 것이다. 이는 또한 교황은 더 이상 "베드로의 후계자, 그리스도의 대리자, 교회의 최고 권위자"라고 사칭하지 말아야 하고, 가톨릭교인들 또한 더 이상 속지 말아야 함을 일깨워 주고 있다.

그러므로 우리는 로마 가톨릭교회가 올바른 교회인지 아닌지 쉽게 분별할 수 있다.

1. 못된 나무는 나쁜 열매를 맺는다

> 마7:15-23 거짓 선지자들을 삼가라 양의 옷을 입고 너희에게 나아오나 속에는 노략질하는 이리라

그의 열매로 그들을 알찌니 가시나무에서 포도를, 또는 엉겅퀴에서 무화과를 따겠느냐 이와 같이 좋은 나무마다 아름다운 열매를 맺고 못된 나무가 나쁜 열매를 맺나니 좋은 나무가 나쁜 열매를 맺을 수 없고 못된 나무가 아름다운 열매를 맺을 수 없느니라 아름다운 열매를 맺지 아니하는 나무마다 찍혀 불에 던지우느니라 이러므로 그의 열매로 그들을 알리라 나더러 주여 주여 하는 자마다 천국에 다 들어갈 것이 아니요 다만 하늘에 계신 내 아버지의 뜻대로 행하는 자라야 들어가리라 그 날에 많은 사람이 나더러 이르되 주여 주여 우리가 주의 이름으로 선지자 노릇하며 주의 이름으로 귀신을 쫓아 내며 주의 이름으로 많은 권능을 행치 아니하였나이까 하리니 그때에 내가 저

희에게 밝히 말하되 내가 너희를 도무지 알지 못하니 불법을 행하는 자들아 내게서 떠나가라 하리라

혹자는 말하기를 "역사상에 행해진 엄청난 죄악들은 기독교회가 결코 아닌 로마 가톨릭교회가 행한 것들이다"라고 분명하게 선을 긋는다.

2. 로마 가톨릭교회는 역사상 영적으로는 교회라고 하지만, 사실상으로는 또한 독자적인 영토를 가지고 있는 세속 국가라고 말할 수 있다

"1860년대 교황령을 포함한 이탈리아 통일운동이 일어난 결과, 교황 비오 9세 치세에 이탈리아 왕국이 로마를 점령하면서 교황령은 사라지게 되었고, 천년 간 이어져오던 교황의 세속 권력이 종지부를 찍게 되었다. 이후 영토 분쟁으로 인한 교황청과 이탈리아 정부 간의 교착 상태가 한동안 이어지다가 1929년 파시스트 무솔리니 정부와 라테라노 조약을 체결하였다. 이 조약에서 교황청은 과거 교황령이었던 지역에 대한 이탈리아의 통치권을 인정하였으며, 이탈리아는 그 대가로 바티칸을 독립국가로 따로 분류하여 그곳에 대한 교황의 통치권을 인정하였다. 이리하여 바티칸 시국이 세워지게 되었다." (위키백과)

그래서 교황(敎皇)은 가톨릭교회의 영적 지도자이면서, 또한 세속적으로는 로마 시 안에 있는 작은 독립국가인 바티칸 시국의 국가원수이기도 하다. 그 이전에, 중세로 접어들며 종교의 사회적 지위나 권력이 올라가자 교황은 유럽의 왕이나 황제보다도 강력한 실존하는 권력이 되었다. 그 예로, 교황 클레멘스 5세(1305-1314) 때부터 교황 바오로 6세(1963-1978) 때까지 모든 교황은 삼중관이라는 관을 썼는데 이는 왕관 3개가 쌓여 있는 형태이다. 이 관은 유럽, 나아가 가톨릭 세계의 다른 어떤 왕과 황제보다도 교황의 권

세가 높다는 것을 보여주기 위한 상징적인 장치였다. 1978년 교황 요한 바오로 1세는 세속적 권력의 상징을 담고 있다면서 삼중관을 쓰는 전통을 폐지하였지만, 바오로 6세가 1975년에 제정한 사도헌장 《로마 교황 선출》(Romano Pontifici Eligendo)의 교황 선출방식에 따르면, 삼중관의 교황관을 완전히 폐지한 것은 아니기 때문에 후임자가 원한다면 언제든지 교황관을 다시 사용할 수 있다고 명시되어 있다.

그러나 과거 약 200년 동안 교황의 축복과 지원을 받으며 승리를 확신한 십자군 전쟁은 수많은 전사자를 내고 참패로 끝나고, 그 후 종교개혁의 거센 바람과 함께 교황권은 더욱 약화되었다. 그로 인해 중세의 봉건국가들은 교황의 지배에서 벗어나 근대 독립국가로 발전할 수 있게 되었다. 결국 오랜 역사를 유지하던 로마 가톨릭교회의 절대적인 유럽 지배체제는 무너지게 되고, 오늘날 세속적으로는 로마 시 안에 있는 작은 독립국가인 바티칸 시국으로 남아 있다.

『교황청이 불교 국가 미얀마와 수교한다. 교황청은 4일 미얀마와 정식 외교관계를 맺기로 합의했다고 밝혔다. 교황청은 "이는 양국의 상호 우의를 증진하기 위한 것"이라고 설명했다. 수교 소식은 프란치스코 교황이 미얀마 실권자인 아웅산 수치 국가자문역 겸 외무장관을 만난 직후 전격 발표됐다. ....공식 외교관계를 수립함에 따라 두 나라는 서로의 나라에 대사관을 개설하고 곧 대사를 파견할 것으로 보인다. 교황청은 현재 중국을 제외한 180여 개 국가와 수교하고 있다.』(연합뉴스 2017.05.04.)

이처럼 가톨릭교회는 역사적으로 보면, 교회를 넘어 세속 권력에도 집착하며 양다리를 걸치고 있다. 그러나 예수 그리스도께서는 다음과 같이 말씀하셨다.

요18:36 예수께서 대답하시되 내 나라는 이 세상에 속한 것이 아니라 만일

> 내 나라가 이 세상에 속한 것이었더면 내 종들이 싸워 나로 유대인들에게 넘기우지 않게 하였으리라 이제 내 나라는 여기에 속한 것이 아니니라

마지막으로, 로마 가톨릭교회가 역사 속에 저지른 엄청난 죄악을 생각하면 그것을 교회의 타락으로 여겨야 하는지? 아니면 교회의 탈을 쓴 이단의 자연스런 열매로 여겨야 하는지? 이에 대한 판가름이 필요하다고 사람들은 생각한다. 어쩌든 또한 마치 모래가 싹트기를 바라는 것과 같을지 모르겠지만, 로마 가톨릭교회에는 절대적으로 무엇이 필요한가를 함께 생각해 보면,

1. 하나님을 두려워해야 한다

1) 진정한 회개가 필요하다

이미 살펴본 것처럼 가톨릭교회의 역사 속에는 엄청난 범죄의 발자취가 있음을 알 수 있다. "중세의 가톨릭교회는 교회가 아닌 살인 단체였다", "가톨릭교회는 그 어떤 전쟁보다도 더 많은 사람을 죽였다" 등등의 지적은 결코 빈 소리가 아님을 역사는 증명하고 있다. 그런데 단지 교황의 사죄로 그것도 교인들에게 책임 전가하는 비양심적인 사죄로 모든 것이 다 끝났다고 여기는 것은 아닌가?

진정한 참회에는 정직한 고백이 반드시 들어있다. 프랑스의 자크 시라크 대통령 역시 1995년 7월 2차대전 때 프랑스를 점령한 나치독일에 의해 수립된 비시 정권에 의한 유대인 강제수용을 두고 비시 정부가 괴뢰정부이긴 하지만 프랑스 정부라는 사실을 인정하면서 공식 사과했다. 2차대전 때 나치독일에 점령당한 뒤 수립된 비시 괴뢰정부를 대다수 국민들이 열렬히 지지하고 나치 점령군에 적극 협조함으로써 치욕의 역사를 기록했던 프랑스가 종전 뒤 미국, 영국 등과 함께 서방세계의 지도적인 나라로 부상할 수 있었

던 것은 나치에 저항했던 드골 정부의 부역자 처벌 등 철저한 나치 부역자 단죄를 통해 프랑스의 자존심을 회복한 데 따른 것이었다. 전범 국가였던 독일 역시 나치정권 시절의 야만적, 반인륜적 범죄에 대한 끊임없는 참회와 사죄, 배상을 통해 프랑스를 포함한 유럽 여러 나라들과 화해할 수 있었고, 궁극적으로 독일 통일이라는 역사적 과제를 실현했다. 지난 6월 2차대전 때 연합군 승리의 전환점이 됐던 노르망디 상륙작전을 기념하는 행사에 처음으로 초청된 슈뢰더 독일 총리는 "연합군의 승리는 독일에 대한 승리가 아니라 독일을 위한 승리였다"고 나치 과거에 대한 참회를 집약해서 표현했다. (한겨레 2004.08.29)

2) 회개에 합당한 열매를 맺어야 한다

최근 프란치스코 교황의 역사 화해를 위한 발걸음이 바쁘다. 지난 7월 9일 볼리비아에서 열린 제2차 민중 운동 세계 총회에 참석한 교황은, 남미 토착 민중운동가들 앞에서 "누군가는 아마 '교황은 식민주의 문제에서 항상 교회가 한 일에 대해 묵과한다'고 이야기할 것이다"라고 운을 뗀 뒤, "애석함을 담아 이 이야기를 한다. 지난 '아메리카 정복 시대'에 가톨릭교회가 저지른 죄, 특히 예수의 이름으로 라틴아메리카 원주민들에게 저지른 중대한 죄에 대해 겸허한 용서를 구한다"고 했다. 또한 지난 6월 22일에는 교황으로서 처음 이탈리아 토리노에 있는 발도파 교회를 방문하고, 12세기 가톨릭교회가 이단으로 몰아 몇 세기에 걸쳐 수많은 신자들을 죽이며 박해했던 발도파 신자들에게 정식으로 사과했다. "역사를 되돌아볼 때, 믿음의 이름으로 저지른 폭력 앞에 슬퍼하지 않을 수 없다"고 밝힌 교황은 "가톨릭교회가 보인 비기독교적이고 심지어 비인간적인 태도와 행동에 대해 가톨릭교회를 대표해서 사과한다"며 "예수 그리스도의 이름으로 용서해 주십시오"라고 간청했다. 교황의 이런 사과는 발도파 교회에 대한 가톨릭교회의 잔인한 박해가 일

어난 지 700년 만에 처음이었다. (뉴스앤조이 2015.07.16)

사죄도 당연하지만 그 엄청난 범죄의 원인 분석을 하고, 반드시 회개에 합당한 열매를 맺어야 한다. 그러나 사죄에 걸 맞고 책임을 통감하는 후속 내부 개혁과 행동이 반드시 있어야 한다는 소리를 들을만한 귀가 지금 가톨릭교회 안에 과연 있는지 사람들은 궁금해 한다. "하나님을 두려워할 줄 몰랐던 중세 가톨릭교회는 이름만 교회였으며, 천주교라는 칭호도 걸맞지 않고, 오직 '교황교' 였다."라는 사람들의 판단은 지극히 자연스런 결과라고 해도 과언이 아니다.

"베드로의 후계자이며 그리스도의 대리자, 교회의 최고 권위자로서 교황은 전 교회와 각 교구에 대해 완전히 정상적이고 직접적인 주교권, 즉 전 교회의 주교로서의 교황이 지니는 수위권을 지닌다. 아울러 교황이 직무의 소유자로서 전 교회를 위해 신앙이나 도덕에 관해 최종 결정을 내린다면 그것은 그 자체로서 그르칠 수 없다. 즉, 무류성의 교리를 말한다." (제1차 바티칸 공의회, 1869년)

"교황은 세계 가톨릭의 본산인 로마 교구의 교구장이며, 바티칸 시국(市國)의 원수(元首)이다. 그래서 교황은 명실 공히 지상에서 그리스도의 구원 사업을 떠맡은 그리스도의 대리자이며, 전 세계 가톨릭의 영도자일 뿐만 아니라, 온 세상의 정신적인 지도자이다. 그래서 교황을 교회의 근본이며 으뜸이라는 의미에서 교종(敎宗)이라고도 한다." (가톨릭정보사전)

이와 같이 교회와 세속에 양다리를 걸치고 있는 교황, 예수 그리스도를 제치고 교회의 근본과 으뜸으로 올라있는 교황(이 한가지 사실만으로도 이단 정죄는 충분하다), 그리고 무오류설까지 동원하여 가톨릭교회의 우상이 된 교황, 이러한 맥락 위에 앉아있는 교황들이 지배한 중세 가톨릭교회는 과연 어떠했는가? 그러므로 복음에 역행한 중세 로마 가톨릭교회를 교회사는 극도로 타락한 교회라고 단죄하고 있다. 그러나 혹자는 "그들은 기독교가 아니기 때문에 그러했다"고 말한다.

교황을 정점으로 하는 로마 가톨릭교회의 중앙집권 지배체제는 마치 교황 우상화를 통한 지배체제와 같다. 다시 언급하면, 중세시대 교황청의 극한 부패와 부정, 성직자들의 도덕적 타락, 성직 매매 그리고 역사 속 가톨릭교회의 큰 범죄 등등에서 그 책임과 관련하여 생각해 볼 때, 그 중심과 배후에는 교황이 있었음을 역사는 증명하고 있다.

장로교회와 개혁교회의 신앙고백인 웨스트민스터 신앙고백은 교황을 '적그리스도'라고 규정한다. 이미 많은 사람들은 가톨릭교회를 가장 큰 이단 혹은 타종교로 여긴다. 그러므로 교황 제도가 유지되는 한 가톨릭교회의 거듭남은 없을 것이다. 사죄만이 아닌 회개에 합당한 열매를 맺어야 한다.

> 마23:8-10 그러나 너희는 랍비라 칭함을 받지 말라 너희 선생은 하나이요 너희는 다 형제니라 땅에 있는 자를 아비라 하지 말라 너희 아버지는 하나이시니 곧 하늘에 계신 자시니라 또한 지도자라 칭함을 받지 말라 너희 지도자는 하나이니 곧 그리스도니라

프란치스코 교황이 어느 교회당 고백실에서 이름 모를 사제에게 무릎을 꿇고 참회고백을 함으로 "자신이 죄인임을 진솔하게 보여주었다."는 해설이 붙은 사진을 보며, 로마 가톨릭교회의 희미한 희망을 엿보게 되었다는 판단이 옳았으면 좋겠다.

2. 예수 그리스도 십자가 구원의 은혜를 훼손시키지 말아야 한다

> 눅23:39-43 달린 행악자 중 하나는 비방하여 가로되 네가 그리스도가 아니냐 너와 우리를 구원하라 하되 하나는 그 사람을 꾸짖어 가로되 네가 동일한 정죄를 받고서도 하나님을 두려워 아니하느냐 우리는 우리의 행한 일에 상

당한 보응을 받는 것이니 이에 당연하거니와 이 사람의 행한 것은 옳지 않은 것이 없느니라 하고 가로되 예수여 당신의 나라에 임하실 때에 나를 생각하소서 하니 예수께서 이르시되 내가 진실로 네게 이르노니 오늘 네가 나와 함께 낙원에 있으리라 하시니라

히10:10-20 이 뜻을 좇아 예수 그리스도의 몸을 단번에 드리심으로 말미암아 우리가 거룩함을 얻었노라 제사장마다 매일 서서 섬기며 자주 같은 제사를 드리되 이 제사는 언제든지 죄를 없게 하지 못하거니와 오직 그리스도는 죄를 위하여 한 영원한 제사를 드리시고 하나님 우편에 앉으사 그 후에 자기 원수들로 자기 발등상이 되게 하실 때까지 기다리시나니 저가 한 제물로 거룩하게 된 자들을 영원히 온전케 하셨느니라 또한 성령이 우리에게 증거하시되 주께서 가라사대 그날 후로는 저희와 세울 언약이 이것이라 하시고 내 법을 저희 마음에 두고 저희 생각에 기록하리라 하신 후에 또 저희 죄와 저희 불법을 내가 다시 기억지 아니하리라 하셨으니 이것을 사하셨은즉 다시 죄를 위하여 제사드릴 것이 없느니라 그러므로 형제들아 우리가 예수의 피를 힘입어 성소에 들어갈 담력을 얻었나니 그 길은 우리를 위하여 휘장 가운데로 열어 놓으신 새롭고 산 길이요 휘장은 곧 저의 육체니라

행15:6-11 사도와 장로들이 이 일을 의논하러 모여 많은 변론이 있은 후에 베드로가 일어나 말하되 형제들아 너희도 알거니와 하나님이 이방인들로 내 입에서 복음의 말씀을 들어 믿게 하시려고 오래 전부터 너희 가운데서 나를 택하시고 또 마음을 아시는 하나님이 우리에게와 같이 저희에게도 성령을 주어 증거하시고 믿음으로 저희 마음을 깨끗이 하사 저희나 우리나 분간치 아니하셨느니라 그런데 지금 너희가 어찌하여 하나님을 시험하여 우리 조상과 우리도 능히 메지 못하던 멍에를 제자들의 목에 두려느냐 우리가 저희와 동일하게 주 예수의 은혜로 구원 받는 줄을 믿노라 하니라

그러므로 예수 그리스도의 영원한 속죄에 어긋나는 잠벌과 고무줄 같은 대사(100년→50년→25년)를 폐지하고, 오직 예수 그리스도 십자가 구원의 은혜만을 전해야 한다.

3. 성령님의 역사하심을 알고 순종해야 한다

모세가 여호수아를 후계자로 세운 것처럼, 예수님은 그렇게 베드로를 후계자로 세우시지 않았다. 주님은 왜 한 사람이 아닌 열 두 사도를 택하시고 세우셨는가? 또한 왜 사도 바울을 택하시고 부르셨는가?

> 행9:15 주께서 가라사대 가라 이 사람은 내 이름을 이방인과 임금들과 이스라엘 자손들 앞에 전하기 위하여 택한 나의 그릇이라

주님은 지금도 곳곳에서 주님을 증거하며 전하도록, 거룩하신 뜻 가운데서 믿음과 은사 따라 각양각색의 다양한 사람들을 부르시고 그들을 통해 역사하신다. 교황 한 사람을 통해 역사하시지 않는다.

> 행1:8 오직 성령이 너희에게 임하시면 너희가 권능을 받고 예루살렘과 온 유대와 사마리아와 땅끝까지 이르러 내 증인이 되리라 하시니라

예수 그리스도께서 친히 이와 같이 말씀하셨는데, 이를 부정하면서『교황은 명실 공히 지상에서 그리스도의 구원 사업을 떠맡은 그리스도의 대리자』라는 주장은 교황 우상화에 불과하다.

『공교회란 개교회와 대조되는 용어입니다. 개교회주의가 자기 교회만 중시한다면, 공교회주의는 자기 교회와 모든 교회를 소중히 여깁니다. 사도신경에 "거룩한 공회를 믿사오며"에 공회는 영어로 '카톨릭 처치(catholic church)', 헬라어로 '카톨리켄 에클레시안'입니다.

'카톨릭'은 로마 천주교 전유물이 아닙니다. 카톨릭은 지상 모든 교회가 하나의 교회라는 뜻입니다. 로마 천주교의 공교회성 문제를 칼뱅은 기독교 강요에서 지적했습니다. "교회의 유일한 머리는 그리스도이시며, 우리 모두

그의 지배 하에 연합된다. 지상교회에 머리가 있어야 한다는 구실로 세계 교회 위에 한 사람을 앉히는 그들은 그리스도를 현저히 모욕한다. 교회 머리는 그리스도시기 때문이다."

공교회란 그리스도를 머리로 모든 교회가 하나이며, 형제교회라는 뜻입니다. 그런데 로마 천주교회는 공교회 머리를 로마 교황으로 바꾼 것입니다. 그러나 우리 개신교는 예수를 머리로 모신 모든 교회가 하나의 교회라는 공교회론을 가지고 있습니다. 그래서 한국교회는 연합해야 하고, 어려운 미자립교회를 도와야 합니다. 〈글=박성규〉』(국민일보 2016.10.03)

베드로의 후계자라는 교황과 그리고 가톨릭교회는 진실로 베드로가 했던 말을 깨달아야 한다.

> 행2:38 베드로가 가로되 너희가 회개하여 각각 예수 그리스도의 이름으로 세례를 받고 죄 사함을 얻으라 그리하면 성령을 선물로 받으리라

구원은 동방교회(동방 정교회)나 서방교회(로마 가톨릭), 혹은 서방교회로부터 탄생된 루터교회, 개혁교회, 장로교회, 회중교회, 침례교회, 성공회 등 여러 개신교회들 중 그 어느 한 교회에 국한되지 않는다.

하나님께 대한 회개와 주 예수 그리스도께 대한 믿음이 있고, 거룩하신 성령님이 함께 하시는 은혜 속에서, 하나님을 사랑하고 이웃을 사랑하는 성결한 삶이 있는 그 사람이 바로 진정한 그리스도인이요, 그가 바로 진정 구원받은 사람 곧 하나님의 자녀이다.

Ⅱ. 역사상 개신교회의 큰 잘못

1. 북미에서의 청교도들의 배은망덕과 침략

“청교도들은 신앙의 자유를 찾아 신대륙 아메리카로 이주하여 오늘의 강력한 미국을 건설한 성스러운 역군들이라고 대다수의 사람들이 그렇게 알고 있다. 그들의 신앙은 칼뱅주의의 엄격한 신학사상에 입각하였으며, 하나님의 뜻을 무상의 법칙으로 신봉하고 인간의 권위에 두려움 없이 오직 하나님의 뜻을 수행하는 것만이 최상의 삶이라고 믿었다. “구원을 받느냐 못 받느냐?” 하는 문제는 그들에게 생명 그 자체였다. 이와 같은 교리에 입각한 그들의 생활은 청렴결백하였으므로, 1560년 초부터 그들은 청교도(Puritans)라고 불리었다.

영국교회의 박해를 피하여 신앙의 자유를 찾아 나선 35명의 청교도들은 타고 있던 배가 항해 중에 고장이 나서 그 부근 항으로 들어가 그 배를 포기하고, 함께 항해하는 메이플라워호에 합승하였다. 거기에는 일확천금을 꿈꾸며 아메리카로 이민 가는 상인들 65명이 먼저 타고 있어서 모두 100명이 되었다. 여기에 선장 크리스토퍼 존스(Christopher Jones) 등 선원 48명을 실은 메이플라워호는 출항 후 66일 만에, 즉 1620년 11월 11일에 마침내 아메리카에 도착하였다. 그곳은 지금의 보스턴 시 남쪽에 위치한 케이프 코드(Cape Cod) 반도 북단 끝에 있는 프로빈스타운(Provincetown)이었다.

오랜 항해 끝에 식량이 부족했던 그들은 굶주림을 채우기 위하여 원주민(Indian) 식량 저장소에 들어가 옥수수를 훔쳐서 연명해야 했다. 청교도들이 신대륙에 도착하여 제일 먼저 한 일은 식량 도적질이었다.

한동안 정착지를 찾고 있던 그들은 12월 21일 프로빈스타운 맞은 편에 있는 플리머스(Plymouth)에 상륙하여 해변가에 정착촌을 건설하였다. 그러나 날마다 식량은 줄어들고 겨울 옷이 부족하여 그들은 추위에 떨게 되었고, 새해 2월에는 거의 모든 사람들이 병에 걸렸다. 폐결핵과 독감이었다.

이때 플리머스 지방 일대에 이상한 사람들이 상륙한 것을 본 원주민들에게 비상이 걸렸다. 그 지방의 왐파노악 족(Wampanoags)의 추장 마사소잇(Massasoit) 지휘하에 원주민들은 청교도들의 상륙촌을 포위하고 조심스럽게 포위망을 좁혀갔지만 청교도들은 대항할 준비도 않고 온순하게 그대로 있었다. 원주민들은 그들 촌에 들어가 병들고, 굶주리고, 헐벗고 떠는 그들의 모습을 보고 불쌍히 여겨 식량과 겨울용 침구 등을 주어 연명할 수 있게 해주었다. 그때 청교도들의 참상은 말로 다 표현할 수 없을 정도였다.

그때 유력한 추장이었던 마사소잇은 청교도들을 일거에 전멸시킬 수도 있었으나, 선량하였던 그는 청교도들을 따뜻하게 보살펴주었다. 그러므로 지금도 플리머스 해변가에는 마사소잇의 동상이 세워져 그의 고마움을 기리고 있다.

그런데 뜻하지 않았던 문제가 발생하였다. 청교도들은 왐파노악족과 평화조약을 체결하고 친밀하게 지냈으나, 그 지방 일대에 산재한 타 부족들은 서구인들을 탐탁치 않게 여겨 적개심을 품고 있었다. 원주민들의 식량을 훔친 데 격분한 그들은 마사소잇 추장을 친백파(親白派)로 낙인 찍고 그를 경계하였기 때문에 마사소잇 추장은 고립 상태에 빠지게 되었다.

1622년 타 부족들이 연합군을 조직하고 마사소잇 추장을 공격할 준비를 하고 있을 때, 이 소식을 들은 청교도들은 마사소잇 추장과 부족 단독의 힘으로는 그 연합군을 방어할 능력이 없음을 알게 되어 자신들의 안보를 염려하게 되었다.

청교도들은 마사소잇 추장과 협력하여 싸울 계획에 들어갔다. 이 일은 청교도의 제2인자였던 스탠디쉬가 전담하기로 하여 그가 작전을 짜서 실천하기로 하였다. 먼저 그는 청교도 청년 8명을 무장시키고 요소에 잠복시켰다. 그리고 평화 교섭을 하자는 명목으로 연합군 부족 네 명의 추장들을 특별 만찬에 초대하였다. 마음을 연 네 추장들이 만찬에 왔을 때, 잠복했던 청교도 청년들이 그들을 일시에 암살해 버렸다. 그리그 그들의 목을 긴 장대 끝에 달아매서 20년 동안이나 플리머스 청교도 마을 앞에 매달아 두었다.

졸지에 추장을 잃어버린 부족들은 맥없이 물러갈 수밖에 없었다. 이미 4년 전에 전염병으로 인구가 반으로 감소된 그들은 추장을 잃은 후에 싸울 의욕도 잃고 반격할 여력도 없이 "저 청교도 놈들은 살인마, 목 자르는 악마!"라고 외치면서 물러갔다. 그래서 청교도들은 무서워서 피난 가는 원주민들의 토지와 가옥을 차지하였다.

이와 같이 청교도들이 신대륙에서 성공적으로 대륙을 개척하고 있다는 소식을 들은 영국의 청교도들은 영국교회의 박해를 피하여 줄줄이 신대륙으로 이민 길에 올랐다. 이렇게 모여든 청교도들의 숫자가 급증하여 플리머스 해안 지대의 땅만으로는 부족하게 되어 내륙으로 농토를 넓히는 수밖에 없었다. 전에 연합군 추장들을 암살하여 영토를 확장한 청교도들은 이제는 늘어난 인구에 자신감을 가지고 내륙으로 침입하여 영토를 확장하기 시작하였다.

그들은 자기들이 굶주렸을 때에 원주민들이 식량을 가져다 준 것은 하나님의 은총이 되고, 자기들이 강해진 후에 원주민들을 학살하고 땅을 빼앗은 것은 하나님의 축복의 결과라고 믿고 감사하였다. 청교도들은 스스로를 배은망덕의 표본으로 만들었다. 신앙의 자유를 찾아 미지의 대륙으로 왔던 청교도들은 이렇게까지 타락했던 것이다.

시하고rp그들은 자기들의 목적 달성을 위하여 약 300년 동안 최소한 1억 이상의 원주민들과 또 원주민들의 식량의 근원이었던 야생 들소(Buffalo) 6,000만 마리를 무차별 학살하였다고 한다. 결국 청교도들은 원주민들을 학살하고 그들의 나라를 빼앗고 그 안에 있는 모든 것을 강탈하였다.

그리고 쓸모 없는 지역을 수용소로 설정하여 살아남은 원주민을 수용해 버렸다. 현재 백인의 평균 수명은 76~78세에 달하고 있는데, 원주민의 평균 수명은 아직도 40세 중반이라고 하니 이 얼마나 기가 막히는 일인가! 또한 1600년대에 북미지역에 약 600개의 원주민족이 있었는데 현재는 약 279개 족 정도만 남아 있다고 한다. 미국 내에 거주하는 현재의 원주민 인구는 약 180만 이라고 한다.

기독교인들은 총칼로 빼앗은 땅을 개척하는 데 필요한 노동력의 공급을 위하여 약 300년 동안에 아프리카에서 1,200~1,500만 명의 흑인들을 잡아와 주로 남북아메리카와 서인도 지방 등에 팔아 버렸다. Stannard 교수는 백인들에 의하여 최소한 3,000만 명, 많게는 6,000만 명의 아프리카 흑인들이 학살당했을 것으로 추측하고 있다. 저들은 흑인들의 인권을 유린하고 노동력을 착취하면서 치부(致富)에 열중한 것이다." (조찬선, 기독교 죄악사에서 발췌)

국력이나 선교에서 세계 1위를 달리고 있는 미국이 어두운 과거를 하나님 앞에서 바르게 해결하지 못한 탓일까? 끊임없는 총기 사고와 재해와 불안, 특히 화려한 지도층까지 마비시킨 동성애가 마치 자기의 수치의 거품을 뿜는 바다의 거친 물결같이 망국을 재촉하고 있는 현상 등은 복음에서 빗진 우리들의 마음을 아프게 한다.

2. 여러 국가에서의 개신교회의 잘못

"절대 권력은 절대 부패한다. 교회는 완전하지 않다. 개신교회도 예외가 아니다. 나치독일 치하에서 독일 국가교회는 '우상숭배'를 했다. 당대 독일의 유명한 지식인, 신학자, 목사, 지도자들은 앞장서서 '히틀러 만세'를 외쳤다.

독일교회는 살인 행진에 열성적으로 동참했다. 일제 말기 한국장로교회도 우상숭배를 행하기로 결정했다. 기독교 역사에서 교회가 우상숭배를 할 것을 공적으로 결정한 예는 전무후무하다. 교회는 순종하지 않는 신자들을 출교 시켰다. 평양노회는 주기철 목사가 교회의 결정에 순종하지 않는다는 까닭으로 그의 목사직을 파면했다." (크리스천투데이 2014. 08. 13.)

이상과 같이 어느 시대, 어떤 교회라도 하나님 앞에서 깨어있지 않으면 언제든지 잘못할 수 있고, 또한 역사에 지울 수 없는 어리석음을 행할 수 있음을 우리는 보게 된다.

3. 오늘날 한국 교회의 뒷 모습

근래에 '한국교회는 위기에 처해 있다'라는 부끄러운 소리가 자주 들려온다. "두말할 것도 없이 절대적인 책임은 목사와 장로들에게 있다."는 흥분된 분노의 목소리에 뒤이어 증거들이 쏟아진다.

"금권 선거가 고착화 되어 억 소리는 공개된 비밀이 되고, 그렇다고 통찰력이 생기는 임기 3~4년도 아닌 오히려 명예의 유혹을 제도적으로 만든 1년짜리 총회장, 밥이라도 사주지 않으면 당선이 순탄치 못한 1년짜리 노회장, 국회의원 몇 배의 총대들이 모이는 구경 총회, 최고의 헌법 성경보다 실세의 규칙 아닌 총회 헌법, 하나님의 교회를 범죄 집단으로 둔갑시킨 상설 재판국, 정치 목사와 정치 장로의 야합, 가정 파괴 이성 문제자도 여전한 설교자, 목사를 쥐고 싶어하는 터줏대감 교인들, 지역교회 염두 않는 대형교회 버스 운행, 양심 없는 교회 옆 교회 개척, 사람보다 유학과 박사 학위 먼저 찾는 대형교회 담임목사 청빙, 공정한 검증과 선택 및 절대다수 요청의 아름다운 목회 대잇기가 아닌 억지 세습, 욕심만 보이는 은퇴비 줄다리기, 그리고 그 비싼 기존 목재 강대상은 하나 같이 치우고 크리스털(crystal)제로 바꾸어 세상 유행 빰치는 선진? 교회들 …… 이러하니 교회가 싫어지지 않겠어요?"

"그리고 하나님의 교회를 위한 꿈과 개혁보다는 자신의 안일 만을 중시하고, 일 년 두 번의 추수감사절은 구약에 그 기원이 있는데도 마치 부화뇌동 하듯이 미국 전통 따르며 대세 따라 그냥 가고, 줏대도 없이 천주교 신부처럼 옷 입고 다니고, 유력 장로나 교인 비위 맞추기 급급하고, 성경을 들먹이며 일천 번제 헌금 은근히 강요하고, 고급 승용차 좋아하고, 권력에 빌붙고, 시간이 지날수록 하나님의 종보다는 세속적인 냄새가 더 진하게 풍기고 …… 이러니 목사에게 존경심이 생기겠어요?"

하나님의 영광의 광채시요 그 본체의 형상이신 예수 그리스도는 몸인 교회의 머리시다. 그 주님은 친히 이렇게 말씀하셨다.

> 마5:13-16 너희는 세상의 소금이니 소금이 만일 그 맛을 잃으면 무엇으로 짜게 하리요 후에는 아무 쓸데 없어 다만 밖에 버리워 사람에게 밟힐 뿐이니라 너희는 세상의 빛이라 산위에 있는 동네가 숨기우지 못할 것이요 사람이 등불을 켜서 말 아래 두지 아니하고 등경 위에 두나니 이러므로 집안 모든 사람에게 비취느니라 이같이 너희 빛을 사람 앞에 비취게 하여 저희로 너희 착한 행실을 보고 하늘에 계신 너희 아버지께 영광을 돌리게 하라

바울 사도는 하나님의 교회 목자들에게 다음과 같이 간곡하게 말하였다.

> 행20:28-35 너희는 자기를 위하여 또는 온 양떼를 위하여 삼가라 성령이 저들 가운데 너희로 감독자를 삼고 하나님이 자기 피로 사신 교회를 치게 하셨느니라 내가 떠난 후에 흉악한 이리가 너희에게 들어와서 그 양떼를 아끼지 아니하며 또한 너희 중에서도 제자들을 끌어 자기를 좇게 하려고 어그러진 말을 하는 사람들이 일어날 줄을 내가 아노니 그러므로 너희가 일깨어 내가 삼년이나 밤낮 쉬지 않고 눈물로 각 사람을 훈계하던 것을 기억하라 지금 내가 너희를 주와 및 그 은혜의 말씀께 부탁하노니 그 말씀이 너희를 능히 든

든히 세우사 거룩케 하심을 입은 모든 자 가운데 기업이 있게 하시리라 내가 아무의 은이나 금이나 의복을 탐하지 아니하였고 너희 아는 바에 이 손으로 나와 내 동행들의 쓰는 것을 당하여 범사에 너희에게 모본을 보였노니 곧 이 같이 수고하여 약한 사람들을 돕고 또 주 예수의 친히 말씀하신바 주는 것이 받는 것보다 복이 있다 하심을 기억하여야 할찌니라

딤전3:1-7 미쁘다 이 말이여, 사람이 감독의 직분을 얻으려하면 선한 일을 사모한다 함이로다 그러므로 감독은 책망할 것이 없으며 한 아내의 남편이 되며 절제하며 근신하며 아담하며 나그네를 대접하며 가르치기를 잘하며 술을 즐기지 아니하며 구타하지 아니하며 오직 관용하며 다투지 아니하며 돈을 사랑치 아니하며 자기 집을 잘 다스려 자녀들로 모든 단정함으로 복종케 하는 자라야 할찌며 (사람이 자기 집을 다스릴줄 알지 못하면 어찌 하나님의 교회를 돌아 보리요) 새로 입교한 자도 말찌니 교만하여져서 마귀를 정죄하는 그 정죄에 빠질까 함이요 또한 외인에게서도 선한 증거를 얻은 자라야 할찌니 비방과 마귀의 올무에 빠질까 염려하라

딤전4:7-16 망령되고 허탄한 신화를 버리고 오직 경건에 이르기를 연습하라 육체의 연습은 약간의 유익이 있으나 경건은 범사에 유익하니 금생과 내생에 약속이 있느니라 미쁘다 이 말이여 모든 사람들이 받을만하도다 이를 위하여 우리가 수고하고 진력하는 것은 우리 소망을 살아 계신 하나님께 둠이니 곧 모든 사람 특히 믿는 자들의 구주시라 네가 이것들을 명하고 가르치라 누구든지 네 연소함을 업신여기지 못하게 하고 오직 말과 행실과 사랑과 믿음과 정절에 대하여 믿는 자에게 본이 되어 내가 이를 때까지 읽는 것과 권하는 것과 가르치는 것에 착념하라 네 속에 있는 은사 곧 장로의 회에서 안수 받을 때에 예언으로 말미암아 받은 것을 조심 없이 말며 이 모든 일에 전심전력하여 너의 진보를 모든 사람에게 나타나게 하라 네가 네 자신과 가르침을 삼가 이 일을 계속하라 이것을 행함으로 네 자신과 네게 듣는 자를 구원하리라

베드로 역시 그렇게 말하였다.

벧전5:1-4 너희 중 장로들에게 권하노니 나는 함께 장로 된 자요 그리스도의 고난의 증인이요 나타날 영광에 참예할 자로라 너희 중에 있는 하나님의 양 무리를 치되 부득이함으로 하지 말고 오직 하나님의 뜻을 좇아 자원함으로 하며 더러운 이를 위하여 하지 말고 오직 즐거운 뜻으로 하며 맡기운 자들에게 주장하는 자세를 하지 말고 오직 양 무리의 본이 되라 그리하면 목자장이 나타나실 때에 시들지 아니하는 영광의 면류관을 얻으리라

오늘날 우리가 반드시 기억하고 생각할 일은, 우리 한국교회는 자랑스런 훌륭한 믿음의 선조들이 많이 있었다는 사실이다.

전라북도 김제 모악산 기슭에는 금산 교회가 있다. 남녀칠세부동석이라 하여 남녀가 서로 바라보지 못하게 교회당이 ㄱ자형으로 지어져서 강대상이 모서리에 있고, 오직 목사만 남녀석을 바라볼수 있도록 하였다. 한때는 더 철저히 남녀석을 가린다고 틈새가 나는 중간에 흰 포장을 치기도 하였다. 지금은 문화재로 지정되어 많은 사람들이 찾는다.

그러나 금산교회는 매우 아름다운 이야기를 가지고 있는 교회이다. 이자익(李自益)이라는 청년이 경상남도 남해에서 어릴 때 부모님을 여의고 고아가 되었는데, 먹고 살기 위해서 곡창지대인 전라도 김제에 이르고, 그 일대에서 가장 큰 부자인 조덕삼씨 집 마부가 되고, 성실함으로 주인의 두터운 신임을 받았다. 그리고 1902년에는 이 지역을 순회하며 전도하던 미국 선교사 테이트(L.B.Tate- 한국명-崔義德)를 만나 예수님을 믿게 되었다.

1904년에는 조덕삼이 믿음을 결심하였는데, 이자익은 그의 결심에 직접적인 영향을 준 인물이다. 조덕삼은 마을의 지도적 인물이었기 때문에 개종 후 그의 전도와 헌신은 실로 엄청난 결과를 가져왔다. 이자익을 '영적 상전'으로 받들고 교회발전을 위해 진력하는 조덕삼의 모습은 마을의 믿지 않는 사람들에게 깊은 인상을 주었고, 다음 해인 1905년에는 교회가 설립될 수 있었다.

이후 교회는 교인이 크게 불어나자 장로 한 사람을 뽑게 되고, 조덕삼, 이자익이 피택되어 투표를하였는데 놀랍게도 이전에 주인이었던 조덕삼은 떨어지고 마부였던 이자익이 당선되었다. 이때 조덕삼은 교인들 앞에 나가 말하길 "이 결정은 하나님께서 내리신 결정입니다 나는 교회의 결정에 순종하고 이자익 장로를 받들어서 열심히 교회를 섬기겠습니다."

이후 조덕삼도 장로가 되고, 이자익 장로가 평양신학교에 가서 공부하도록 돕고, 졸업 후 목사가 되었을 때는 다시 금산교회로 초빙하였다. 후일 이자익 목사는 장로회 총회에서 3번이나 총회장으로 뽑혔다. 두 사람 후손들의 교제는 여전히 아름답게 들려온다.

1919년 3.1 만세운동 시기 기독교 인구는 1.5%에 불과한 소수였지만 강했다. 당시 기독교인들의 선구자적 역할과 모범을 쉽게 상상해 볼 수 있다.

조만식 장로가 오산학교 교장으로 있을 때 주기철 목사를 가르쳤다. 그런데 조 장로는 제자인 주 기철이 전도사로 시무하던 때 그 교회의 시무장로로 있었다. 어느 주일 조 장로는 예배시간이 되었는데도 밖에서 손님과 이야기를 하다가 예배가 시작된 뒤에 교회에 들어왔다. 주 전도사는 설교를 하다 말고 "조 장로님, 오늘은 의자에 앉지 마시고 서서 예배를 드리십시오" 하고 호령했다.

이럴 때 보통사람 같았으면 나가버리든가 의자에 앉아서도 아마 험한 얼굴을 하고 있었을 것이다. 그러나 조 장로는 그대로 서서 예배를 드렸다. 나중에 주 전도사가 설교를 마치고 "서 계시는 조 장로님, 기도해 주십시오" 하니 조 장로는 "하나님, 나의 죄를 용서해 주옵소서. 거룩한 주일에 하나님 만나는 것보다 사람 만나는 것을 더 중하게 여겼던 죄를 용서하옵소서" 하고 기도했다. 그날 온 교우가 눈물을 흘렸다고 한다. 그 스승의 그 제자다.

Ⅲ. 오늘날 신앙생활에서 속히 시정해야 할 부분

마15:3-9 대답하여 가라사대 너희는 어찌하여 너희 유전으로 하나님의 계명을 범하느뇨 하나님이 이르셨으되 네 부모를 공경하라 하시고 또 아비나 어미를 훼방하는 자는 반드시 죽으리라 하셨거늘 너희는 가로되 누구든지 아비에게나 어미에게 말하기를 내가 드려 유익하게 할 것이 하나님께 드림이 되었다고 하기만 하면 그 부모를 공경할 것이 없다 하여 너희 유전으로 하나님의 말씀을 폐하는도다 외식하는 자들아 이사야가 너희에게 대하여 잘 예언하였도다 일렀으되 이 백성이 입술로는 나를 존경하되 마음은 내게서 멀도다 사람의 계명으로 교훈을 삼아 가르치니 나를 헛되이 경배하는도다 하였느니라

이처럼 예수 그리스도께서는 하나님 백성들의 옳치 않은 일을 결코 좌시하지 않으셨다. 왜냐하면 그들이 비록 하나님의 말씀을 중요시한다 할지라도 그러나 그들의 전통을 더욱 중요하게 여겼기 때문이다.

그러면 지금은 어떠한가? 우리의 신앙 가운데 반드시 깨뜨리고 시정해야 할 부분은 없는가? 적지 않게 있다. 그 중 하나는 바로 구원관에 관한 것이요, 특히 보혈에 대한 잘못된 관념이다. 사탄은 보혈을 중요시 한다는 위장을 통해, 기독교인들로 하여금 보혈이 가리키는 본질을 알지 못하게 한다. 그래서 기독교인들로 하여금 왜곡되고 비성경적인 구원관을 갖게 하고, 복음의 진리를 깨닫지 못하도록 설치고 있다.

1. 반드시 『피는 표시』임을 알고, 희생된 그 어린 양을 생각해야 한다

출12:5-7 너희 어린 양은 흠 없고 일년 된 수컷으로 하되 양이나 염소 중에서 취하고 이 달 십 사일까지 간직하였다가 해 질 때에 이스라엘 회중이 그 양을 잡고 그 피로 양을 먹을 집 문 좌우 설주와 인방에 바르고

출12:13 내가 애굽 땅을 칠 때에 그 피가 너희의 거하는 집에 있어서 너희를 위하여 표적(記號, sign, 표시, 기호)이 될찌라 내가 피를 볼 때에 너희를 넘어가리니 재앙이 너희에게 내려 멸하지 아니하리라

이 말씀은 매우 중요하다. 많은 사람들은 당시 이스라엘 백성들이 애굽 땅의 처음 난 것들이 죽임 당할 때 은혜를 입어 구원 받은 것은 오직 피 때문이라고 여긴다. 즉, 마치 피의 능력을 통하여 구원 받은 것처럼 생각한다. 과연 이러한 이해가 옳은가?

중요한 것은「양을 먹을 집 문 좌우 설주와 인방에 바른 피」는 바로 표시(記號, sign)임을 알아야한다. 이 표시는『이 집은 이스라엘 사람의 집이요, 이 집 사람들은 믿음이 있어 하나님 말씀에 순종하고, 특히 이 집 안에는 유월절 어린 양의 죽음이 있다』는 것을 나타내고 증명하는 것이다. 그러므로 반드시 희생된 양을 생각해야 한다.

그러나 많은 사람들이 오직 어린 양의 피만을 보고, 희생된 유월절 어린 양은 주목하지 않는다. 이는 큰 잘못이요, 빗나간 것이다. 이는 마치 捨本逐末 나 只見樹木, 不見森林 현상과 같다.

捨本逐末 : 근본(중요한 것)을 버리고 지엽적인 것을 (애써) 추구하다

只見樹木, 不見森林 : 나무만 보고 숲을 보지 못하다, 부분만 보고 전체를 보지 못하다

반드시 피 흘린 어린 양 즉, 희생된 어린 양을 생각해야 한다. 만약 당시에 '어린 양의 피를 대신하여 아버지의 피를 취하라' 는 그런 명령이 있었다면, 그럼 구원받은 가족들은 누구에게 감사해야 할까? 아버지의 피일까? 희생하신 아버지일까?

한 걸음 나아가서 생각해 보자. 구약의 유월절 어린 양은 누구를 예표하고 상징하는가? 성경은 정확하게 우리에게 알려준다.

고전5:7 ~ 우리의 유월절 양 곧 그리스도께서 희생이 되셨느니라.

요1:29 이튿날 요한이 예수께서 자기에게 나아오심을 보고 가로되 보라 세
상 죄를 지고 가는 하나님의 어린 양이로다.

성경의 속죄제사에서 『피』는 단지 피만을 가리키지 않고, 한 생명의 죽음을 가리키고 상징하며 증명한다. 분명히 피는 뼈나 살처럼 육체를 구성하고 있는 한 요소요 부분이지만 성경에서 피는 단지 피 곧 혈액만을 의미하는 것이 아니다. 자세히 살펴보면,

1) 육체의 생명을 뜻하고, 그 생명체 전체를 대표하고 상징한다.
2) 나아가서 속죄제사에서 피는 죄에 대한 철저한 하나님의 공의와 죄인을 향한 놀라운 하나님의 사랑을 담고 표시한다.
3) 한 생명체의 처절하고 생생한 희생의 죽음을 의미하고, 상징하며, 죽음의 대명사요, 죽음의 증거물이다.
4) 또한 그 피는 自然死나 病死나 事故死가 아닌 흠 없는 희생제물로서의 죽음을 생생히 드러내고 있다.

이처럼 '피'는 단순하면서도 은유적이고 상징적이요 매우 함축적인 말이다. 그러므로 피를 문자적 의미로만 취해서는 결코 아니된다. 게다가 추상적, 혹은 미신적으로 이해해서도 아니된다. (뿌리는 경우에서도. 히9장 참조)

보혈의 핵심적인 의미는 『생생히 기억될, 죄인을 대신한 예수님의 희생의 죽으심』이다. 예수 그리스도의 죽으심을 이러한 '피 흘리심'으로 표현하는 것은 히브리서의 특징이기도 하다.

히9:22 율법을 좇아 거의 모든 물건이 피로써 정결케 되나니 피 흘림이 없은

즉 사함이 없느니라

「피 흘림」은 무슨 뜻인가? 이는 죽음을 가리키고 있다.

시51:14 하나님이여 나의 구원의 하나님이여 피 흘린 죄에서 나를 건지소서
내 혀가 주의 의를 높이 노래하리이다

여기서 사람의 피를 흘린 죄는 바로 살인 죄를 의미한다. 만약 속죄제물이 비록 많은 피를 흘렸다 할지라도 아직 죽지 않고 살아있다면, 그 속죄제사는 전혀 효과가 없다. 즉 깨끗함이나 용서를 받을 수 없다. 이처럼 속죄제사에서 피는 바로 죽음을 가리키고 있다. 그러드로

☞ 피=보혈=십자가=목숨을 버림=희생(血＝寶血＝十字架＝捨命＝犧牲)

이 모두는 같은 뜻으로 예수 그리스도의 죽으심을 가리키며, 증거하며, 대표하고, 상징한다.

골1:20-22그의 십자가의 피로 화평을 이루사 만물 곧 땅에 있는 것들이나 하늘에 있는 것들을 그로 말미암아 자기와 화목케 되기를 기뻐하심이라 전에 악한 행실로 멀리 떠나 마음으로 원수가 되었던 너희를 이제는 그의 육체의 죽음으로 말미암아 화목케 하사 너희를 거룩하고 흠 없고 책망할 것이 없는 자로 그 앞에 세우고자 하셨느니라

요일 3:16 그가 우리를 위하여 목숨을 버리셨으니 우리가 이로써 사랑을 알고 우리도 형제들을 위하여 목숨을 버리는 것이 마땅하니라

이처럼 보혈이 가리키는 주님의 희생의 죽으심은 대단히 인상적이고 감

동적이며, 소리 없이도 능히 새로운 결심을 품게 하는 영향력이 있다.

그러나 교회가 깨어있지 않고, 오래된 교회전통을 성경보다 중요시 하면, 교회는 여전히 잘못을 범할 수 있다. 보혈에 대한 그릇된 관념도 이미 기나긴 세월을 통해 전통처럼 굳어진 가운데 찬송과 기도와 설교 등에서 여전히 그대로 자주 사용되고 있는 게 현실이다. 그러므로 우리는 성경으로 돌아가야 한다.

2. 신비종교의 사상에 물들어서는 아니된다

『모든 신비종교 의식들 가운데서 가장 유명한 것이 타우로볼리움(taurobolium) 이란 것이었다. 즉, 구덩이를 파고 한 사람이 구덩이에 들어가고, 구덩이 위에는 구멍이 뚫린 판자뚜껑이 덮여있고, 그 위에서 황소 한 마리가 목이 잘려 살해되면, 그 피가 구멍을 통해 그 사람의 머리 위에서부터 흘러내려 피로 목욕을 한다. 이로써 그는 죄 사함을 받았다고 여기고, 그래서 그 구덩이에서 나올 때는 그 스스로 영원히 중생했다고 여겼다』(William Barcley)

그러면 우리 기독교인이 「예수님의 피로 말미암아 구속 곧 죄 사함 받았다(엡1:7)」말할 때, 우리 기독교와 신비종교 의식의 의미는 서로 같은 것인가? 어떤 사람은 그렇게 생각하고 어떤 사람은 그렇게 생각하지 않는다.

기독교와 신비종교는 어떤 내용에 있어서는 서로 비슷하다. 왜냐하면 고대 신비종교는 기독교 신앙을 모방해서 자기들의 종교의식에 활용했기 때문이다. 그러므로 그들은 가짜이다. 그래서 우리는 마땅히 분별해내야 한다.

『고대 헬라인들이 숭배했던 키벨레(Kybele)의 신비 의식에는 사람들이 속죄함을 받기 위해 황소의 피로 목욕하는 입문식이 있었다. 그들은 황소 피에 목욕하면 20년간 죄 사함을 받는다고 믿었다.

하버드 대학교(Harvard University)의 헬무트 쾨스트 (Helmut Köster)는 이 죄 사함 의식은 기독교의 영향을 받았다고 설명한다.

그런데 흥미로운 사실은 키벨레 신비 종파가 기독교와 계속 경쟁하면서 속죄함을 받는 그 피의 유효 기간을 20년에서 영원까지 끌어올렸다고 한다. 즉, 한번 황소의 피로 목욕한 사람은 다시는 그 피 목욕이 필요 없으며 영원히 그 속죄함이 유효하다는 것이다.

저명한 부루스 M. 메쯔거(Bruce M. Metzger) 는 이러한 사례는 혼합적 성향을 가진 신비종교가 기독교를 모방한 실례라고 주장한다』(박명룡)

기독교와 신비종교 의식의 의미는 마치 같아 보이나 서로 완전히 다르다. 이를 성경에 비추어 대조해 보면,

1) 신비종교 : 이는 하나님 없는 인간의식에 불과하다
성경 : 예수님의 희생은 우리를 위한 하나님께 드린 속죄제사였다

성경은 모든 범죄가 하나님께 득죄한 것이므로 하나님의 용서가 필요함을 우리에게 가르친다. 또한 하나님의 용서－즉 사하심을 얻기 위해서는 반드시 속죄 제사가 필요함을 가르친다. 이처럼 죄인은 오직 하나님께 드리는 속죄제사를 통하여 비로소 하나님의 용서하심을 얻게 된다.

> 레4장 ~ 누구든지 여호와의 금령 중 하나라도 그릇 범하여 ~ 속죄 제물을 삼아 여호와께 드릴지니 ~ 제사장이 그의 범한 죄에 대하여 그를 위하여 속죄한즉 그가 사함을 얻으리라

> 요일4:10 사랑은 여기 있으니 우리가 하나님을 사랑한 것이 아니요 오직 하나님이 우리를 사랑하사 우리 죄를 위하여 화목제로 그 아들을 보내셨음이니라

엡5:2 그리스도께서 너희를 사랑하신 것같이 너희도 사랑 가운데서 행하라 그는 우리를 위하여 자신을 버리사 향기로운 제물과 생축으로 하나님께 드리셨느니라

고전5:7 ~ 우리의 유월절 양 곧 그리스도께서 희생이 되셨느니라

엡1:7 우리가 그리스도 안에서 그의 은혜의 풍성함을 따라 그의 피로 말미암아 구속 곧 죄 사함을 받았느니라

히9:14 하물며 영원하신 성령으로 말미암아 흠 없는 자기를 하나님께 드린 그리스도의 피가 어찌 너희 양심으로 죽은 행실에서 깨끗하게 하고 살아계신 하나님을 섬기게 못하겠느뇨

그러나 신비종교의 그 의식에는 하나님이 없다. 예수 그리스도께서 십자가에 못 박혀 살이 찢어지고 피가 흐르는 그 희생은 우리를 위하여 하나님께 드린 속죄제사였다. 그러나 많은 그리스도인들이,

①「주님의 희생은 하나님께 드린 것」임을 망각한다.
② 피 자체에 능력이 있다고 여긴다.
③ 피로 죄를 씻는 행위를 상상한다.
④「예수님을 믿는다는 의미(요20:31)」와「하나님의 용서－죄 사하심의 은혜」를 깨닫지 못한다.
⑤ 오래된 교회전통을 성경보다 중요시 한다.

그래서 보혈에 대한 잘못된 관념들이 생기고, 때문에 신앙생활에서 적지 않은 잘못이 발생된다.

예를 들면:

• 어떤 이는 저녁 잠자기 전에 기도하기를

"예수님의 보혈로 우리 집과 자녀들을 덮어주소서"

"예수님의 피로 나를 덮어주셔서 사단이 공격하지 못하게 하옵소서"

• 귀신을 쫓아내려고 할 때

"예수님의 보혈, 보혈"을 외친다.

• 찬송가 가사 중에

"온 몸을 피에 잠글 때 주의 진노를 면하겠네"

"주의 피로 이룬 샘물 참 깊고 넓도다"

• 보혈기도

☆ 내 머리부터 발끝까지 예수의 피를 뿌리고 바르고 덮습니다.

☆ 예수의 피를 내 마음과 영과 몸에 붓습니다.

☆ 저의 영과 혼과 육과 마음과 생각과 지정의를, 저의 모든 세포와 조직과 신경과 호르몬과 피와 체액을, 예수 그리스도의 보혈의 피로 완전하게 씻고 예수 그리스도의 보혈의 피로 완 전히 채우고 완전하게 덮습니다.

이런 "보혈 기도"는 이미 성도들 가정까지 파고 들어와 벽에 붙여진 채 기도문으로 자리 잡고 있다.

• 보혈 세례

"특히 신사도들은 예수님의 보혈을 만병통치약으로 쓰고 있다. 그들은 심지어 재정적인 축복을 원할 때도 예수 보혈을 지갑에 뿌리면 재정이 회복될 것이라고 가르친다." 고 한다.

• 선교지에서도

“이 땅에 예수님의 보혈을 찍게 하소서”

“이 땅이 예수의 피바다가 되길 소원합니다“라고 기도한다.

…… 등등 이 모두는 속죄 제사에 대한 무지와 보혈에 대한 크게 잘못된 이해와 관념에서 나온 것이다. 왜냐하면 보혈은 예수 그리스도의 죽으심을 가리키고, 또한 예수님의 희생은 이미 우리를 위하여 하나님께 드린 속죄제사이기 때문이다. 이 때문에「예수님의 피」는 지금 누구든지 갖다가 제멋대로 쓸 수가 없는 것이다. 만약 자기 마음대로 쓴다면 이는 마치 피아노를 도마로 쓰는 사람과 같다. 그러므로「피로 죄를 씻는다」는 이 말은 반드시 속죄제사 관점에서 봐야 한다. 신비종교의 관점으로 봐서는 결코 안된다.

2) 신비종교 : 죄에 대하여 분명치 않은 막연한 두려움이 있다

성경 : 예수님의 죽으심에는 하나님의 죄에 대한 엄격한 공의와 죄인에 대한 탄복할 사랑이 있다

성경은 이렇게 말한다.

> 롬6:23 죄의 삯은 사망이요

> 롬5:8 우리가 아직 죄인 되었을 때에 그리스도께서 우리를 위하여 죽으심으로 하나님께서 우리에게 대한 자기의 사랑을 확증하셨느니라

예수 그리스도께서는 우리의 죄를 담당하심으로 큰 죄인이 되셨다. 죄의 삯은 사망인데 이는 하나님의 공의요, 이미 큰 죄인이 되신 예수님은 이 하나님의 공의를 따라 십자가에 못박혀 죽으셨다. 그래서 주님의 수난과 죽으

심은 매우 처참하였다. 또한 주님은 우리 죄인들 위하여 희생하셨는데, 이는 하나님의 사랑 때문이다.

이처럼 하나님의 아들 예수 그리스도 십자가의 죽으심 속에는 하나님의 공의와 사랑이 있다. 그러므로 만약 피에 대하여 이 영적인 의미를 찾지 못하면, 신앙은 바로 쉽게 미신적 신앙으로 바뀌지 된다.

십자가는 예수님이 그리스도이심을 즉, 죄인의 구주이심을 증명한다. 우리는 하나님의 아들 예수 그리스도 때문에 구원 받았다. 그러므로 예수 그리스도는 우리의 가장 큰 생명의 은인이시다. 신비종교는 죄에 대하여 분명치 않은 막연한 두려움이 있다

3) 신비종교 : 피에는 능력이 있다고 여긴다
성경 : 피에는 생명이 있다

레17:11 육체의 생명은 피에 있음이라 내가 이 피를 너희에게 주어 단에 뿌려 너희의 생명을 위하여 속하게 하였나니 생명이 피에 있으므로 피가 죄를 속하느니라

이처럼 성경은 생명이 피에 있기 때문에 하나님께 드리는 속죄제사를 가르치고 있다. 그러므로 '피로써 죄 씻음 받는다'는 표현은 피가 어떤 물리적인 작용이나 화학적인 작용을 해서 죄를 씻는다는 말이 결코 아니다. 이는 '하나님의 공의와 사랑이 함께 담겨있는 속죄제사 제물의 희생을 통하여 비로소 하나님의 죄 용서하심을 받는다'는 뜻이다.

그러나 신비종교에서는 피에는 능력이 있다고 여기기 때문에 피가 능히 직접 죄를 씻을 수 있다고 여긴다. 이는 곧 하나의 물질인 피가 영적 문제인 『죄』에 직접 영향을 미친다고 보는 것이다. 이는 피에 대한 미신이다.

『피에는 생명이 있다』와 『피에는 능력이 있다』는 말은 서로 비슷한 말이 결

코 아니다. 『피에는 능력이 있다, 보혈에는 능력이 있다』는 이 말은 사탄이 성도들을 미혹하는 말이다. 안타깝게도 많은 성도들이 그렇게 믿고 있다. 우리는 그 잘못을 찾아내야 한다. 그 잘못은 바로, 하나님 말씀과 다르기 때문이다. 『피에 능력이 있다』는 말로 『예수 그리스도의 죽으심 속에 있는 하나님의 공의와 사랑』을 가리우기 때문이다.

피가 내포한 의미를 무시하고 단지 피 자체를 강조하여 물질화, 미신화시키기 때문이다. 용서의 주체이신 하나님을 빼기 때문이다. 오직 피만 강조하여 정녕 기억해야 할 『우리 죄인 위해 죽으신 하나님의 어린 양 예수 그리스도』와 『그 영원한 속죄 제사를 열납하시고 믿는 자를 용서하시는 하나님』, 이와 같은 속죄제사의 전체는 보지 못하게 하기 때문이다. 이는 只見樹木, 不見森林(나무만 보고 숲을 보지 못하다, 부분만 보고 전체를 보지 못하다)현상이다.

교회는 지금까지 오랜 세월 동안 중요한 구원 전파에서 사탄의 미혹을 발견하지 못했다. 이 때문에 많은 사람들이 신앙의 바른 길에서 빗나가며, 구원의 기쁨을 누리지 못하고 있다. 참으로 안타까운 모습이다.

> 살후 2:9-10 악한 자의 임함은 사단의 역사를 따라 모든 능력과 표적과 거짓 기적과 불의의 모든 속임으로 멸망하는 자들에게 임하리니 이는 저희가 진리의 사랑을 받지 아니하여 구원함을 얻지 못함이니라

예수님의 십자가의 희생은 하나님께 드린 속죄 제사라는 사실, 또한 피 자체가 죄를 용서하는 것이 아니라 하나님께서 죄를 용서하신다는 사실을 아는 것은 매우 중요하다.

그러므로 보혈만 주목하지 말고 그 의미하는 바 예수님의 죽으심과 그리고 용서의 주체이신 하나님을 주목해야 한다. 누구든지 믿는 자는 예수님의 희생 때문에 하나님의 용서-죄 사하심의 은혜를 얻는다. 그래서 오직 예수님만이 우리 죄인의 구원자이시다.

요 3:16 하나님이 세상을 이처럼 사랑하사 독생자를 주셨으니 이는 저를 믿는 자마다 멸망치 않고 영생을 얻게 하려 하심이니라

이 놀라운 사랑과 은혜를 모든 사람이 알도록, 믿도록, 가르치고, 전하는 것이 모든 그리스도인의 귀한 사명이다.

4) 신비종교 : 피 자체를 중요시하며 죄를 위해 상당 양의 피를 필요로 한다

성경 : 속죄와 피의 양의 많고 적음과는 전혀 상관없음을 가르치며, 오직 속죄제물의 생명의 희생을 중요시한다. 즉 예수 그리스도 희생의 죽으심을 중요시한다

"연말의 어느 주간은 터키인들이 가장 중요하게 여기는 '쿠르반 바이람'이라는 종교 축일 기간이다. 이는 희생절인데 양 또는 소를 희생제물로 알라에게 바치는 일종의 제사의식이다. 아브라함이 이삭을 제물로 바치고자 했을 때 하나님께서 그의 믿음을 보시고 대신 양으로 제물을 바친 그때부터 유래하여 매년 희생절이 되면 각 가정마다 죄를 속죄하기 위하여 동물 한 마리씩을 잡으니 그 수가 대단하다. 어린아이에 이르기까지 직접 칼을 잡고 의식에 참여한다. 잡을 때 피를 많이 흘린 만큼 죄가 사해진다고 믿으니 피를 많이 흘리게 하기 위하여 동물들이 고통스럽게 죽어간다. 도시 여기저기 양과 소들이 즐비하고 동물들도 자기의 죽음을 아는지 끌려가지 않으려고 안간힘을 쓴다"

이는 신비종교와 비슷한 세상 종교의 한 모습이다. 그러나 성경은 이렇게 가르친다.

레5:7 만일 힘이 어린 양에 미치지 못하거든 그 범과를 속하기 위하여 산비둘기 둘이나 집비둘기 새끼 둘을 여호와께로 가져가되 하나는 속죄제물을

삼고, 하나는 번제물을 삼으라

레5:11 만일 힘이 산비둘기 둘이나 집비둘기 둘에도 미치지 못하거든 그 범과를 인하여 고운 가루 에바 십분 일을 예물로 가져다가 속죄 제물로 드리되 이는 속죄제인즉 그 위에 기름을 붓지 말며 유향을 놓지 말라

* 고운 가루: 이미 낟알의 생명은 죽었다

요12:24 내가 진실로 진실로 너희에게 이르노니 한 알의 밀이 땅에 떨어져 죽지 아니하면 한 알 그대로 있고 죽으면 많은 열매를 맺느니라

이 말씀은 예수 그리스도의 희생을 암시하고 있다.

히9:22 율법을 좇아 거의 모든 물건이 피로써 정결케 되나니 피 흘림이 없은즉 사함이 없느니라

피 흘림은 육체의 생명의 죽음을 뜻한다. 즉, 죽음(희생)이 있어야 죄 사함이 있다는 의미이다. 여기에서 우리는 구약의 속죄 제물은 동물이나 식물을 물론하고 중요한 공통점이 있음을 발견할 수 있다. 그것은 바로 생명의 희생 즉, 죽음이 있다는 것이요, 이는 또한 모두 예수 그리스도의 죽으심을 예표하고 있다는 것이다.

마20:28 인자가 온 것은 섬김을 받으려 함이 아니라 도리어 섬기려 하고 자기 목숨을 많은 사람의 대속물로 주려 함이니라

고후 5:14-15 그리스도의 사랑이 우리를 강권하시는도다 우리가 생각건대 한 사람이 모든 사람을대신하여 죽었은즉 모든 사람이 죽은 것이라 저가 모든 사람을 대신하여 죽으심은 산 자들로 하여금 다시는 저희 자신을 위하

여 살지 않고 오직 저희를 대신하여 죽었다가 다시 사신 자를 위하여 살게 하려 함이니라

5) 신비종교: 동물의 피로 목욕하는 행위를 요구한다
성경: 오직 주 예수 그리스도를 믿을 것을 요구한다

성경은 특히 십자가와 부활을 통하여 예수님은 죄인의 구주시요, 하나님의 아들이신 사실을 증거하며, 예수 그리스도께 대한 믿음을 요구한다.

요20:31 오직 이것을 기록함은 너희로 예수께서 하나님의 아들 그리스도이심을 믿게 하려 함이요 또 너희로 믿고 그 이름을 힘입어 생명을 얻게 하려 함이니라

그러나 신비종교에서는 피로 전신을 씻는 목욕의 행위를 필요로 한다.

"찬송하세 주의 보혈 그 샘에 지금 나아가 죄에 깊이 빠진 이 몸 그 피로 씻어 맑히네" "샘물과 같은 보혈은 임마누엘 피로다 이 샘에 죄를 씻으면 정하게 되겠네"

이와 같은 찬송가 가사는 결코 복음의 진리에 부합하지 않는다. 이는 신비종교 사상에 물든 내용이다.

6) 신비종교: 죄를 씻기 위하여 인간 자신의 노력과 행위를 의지한다
성경: 구원은 하나님의 은혜를 인하여 믿음으로 말미암는다

엡2:8-9 너희가 그 은혜를 인하여 믿음으로 말미암아 구원을 얻었나니 이것이 너희에게서 난 것이 아니요 하나님의 선물이라 행위에서 난 것이 아니

니 이는 누구든지 자랑치 못하게 함이니라

우리의 구원은 하나님의 은혜로 말미암는다. 범죄는 우리가 행하고 책임은 하나님께서 지시고, 또한 우리를 위한 온전한 속죄제물 되신 예수 그리스도도 하나님 자신이 예비하셨다. 또한 우리로 하여금 오직 믿음으로 하나님의 용서하심을 받게 하시고, 의인으로 일컬음 받게 하시며, 하나님 자녀가 되게 하신다. 이 모두는 오직 하나님의 은혜이다. 그래서 복음을 하나님의 은혜의 복음이라 부른다.

행20:24 나의 달려갈 길과 주 예수께 받은 사명 곧 하나님의 은혜의 복음 증거하는 일을 마치려 함에는 나의 생명을 조금도 귀한 것으로 여기지 아니하노라

신비종교는 인간 자신의 노력과 행위를 의지한다. 그러나 구원은 인간 자신의 힘으로는 결코 얻을 수 없는 것이다.

7) 신비종교 : 피 자체를 높인다
성경 : 우리를 위해 희생하신 예수 그리스도를 높인다

계1:4-6 요한은 아시아에 있는 일곱 교회에 편지 하노니 이제도 계시고 전에도 계시고 장차 오실 이와 그 보좌 앞에 일곱 영과 또 충성된 증인으로 죽은 자들 가운데서 먼저 나시고 땅의 임금들의 머리가 되신 예수 그리스도로 말미암아 은혜와 평강이 너희에게 있기를 원하노라 우리를 사랑하사 그의 피로 우리 죄에서 우리를 해방하시고 그 아버지 하나님을 위하여 우리를 나라와 제사장으로 삼으신 그에게 영광과 능력이 세세토록 있기를 원하노라 아멘

계5:9-14 새 노래를 노래하여 가로되 책을 가지시고 그 인봉을 떼기에 합당

하시도다 일찍 죽임을 당하사 각 족속과 방언과 백성과 나라 가운데서 사람들을 피로 사서 하나님께 드리시고 저희로 우리 하나님 앞에서 나라와 제사장을 삼으셨으니 저희가 땅에서 왕 노릇 하리로다 하더라 내가 또 보고 들으매 보좌와 생물들과 장로들을 둘러 선 많은 천사의 음성이 있으니 그 수가 만만이요 천천이라 큰 음성으로 가로되 죽임을 당하신 어린 양이 능력과 부와 지혜와 힘과 존귀와 영광과 찬송을 받으시기에 합당하도다 하더라 내가 또 들으니 하늘 위에와 땅 위에와 땅 아래와 바다 위에와 또 그 가운데 모든 만물이 가로되 보좌에 앉으신 이와 어린 양에게 찬송과 존귀와 영광과 능력을 세세토록 돌릴찌어다 하니 네 생물이 가로되 아멘 하고 장로들은 엎드려 경배하더라

계7:9-10 이 일 후에 내가 보니 각 나라와 족속과 백성과 방언에서 아무라도 능히 셀 수 없는 큰 무리가 흰 옷을 입고 손에 종려 가지를 들고 보좌 앞과 어린 양 앞에 서서 큰 소리로 외쳐 가로되 구원하심이 보좌에 앉으신 우리 하나님과 어린 양에게 있도다 하니라

그러나 신비종교는 피를 높인다. "찬송하세 주의 보혈" "주의 보혈 능력 있도다 주의 피 믿으오" 이와 같은 신앙이나 찬송가 가사는 결코 성경에 부합하지 않는다.

8) 신비종교 : 자신들이 만든 의식을 통하여 죄 씻음과 중생을 얻을 수 있다고 여긴다

성경 : 오직 예수 그리스도의 희생만이 완전하고 영원한 속죄제사이다

성경은 우리에게 동물을 통한 속죄제사는 불완전한 것이요, 오직 하나님의 아들 예수 그리스도의 희생만이 완전하고 영원한 속죄 제사임을 가르친다.

히10:4 이는 황소와 염소의 피가 능히 죄를 없이 하지 못함이라

히10:10 이 뜻을 좇아 예수 그리스도의 몸을 단번에 드리심으로 말미암아 우리가 거룩함을 얻었노라

히10:12 오직 그리스도는 죄를 위하여 한 영원한 제사를 드리시고 하나님 우편에 앉으셨다

예수님의 희생은 오직 한번으로 족하다. 예수 그리스도는 피 흘리고 있는 기계가 아니다. 예수 그리스도께서는 이미 부활, 승천하셨다. 그러므로 찬송가 가사 중 "보혈의 샘", "보혈의 강" 등등은 모두 하나님 말씀에서 빗나간 믿음으로부터 나온 미신적인 표현이다. 이런 종류의 신앙은 아직도 보혈로 죄를 씻는 행위를 말하고 있다. 이는 신비종교 사상에 속한 것이다.

만약 보혈이 강물처럼 흐르고 있다면 예수님이 아직도 십자가에 못 박혀 계시고 부활하시지도 않았단 말인가? 만약 한강처럼 붉은 보혈의 강물이 흐르고 있고 서울 시내 모든 성도들이 자신들의죄를 씻기 위해 그 곳에 모여들어 마치 목욕하듯 씻는다면, 그것이 설령 추상적이라 하더라도 그 얼마나 끔찍하고 소름 끼치는 일인가! 찬송가 중에 그런 유형의 가사가 과연 옳고, 바람직한 표현인가? 이것이 과연 기독교의 모습인가?

"샘물과 같은 보혈", "주 달려 흘린 피 샘물같이 늘 흐르니" 등의 이런 표현은 결코 성경적이지 않다. 성경 그 어디에도 그런 표현은 없다. 이런 것은 신비종교 사상에 물든 내용이다.

혹자는 「슥 13:1 그 날에 죄와 더러움을 씻는 샘이 다윗의 족속과 예루살렘 거민을 위하여 열리리라」를 보혈과 연관시켜 인용하지만, 그러나 「생수의 근원되는 나」(렘 2:13), 「나의 주는 물은 그 속에서 영생하도록 솟아나는 샘물이 되리라」(요 4:14), 「누구든지 목마르거든 내게로 와서 마시라 나를 믿는 자는 성경에 이름과 같이 그 배에서 생수의 강이 흘러나리라 하시니 이는 그를 믿는 자의 받을 성령을 가리켜 말씀하신 것이라」(요 7:37-39)

이처럼 '생수의 근원(샘)'이나 '생수의 강'이란 표현은 성경에서 모두 삼위일체 하나님께 대한 표현이지 결코 피(보혈)을 의미하지 않는다는 것을 알 수 있다.

스가랴서의 이 말씀은 하나님께서 죄악을 씻는 그 은혜의『그 날』즉, 인류의 죄를 해결 할 예수 그리스도 십자가 희생의 그 날이 이미 예정되었음을 알려주고, 또한『샘』으로써 그 구원의 영원성을 알려주고 있는 상징적 예언이다.

우리 죄인을 위하여 채찍질과 고난과 능욕을 당하시고 최후 십자가에 못 박혀 살이 찢기고 피를 흘리시며 죽으신 예수님은 사흘 만에 부활하셨다. 그러므로 "주님의 피가 샘물 같이 강 같이 흐른다"는 말은 아직도 예수님이 십자가에 못 박혀 계신다는 말과 같다. 이는 주님의 죽으심의 유일성과 영원성을 모르는 무지의 소치요, 비성경적인 것이다. 성경은 분명히 증거한다.

벧전3:18 그리스도께서도 한 번 죄를 위하여 죽으사 의인으로서 불의한 자를 대신하셨느니라

히10:12 오직 그리스도는 죄를 위하여 한 영원한 제사를 드리시고 하나님 우편에 앉으셨다

이처럼 성경은 명쾌하게 가르치고 있다. 생명의 희생, 죽음을 의미하는 피를 양적으로 표현하는 사람은 주님의 죽으심을 제대로 알지 못한 사람이다. 다시 말해 주님의 피-보혈은 양(量)이 아닌『영원성이 있는 오직 유일한 한 번의 죽으심』을 내포하고 있기 때문이다.

피는 대명사로 곧 죽음을 뜻하고 있다. 그런데 어떤 사람은 기도드릴 때는 "보혈로 내 죄를 씻어주시옵소서"라고 기도한다. 이러한 기도는 몇 가지 면에서 잘못이 있다.

① 보혈은 주님의 희생, 죽으심을 나타내기 때문에, 「그의 피로(죽으심으로) 말미암아 구속 곧 죄 사함을 받았으니(엡1:7)」이는 마땅히 깨달아야 하고, 믿어야 하고, 감사해야 할 내용이지 기도할 내용이 아니다. 그러므로 이미 구원받은 사람이 늘 "보혈로 내 죄를 씻어주시옵소서"라고 기도해서는 아니된다.

② 「그의 피로 말미암아 구속 곧 죄 사함을 받았으니」이는 목욕에 해당하는 것이요 발 씻음에 해당하는 것이 아니기 때문이다.

> 요13:10 예수께서 가라사대 이미 목욕한 자는 발 밖에 씻을 필요가 없느니라 온 몸이 깨끗하니라 너희가 깨끗하나 다는 아니니라 하시니

예수 그리스도는 십자가의 죽으심을 통하여 우리로 하여금 마치 목욕한 사람처럼 깨끗한 사람이 되게 하셨다. 주님은 자신의 사명을 다 이루셨다.

> 요19:30 ~ 다 이루었다 ~

예수 그리스도는 십자가에 못박히셨을 때도 이렇게 기도하셨기 때문이다.

> 눅23:34 아버지여 저희를 사하여 주옵소서 자기의 하는 것을 알지 못함이니이다.

『내 피로 저들의 죄를 씻노라』 이렇게 말씀하시지 않았다. 십자가의 희생은 하나님께 드리는 것이기 때문이다.

④ 용서는 가장 기본적인, 근본적인 표현이기 때문이다.

주기도문과 속죄제사에서도 볼 수 있듯이 성경에서 가장 기본적으로 사

용되고 있는 말은『죄 사함-용서』이다. 이 사실은 매우 중요하다. 만약 이 사실을 무시하고 성경 속의 다양한 표현도 모르고 늘 한가지『씻음』에만 치우치면 왜곡된 신앙에 빠질 수 있다.

9) 신비종교:그 의식상의 동물의 피는 그들으 사람됨과 행위를 변화시키지 못한다

성경:예수 그리스도의 희생은 강한 영향력이 있어 능히 우리의 사람됨과 행위와 미래를 변화시킨다

예수 그리스도의 죽으심은 우리로 하여금 구원과 죄 사함과 깨끗함과 씻음과 화평과 화목과 성결과 해방과 자유와 평안과 의롭다 함과 영원한 온전함과 영생과 하나님의 함께 하심과 무한한 은총을 얻게 하시고 ……즉, 새로 지음 받은 사람, 하나님의 자녀가 되게 하신다 -…… 등등.

이 사실은 우리로 하여금 끊임없이 감사, 감격, 탄복하게 한다. 그래서 예수 그리스도의 희생은 능히 우리의 사람됨과 행위를 거룩하고 아름답게 변화시킨다.

> 벧전1:18-19 너희가 알거니와 너희 조상의 유전한 망령된 행실에서 구속된 것은 은이나 금 같이 없어질 것으로 한 것이 아니요 오직 흠 없고 점 없는 어린양 같은 그리스도의 보배로운 피로 한 것이니라
> 딛3:3-5 우리도 전에는 어리석은 자요 순종치 아니한 자요 속은 자요 각색 정욕과 행락에 종 노릇한 자요 악독과 투기로 지낸 자요 가증스러운 자요 피차 미워한 자이었으나 우리 구주 하나님의 자비와 사람 사랑하심을 나타내실 때에 우리를 구원하시되 우리의 행한바 의로운 행위로 말미암지 아니하고 오직 그의 긍휼하심을 좇아 중생의 씻음과 성령의 새롭게 하심으로 하셨느니라

주님의 십자가 사건 속에는 죄에 대한 하나님의 공의의 심판이 담겨있고, 우리 죄인에 대한 놀라운 구원의 사랑이 담겨있다는 것은 참으로 기묘한 사건이요, 지혜의 극치요, 최고의 은혜요, 패배 같으나 죄와 사망의 권세를 깨트린 능력과 승리의 사건이다.

주님의 십자가 최고의 사랑은 우리를 향한 하나님의 사랑의 확증이요, 우리의 감사 감격을 솟구치게 하고, 삶의 새로운 결단을 일으키고, 험한 세상을 소망 중에 이기게 하고, 하나님의 사람으로 당당히 거룩하고 아름답게 살게 한다. 그러므로 만약 어떤 사람이 예수 그리스도 십자가 구원의 은혜를 마음에 품고 산다면, 그는 능히 깨어 근신하며, 발 씻음 가운데 자기를 지키며, 세속에 물들지 않고, 빛 가운데서 살 수 있다.

> 히9:14 하물며 영원하신 성령으로 말미암아 흠 없는 자기를 하나님께 드린 그리스도의 피가 어찌 너희 양심으로 죽은 행실에서 깨끗하게 하고 살아계신 하나님을 섬기게 못하겠느뇨(중역: 어찌 너희 양심을 깨끗이 씻고 죽은 행실을 제거하며 살아계신 하나님을 섬기게 못하겠느뇨)

> 요일1:7 저가 빛 가운데 계신 것 같이 우리도 빛 가운데 행하면 우리가 서로 사귐이 있고 그 아들 예수의 피가 우리를 모든 죄에서 깨끗하게 하실 것이요 (중신역 : 우리를 모든 죄로부터 깨끗하게 하실 것이요, 영역 : purifies us from all sin)

> 엡5:8-9 너희가 전에는 어두움이더니 이제는 주 안에서 빛이라 빛의 자녀들처럼 행하라 빛의 열매는 모든 착함과 의로움과 진실함에 있느니라

예수 그리스도의 희생은 우리의 과거에만 영향을 끼치는 것이 아니라 현재와 미래에도 강한 영향을 끼친다. 즉, 날마다의 삶 속에서 성령님은 우리가 예수 그리스도 십자가의 사랑을 생각할 수 있도록 감동하시며, 이 사랑으로 말미암아 우리가 능히 죄악을 떠나 하나님의 기쁘신 뜻을 위하여 소원을

두고(빌2:13), 거룩하고 아름다운 삶을 살도록 역사하신다.

이처럼 사람으로 하여금 죄악을 떠나 거룩한 삶을 살도록 하는 근원은 바로 주님 십자가의 사랑이다. 기독교 역사는 끊임없이 우리에게 이런 빛의 자녀들을 보여 준다.

Ⅳ. 절대로 소홀히 해서는 안될 큰 구원

미국의 어느 대형교회를 담임하는 한 목회자는 예수님의 보혈에 대해서 책까지 펴냈지만 아이러니컬하게도 "의외로 많은 교인들이 예수님의 속죄하심에 대해서 너무 모르고 있고, 바로 이 때문에 하나님께서 그들의 삶 가운데 예비하신 참 자유를 누리지 못하고 있다는 사실을 알게 되었다"고 밝히고 있다.

교인들 중에 놀랄만한 다수가 구원의 확신 없이 신앙생활 하고 있다는 것은 아마 세계 어느 나라에서도 볼 수 있는 안타까운 현상인 것 같다. 본인이 경험한 바로는 한국에서도 필리핀에서도 대만에서도 마찬가지이다. 수년 혹은 수십 년 신앙생활 했어도 구원의 확신이 없어 감사감격이 없고, 복음의 자유와 기쁨을 누리지 못하며, 열매 맺지 못하는 교인으로 그냥 사는 것은 결코 그의 구원관과 무관하지 않다.

신앙생활에 있어 구원의 확신은 대단히 중요하다. 사실 구원의 확신을 갖지 못한 사람들은 참으로 간절히 구원의 확신을 갈망한다. 그러나 구원관이 올바르지 못하면 구원의 확신을 가질 수 없고 신앙생활의 기쁨도 누릴 수 없다. 여기에는 전적으로 가르치는 자의 책임이 크다. 많은 사람들은 구원의 확신에 대하여 질문 받을 때 자기 자신을 주목하고 자기 자신의 행위를 살핀다. 그러나 행위로써 구원받을 수 있는 사람은 아무도 없다. 그러므로 반드시 하나님께서 예수 그리스도를 통하여 행하신 그 은혜를 주목해야 한다.

인류 역사상 인간이 하나님의 아들을 죽인 최악의 십자가 사건 속에서 하나님께서는 엄격한 공의와 우리를 향한 변함없는 최고의 사랑을 확증해 주셨다. 우리는 예수 그리스도 그 십자가의 은혜로 영생을 얻고, 하나님 자녀라는 최고의 권세와 행복을 누리는 은총무한의 사람이 되었다. 또한 주님이 보여주신 최고의 사람됨과 삶을 사모하며 사는 새사람이 된 것이다.

> 히2:3-4 우리가 이같이 큰 구원을 등한히 여기면 어찌 피하리요 이 구원은 처음에 주로 말씀하신 바요 들은 자들이 우리에게 확증한 바니 하나님도 표적들과 기사들과 여러 가지 능력과 및 자기 뜻을 따라 성령의 나눠주신 것으로써 저희와 함께 증거하셨느니라

예수 그리스도의 희생은 우리로 더 이상 죄와는 상관이 없는 사람이 되게 하셨다. 즉 죄 사하심을 통해 죄가 전혀 없는 새 사람, 의인, 하나님의 자녀가 되게 하셨다. 이 사실은 우리로 하여금 끊임없이 감격하게 하며, 마음 가득히 은혜에 감사하게 하고, 기쁨이 충만케 한다. 그래서 바울은 이렇게 말한다.

> 고전2:2 내가 너희 중에서 예수 그리스도와 그의 십자가에 못 박히신 것 외에는 아무 것도 알지 아니하기로 작정하였음이라
> 갈6:14 그러나 내게는 우리 주 예수 그리스도의 십자가 외에 결코 자랑할 것이 없으니 그리스도로 말미암아 세상이 나를 대하여 십자가에 못 박히고 내가 또한 세상을 대하여 그러하니라
> 고전11:23-26 내가 너희에게 전한 것은 주께 받은 것이니 곧 주 예수께서 잡히시던 밤에 떡을 가지사 축사하시고 떼어 가라사대 이것은 너희를 위하는 내 몸이니 이것을 행하여 나를 기념하라 하시고 식후에 또한 이와 같이 잔을 가지시고 가라사대 이 잔은 내 피로 세운 새 언약이니 이것을 행하여 마실 때마다 나를 기념하라 하셨으니 너희가 이 떡을 먹으며 이 잔을 마실 때마다 주의 죽으심을 오실 때까지 전하는 것이니라

성찬은 주 예수 그리스도께서 친히 제정하신 것으로 주님의 죽으심을 기념하는 것이요, 다시 오실 재림 때까지 계속 십자가 구원의 은혜를 증거하는 것이다. 주님의 죽으심은 우리를 위해 몸이 찢기고 피가 흐르는 그야말로 처참한 희생이었다. 성찬은 우리로 주님 희생의 죽으심을 구체적으로 기억하고 은혜에 감사케 하는 오직 주님만을 기념하는 거룩한 기념예식이다.

당시에 주님은 "내 몸을 기념하라", "내 피를 기념하라"고 그렇게 말씀하지 않으셨다. 「나를 기념하라」고 반복하여 강조하셨다. 어떠한 『나』인가? 바로 『너희를 위한 희생의 나』이다. 그러므로 성찬에서 가장 중요한 내용은 바로 「주님의 죽으심」이다. 주님의 죽으심을 기억하고 다시 오실 때까지 전하는 것이 성찬의 목적이다.

> 고전11:26 너희가 이 떡을 먹으며 이 잔을 마실 때마다 주의 죽으심을 오실 때까지 전하는 것이니라

천주교의 화체설은 옳은가? 다른 사람보다 더 많이 성찬에 참여한 사람의 몸은 더 거룩한가?

서울의 어느 대형 교회는 세례식 때 "예수님의 피를 믿는 아무개에게 ~ 세례를 주노라"하며 세례식을 거행함을 TV를 통해 본적이 있다. 이것이 성경적으로 가장 적합한 표현일까? 피를 믿는다는 것이 옳은가? 아니면 나 위해 죽으신 예수님을 믿는다는 것이 옳은가?

어떤 이는 교회를 위하여 기도 드릴 때 "주여! 주의 보혈로 성전을 깨끗이 씻어주소서", 어떤 이는 우상숭배를 하다가 결신한 새 신자 가정을 위하여 "주의 보혈로 이 집안 구석구석을 깨끗이 씻어 주시옵소서" 라고 기도한다. 그러므로 예수 그리스도의 십자가가 헛되게 해서는 안 된다(고전 1:17).

보혈을 함부로, 제멋대로 사용함은 마치 피아노를 도마로 사용함과 같다.

우리는 마땅히 항상 바르게 우리 주 예수 그리스도 십자가 구원의 은혜를 생각해야 한다.

> 벧후 3:18 오직 우리 주 곧 구주 예수 그리스도의 은혜와 저를 아는 지식에서 자라 가라

재림하실 때까지 주님 구원의 은혜를 전하는 것은 성도의 영광스런 사명이다. 왜냐하면 만약 어떤 사람이 예수 그리스도 십자가 최고의 사랑을 발견하게 되면, 바로 그때부터 그에게는 진정한 평안, 기쁨, 감사, 찬송, 충성, 봉사, 헌신, 진실, 성결, 이웃사랑, 선교, 일생의 소원 …… 등등 이 모두가 생겨나기 때문이다. 그러므로 우리가 하나님의 이 최고의 사랑과 은혜를 전하는 것은 참으로 기뻐해야 할 사명이다. 이처럼 복음은 참으로 듣고 믿는 사람들로 하여금 생명을 얻게 하고, 더 풍성히 얻게 한다.

초대교회가 예수 그리스도의 십자가의 죽으심과 부활을 힘차게 증거할 때, 하나님께서는 놀랍게 역사하셨다.

제10장

하나님 자녀가 누리는 은총무한

요10:10 도적이 오는 것은 도적질하고 죽이고 멸망시키려는 것뿐이요 내가 온 것은 양으로 생명을 얻게 하고 더 풍성히 얻게 하려는 것이라

☞ 복음 = 생명 얻음 + 더 풍성히 얻음

바꿔 말하면, 복음 = 영생 + 구한한 은총

성경의 복음은 단편적인 복음이 아니고, 전면적인 전방위의 복음이다. 곰곰히 생각해 보면, 우리가 하나님 자녀 된 것이 보통 일인가? 하나님의 자녀는 보통 사람이 아니다. 가장 높고 가장 좋은 신분의 사람이요, 하나님의 무한한 은총을 누릴 수 있는 사람이다.

요일3:1 보라 아버지께서 어떠한 사랑을 우리에게 주사 하나님의 자녀라 일

컬음을 얻게 하셨는고, 우리가 그러하도다 그러므로 세상이 우리를 알지 못함은 그를 알지 못함이니라

요1:12 영접하는 자 곧 그 이름을 믿는 자들에게는 하나님의 자녀가 되는 권세를 주셨느니라

오늘날 많은 그리스도인들이 복음 속에 가득찬 은총무한에 대해서는 별로 깊이 생각하지 않는 것 같다. 그러나 하나님의 자녀는 하나님의 무한한 은총을 누릴 수 있다. 이는 매우 중요한 내용이다.

1. 영생

영생을 얻기 위해서, 우리는 반드시『하나님의 사랑, 죄, 대신 죽으심, 구속, 은혜, 믿음』에 대해서 알아야 한다.

1) 하나님의 사랑

창1:27 하나님이 자기 형상 곧 하나님의 형상대로 사람을 창조하시되 남자와 여자를 창조하시니라

이러므로 사람들은 모두 존귀하다.

2) 죄

롬6:23 죄의 삯은 사망이요 하나님의 은사는 그리스도 예수 우리 주 안에 있는 영생이니라

우리는 모두 마땅히 죽어야 할 죄인들이다.

3) 대신 죽으심

고후5:14-15 그리스도의 사랑이 우리를 강권하시는도다 우리가 생각건대 한 사람이 모든 사람을 대신하여 죽었은즉 모든 사람이 죽은 것이라 저가 모든 사람을 대신하여 죽으심은 산 자들로 하여금 다시는 저희 자신을 위하여 살지 않고 오직 저희를 대신하여 죽었다가 다시 사신 자를 위하여 살게 하려 함이니라

롬5:8 우리가 아직 죄인 되었을 때에 그리스도께서 우리를 위하여 죽으심으로 하나님께서 우리에게 대한 자기의 사랑을 확증하셨느니라

예수 그리스도께서는 우리를 대신하여 죽으셨다.

4) 구속(구원)

원래 구속의 의미는 전쟁 포로나 노예들을 값을 지불하고 사서 해방시켜 주는 것을 뜻하였다. 또 죄를 범했기 때문에 사형에 처하게 된 사람을 석방할 때도 사용했다. 이 모두 인간이 자기 스스로의 능력으로는 도저히 자유롭게 될 수 없는 상황에서, 혹은 자기 스스로의 힘으로는 도저히 감당할 길이 없는 형벌에서 자유롭게 해주는 것을 구속이라 한다. (한국말 구속은 얼른 들으면 정반대다)

간단히 말하면, 구속은 해방, 석방시키는 것이요, 자유롭게 하는 것이다. 그러므로 여기에는 구속자의 크나큰 자비와 사랑이 돋보이고, 구속받은 자에게는 해방의 기쁨과 감격 그리고 감사가 넘치게 된다.

엡1:7 우리가 그리스도 안에서 그의 은혜의 풍성함을 따라 그의 피로 말미암아 구속 곧 죄 사함을 받았느니라

고전1:30 너희는 하나님께로부터 나서 그리스도 예수 안에 있고 예수는 하나님께로서 나와서 우리에게 지혜와 의로움과 거룩함과 구속함이 되셨느니라

예수 그리스도 십자가의 죽으심-희생 때문에 우리는 비로소 구속 받고 영생을 얻었다. 그러므로 하나님의 아들 예수 그리스도는 우리의 구주시다.

5) 은혜

은혜의 의미는 값없이 거저주는 것, 무료-공짜, 선물, 비록 받을 가치나 자격이 없지만 그럼에도 불구하고 주시는 것을 뜻한다. 누구를 물론하고 하나님의 은혜로 구원 받는다.

행15:11 우리가 저희와 동일하게 주 예수의 은혜로 구원 받는 줄을 믿노라 하니라

엡2:4-5 긍휼에 풍성하신 하나님이 우리를 사랑하신 그 큰 사랑을 인하여 허물로 죽은 우리를 그리스도와 함께 살리셨고 (너희가 은혜로 구원을 얻은 것이라)

6) 믿음

엡2:8-9 너희가 그 은혜를 인하여 믿음으로 말미암아 구원을 얻었나니 이것이 너희에게서 난 것이 아니요 하나님의 선물이라 행위에서 난 것이 아니니 이는 누구든지 자랑치 못하게 함이니라

롬10:9-10 네가 만일 네 입으로 예수를 주로 시인하며 또 하나님께서 그를 죽은 자 가운데서 살리신 것을 네 마음에 믿으면 구원을 얻으리니 사람이 마음으로 믿어 의에 이르고 입으로 시인하여 구원에 이르느니라

요3:16 하나님이 세상을 이처럼 사랑하사 독생자를 주셨으니 이는 저를 믿는 자마다 멸망치 않고 영생을 얻게 하려 하심이니라

행16:31 가로되 주 예수를 믿으라 그리하면 너와 네 집이 구원을 얻으리라 하니라

우리의 구원은 하나님 편의 예수님을 통한 은혜와 우리 사람편의 각자의 믿음으로 말미암는다.

2. 무한한 은총

하나님의 자녀는 영생을 얻을 뿐만 아니라 또한 이 세상에서 능히 하나님의 한 없는 은총을 체험하고 누릴 수 있다.

(예 : 평안, 보호, 도움, 감동, 위로, 약속, 응답, 상, 징벌, 책망, 소당, 용기, 힘, 건강, 치료, 지혜, 교훈, 공급, 은인, 우주 만물의 혜택, 여호와이레-하나님께서 준비 하심, 인도, 우리로 기뻐하시는 뜻 가운데 소원을 두고 행하게 하심, 모든 것 합력하여 선이 이루어지도록 하심, 함께 하심, 각양의 은사……등등)

이 모두는 하나님 자녀가 누릴 수 있는 은혜이다

하나님께서 왕 되신 곳, 왕이신 곳은 곧 천국이요 하나님 나라이다. 그 하나님 나라 안에는 모든 것이 갖추어져 있다.

마22:1-4 예수께서 다시 비유로 대답하여 가라사대 천국은 마치 자기 아들을 위하여 혼인 잔치를 베푼 어떤 임금과 같으니 그 종들을 보내어 그 청한 사람들을 혼인 잔치에 오라 하였더니 오기를 싫어하거늘 다시 다른 종들을 보내며 가로되 청한 사람들에게 이르기를 내가 오찬을 준비하되 나의 소와 살진 짐승을 잡고 모든 것을 갖추었으니 혼인 잔치에 오소서 하라 하였더라

그러므로 하나님의 자녀인 우리들은 참으로 복 있는 사람들이다. 한국 국

회의원의 특권은 200가지를 넘는다고 한다. (2012.5). 그러면 하나님의 자녀가 누릴 수 있는 행복은 얼마나 될까?

시139:17-18 하나님이여 주의 생각이 내게 어찌 그리 보배로우신지요 그 수가 어찌 그리 많은지요 내가 세려고 할찌라도 그 수가 모래보다 많도소이다 내가 깰 때에도 오히려 주와 함께 있나이다

하나님께서는 우리로 하여금 소원을 두고 행하게 하신다

빌2:13 너희 안에서 행하시는 이는 하나님이시니 자기의 기쁘신 뜻을 위하여 너희로 소원을 두고 행하게 하시느니라

본인은 청소년 시절 하나님께 선교사가 될 것을 약속했었다. 20여 년이 지난 2003년도에 아내는 내가 선교사가 되는 것을 극렬하게 반대하였다. 이유는 완전히 물 설고 낯선 곳으로 가야 하기 때문이었다. 더구나 혼자가 아니고 온 가족이 함께 가야 하기 때문이었다. 그러나 은혜 중에 국내훈련을 받을 때, 어느 날 우리는 대전의 한 기도모임에 참석하였다. 그 때 하나님께서는 아내를 입신시키시고 말씀해 주셨다. 『아무것도 염려하지 말라. 내가 네 길을 지도하리라. 예비하리라』 아내는 아직 깨어나지 않은채 방언으로 『나 같은 죄인 살리신』을 부르고 있었다.

주께서 베푸신 은혜가 어찌 그리 큰지요

시31:19 주를 두려워하는 자를 위하여 쌓아 두신 은혜 곧 인생 앞에서 주께 피하는 자를 위하여 베푸신 은혜가 어찌 그리 큰지요

2004년 선교지에 올 때 인천 공항에서 짐이 중량 초과가 되었다. 지불해야 할 액수가 선교지 화폐로 2만원이 넘었다. 그런데 이상하게도 지불할려고

할 때 직원은 "상부로부터 오늘 운송 초과 비용은 받지 말라고 지시 받았습니다"라고 말하였다. 그래서 원인을 모른 채 그냥 통과되었다.

2014년 봄, 군입대하는 막내아들에게 2년간의 양식을 주었다. 즉, 매일 아침 깰 때, 낮에, 그리고 밤에 묵상할 말씀을 아래와 같이 주었다.

시139:17-18 하나님이여 주의 생각이 내게 어찌 그리 보배로우신지요 그 수가 어찌 그리 많은지요 내가 세려고 할찌라도 그 수가 모래보다 많도소이다 내가 깰 때에도 오히려 주와 함께 있나이다

요8:29 나를 보내신 이가 나와 함께 하시도다 내가 항상 그의 기뻐하시는 일을 행하므로 나를 혼자 두지 아니하셨느니라

딤후1:7 하나님이 우리에게 주신 것은 두려워하는 마음이 아니요 오직 능력과 사랑과 근신하는 마음이니라

여호와이레

창22:14 아브라함이 그 땅 이름을 여호와이레라 하였으므로 오늘까지 사람들이 이르기를 여호와의 산에서 준비되리라 하더라

2004년 8월 6일 선교지에 도착해서 같은 선교회 선배 선교사님 가정에서 집 구할 때까지 임시로 머물기로 하였다. 하룻밤을 지내고 보니 두 가족이라 기도하기에 적합한 공간이 없었다. 선교사님께 근처에 공원이 있는가 알아보고 아침에 기도하러 공원으로 나갔다. 거기서 흔들의자에 앉아있는 한 남자를 만나게 되고 주님 은혜 가운데 결국 그 분을 통해 오후에 집을 구하게 되었다. 뉴질랜드로 이민 갈려는 사람의 집이었다. 집안에는 에어컨, 냉장고, 옷장 등 모든 것이 다 갖추어져 있었다. 이사할 때 주인 아주머니는 자상하게 쌀, 밥그릇, 반찬 등을 준비해 놓으셨다. 할렐루야!!! 여호와이레의 하나님!

하나님의 말씀은 살았고 운동력이 있다

> 히4:12 하나님의 말씀은 살았고 운동력이 있어 좌우에 날선 어떤 검보다도 예리하여 혼과 영과 및 관절과 골수를 찔러 쪼개기까지 하며 또 마음의 생각과 뜻을 감찰하느니라

세 아이들의 학교 진로가 또 하나의 매우 중요한 문제였다. 원래는 현지 학교가 목표였다. 당연하게 여겼다. 그러나 관심하는 한국 선교사님들이 미국 학교를 강력하게 추천했다. 그래서 아내와 말다툼이 생기고 내키지 않는 가운데 아내의 의견에 양보했다. 그러나 두 차례의 입학 노력이 이루어지지 않았다. 벌써 세월은 1년 가까이 지나버려 가족 모두 매우 근심하게 되었다. 그렇지만 롬8:28 말씀을 확신하며 평소처럼 성경을 읽고 기도를 드렸다. 왜냐하면 이미 여러 차례 경험이 있었기 때문이다. 그 중 하나는 이러하다.

과거 군 입대 때, 본인은 내 몸에 폐결핵이 있었다는 것을 처음 알았다. 이로 인해『귀향 판정』을 받고 어쩔 수 없이 집으로 돌아오게 되었다. 원래 매우 건강하였고, 그 당시에도 전혀 이상을 느끼지 못하였다. 그러나 갑자기 발생한 이 일은 전혀 예상치 못한 일이어서 매우 난감하였고, 또한 앞길을 예측할 수 없었다. 때문에 내가 할 수 있는 것은 오직 주님을 의지하고, 더욱 가까이하는 것뿐이었다. 얼마간의 세월이 지나고, 하나님의 은혜 가운데 신학 공부를 비로소 시작하게 되었다. 이 또한 나 스스로 전혀 계획치 않은 일이었다. 이 일 뿐만이 아니라 이후에도 많은 일 가운데서 롬8:28 말씀의 의미를 갈수록 더욱 깊이 깨닫게 되었다.

그래서 성경 읽는 순서를 따라 여호수아서를 읽을 때 하나님께서는 1:6「마음을 강하게 하라 담대히 하라 너는 이 백성으로 내가 그 조상에게 맹세하여 주리라 한 땅을 얻게 하리라」이 말씀을 통해 감동하시며, 역사하셨다. 그래서 아이들 학업과 장래에 대한 하나님의 은혜로운 약속의 말씀임을 깨닫고, 확신을 얻고, 곧바로 가정 감사예배를 드렸다. 그로부터 한 달 안에 세

아이의 모든 학교가 순조롭게 결정되었고, 이후 현지학교에서 선생님들과 친구들의 도움과 사랑 속에 기쁨으로 열심히 배우게 되었다.

하나님 아버지

> 롬8:15 너희는 다시 무서워하는 종의 영을 받지 아니하였고 양자의 영을 받았으므로 아바 아버지라 부르짖느니라

예수 그리스도의 기도에는 막15:34『나의 하나님』이라고 하신 외에는 모두 하나님을 아버지로 부르셨고,『하나님』이라고는 전혀 부르시지 않았다.

> 막15:34 제 구시에 예수께서 크게 소리지르시되 엘리 엘리 라마 사박다니 하시니 이를 번역하면 나의 하나님 나의 하나님 어찌하여 나를 버리셨나이까 하는 뜻이라

Luther는 말하기를『우리가 하나님께 대하여 생각할 수 있는 최상의 이름은 아버지이다』라고 하였다. 미국의 신학자 부슈넬(Horace Bushnell)도 말하기를『만일 예수 그리스도의 모든 역사며 놀라운 교훈들이 없었다 하더라도 하나님이 우리 아버지라 가르치신 것 만으로 그는 인류 최대의 교사일 것이다』라고 하였다.

가장 좋은 선물

가장 좋은 선물 이신 성령님은 하나님이시요, 우리와 함께 계시는 임마누엘이요, 보혜사이시다.

> 행2:38 베드로가 가로되 너희가 회개하여 각각 예수 그리스도의 이름으로 세례를 받고 죄 사함을 얻으라 그리하면 성령을 선물로 받으리라

요14:16-17 내가 아버지께 구하겠으니 그가 또 다른 보혜사를 너희에게 주사 영원토록 너희와 함께 있게 하시리니 저는 진리의 영이라 세상은 능히 저를 받지 못하나니 이는 저를 보지도 못하고알지도 못함이라 그러나 너희는 저를 아나니 저는 너희와 함께 거하심이요 또 너희 속에 계시겠음이라

보혜사(parakletos) : 위로자, 대변자, 협조자, 상담자, 곁에 서 있는 이, 친구, 편을 들어 주는 사람 등의 뜻이 있다.

믿음과 양심을 주시는 하나님

딤전1:19 믿음과 착한 양심을 가지라 어떤이들이 이 양심을 버렸고 그 믿음에 관하여는 파선하였느니라

사람은 모두 믿음과 착한 양심이 필요하다. 성도는 양심을 소홀히 하면 안되고, 오히려 잘 지켜야 한다. 왜냐하면 양심은 하나님께서 우리에게 주신 것이기 때문이다.

귀중한 회개

롬2:4 혹 네가 하나님의 인자하심이 너를 인도하여 회개케 하심을 알지 못하여 그의 인자하심과 용납하심과 길이 참으심의 풍성함을 멸시하느뇨

행3:19 그러므로 너희가 회개하고 돌이켜 너희 죄 없이 함을 받으라 이같이 하면 유쾌하게 되는 날이 주 앞으로부터 이를 것이요

회개라는 말을 들을 때, 사람들은 유쾌하지 않게 여기지만 그러나 회개는 얼마나 귀중한가!

쉽고, 좋고, 그리고 구함보다 더 넘치게 하는 기도

마6:8 그러므로 저희를 본받지 말라 구하기 전에 너희에게 있어야 할 것을 하나님 너희 아버지께서 아시느니라

마7:11 너희가 악한 자라도 좋은 것으로 자식에게 줄줄 알거든 하물며 하늘에 계신 너희 아버지께서 구하는 자에게 좋은 것으로 주시지 않겠느냐

엡3:20 우리 가운데서 역사하시는 능력대로 우리 의 온갖 구하는 것이나 생각하는 것에 더 넘치도록 능히 하실 이에게

오! 떠나시거나 버리시지 않고 영원토록 항상 우리와 함께 하시는 주님!

마28:20 내가 너희에게 분부한 모든 것을 가르쳐 지키게 하라 볼찌어다 내가 세상 끝날까지 너희와 항상 함께 있으리라 하시니라

측량할 수 없는 하나님의 예비하심

고전2:9 기록된바 하나님이 자기를 사랑하는 자들을 위하여 예비하신 모든 것은 눈으로 보지 못하고 귀로도 듣지 못하고 사람의 마음으로도 생각지 못하였다 함과 같으니라

롬8:32 자기 아들을 아끼지 아니하시고 우리 모든 사람을 위하여 내어주신 이가 어찌 그 아들과 함께 모든 것을 우리에게 은사로 주지 아니하시겠느뇨

바울 선교회의 훈련은 국내와 해외 훈련이 있다. 모두 1년 2개월인데, 국내훈련은 6개월, 해외훈련은 필리핀에서 8개월간이다. 해외훈련 중 마지막 훈련과정은 『믿음여행』이라 부르는데 앞으로 오직 믿음으로써 선교하라는 실습여행이요 그 기간은 6일이다. 월요일 새벽에 출발하여 토요일 오후에 돌아오는 것이다. 먼저 추첨을 통하여 모든 훈련 선교사들을 두 조로 나누고 한 조는 먼저 출발한다. 남은 다른 조와 아이들은 먼저 출발한 조를 위하여 돌아올 때까지 간절히 중보기도를 드린다. 그들이 돌아오면 보고회가 있고, 이후 똑같이 교대한다.

출발하는 조는 인도자를 따라 버스를 다섯 시간 타고 완전히 물설고 낯선 곳에 도착한다. 그러면 그 인도자는 바로 우리를 떠나 돌아가 버린다. 우리

수중에는 오직 물을 사서 마실 수 있는 돈만 있을 뿐이다. 이 돈은 출발 직전에 훈련원에서 준 것이요 다른 돈은 일절 안된다. 그러면 조원들이 매일 먹는 것, 자는 것, 그리고 돌아갈 차비…… 등등은 어떻게 해야 하는가? 일절 모두 하나님께 맡긴다. 동시에 우리는 다시 한번 당연히 해야할 일을 생각한다. 즉, 하나님께서 기뻐하시는 일인 하나님의 아들 예수 그리스도를 증명하고 전하는 것을 생각한다. 아주 간단하다. 이 때에 우리는 자연히 재삼재사 왕상17:1–7 말씀을 묵상하게 된다.

> 왕상17:1–7 길르앗에 우거하는 자 중에 디셉 사람 엘리야가 아합에게 고하되 나의 섬기는 이스라엘 하나님 여호와의 사심을 가리켜 맹세하노니 내 말이 없으면 수년 동안 우로가 있지 아니하리라 하니라 여호와의 말씀이 엘리야에게 임하여 가라사대 너는 여기서 떠나 동으로 가서 요단 앞 그릿 시냇가에 숨고 그 시냇물을 마시라 내가 까마귀들을 명하여 거기서 너를 먹이게 하리라 저가 여호와의 말씀과 같이 하여 곧 가서 요단 앞 그릿 시냇가에 머물매 까마귀들이 아침에도 떡과 고기를, 저녁에도 떡과 고기를 가져왔고 저가 시내를 마셨더니 땅에 비가 내리지 아니하므로 얼마 후에 그 시내가 마르니라

왜냐하면 우리가 훈련 중에 늘 들었던 것은 바로『하나님은 까마귀를 통해서 엘리야를 먹이신 하나님이십니다. 그러므로 여러분은 먼저 엘리야가 되어야 합니다』였기 때문이다. 당시 우리가 직면했던 매사에서 각 사람의 의견은 달랐다. 그러나 한 마음 한 뜻으로 기도하고, 하나님의 말씀을 찾고 순종함을 통하여 다시 결정하고 앞으로 나아갔다. 이렇게 함으로 모든 것이 순조롭게 되어 우리는 감사 속에 돌아와 보고와 간증을 통하여 주님께 영광을 돌릴 수 있었다.

나의 선한 목자

> 요10:10 도적이 오는 것은 도적질하고 죽이고 멸망시키려는 것뿐이요 내가

온 것은 양으로 생명을 얻게 하고 더 풍성히 얻게 하려는 것이라

성경의 청사진

딤후3:15-17 또 네가 어려서부터 성경을 알았나니 성경은 능히 너로 하여금 그리스도 예수 안에 있는 믿음으로 말미암아 구원에 이르는 지혜가 있게 하느니라 모든 성경은 하나님의 감동으로 된 것으로 교훈과 책망과 바르게 함과 의로 교육하기에 유익하니 이는 하나님의 사람으로 온전케 하며 모든 선한 일을 행하기에 온전케 하려 함이니라

헬렌 애덤스 켈러(Helen Adams Keller, 1880-1968)는 출생 후 19개월이 되었을 때, 급성 뇌염으로 인해 보지도 못하고 듣지도 못하게 되었다. 결국 그녀는 눈, 귀, 입 이렇게 3중고의 장애인이 되었다. 이런 상태에서 그녀의 선생님 앤 설리번(Anne Sullivan)의 끊임없는 도움과 희생을 통해 7년 만에 겨우『water-물』이라는 한 글자를 배우게 된다.

이후에 그녀는 계속 노력하여 하버드 대학의 래드 클리프 칼리지에 입학하였다. 특별히 그녀가 졸업할 때는 많은 사람들이 놀랐는데, 왜냐하면 우등생의 성적으로 졸업하였기 때문이다. 그녀는 계속 각고하며 배워 영어, 불어, 독일어, 라틴어와 그리스어 모두 능숙하였다. 이러한 그녀의 노력과 투지는 세계의 수 많은 장애인들에게 희망을 주었다.

언젠가 미국성경공회는 그녀에게 점자성경을 선물해 주었는데, 며칠 후 그녀로부터 다음과 같은 내용의 편지를 받았다.『화요일 저녁에 제가 저녁식사를 하고 있었을 때 보내주신 점자 성경을 받았습니다. 너무도 기쁜 나머지 식사 중인데도 포장을 풀고 말았습니다. 저는 40년간 성경을 애독해 오고 있습니다. 성경은 목자의 지팡이처럼 저를 인도하고, 제가 잘못 걷지 못하도록 지켜 줍니다. 성경만이 우리에게 구원의 길을 가르쳐 주며, 어두움에서 구해 준다고 믿습니다. 만약 이 세상 모든 사람들이 예수 그리스도께서 말씀

하신 서로 사랑하라는 가르침을 따른다면, 보다 행복한 삶을 누릴 수 있을 것입니다.』

하나님의 말씀을 풍성히 마음 속에 간직해야 할 이유

요17:17 저희를 진리로 거룩하게 하옵소서 아버지의 말씀은 진리니이다

시119:9 청년이 무엇으로 그 행실을 깨끗케 하리이까 주의 말씀을 따라 삼갈 것이니이다

시119:97-100 내가 주의 법을 어찌 그리 사랑하는지요 내가 그것을 종일 묵상하나이다 주의 계명이 항상 나와 함께하므로 그것이 나로 원수보다 지혜롭게 하나이다 내가 주의 증거를 묵상하므로 나의 명철함이 나의 모든 스승보다 승하며 주의 법도를 지키므로 나의 명철함이 노인보다 승하니이다

시119:105 주의 말씀은 내 발에 등이요 내 길에 빛이니이다

엡6:17 ~ 성령의 검 곧 하나님의 말씀을 가지라

망원경과 현미경 같으신 하나님

시139:1-24 여호와여 주께서 나를 감찰하시고 아셨나이다 주께서 나의 앉고 일어섬을 아시며 멀리서도 나의 생각을 통촉하시오며 나의 길과 눕는 것을 감찰하시며 나의 모든 행위를 익히 아시오니 여호와여 내 혀의 말을 알지 못하시는 것이 하나도 없으시니이다 ~ 내가 혹시 말하기를 흑암이 정녕 나를 덮고 나를 두른 빛은 밤이 되리라 할찌라도 주에게서는 흑암이 숨기지 못하며 밤이 낮과 같이 비취나니 주에게는 흑암과 빛이 일반이니이다 주께서 내 장부를 지으시며 나의 모태에서 나를 조직하셨나이다 내가 주께 감사하옴은 나를 지으심이 신묘막측하심이라 주의 행사가 기이함을 내 영혼이 잘 아나이다 내가 은밀한데서 지음을 받고 땅의 깊은 곳에서 기이하게 지음을 받은 때에 나의 형체가 주의 앞에 숨기우지 못하였나이다 내 형질이 이루기 전에 주의 눈이 보셨으며 나를 위하여 정한 날이 하나도 되기 전에 주의 책

에 다 기록이 되었나이다 ~

양임을 시인하는 사람

오직 자신은 목자가 아니고 양임을 시인하는 그 사람만이 비로소 하나님을 의지하게 되고, 하나님을 자신의 목자로 부를 수 있으며, 또한 하나님의 풍성한 은혜를 경험할 수 있다.

시23:1-6 여호와는 나의 목자시니 내가 부족함이 없으리로다 ~ 나의 평생에 선하심과 인자하심이 정녕 나를 따르리니 나가 여호와의 집에 영원히 거하리로다

수고하고 무거운 짐진 모든 사람들을 끊임없이 부르시는 주님

마11:28-30 수고하고 무거운 짐진 자들아 다 너게로 오라 내가 너희를 쉬게 하리라 나는 마음이 온유하고 겸손하니 나의 멍에를 메고 내게 배우라 그러면 너희 마음이 쉼을 얻으리니 이는 내 멍에는 쉽고 내 짐은 가벼움이라 하시니라

1970년대 초 미국인들은 월남전에서 미국 역사상 최초로 패전을 경험했다. 좁게는 월남전 참전자들, 넓게는 미국인 대부분이 정체감 상실이라는 수치심을 체험했다. 특히 참전자들의 경우에는 미국이라는 나라와 국민들로부터 배신감과 버림받음을 느꼈다. 그래서 미국의 월남전 참전자들 가운데 자살한 사람들의 수가 전쟁터에서 죽은 사람들의 수의 배가 되고, 또한 삼백만 명에서 오백만 명에 가까운 무의탁 행려자들 가운데 삼분의 일이 월남전 참전자들이었다고 한다.

내 영혼아! 강하고 담대하라!

단11:32 그가 또 언약을 배반하고 악행하는 자를 궤휼로 타락시킬 것

이나 오직 자기의 하나님을 아는 백성은 강하여 용맹을 발하리라

고후4:8-9 우리가 사방으로 우겨쌈을 당하여도 싸이지 아니하며 답답한 일을 당하여도 낙심하지 아니하며 핍박을 받아도 버린바 되지 아니하며 거꾸러뜨림을 당하여도 망하지 아니하노라

딤후1:7 하나님이 우리에게 주신 것은 두려워하는 마음이 아니요 오직 능력과 사랑과 근신하는 마음이니라

히10:35 그러므로 너희 담대함을 버리지 말라 이것이 큰 상을 얻느니라

요16:33 이것을 너희에게 이름은 너희로 내 안에서 평안을 누리게 하려함이라 세상에서는 너희가 환난을 당하나 담대하라 내가 세상을 이기었노라 하시니라

의인은 오뚜기다

잠24:16 대저 의인은 일곱번 넘어질지라도 다시 일어나려니와 악인은 재앙으로 인하여 엎드러지느니라

하나님께서 다니시는 길

잠8:20 나는 의로운 길로 행하며 공평한 길 가운데로 다니느니라

낙심하지 말고 오직 하나님을 기다리라

시3:3 여호와여 주는 나의 방패시요 나의 영광이시요 나의 머리를 드시는 자니이다

하나님의 자녀는 참으로 복이 있도다 !

시18:1-2 나의 힘이 되신 여호와여 내가 주를 사랑하나이다 여호와는 나의 반석이시요 나의 요새시요 나를 건지시는 자시요 나의 하나님이시요 나의 피할 바위시요 나의 방패시요 나의 구원의 뿔이시요 나의 산성이시로다

불 가운데서도 우리와 동행하시는 주님

단3:25 왕이 또 말하여 가로되 내가 보니 결박되지 아니한 네 사람이 불 가운데로 다니는데 상하지도 아니하였고 그 네째의 모양은 신들의 아들과 같도다 하니라

바울의 경호원

행23:12-35 날이 새매 유대인들이 당을 지어 맹세하되 바울을 죽이기 전에는 먹지도 아니하고 마시지도 아니하겠다 하고 이같이 동맹한 자가 사십 여 명이더라 ~ 바울의 생질이 그들이 매복하여 있다 함을 듣고 와서 영문에 들어가 바울에게 고한지라 바울이 한 백부장을 청하여 가로되 이 청년을 천부장에게로 인도하라 ~ 이에 천부장이 청년을 보내며 경계하되 이 일을 내게 고하였다고 아무에게도 이르지 말라 하고 백부장 둘을 불러 이르되 밤 제삼시에 가이사랴까지 갈 보병 이백 명과 마병 칠십 명과 창군 이백 명을 준비하라 하고 또 바울을 태워 총독 벨릭스에게로 무사히 보내기 위하여 짐승을 준비하라 ~ 보병이 명을 받은대로 밤에 바울을 데리고 안디바드리에 이르러 이튿날 마병으로 바울을 호송하게 하고 영문으로 돌아 가니라 저희가 가이사랴에 들어가서 편지를 총독에게 드리고 바울을 그 앞에 세우니 총독이 읽고 바울더러 어느 영지 사람이냐 물어 길리기아 사람인줄 알고 가로되 너를 송사하는 사람들이 오거든 네 말을 들으리라 하고 헤롯궁에 그를 지키라 명하니라

복음의 능력

고후5:17 그런즉 누구든지 그리스도 안에 있으면 새로운 피조물이라 이전 것은 지나갔으니 보라 새것이 되었도다

하나님의 말씀을 삼가 준행하는 사람이 받는 복은 얼마나 많은가!

신28:1-14 네가 네 하나님 여호와의 말씀을 삼가 듣고 내가 오늘날 네게 명하는 그 모든 명령을 지켜 행하면 네 하나님 여호와께서 너를 세계 모든 민족 위에 뛰어나게 하실 것이라 네가 네 하나님 여호와의 말씀을 순종하면 이 모든 복이 네게 임하며 네게 미치리니 성읍에서도 복을 받고 들에서도 복을

받을 것이며 네 몸의 소생과 네 토지의 소산과 네 짐승의 새끼와 우양의 새끼가 복을 받을 것이며 네 광주리와 떡반죽 그릇이 복을 받을 것이며 네가 들어와도 복을 받고 나가도 복을 받을 것이니라 네 대적들이 일어나 너를 치려하면 여호와께서 그들을 네 앞에서 패하게 하시리니 그들이 한 길로 너를 치러 들어왔으나 네 앞에서 일곱 길로 도망하리라 여호와께서 명하사 네 창고와 네 손으로 하는 모든 일에 복을 내리시고 네 하나님 여호와께서 네게 주시는 땅에서 네게 복을 주실 것이며 네가 네 하나님 여호와의 명령을 지켜 그 길로 행하면 여호와께서 네게 맹세하신 대로 너를 세워 자기의 성민이 되게 하시리니 너를 여호와의 이름으로 일컬음을 세계 만민이 보고 너를 두려워하리라 여호와께서 네게 주리라고 네 열조에게 맹세하신 땅에서 네게 복을 주사 네 몸의 소생과 육축의 새끼와 토지의 소산으로 많게 하시며 여호와께서 너를 위하여 하늘의 아름다운 보고를 열으사 네 땅에 때를 따라 비를 내리시고 네 손으로 하는 모든 일에 복을 주시리니 네가 많은 민족에게 꾸어줄찌라도 너는 꾸지 아니할 것이요 여호와께서 너로 머리가 되고 꼬리가 되지 않게 하시며 위에만 있고 아래에 있지 않게 하시리니 오직 너는 내가 오늘날 네게 명하는 네 하나님 여호와의 명령을 듣고 지켜 행하며 내가 오늘날 너희에게 명하는 그 말씀을 떠나 좌로나 우로나 치우치지 아니하고 다른 신을 따라 섬기지 아니하면 이와 같으리라

비록 간단하나 뜻이 깊은 기도

마6:9-13 그러므로 너희는 이렇게 기도하라 하늘에 계신 우리 아버지여 이름이 거룩히 여김을 받으시오며 나라이 임하옵시며 뜻이 하늘에서 이룬 것 같이 땅에서도 이루어지이다 오늘날 우리에게 일용할 양식을 주옵시고 우리가 우리에게 죄 지은 자를 사하여 준것 같이 우리 죄를 사하여 주옵시고 우리를 시험에 들게 하지 마옵시고 다만 악에서 구하옵소서 (나라와 권세와 영광이 아버지께 영원히 있사옵나이다 아멘)

우리를 치료하시는 하나님

출15:26 가라사대 너희가 너희 하나님 나 여호와의 말을 청종하고 나의 보기에 의를 행하며 내 계명에 귀를 기울이며 내 모든 규례를 지키면 내가 애굽 사람에게 내린 모든 질병의 하나도 너희에게 내리지 아니하리니 나는 너희를 치료하는 여호와임이니라

세 아이에게 유산으로 준 말씀

요8:29 나를 보내신 이가 나와 함께 하시도다 내가 항상 그의 기뻐하시는 일을 행하므로 나를 혼자 두지 아니하셨느니라

큰 그릇이 되려고 노력하지 말고, 성결한 그릇이 되려고 노력하라

딤후2:20-22 큰 집에는 금과 은의 그릇이 있을뿐 아니요 나무와 질그릇도 있어 귀히 쓰는 것도 있고 천히 쓰는 것도 있나니 그러므로 누구든지 이런 것에서 자기를 깨끗하게 하면 귀히 쓰는 그릇이 되어 거룩하고 주인의 쓰심에 합당하며 모든 선한 일에 예비함이 되리라 또한 네가 청년의 정욕을 피하고 주를 깨끗한 마음으로 부르는 자들과 함께 의와 믿음과 사랑과 화평을 좇으라

인생의 인도자는 우리 사람이 아니고 하나님이시다

시105:17-19 한 사람을 앞서 보내셨음이여 요셉이 종으로 팔렸도다 그 발이 착고에 상하며 그 몸이 쇠사슬에 매였으니 곧 여호와의 말씀이 응할 때까지라 그 말씀이 저를 단련하였도다

어린이、남자、노인、독신까지라도 능히 영적 자녀를 낳게 하는 복음

고전4:15 그리스도 안에서 일만 스승이 있으되 아비는 많지 아니하니 그리스도 예수 안에서 복음으로써 내가 너희를 낳았음이라

『하나님의 영광을 위하여』는 인생 유일의 목적

고전10:31 그런즉 너희가 먹든지 마시든지 무엇을 하든지 다 하나님의 영광을 위하여 하라

하나님을 얕보지 말라. 신이시요, 만유의 주이시다

마6:31-33 그러므로 염려하여 이르기를 무엇을 먹을까 무엇을 마실까 무엇을 입을까 하지 말라 이는 다 이방인들이 구하는 것이라 너희 천부께서 이 모든 것이 너희에게 있어야 할 줄을 아시느니라 너희는 먼저 그의 나라와 그

의 의를 구하라 그리하면 이 모든 것을 너희에게 더하시리라

목사의 기업이신 하나님

겔44:28 그들은 기업이 있으리니 내가 곧 그 기업이라 너희는 이스라엘 가운데서 그들에게 산업을 주지 말라 나는 그 산업이 됨이니라

고전9:13-14 성전의 일을 하는 이들은 성전에서 나는 것을 먹으며 제단을 모시는 이들은 제단과 함께 나누는 것을 너희가 알지 못하느냐 이와 같이 주께서도 복음 전하는 자들이 복음으로 말미암아 살리라 명하셨느니라

우리의 두뇌를 초월하시는 하나님

출17:6 내가 거기서 호렙산 반석 위에 너를 대하여 서리니 너는 반석을 치라 그것에서 물이 나리니 백성이 마시리라 모세가 이스라엘 장로들의 목전에서 그대로 행하니라

영적 세계에서도 불변하는 원칙

갈6:7 스스로 속이지 말라 하나님은 만홀히 여김을 받지 아니하시나니 사람이 무엇으로 심든지 그대로 거두리라

모범되신 예수 그리스도

인생은 그렇게 복잡하지 않고 간단하다. 왜냐하면 예수 그리스도께서는 우리의 가장 좋은 모범이 되시기 때문이다.

고전11:1 내가 그리스도를 본받는 자 된 것 같이 너희는 나를 본받는 자 되라

십자가 자랑

오직 우리 주 예수 그리스도의 십자가만을 자랑하라. 사람을 변화시키니까!

갈6:14 그러나 내게는 우리 주 예수 그리스도의 십자가 외에 결코 자랑할 것

이 없으니 그리스도로 말미암아 세상이 나를 대하여 십자가에 못 박히고 내가 또한 세상을 대하여 그러하니라

오! 섬기시는 주님!

요13:12-17 저희 발을 씻기신 후에 옷을 입으시고 다시 앉아 저희에게 이르시되 내가 너희에게 행한 것을 너희가 아느냐 너희가 나를 선생이라 또는 주라 하니 너희 말이 옳도다 내가 그러하다 내가 주와 또는 선생이 되어 너희 발을 씻겼으니 너희도 서로 발을 씻기는 것이 옳으니라 내가 너희에게 행한 것 같이 너희도 행하게 하려하여 본을 보였노라 내가 진실로 진실로 너희에게 이르노니 종이 상전보다 크지 못하고 보냄을 받은 자가 보낸 자보다 크지 못하니 너희가 이것을 알고 행하면 복이 있으리라

나를 항상 부끄럽게 하는 거울

고전13:1-13 내가 사람의 방언과 천사의 말을 할찌라도 사랑이 없으면 소리나는 구리와 울리는 꽹과리가 되고 내가 예언하는 능이 있어 모든 비밀과 모든 지식을 알고 또 산을 옮길만한 모든 믿음이 있을찌라도 사랑이 없으면 내가 아무 것도 아니요 내가 내게 있는 모든 것으로 구제하고 또 내 몸을 불사르게 내어 줄찌라도 사랑이 없으면 내게 아무 유익이 없느니라 사랑은 오래 참고 사랑은 온유하며 투기하는 자가 되지 아니하며 사랑은 자랑하지 아니하며 교만하지 아니하며 무례히 행치 아니하며 자기의 유익을 구치 아니하며 성내지 아니하며 악한 것을 생각지 아니하며 불의를 기뻐하지 아니하며 진리와 함께 기뻐하고 모든 것을 참으며 모든 것을 믿으며 모든 것을 바라며 모든 것을 견디느니라 사랑은 언제까지든지 떨어지지 아니하나 예언도 폐하고 방언도 그치고 지식도 폐하리라 우리가 부분적으로 알고 부분적으로 예언하니 온전한 것이 올 때에는 부분적으로 하던 것이 폐하리라 내가 어렸을 때에는 말하는 것이 어린 아이와 같고 깨닫는 것이 어린 아이와 같고 생각하는 것이 어린 아이와 같다가 장성한 사람이 되어서는 어린 아이의 일을 버렸노라 우리가 이제는 거울로 보는것 같이 희미하나 그 때에는 얼굴과 얼굴을 대하여 볼 것이요 이제는 내가 부분적으로 아나 그 때에는 주께서 나를 아신 것 같이 내가 온전히 알리라 그런즉 믿음, 소망, 사랑, 이 세 가지는

항상 있을 것인데 그 중에 제일은 사랑이라

주의 일에 힘쓰라

항상 주님의 일에 더욱 힘쓰라 그러면 반드시 주님의 풍성한 은혜를 경험할 것이다!

고전15:58 그러므로 내 사랑 하는 형제들아 견고하며 흔들리지 말며 항상 주의 일에 더욱 힘쓰는 자들이 되라 이는 너희 수고가 주 안에서 헛되지 않은 줄을 앎이니라

오! 주님!

시139:17-18 하나님이여 주의 생각이 내게 어찌 그리 보배로우신지요 그 수가 어찌 그리 많은지요 내가 세려고 할찌라도 그 수가 모래보다 많도소이다 내가 깰 때에도 오히려 주와 함께 있나이다

시116:12 여호와께서 내게 주신 모든 은혜를 무엇으로 보답할꼬

가장 아름다운 시어머니와 며느리!

룻1:6-18 ~ 나오미가 두 자부에게 이르되 너희는 각각 어미의 집으로 돌아가라 너희가 죽은 자와 나를 선대한 것 같이 여호와께서 너희를 선대하시기를 원하며 여호와께서 너희로 각각 남편의 집에서 평안함을 얻게 하시기를 원하노라 하고 그들에게 입맞추매 그들이 소리를 높여 울며 나오미에게 이르되 아니니이다 우리는 어머니와 함께 어머니의 백성에게로 돌아가겠나이다 나오미가 가로되 내 딸들아 돌아가라 ~ 그들이 소리를 높여 다시 울더니 오르바는 그 시모에게 입맞추되 룻은 그를 붙좇았더라 나오미가 또 가로되 보라 네 동서는 그 백성과 그 신에게로 돌아가나니 너도 동서를 따라 돌아가라 룻이 가로되 나로 어머니를 떠나며 어머니를 따르지 말고 돌아가라 강권하지 마옵소서 어머니께서 가시는 곳에 나도 가고 어머니께서 유숙하시는 곳에서 나도 유숙하겠나이다 어머니의 백성이 나의 백성이 되고 어머니의

하나님이 나의 하나님이 되시리니 어머니께서 죽으시는 곳에서 나도 죽어 거기 장사될 것이라 만일 내가 죽는 일 외에 어머니와 떠나면 여호와께서 내게 벌을 내리시고 더 내리시기를 원하나이다 나오미가 룻의 자기와 함께 가기로 굳게 결심함을 보고 그에게 말하기를 그치니라

아내와 남편, 자녀와 부모, 종과 주인 그들 각각의 명백한 본분

엡5:22-6:9 아내들이여 자기 남편에게 복종하기를 주께 하듯하라 이는 남편이 아내의 머리 됨이 그리스도께서 교회의 머리 됨과 같음이니 그가 친히 몸의 구주시니라 그러나 교회가 그리스도에게 하듯 아내들도 범사에 그 남편에게 복종할찌니라 남편들아 아내 사랑하기를 그리스도께서 교회를 사랑하시고 위하여 자신을 주심 같이 하라 ~ 자녀들아 너희 부모를 주 안에서 순종하라 이것이 옳으니라 네 아버지와 어머니를 공경하라 이것이 약속 있는 첫계명이니 이는 네가 잘 되고 땅에서 장수하리라 또 아비들아 너희 자녀를 노엽게 하지 말고 오직 주의 교양과 훈계로 양육하라 종들아 두려워하고 떨며 성실한 마음으로 육체의 상전에게 순종하기를 그리스도께 하듯하여 ~ 상전들아 너희도 저희에게 이와 같이 하고 공갈을 그치라 이는 저희와 너희의 상전이 하늘에 계시고 그에게는 외모로 사람을 취하는 일이 없는줄 너희가 앎이니라

아내 된 자들아! 남편 된 자들아!

벧전3:1-7 아내 된 자들아 이와 같이 자기 남편에게 순복하라 이는 혹 도를 순종치 않는 자라도 말로 말미암지 않고 그 아내의 행위로 말미암아 구원을 얻게 하려 함이니 너희의 두려워하며 정결한 행위를 봄이라 너희 단장은 머리를 꾸미고 금을 차고 아름다운 옷을 입는 외모로 하지 말고 오직 마음에 숨은 사람을 온유하고 안정한 심령의 썩지 아니할 것으로 하라 이는 하나님 앞에 값진 것이니라 ~ 남편 된 자들아 이와 같이 지식을 따라 너희 아내와 동거하고 저는 더 연약한 그릇이요 또 생명의 은혜를 유업으로 함께 받을 자로 알아 귀히 여기라 이는 너희 기도가 막히지 아니하게 하려 함이라

사후(死後)에 반드시 있는 부활!

욥19:25-26 내가 알기에는 나의 구속자가 살아 계시니 후일에 그가 땅 위에 서실 것이라 나의 이 가죽, 이것이 썩은 후에 내가 육체 밖에서 하나님을 보리라

요11:25-26 예수께서 가라사대 나는 부활이요 생명이니 나를 믿는 자는 죽어도 살겠고 무릇 살아서 나를 믿는 자는 영원히 죽지 아니하리니 이것을 네가 믿느냐

죽음과 부활 그리고 신령한 몸

눅23:43 예수께서 이르시되 내가 진실로 네게 이르노니 오늘 네가 나와 함께 낙원에 있으리라 하시니라

전3:21 인생의 혼은 위로 올라가고 짐승의 혼은 아래 곧 땅으로 내려가는 줄을 누가 알랴

전12:7 흙은 여전히 땅으로 돌아가고 신은 그 주신 하나님께로 돌아가기 전에 기억하라

요5:28-29 이를 기이히 여기지 말라 무덤 속에 있는 자가 다 그의 음성을 들을 때가 오나니 선한 일을 행한 자는 생명의 부활로, 악한 일을 행한 자는 심판의 부활로 나오리라

눅24:36-43 이 말을 할 때에 예수께서 친히 그 가운데 서서 가라사대 너희에게 평강이 있을찌어다 하시니 저희가 놀라고 무서워하여 그 보는 것을 영으로 생각하는지라 예수께서 가라사대 어찌하여 두려워하며 어찌하여 마음에 의심이 일어나느냐 내 손과 발을 보고 나인줄 알라 또 나를 만져보라 영은 살과 뼈가 없으되 너희 보는 바와 같이 나는 있느니라 이 말씀을 하시고 손과 발을 보이시나 저희가 너무 기쁘므로 오히려 믿지 못하고 기이히 여길 때에 이르시되 여기 무슨 먹을 것이 있느냐 하시니 이에 구운 생선 한 토막을 드리매 받으사 그 앞에서 잡수시더라

고전15:42-44 죽은 자의 부활도 이와 같으니 썩을 것으로 심고 썩지 아니할 것으로 다시 살며 욕된 것으로 심고 영광스러운 것으로 다시 살며 약한 것으로 심고 강한 것으로 다시 살며 육의 몸으로 심고 신령한 몸으로 다시 사나니 육의 몸이 있은즉 또 신령한 몸이 있느니라

의의 면류관

딤후4:6-8 관제와 같이 벌써 내가 부음이 되고 나의 떠날 기약이 가까왔도다 내가 선한 싸움을 싸우고 나의 달려갈 길을 마치고 믿음을 지켰으니 이제 후로는 나를 위하여 의의 면류관이 예비되었으므로 주 곧 의로우신 재판장이 그 날에 내게 주실 것이니 내게만 아니라 주의 나타나심을 사모하는 모든 자에게니라

생명의 면류관

계2:10 네가 장차 받을 고난을 두려워 말라 볼찌어다 마귀가 장차 너희 가운데서 몇 사람을 옥에 던져 시험을 받게 하리니 너희가 십일 동안 환난을 받으리라 네가 죽도록 충성하라 그리하면 내가 생명의 면류관을 네게 주리라

심판주로 다시 오실 예수 그리스도

살전4:16-18 주께서 호령과 천사장의 소리와 하나님의 나팔로 친히 하늘로 좇아 강림하시리니 그리스도 안에서 죽은 자들이 먼저 일어나고 그 후에 우리 살아 남은 자도 저희와 함께 구름 속으로 끌어 올려 공중에서 주를 영접하게 하시리니 그리하여 우리가 항상 주와 함께 있으리라 그러므로 이 여러 말로 서로 위로하라

말로 다 표현할 수 없는 아름답고 영원한 하나님 나라

계21:1-4 또 내가 새 하늘과 새 땅을 보니 처음 하늘과 처음 땅이 없어졌고 바다도 다시 있지 않더라 또 내가 보매 거룩한 성 새 예루살렘이 하나님께로부터 하늘에서 내려오니 그 예비한 것이 신부가 남편을 위하여 단장한 것 같더라 내가 들으니 보좌에서 큰 음성이 나서 가르되 보라 하나님의 장막이 사

람들과 함께 있으매 하나님이 저희와 함께 거하시리니 저희는 하나님의 백성이 되고 하나님은 친히 저희와 함께 계셔서 모든 눈물을 그 눈에서 씻기시매 다시 사망이 없고 애통하는 것이나 곡하는 것이나 아픈 것이 다시 있지 아니하리니 처음 것들이 다 지나갔음이러라

성령님의 교통하심이 있는 성도는 은혜와 복을 계속 받는 자다!

고후13:13 주 예수 그리스도의 은혜와 하나님의 사랑과 성령의 교통하심이 너희 무리와 함께 있을찌어다

우리보다 앞서 행하시는 하나님!

창45:3-8 요셉이 그 형들에게 이르되 나는 요셉이라 ~ 당신들이 나를 이곳에 팔았으므로 근심하지 마소서 한탄하지 마소서 하나님이 생명을 구원하시려고 나를 당신들 앞서 보내셨나이다 ~ 하나님이 큰 구원으로 당신들의 생명을 보존하고 당신들의 후손을 세상에 두시려고 나를 당신들 앞서 보내셨나니 그런즉 나를 이리로 보낸 자는 당신들이 아니요 하나님이시라 하나님이 나로 바로의 아비를 삼으시며 그 온 집의 주를 삼으시며 애굽 온 땅의 치리자를 삼으셨나이다

악기를 통해 주님을 찬양하는 기쁨

시150:1-6 할렐루야 그 성소에서 하나님을 찬양하며 그 권능의 궁창에서 그를 찬양할찌어다 그의 능하신 행동을 인하여 찬양하며 그의 지극히 광대하심을 좇아 찬양할찌어다 나팔 소리로 찬양하며 비파와 수금으로 찬양할찌어다 소고 치며 춤 추어 찬양하며 현악과 퉁소로 찬양할찌어다 큰 소리 나는 제금으로 찬양하며 높은 소리 나는 제금으로 찬양할찌어다 호흡이 있는 자마다 여호와를 찬양할찌어다 할렐루야

본받고 싶은 최후 모습

눅24:50-51 예수께서 저희를 데리고 베다니 앞까지 나가사 손을 들어 저희에게 축복하시더니 축복하실 때에 저희를 떠나 [하늘로 올리우]시니라

인생의 방향과 실천할 내용

마22:37-40 예수께서 가라사대 네 마음을 다하고 목숨을 다하고 뜻을 다하여 주 너의 하나님을 사랑하라 하셨으니 이것이 크고 첫째 되는 계명이요 둘째는 그와 같으니 네 이웃을 네 몸과 같이 사랑하라 하셨으니 이 두 계명이 온 율법과 선지자의 강령이니라

이 세상의 두 세계

전1:2 전도자가 가로되 헛되고 헛되며 헛되고 헛되니 모든 것이 헛되도다

마치 전 세계 남성들의 우상처럼 군림했던 미국의 여배우 마릴린 먼로는 이렇게 말했다. "나는 한 여성이 가질 수 있는 모든 것을 가졌습니다. 나는 젊고 아름답습니다. 나는 돈도 많고 사랑에 굶주리지도 않았습니다. 수백 통의 팬레터도 매일 받습니다. 누구보다도 건강하고 부족한 것이 없습니다. 미래에도 그렇게 살 수 있을 것이라고 확신합니다. 그런데 웬일인지 나는 너무나도 공허하고 불행합니다. 뚜렷한 이유를 찾을 수는 없지만 나는 불행하다고 느끼고 있습니다." 결국 먼로는 1962년 어느 날 밤 "나의 인생은 파장하여 문 닫는 해수욕장과 같다"는 글을 남기고 자살했다.

롬14:17 하나님의 나라는 먹는 것과 마시는 것이 아니요 오직 성령 안에서 의와 평강과 희락이라

이미 구원받은 사람은 마땅히 어떻게 살아가야 하는가를 가르치는 십계명

출20:1−17 십계명

공의와 진리는 얼마나 귀중한가!

렘5:1 너희는 예루살렘 거리로 빨리 왕래하며 그 넓은 거리에서 찾아보고 알라 너희가 만일 공의를 행하며 진리를 구하는 자를 한 사람이라도 찾으면 내가 이 성을 사하리라

혼인을 귀히 여기는 복 있는 나라

오죽하면 "짐승 이하로 살다가 후손 없이 병들거나 자살로 죽으면 끝날 것이니 아예 상관 말고 내버려 두라" 이런 말도 있지만, 그러나 동성애와 동성결혼 문제를 해결하기 위해서는 세계보건기구(WHO)가 정의한 4가지 건강, 즉 신체적 건강, 정신적 건강, 사회적 건강, 영적 건강 측면을 비롯하여 과학상, 법률상, 범죄상, 교육상, 역사상, 특히 국가존망상 ……등등에서 보는 전방위적 접근을 통해 투명한 결론을 가지고 일하는 국가차원의 전담기관이 필요하고, 또한 그들을 불쌍히 여기고 일깨우는 지혜가 필요하다. 그리고 그들을 도울 수 있는 이미 회개한 사람들의 도움도 활용해야 한다. 특히 무엇보다도 말씀대로 결혼을 귀히 여기고 묵묵히 지켜 행하는 절대다수의 평범한 삶은 저들의 광란을 꺾는 또 하나의 힘 있는 방법이다.

히13:4 모든 사람은 혼인을 귀히 여기고 침소를 더럽히지 않게 하라 음행하는 자들과 간음하는 자들을 하나님이 심판하시리라

비록 용서는 받을 수 있어도 그 범죄의 흔적은 오래간다

마1:6 이새는 다윗왕을 낳으니라 다윗은 우리야의 아내에게서 솔로몬을 낳으니라

신분과 나이를 뛰어넘은 우정

삼상18:1-4 다윗이 사울에게 말하기를 마치매 요나단의 마음이 다윗의 마음과 연락되어 요나단이 그를 자기 생명 같이 사랑하니라 그 날에 사울은 다윗을 머무르게 하고 그 아비의 집으로 다시 돌아가기를 허락지 아니하였고 요나단은 다윗을 자기 생명 같이 사랑하여 더불어 언약을 맺었으며 요나단이 자기의 입었던 겉옷을 벗어 다윗에게 주었고 그 군복과 칼과 활과 띠도 그리하였더라

삼상20:35-42 아침에 요나단이 작은 아이를 데리고 다윗과 정한 시간에 들로 나가서 아이에게 이르되 달려가서 나의 쏘는 살을 찾으라 하고 아이가 달려갈 때에 요나단이 살을 그의 위로 지나치게 쏘니라 ~ 요나단이 그 병기를 아이에게 주며 이르되 이것을 가지고 성으로 가라 아이가 가매 다윗이 곧 바위 남편에서 일어나서 땅에 엎드려 세번 절한 후에 피차 입맞추고 같이 울되 다윗이 더욱 심하더니 요나단이 다윗에게 이르되 평안히 가라 우리 두 사람이 여호와의 이름으로 맹세하여 이르기를 여호와께서 영원히 나와 너 사이에 계시고 내 자손과 네 자손 사이에 계시리라 하였느니라 다윗은 일어나 떠나고 요나단은 성으로 들어오니라

오직 성결한 사람만이 이 세상의 그루터기이다!

사6:13 그 중에 십분의 일이 오히려 남아 있을지라도 이것도 삼키운바 될 것이나 밤나무, 상수리나무가 베임을 당하여도 그 그루터기는 남아 있는 것 같이 거룩한 씨가 이 땅의 그루터기니라

희생의 효능

요12:24 내가 진실로 진실로 너희에게 이르노니 한 알의 밀이 땅에 떨어져 죽지 아니하면 한 알 그대로 있고 죽으면 많은 열매를 맺느니라

많은 사람에게는 자신이 본 받을 사람이 없지만, 그리스도인은 얼마나 복 있는 사람인가!

고전11:1 내가 그리스도를 본받는 자 된 것 같이 너희는 나를 본받는 자 되라

예수 그리스도를 못박고 살아가는 사람, 그 인생에는 반드시 어두움이 임한다

막15:33 제 육시가 되매 온 땅에 어두움이 임하여 제 구시까지 계속하더라

하나님의 사랑은 점이 아니고 선이다

요13:1 유월절 전에 예수께서 자기가 세상을 떠나 아버지께로 돌아가실 때가 이른줄 아시고 세상에 있는 자기 사람들을 사랑하시되 끝까지 사랑하시니라

마귀의 징검다리와 집 짓기

요12:6 이렇게 말함은 가난한 자들을 생각함이 아니요 저는 도적이라 돈 궤를 맡고 거기 넣는 것을 훔쳐 감이러라

요13:2 마귀가 벌써 시몬의 아들 가룟 유다의 마음에 예수를 팔려는 생각을 넣었더라

요13:27 조각을 받은 후 곧 사단이 그 속에 들어간지라 이에 예수께서 유다에게 이르시되 네 하는 일을 속히 하라 하시니라

강한 유혹, 함정, 올무를 갖고 있는 재물

딤전6:9-10 부하려 하는 자들은 시험과 올무와 여러가지 어리석고 해로운 정욕에 떨어지나니 곧 사람으로 침륜과 멸망에 빠지게 하는 것이라 돈을 사랑함이 일만 악의 뿌리가 되나니 이것을 사모하는 자들이 미혹을 받아 믿음에서 떠나 많은 근심으로써 자기를 찔렀도다

그리스도 예수 안에서는 모두가 하나

갈3:28 너희는 유대인이나 헬라인이나 종이나 자주자나 남자나 여자 없이 다 그리스도 예수 안에서 하나이니라

대인관계에 가장 좋은 방법

딤전5:1-2 늙은이를 꾸짖지 말고 권하되 아비에게 하듯하며 젊은이를 형제에게 하듯하고 늙은 여자를 어미에게 하듯하며 젊은 여자를 일절 깨끗함으로 자매에게 하듯하라

예수 그리스도의 가족

막3:31-35 때에 예수의 모친과 동생들이 와서 밖에 서서 사람을 보내어 예수를 부르니 무리가 예수를 둘러 앉았다가 여짜오되 보소서 당신의 모친과 동생들과 누이들이 밖에서 찾나이다 대답하시되 누가 내 모친이며 동생들이냐 하시고 둘러 앉은 자들을 둘러 보시며 가라사대 내 모친과 내 동생들을 보라 누구든지 하나님의 뜻대로 하는 자는 내 형제요 자매요 모친이니라

주님을 섬기는 방법

마25:31-46 인자가 자기 영광으로 모든 천사와 함께 올때에 자기 영광의 보좌에 앉으리니 모든 민족을 그 앞에 모으고 각각 분별하기를 목자가 양과 염소를 분별하는것 같이 하여 양은 그 오른편에, 염소는 왼편에 두리라 그 때에 임금이 그 오른편에 있는 자들에게 이르시되 내 아버지께 복 받을 자들이여 나아와 창세로부터 너희를 위하여 예비된 나라를 상속하라 내가 주릴 때에 너희가 먹을 것을 주었고 목마를 때에 마시게 하였고 나그네 되었을 때에 영접하였고 벗었을 때에 옷을 입혔고 병들었을 때에 돌아보았고 옥에 갇혔을 때에 와서 보았느니라 이에 의인들이 대답하여 가로되 주여 우리가 어느 때에 주의 주리신 것을 보고 공궤하였으며 목마르신 것을 보고 마시게 하였나이까 어느 때에 나그네 되신 것을 보고 영접하였으며 벗으신 것을 보고 옷 입혔나이까 어느 때에 병드신 것이나 옥에 갇히신 것을 보고 가서 뵈었나이까 하리니 임금이 대답하여 가라사대 내가 진실로 너희에게 이르노니 너희가 여기 내 형제 중에 지극히 작은 자 하나에게 한 것이 곧 내게 한 것이니라

아브람에 대한 하나님의 13년의 침묵

창16:16-17:1 하갈이 아브람에게 이스마엘을 낳을 때에 아브람이 팔십 륙 세이었더라 아브람의 구십 구세 때에 여호와께서 아브람에게 나타나서 그에게 이르시되 나는 전능한 하나님이라 너는 내 앞에서 행하여 완전하라

성숙한 사람됨의 모습

갈5:22-23 오직 성령의 열매는 사랑과 희락과 화평과 오래 참음과 자비와 양선과 충성과 온유와 절제니 이같은 것을 금지할 법이 없느니라

자기 신앙의 성숙을 갈망하라

벧후3:18 오직 우리 주 곧 구주 예수 그리스도의 은혜와 저를 아는 지식에서 자라 가라 영광이 이제와 영원한 날까지 저에게 있을찌어다

목사, 선교사 가정의 두려움

삼상2:12 엘리의 아들들은 불량자라 여호와를 알지 아니하더라

삼상8:1-3 사무엘이 늙으매 그 아들들로 이스라엘 사사를 삼으니 장자의 이름은 요엘이요 차자의 이름은 아비야라 그들이 브엘세바에서 사사가 되니라 그 아들들이 그 아비의 행위를 따르지 아니하고 이를 따라서 뇌물을 취하고 판결을 굽게 하니라

범죄했을 때의 가장 큰 두려움

시51:11 나를 주 앞에서 쫓아내지 마시며 주의 성신을 내게서 거두지 마소서

솔로몬 왕의 배은망덕

왕상11:9-10 솔로몬이 마음을 돌이켜 이스라엘 하나님 여호와를 떠나므로 여호와께서 저에게 진노하시니라 여호와께서 일찌기 두번이나 저에게 나타나시고 이 일에 대하여 명하사 다른 신을 좇지 말라 하셨으나 저가 여호와의 명령을 지키지 않았느니라

신앙생활 활력의 원천은『나를 구원하신 하나님 때문에!』

합3:17-19 비록 무화과나무가 무성치 못하며 포도나무에 열매가 없으며 감람나무에 소출이 없으며 밭에 식물이 없으며 우리에 양이 없으며 외양간에 소가 없을찌라도 나는 여호와를 인하여 즐거워하며 나의 구원의 하나님을 인하여 기뻐하리로다 주 여호와는 나의 힘이시라 나의 발을 사슴과 같게 하사 나로 나의 높은 곳에 다니게 하시리로다 이 노래는 영장을 위하여 내 수금에 맞춘 것이니라

우리 때문에 즐거워하시고 기뻐하시는 하나님

습3:17 너의 하나님 여호와가 너의 가운데 계시니 그는 구원을 베푸실 전능자시라 그가 너로 인하여 기쁨을 이기지 못하여 하시며 너를 잠잠히 사랑하시며 너로 인하여 즐거이 부르며 기뻐하시리라 하리라

하나님께서 귀히 여기시는 사람

삼상2:30 ~ 나를 존중히 여기는 자를 내가 존중히 여기고 나를 멸시하는 자를 내가 경멸히 여기리라

요12:26 사람이 나를 섬기려면 나를 따르라 나 있는 곳에 나를 섬기는 자도 거기 있으리니 사람이 나를 섬기면 내 아버지께서 저를 귀히 여기시리라

지혜 있는 자를 책망하라

잠9:8 거만한 자를 책망하지 말라 그가 너를 미워할까 두려우니라 지혜 있는 자를 책망하라 그가 너를 사랑하리라

요한의 선교 열정과 지혜 : 로고스(λ□γο□)!

주후 100년경 기독교는 이미 이방 세계로 널리 전파되었고, 당시 신자의 대다수는 헬라적 배경에서 자라난 사람들이었다. 이로 인해 문제가 나타났는데 그것은 바로『이런 사람들로 하여금 예수 그리스도를 알고, 믿을 수 있

도록 하기 위하여 어떻게 예수님을 표현해야 좋을까?』라는 것이었다. 바로 이 문제에 열중한 사람이 사도 요한이었는데 마침내 그는 그 해결 방법을 발견하였다. 그것은 바로『로고스』단어를 발견하고, 선택한 것이다. 왜냐하면 유대(구약성경)와 헬라 사상에는 모두 로고스 개념이 있고, 이 둘은 서로 다르면서도 또한 반면에 서로 공감하고 이해할 수 있는 부분이 있기 때문이었다. 그래서 요한은 예수님을 로고스로 소개한다. 특히 요1:1-18의 서문에서는 이 로고스 단어를 사용하여 예수님의 신성과 구주성을 명백하게 선언하고 있다. 사실 온 세상 모든 나라의 언어를 다 동원한다 할지라도 근본이 하나님이신 예수 그리스도를 표현하고 형용하는 데는 한없이 부족하다. 그럼에도 불구하고 선교에 대한 요한의 열정과 지혜는 우리의 감동을 충분히 일으킨다.

주님은 포도나무, 우리는 가지

> 요15:5 나는 포도나무요 너희는 가지니 저가 내 안에, 내가 저 안에 있으면 이 사람은 과실을 많이 맺나니 나를 떠나서는 너희가 아무 것도 할 수 없음이라

1832년 영국에서 태어난 허드슨 테일러(Hudson Taylor)는 19세기 가장 위대한 선교사로 평가받는다. 그는 51년간 중국에서 활동하면서 중국 사람처럼 생활했다. 800명 이상의 선교사를 키운 테일러는 자신의 비결에 대해 "하나님의 방법은 사람"이라고 하였다.

하나님은 방법을 통해 일하시는 분이 아니라 사람을 통해 일하신다. 사람은 끊임없이 방법(Know-How)을 찾지만 하나님은 그 마음에 합한 사람을 찾으신다. 그러므로 성공의 방법을 찾기보다 하나님 마음에 합한 사람이 되는 것이 우선이다.

그는 말하기를 "하나님의 일은 하나님의 방법으로 이루어진다되어진다. 필요한 것은 기도를 통해 채워진다. 우리는 선교를 위해 모금하는 것을 원치 않는다." 이것이 허드슨 테일러의 '믿음선교' 원칙이다. 중국 내지 선교사인 허드슨 테일러는 이렇게 믿음으로 헌신했다. 그러나 일이 점점 많아지면서 협력자와 선교비가 필요했지만 그를 도와주는 사람은 아무도 없었다. 그의 정신적 부담은 밤잠을 설치게 했고 마침내는 신경쇠약에 걸릴 정도로 심해졌다. 그런데 어느 날 성경 요한복음 15장을 읽어 내려가다가 5절에 "나는 포도나무요 너희는 가지니..." 라고 하는 이 말씀이 가슴에 와 닿았다. 그 순간 갑자기 태양 빛이 비춰는 것처럼 그의 마음이 환하게 밝아지기 시작했다.

그는 "주님은 포도나무이시고 나는 그 가지인데 내가 걱정할 것이 무엇이란 말인가? 주님께서 수분과 양분을 공급해 주는 나무이므로 가지인 나는 그것을 받아들이기만 하면 되는데 가지인 내가수분과 양분을 공급하려고 애쓰고 있었다니 어리석었구나. 주님! 이 시간부터는 염려와 근심을 주님께 맡기겠사오니 책임져 주시옵소서." 이렇게 꿇어 엎드려 하나님 앞에서 자기의 어리석음을 시인하고 회개하며 모든 문제를 주님께 맡겼다. 그러자 마음에 평안이 파도처럼 밀려왔고, 그는 그 후부터 기도하는 것마다 응답 받고 성공적인 중국 선교를 할 수 있었다고 한다.

하나님께서 주신 은사대로 바르게 살라

삿9:8-15 하루는 나무들이 나가서 기름을 부어 왕을 삼으려 하여 감람나무에게 이르되 너는 우리 왕이 되라 하매 감람나무가 그들에게 이르되 나의 기름은 하나님과 사람을 영화롭게 하나니 내가 어찌 그것을 버리고 가서 나무들 위에 요동하리요 한지라 나무들이 또 무화과나무에게 이르되 너는 와서 우리의 왕이 되라 하매 무화과나무가 그들에게 이르되 나의 단것, 나의 아름다운 실과를 내가 어찌 버리고 가서 나무들 위에 요동하리요 한지라 나무들이 또 포도나무에게 이르되 너는 와서 우리의 왕이 되라 하매 포도나무가 그들에게 이르되 하나님과 사람을 기쁘게 하는 나의 새 술을 내가 어찌 버리고 가서 나무들 위에 요동하리요 한지라 이에 모든 나무가 가시나무에게 이르되 너는 와서 우리의 왕이 되라 하매 가시나무가 나무들에게 이르되 너희가 참으로 내게 기름을 부어 너희 왕을 삼겠거든 와서 내 그늘에 피하라 그리하지 아니하면 불이 가시나무에서 나와서 레바논의 백향목을 사를 것이니라 하였느니라

로마 제국의 권력승계를 보면 초대 황제 아우구스투스 이후로 314년 동안 로마의 황제가 자그마치 37명이나 바뀌었다. 황제의 평균 재임기간은 8.5년이다. 30~40년 동안 장기 집권을 한 사람도 있지만 1년도 채우지 못하고 죽는 경우도 있었다. 37명의 황제 가운데 자기의 수명을 다하고 죽은 사람은 13명밖에 안 된다. 나머지 24명은 암살당하거나 자살로 불행한 최후를 마쳤다. 어떤 왕은 부하의 잘못을 몹시 책망했더니 그가 기도하고 있을 때 부하가 뒤에서 찔러 죽이기도 하고, 어떤 이는 황제가 되었지만 로마로 즉위식을 하러 가는 길에 죽었다. 어떤 경우는 한 해 동안 황제가 다섯 번이나 바뀌었다. 제왕의 길은 피로 얼룩진 불행한 역사였던 것이다.

빛나는 믿음의 사람들!

히11:33-38 저희가 믿음으로 나라들을 이기기도 하며 의를 행하기도 하며 약속을 받기도 하며 사자들의 입을 막기도 하며 불의 세력을 멸하기도 하며 칼날을 피하기도 하며 연약한 가운데서 강하게 되기도 하며 전쟁에 용맹되어 이방 사람들의 진을 물리치기도 하며 여자들은 자기의 죽은 자를 부활로 받기도 하며 또 어떤이들은 더 좋은 부활을 얻고자 하여 악형을 받되 구차히 면하지 아니하였으며 또 어떤이들은 희롱과 채찍질 뿐아니라 결박과 옥에 갇히는 시험도 받았으며 돌로 치는 것과 톱으로 켜는 것과 시험과 칼에 죽는 것을 당하고 양과 염소의 가죽을 입고 유리하여 궁핍과 환난과 학대를 받았으니 (이런 사람은 세상이 감당치 못하도다) 저희가 광야와 산중과 암혈과 토굴에 유리하였느니라

먼저 꼭 선생님이 되라

마28:19-20 그러므로 너희는 가서 모든 족속으로 제자를 삼아 아버지와 아들과 성령의 이름으로 세례를 주고 내가 너희에게 분부한 모든 것을 가르쳐 지키게 하라 볼찌어다 내가 세상 끝날까지 너희와 항상 함께 있으리라 하시니라

……등등

제11장

구원과 삶

1. 구원 : 3단계 구원(과거, 현재, 미래)

1) 과거의 구원

만약 어떤 사람이 하나님께 대한 회개와 예수 그리스도께 대한 믿음이 있어 영생을 얻고 하나님의 자녀가 되었다면, 이는 바로 그가 이미 구원을 받은 것이다 – (salvation)

행2:38 베드로가 가로되 너희가 회개하여 각각 예수 그리스도의 이름으로 세례를 받고 죄 사함을 얻으라 그리하면 성령을 선물로 받으리라

요20:31 오직 이것을 기록함은 너희로 예수께서 하나님의 아들 그리스도이심을 믿게 하려 함이요 또 너희로 믿고 그 이름을 힘입어 생명을 얻게 하려 함이니라

요3:16 하나님이 세상을 이처럼 사랑하사 독생자를 주셨으니 이는 저를 믿

는 자마다 멸망치 않고 영생을 얻게 하려 하심이니라

요일3:1 보라 아버지께서 어떠한 사랑을 우리에게 주사 하나님의 자녀라 일컬음을 얻게 하셨는고, 우리가 그러하도다

2) 현재의 구원

이미 받은 구원의 은혜에 감사드리며 육체의 소욕을 대적하면서 성령님을 따라 사는 성결의 생활은 바로 현재의 구원이다. 여기에는 성숙(成熟) 즉, 성화(聖化)가 있다 – (sanctification)

갈5:16–26 내가 이르노니 너희는 성령을 좇아 행하라 그리하면 육체의 욕심을 이루지 아니하리라 ~ 전에 너희에게 경계한것 같이 경계하노니 이런 일을 하는 자들은 하나님의 나라를 유업으로 받지 못할 것이요 오직 성령의 열매는 사랑과 희락과 화평과 오래 참음과 자비와 양선과 충성과 온유와 절제니 이같은 것을 금지할 법이 없느니라 그리스도 예수의 사람들은 육체와 함께 그 정과 욕심을 십자가에 못 박았느니라 만일 우리가 성령으로 살면 또한 성령으로 행할찌니 헛된 영광을 구하여 서로 격동하고 서로 투기하지 말찌니라

빌2:12 그러므로 나의 사랑하는 자들아 너희가 나 있을 때 뿐아니라 더욱 지금 나 없을 때에도 항상 복종하여 두렵고 떨림으로 너희 구원을 이루라

벧전2:2 갓난 아이들 같이 순전하고 신령한 젖을 사모하라 이는 이로 말미암아 너희로 구원에 이르도록 자라게 하려 함이라

골1:21–22 전에 악한 행실로 멀리 떠나 마음으로 원수가 되었던 너희를 이제는 그의 육체의 죽음으로 말미암아 화목케 하사 너희를 거룩하고 흠 없고 책망할 것이 없는 자로 그 앞에 세우고자 하셨음이라

시16:3 땅에 있는 성도는 존귀한 자니 나의 모든 즐거움이 저희에게 있도다

중역: 세상의 거룩한 백성, 착하고 아름다운 그들은, 내가 가장 기뻐하는 자들이다

NIV:I say of the holy people who are in the land, "They are the noble ones in whom is all my delight."

☞ 성도 = 거룩한 사람 = 존귀한 자

= 착하고 아름다운 사람 = 하나님께서 가장 기뻐하시는 자

『땅에 있는 성도』는 세상 속에서 살아가는 거룩한 사람, 곧 하나님께 대한 경외가 없고 죄의 유혹이 가득한 그런 세상 속에서 성결하게 살아가는 하나님의 자녀들을 가리킨다. '땅'과 '성도'란 말은 완전히 정반대의 상징적 의미를 가지고 있다. 그러므로 이 세상에서 성결하게 살아간다는 것은 한편으로는 힘든 좁은 길을 걷는 것이지만 그러나 또 한편으로는 끊임없이 솟아나는 기쁨의 길을 걷는 것이다. 왜냐하면 하나님께서는 그 길을 걷는 사람들을 가장 기뻐하시고, 그루터기 삼으시며, 귀하게 들어 쓰시기 때문이다.

사6:13 그 중에 십분의 일이 오히려 남아 있을찌라도 이것도 삼키운바 될 것이나 밤나무, 상수리나무가 베임을 당하여도 그 그루터기는 남아 있는 것 같이 거룩한 씨가 이 땅의 그루터기니라

딤후2:20-21 큰 집에는 금과 은의 그릇이 있을뿐 아니요 나무와 질그릇도 있어 귀히 쓰는 것도 있고 천히 쓰는 것도 있나니 그러므로 누구든지 이런 것에서 자기를 깨끗하게 하면 귀히 쓰는 그릇이 되어 거룩하고 주인의 쓰심에 합당하며 모든 선한 일에 예비함이 되리라

그러므로 현재의 구원의 길을 힘차게 걷는 사람들은 이렇게 산다.

약1:27 하나님 아버지 앞에서 정결하고 더러움이 없는 경건은 곧 고아와 과

부를 그 환난 중에 돌아보고 또 자기를 지켜 세속에 물들지 아니하는 이것이 니라

3) 미래의 구원

예수 그리스도께서 재림하실 때 있을 영화(榮化)는 미래의 구원이다 – (glorification)

고전15:42–53 죽은 자의 부활도 이와 같으니 썩을 것으로 심고 썩지 아니할 것으로 다시 살며 욕된 것으로 심고 영광스러운 것으로 다시 살며 약한 것으로 심고 강한 것으로 다시 살며 육의 몸으로 심고 신령한 몸으로 다시 사나니 육의 몸이 있은즉 또 신령한 몸이 있느니라 ~ 우리가 흙에 속한 자의 형상을 입은것 같이 또한 하늘에 속한 자의 형상을 입으리라 형제들아 내가 이것을 말하노니 혈과 육은 하나님 나라를 유업으로 받을 수 없고 또한 썩은 것은 썩지 아니한 것을 유업으로 받지 못하느니라 보라 내가 너희에게 비밀을 말하노니 우리가 다 잠잘 것이 아니요 마지막 나팔에 순식간에 홀연히 다 변화하리니 나팔 소리가 나매 죽은 자들이 썩지 아니할 것으로 다시 살고 우리도 변화하리라 이 썩을 것이 불가불 썩지 아니할 것을 입겠고 이 죽을 것이 죽지 아니함을 입으리로다

빌3:20–21 오직 우리의 시민권은 하늘에 있는지라 거기로서 구원하는 자 곧 주 예수 그리스도를 기다리노니 그가 만물을 자기에게 복종케 하실 수 있는 자의 역사로 우리의 낮은 몸을 자기 영광의 몸의 형체와 같이 변케 하시리라

이러한 내용을 로마서에서는 이렇게 표현하고 있다.

롬8:29–30 하나님이 미리 아신 자들로 또한 그 아들의 형상을 본받게 하기 위하여 미리 정하셨으니 이는 그로 많은 형제 중에서 맏아들이 되게 하려 하

심이니라 또 미리 정하신 그들을 또한 부르시고 부르신 그들을 또한 의롭다 하시고 의롭다 하신 그들을 또한 영화롭게 하셨느니라

『예지, 예정, 부르심, 의인, 영화』 (foreknowledge - foreordination - calling - justification - glorification) 이는 구원에 있어서『황금의 연쇄－the Golden Chain』라 불리우는 것이다 (Warfield).

그러므로 우리의 구원은 우연한 것이 아니요, 하나님의 미리 아심으로부터 시작된 것이다. 이 사실은 정말로 우리로 하여금 놀라고 기뻐하게 하며 끝없이 감사드리게 한다.

엡2:4-9 긍휼에 풍성하신 하나님이 우리를 사랑하신 그 큰 사랑을 인하여 허물로 죽은 우리를 그리스도와 함께 살리셨고 (너희가 은혜로 구원을 얻은 것이라) 또 함께 일으키사 그리스도 예수 안에서 함께 하늘에 앉히시니 이는 그리스도 예수 안에서 우리에게 자비하심으로써 그 은혜의 지극히 풍성함을 오는 여러 세대에 나타내려 하심이니라 너희가 그 은혜를 인하여 믿음으로 말미암아 구원을 얻었나니 이것이 너희에게서 난 것이 아니요 하나님의 선물이라 행위에서 난 것이 아니니 이는 누구든지 자랑치 못하게 함이니라

2. 삶 : 십계명(출20:1-17)

『출20:1-17』중에서 특히 제2절은 매우 중요하다.

출20:2 나는 너를 애굽 땅, 종 되었던 집에서 인도하여 낸 너의 하나님 여호와로라

왜냐하면 하나님께서는 먼저 우리에게 구원의 은혜를 베푸시고, 그 후에 십계명을 주셨기 때문이다. 즉『이미 구원받은 사람의 당연한 삶은 어떤 것

인가?』를 가르치는 것이 바로 십계명이다. 이처럼 하나님께서는 우리가 사랑을 받은 하나님 자녀답게, 은혜를 입어 구원받은 새 사람답게 살기를 간절히 바라신다.

제 일 – 제 사계명 : 하나님을 사랑하라

제 오 – 제 십계명 : 이웃을 사랑하라

눅10:27 대답하여 가로되 네 마음을 다하며 목숨을 다하며 힘을 다하며 뜻을 다하여 주 너의 하나님을 사랑하고 또한 네 이웃을 네 몸과 같이 사랑하라 하였나이다

매우 중요한 사실은 오직 구원의 은혜에 감사감격하는 사람만이 비로소 단 마음으로 십계명을 지킬 수 있다는 것이다. 만약 그토록 큰 구원의 은혜를 잊어버리거나, 가볍게 여기면 누구도『하나님 사랑과 이웃 사랑』을 실천할 수 없다. 그러므로『하나님 사랑과 이웃 사랑』이 없는 삶은 그가 아직도 십자가 구원의 은혜를 깨닫지 못하고 있다는 것을 반증하는 것이다.

하나님의 사랑은 핵항공모함의 핵 동력보다 더 힘 있고, 비할 수 없이 더욱 강하다. 참고로,

핵항공모함 : 약 10만 톤, 승무원(군인) 약 6,000명 안팎, 속도 30노트((1knot:1.852km) 이상, 탑

재할 수 있는 비행기 수는 약 70대, 사용연한은 50년 안팎, 핵동력으로 추진.

예수 그리스도 십자가 구원의 은혜는 우리로 하여금 일평생 능히 기뻐하며, 평안을 누리며, 온갖 역경을 극복하며, 힘차게……!

합3:17-19 비록 무화과나무가 무성치 못하며 포도나무에 열매가 없으며 감람나무에 소출이 없으며 밭에 식물이 없으며 우리에 양이 없으며 외양간에 소가 없을찌라도 나는 여호와를 인하여 즐거워하며 나의 구원의 하나님을 인하여 기뻐하리로다 주 여호와는 나의 힘이시라 나의 발을 사슴과 같게 하사 나로 나의 높은 곳에 다니게 하시리로다 이 노래는 영장을 위하여 내 수금에 맞춘 것이니라

제 일계명 : 너는 나 외에는 다른 신들을 네게 있게 말찌니라

제 이계명 : 너를 위하여 새긴 우상을 만들지 말고 또 위로 하늘에 있는 것이나 아래로 땅에 있는 것이나 땅아래 물속에 있는 것의 아무 형상이든지 만들지 말며 그것들에게 절하지 말며 그것들을 섬기지 말라 나 여호와 너의 하나님은 질투하는 하나님인즉 나를 미워하는 자의 죄를 갚되 아비로부터 아들에게로 삼 사대까지 이르게 하거니와 나를 사랑하고 내 계명을 지키는 자에게는 천대까지 은혜를 베푸느니라

제 삼계명 : 너는 너의 하나님 여호와의 이름을 망령되이 일컫지 말라 나 여호와는 나의 이름을 망령되이 일컫는 자를 죄 없다 하지 아니하리라

제 사계명 : 안식일을 기억하여 거룩히 지키라 엿새 동안은 힘써 네 모든 일을 행할 것이나 제 칠일은 너의 하나님 여호와의 안식일인즉 너나 네 아들이나 네 딸이나 네 남종이나 네 여종이나 네 육축이나 네 문안에 유하는 객이라도 아무 일도 하지 말라 이는 엿새 동안에 나 여호와가 하늘과 땅과 바다와 그 가운데 모든 것을 만들고 제 칠일에 쉬었음이라 그러므로 나 여호와가 안식일을 복되게 하여 그 날을 거룩하게 하였느니라

프랑스의 무신론자 볼테어(Voltaire)는 이렇게 말했다. "오늘날 땅 위에서 교회를 없애는 방법이 하나 있는데 그것은 바로 예수 믿는 사람들로 하여금

주일을 못 지키게 하면 교회가 없어질 것이다"

안식일 – 주일은 이렇게 중요한 날이다. 안식일을 통하여,

1. 마땅히 하나님의 창조를 기억해야 한다

창조와 안식일은 분리할 수 없다. 우리의 하나님은 창조주, 만물의 주, 생명의 지배자, 공급자이심을 기억해야 한다.

세상 다른 종교에는 안식일이 없다. 왜 그럴까? 그들에게는 하나님의 창조가 없기 때문이다. 「안식일을 기억하여 거룩히 지키라」 이 말씀 속에는 「너희는 마땅히 하나님의 창조를 기억하라」는 의미가 들어있다.

2. 마땅히 하나님의 구원의 은혜를 기억해야 한다

> 신5:12–15 여호와 너의 하나님이 네게 명한대로 안식일을 지켜 거룩하게 하라 엿새 동안은 힘써 네 모든 일을 행할 것이나 제 칠일은 너의 하나님 여호와의 안식인즉 너나 네 아들이나 네 딸이나 네 남종이나 네 여종이나 네 소나 네 나귀나 네 모든 육축이나 네 문 안에 유하는 객이라도 아무 일도 하지 말고 네 남종이나 네 여종으로 너 같이 안식하게 할찌니라 너는 기억하라 네가 애굽 땅에서 종이 되었더니 너의 하나님 여호와가 강한 손과 편 팔로 너를 거기서 인도하여 내었나니 그러므로 너의 하나님 여호와가 너를 명하여 안식일을 지키라 하느니라

1) 너는 또한 네가 애굽 땅에서 종 되었던 것을 기억하라

2) 너의 하나님 여호와가 강한 손과 편 팔로 너를 거기서 인도하여 내셨느

니라

우리는 십자가에 못박히신 예수님이 마땅히 죽어야 할 우리 죄인을 구원하신 사실을 분명히 기억해야 한다.

1) 너는 또한 네가 하나님을 알지 못하였을 때 죄의 종 되었던 것을 기억하라
2) 너의 하나님은 예수 그리스도 십자가의 희생으로 말미암아 너를 구원하시고, 영생과 평강과 참 안식을 주셨느니라

우리의 감사, 찬송, 경배 모두는 이 구원의 은혜 때문이다. 그러므로 우리는 주일에 예수 그리스도 십자가 구원의 은혜를 마땅히 기억해야 한다.

> 히2:3 우리가 이같이 큰 구원을 등한히 여기면 어찌 피하리요 이 구원은 처음에 주로 말씀하신 바요 들은 자들이 우리에게 확증한 바니라

3. 마땅히 예수 그리스도의 부활을 기억해야 한다

신약성경에서 안식일은 주일로 바뀌었다. 안식 후 첫날(중역 : 칠일의 첫째 날)이 바로 주일이다. 왜 신약시대부터 주일을 안식일로 지키기 시작하였을까? 왜냐하면 예수 그리스도께서 부활하신 날이 바로 주일이기 때문이다.

오순절 성령님 강림도 또한 주일이다. 그러므로 신약성경에서 교회가 시작된 날은 바로 주일이다. 주일은 예수 그리스도의 부활을 기념하는 날이다. 예수 그리스도의 부활은 우리로 하여금 강하고 담대케 한다.

히2:15 또 죽기를 무서워하므로 일생에 매여 종노릇하는 모든 자들을 놓아 주려 하심이니라

요11:25-26 예수께서 가라사대 나는 부활이요 생명이니 나를 믿는 자는 죽어도 살겠고 무릇 살아서 나를 믿는 자는 영원히 죽지 아니하리니 이것을 네가 믿느냐

그러므로 부활의 신앙이 있는 사람은 모두 강하고 담대하다.

요16:33 이것을 너희에게 이름은 너희로 내 안에서 평안을 누리게 하려함이라 세상에서는 너희가 환난을 당하나 담대하라 내가 세상을 이기었노라 하시니라

딤후1:7 하나님이 우리에게 주신 것은 두려워하는 마음이 아니요 오직 능력과 사랑과 근신하는 마음이니라

4. 마땅히 영원한 안식의 하나님 나라를 기억해야 한다

안식일은 영원한 안식이 있는 하나님 나라를 상징한다. 이 세상에서 안식일을 잘 지킨 사람은 능히 영원한 안식의 하나님 나라에 들어갈 수 있다.

계21:1-4 또 내가 새 하늘과 새 땅을 보니 처음 하늘과 처음 땅이 없어졌고 바다도 다시 있지 않더라 또 내가 보매 거룩한 성 새 예루살렘이 하나님께로부터 하늘에서 내려오니 그 예비한 것이 신부가 남편을 위하여 단장한 것 같더라 내가 들으니 보좌에서 큰 음성이 나서 가로되 보라 하나님의 장막이 사람들과 함께 있으매 하나님이 저희와 함께 거하시리니 저희는 하나님의 백성이 되고 하나님은 친히 저희와 함께 계셔서 모든 눈물을 그 눈에서 씻기시매 다시 사망이 없고 애통하는 것이나 곡하는 것이나 아픈 것이 다시 있지

아니하리니 처음 것들이 다 지나갔음이러라

주일은 주님의 날이다. 예수님은 안식일의 주인이시요, 천국의 주인이시요, 영생의 하나님이시다.

출20:10 제 칠일은 너의 하나님 여호와의 안식일인즉 너나 네 아들이나 네 딸이나 네 남종이나 네 여종이나 네 육축이나 네 문안에 유하는 객이라도 아무 일도 하지 말라

눅6:5 또 가라사대 인자는 안식일의 주인이니라 하시더라

5. 마땅히 우리 영혼의 목자와 감독 되신 이에게 돌아와야 함을 다시 새롭게 기억해야 한다

벧전2:25 너희가 전에는 양과 같이 길을 잃었더니 이제는 너희 영혼의 목자와 감독 되신 이에게 돌아왔느니라

운동 경기 중에 (축구, 농구 …등등), 반드시 중간 휴식시간(half time)이 있다. 이 중간 휴식시간을 통하여 선수들은 물을 마시며 수분을 보충하고, 휴식을 취하고, 상처를 치료하며, 안마를 받으면서 전심하여 감독의 칭찬, 격려, 책망, 작전 계획 등을 들으며 후반전을 준비한다.

주일 – 안식일은 마치 중간 휴식시간과 같다. 그러므로 안식일에 한편으로는 휴식하고, 또 한편으로는 우리 영혼의 목자와 감독되신 이에게 돌아와야 한다. 하나님은 우리 영혼의 목자와 감독이시기 때문이다.

1) 목자

왕상19:1-8 아합이 엘리야의 무릇 행한 일과 그가 어떻게 모든 선지자를 칼로 죽인 것을 이세벨에게 고하니 ~ 저가 이 형편을 보고 일어나 그 생명을 위하여 도망하여 유다에 속한 브엘세바에 이르러 자기의 사환을 그곳에 머물게 하고 스스로 광야로 들어가 하룻길쯤 행하고 한 로뎀나무 아래 앉아서 죽기를 구하여 가로되 여호와여 넉넉하오니 지금 내 생명을 취하옵소서 나는 내 열조보다 낫지 못하니이다 하고 로뎀나무 아래 누워 자더니 천사가 어루만지며 이르되 일어나서 먹으라 하는지라 본즉 머리맡에 숯불에 구운 떡과 한 병 물이 있더라 이에 먹고 마시고 다시 누웠더니 여호와의 사자가 또 다시 와서 어루만지며 이르되 일어나서 먹으라 네가 길을 이기지 못할까 하노라 하는지라 이에 일어나 먹고 마시고 그 식물의 힘을 의지하여 사십주 사십야를 행하여 하나님의 산 호렙에 이르니라

어루만짐 : 두 번

숯불에 구운 떡과 한 병 물, 그리고 일어나 먹고 마심 : 두 번

그래서 하나님께서 공급하신 그 식물의 힘을 의지하여 사십 주 사십 야를 행하여 하나님의 산 호렙에 이른다. 하나님께서 공급하시고 베푸시는 것은 모두 가장 좋은 것이다. 하나님께서는 내 육체와 영혼에 필요한 모든 것을 아시며, 또한 우리를 자상하게 돌보신다.

역경을 만났을 때, 엘리야 선지자가 이 모습이었으니 하물며 우리랴! 각 사람은 오직 우울증 정도가 다를 뿐이라는 말도 있다. 여기서 우울증을 앓고 있는 사람이 가장 필요로 하는 것은 바로 위로와 맛있는 음식을 통한 관심과 사랑임을 엿볼 수 있고, 또한 오직 한 번만이 아니고 그가 힘차게 일어나 나아갈 수 있을 때까지 지속성이 있어야 함도 깨달을 수 있다. 우리가 살아있을 때에는 심령과 육체가 분리되어 있지 않고 서로 영향을 끼친다. 그러므로 심령과 육체는 모두 중요하며, 육체를 소홀히 함은 결코 지혜가 아니다.

하나님께서는 내게 필요한 모든 것을 아신다. 그래서 하나님께서는 나를 푸른 초장에 누이시며, 쉴만한 물 가으로 인도하시고, 내 영혼을 소생시키시

고, 자기 이름을 위하여 의의 길로 인도하시며, 나와 함께 하시며, 나를 안위하시고, 내 원수의 목전에서 내게 상을 베푸시고, 기름으로 내 머리에 바르시며, 내 잔이 넘치게 하시고, 나의 평생에 선하심과 인자하심이 정녕 나를 따르게 하신다.

> 시23:1-6 여호와는 나의 목자시니 내가 부족함이 없으리로다 ~ 나의 평생에 선하심과 인자하심이 정녕 나를 따르리니 내가 여호와의 집에 영원히 거하리로다

그러므로 주님은 이렇게 말씀하고 계신다.

> 마11:28 수고하고 무거운 짐진 자들아 다 내게로 오라 내가 너희를 쉬게 하리라

사실 많은 신자들은 여전히 무거운 짐을 지고 있다. 그들은 영혼의 목자가 필요하다. 하나님께서는 하나님의 자녀들이 주일을 통하여 영육간에 반드시 쉼을 얻고, 회복이 되고, 새로와지고, 새 힘을 얻기를 바라신다.

> 행2:37-47 저희가 이 말을 듣고 마음에 찔려 베드로와 다른 사도들에게 물어 가로되 형제들아 우리가 어찌할꼬 하거늘 베드로가 가로되 ~ 그 말을 받는 사람들은 세례를 받으매 이 날에 제자의 수가 삼천이나 더하더라 저희가 사도의 가르침을 받아 서로 교제하며 떡을 떼며 기도하기를 전혀 힘쓰니라 사람마다 두려워하는데 사도들로 인하여 기사와 표적이 많이 나타나니 믿는 사람이 다 함께 있어 모든 물건을 서로 통용하고 또 재산과 소유를 팔아 각 사람의 필요를 따라 나눠 주고 날마다 마음을 같이 하여 성전에 모이기를 힘쓰고 집에서 떡을 떼며 기쁨과 순전한 마음으로 음식을 먹고 하나님을 찬미하며 또 온 백성에게 칭송을 받으니 주께서 구원 받는 사람을 날마다 더하게 하시니라

이 말씀 속에는 교회 흥왕의 비결이 있다. 그러므로 우리는 초대교회를 반드시 배우고 본받아야 한다. 곰곰히 생각해 보라! 주 안에서 그들의 사람됨과 행위는 매우 좋았고, 좋은 모범이 되었다.

우리는『주께서 구원 받는 사람을 날마다 더하게 하시니라』이 말씀을 주목해서 봐야 한다. 이 말씀의 주어는 주님이시요, 결코 사람이 아니다. 주님께서는 교회가 백성들의 존경과 칭찬을 받을 때에, 비로소 구원 받는 사람을 날마다 더하게 하셨다.

백성들의 존경은 어떻게 얻을 수 있는가? 오직 신자들의 성숙한 사람됨을 통하여 얻을 수 있다. 백성들의 칭찬은 어떻게 얻을 수 있는가? 오직 신자들의 다양한 선행을 통하여 얻을 수 있다. 그러므로 교회 안에서 각 방면에 힘이 있고 능력이 있는 사람들은 연약하고, 가난하고, 또 무엇인가 도움이 필요한 사람들을 반드시 도와주어야 한다.

> 갈6:9-10 우리가 선을 행하되 낙심하지 말찌니 피곤하지 아니하면 때가 이르매 거두리라 그러므로 우리는 기회 있는대로 모든 이에게 착한 일을 하되 더욱 믿음의 가정들에게 할찌니라

만일 어느 음식점의 음식이 값도 싸고, 좋고, 맛 있고, 풍성하다면 사람들이 항상 줄지어 있음을 쉽게 볼 수 있을 것이다. 마찬가지로 심령과 육체를 위하여 마땅히 필요한 하나님의 말씀이 전하지고, 맛 있는 음식이 항상 잘 준비된 교회에서는 어떤 상황이 벌어질까? 상상해 보라!

「그러므로 우리는 기회 있는대로 모든 이에게 착한 일을 하되 더욱 믿음의 가정들에게(중역 : 한 집안 식구 신자들에게) 할찌니라」.

성경은 이렇게 가르치고 있는데 어떤 교회는 왜 주일에 신자들에게서 밥값을 받는가? 이러하고도 한 가족이라 말할 수 있을까? 듣기로는 한국의 어떤 교회는 학생들과 청년들이 매우 많다고 한다. 무엇 때문일까? 이유인즉,

교회가 그들을 위해 에어컨도 달아주고, 때로는 밥도 사주고, 관심을 두고, 격려하며, 사랑하기 때문이라고 한다. 매우 간단하다. 많은 교회는 지출을 아까워하지만, 그러나 그 교회는 교육과 선교를 함께 중요하게 여기기 때문에 그들을 위해 지출하는 것을 아까워하지 않고 즐겁게 여기는 것이다.

2) 감독

> 딤후3:15-17 또 네가 어려서부터 성경을 알았나니 성경은 능히 너로 하여금 그리스도 예수 안에 있는 믿음으로 말미암아 구원에 이르는 지혜가 있게 하느니라 모든 성경은 하나님의 감동으로 된 것으로 교훈과 책망과 바르게 함과 의로 교육하기에 유익하니 이는 하나님의 사람으로 온전케 하며 모든 선한 일을 행하기에 온전케 하려 함이니라

이미 언급한 것처럼 성경은 세 가지 목적이 있다. 신자 중에 어떤 사람은 구원이 필요하다. 또한 어떤 사람은 비록 그리스도 예수를 믿음으로 이미 구원은 받았을지라도 그러나 「사람됨의 성숙과 선을 행하기 위해서」는 교훈과 책망과 바르게 함과 의로 교육함이 반드시 필요하다. 우리 그리스도인 각 사람은 모두 완전무결한 사람이 아니므로 감독이 필요하다. 우리의 감독은 바로 하나님이시다. 또한 우리는 주일 설교를 통하여 자랄 수 있다. 그러므로 주일은 매우 중요한 날이다.

목자는 응당 삼가 깨어있어 주일에 신자 한 사람 한 사람이 우리 영혼의 목자와 감독되신 하나님을 새롭게 경험하도록 도와주어야 함을 알수 있다. 간단히 말해서 주일에 교회는 반드시 하나님의 풍성한 은혜의 현장이 되어야 한다. 그렇지 않으면 교회의 흥왕은 매우 어렵기 때문이다.

『교회가 주일에 대해서 어떻게 이해하고, 어떻게 거룩한 날로 지키느냐?』는 교회의 흥왕을 좌우한다. 일년에는 52번의 주일이 있다. 한 주일도 소홀하거나 가볍게 여길 수 없다. 만약 주일을 통하여 신자 각 사람이 항상 심령

과 육체에 회복과 새로움과 새 힘을 얻는다면 이러한 교회는 반드시 흥왕할 것이다.

각 가정도 이 점을 기억하고 가족들로 하여금 심령과 육체에 회복과 새로움과 그리고 새 힘을 얻도록 계획하며, 주일을 위해서 미리 준비할 것이 무엇인지를 살피는 지혜가 필요하다.

6. 마땅히 하나님께서는 우리를 거룩하게 하시는 분이심을 알아야 한다

> 출31:12-17 여호와께서 모세에게 일러 가라사대 너는 이스라엘 자손에게 고하여 이르기를 너희는 나의 안식일을 지키라 이는 나와 너희 사이에 너희 대대의 표징이니 나는 너희를 거룩하게 하는 여호와인줄 너희로 알게 함이라 너희는 안식일을 지킬찌니 이는 너희에게 성일이 됨이라 무릇 그 날을 더럽히는 자는 죽일찌며 무릇 그 날에 일하는 자는 그 백성 중에서 그 생명이 끊쳐지리라 엿새 동안은 일할 것이나 제 칠일은 큰 안식일이니 여호와께 거룩한 것이라 무릇 안식일에 일하는 자를 반드시 죽일찌니라 이같이 이스라엘 자손이 안식일을 지켜서 그것으로 대대로 영원한 언약을 삼을 것이니 이는 나와 이스라엘 자손 사이에 영원한 표징이며 나 여호와가 엿새 동안에 천지를 창조하고 제 칠일에 쉬어 평안하였음이니라 하라 (나와 너희 사이에 너희 대대의 표징)

하나님께서는 왜 안식일에 대해서 이렇게 엄격하실까? 왜냐하면 오직 안식일을 기억하고 거룩하게 지킴으로써, 거룩한 삶을 잘 지킬 수 있고, 또한 신앙을 전승할 수 있기 때문이다.

> 출31:13 너는 이스라엘 자손에게 고하여 이르기를 너희는 나의 안식일을 지키라 이는 나와 너희 사이에 너희 대대의 표징이니 나는 너희를 거룩하게 하는 여호와인줄 너희로 알게 함이라

안식일을 통하여 우리는 능히 하나님의 창조, 십자가 구원의 은혜, 예수 그리스도의 부활, 영원한안식의 하나님 나라 …… 등을 기억하고, 우리 영혼의 목자와 감독에게로 돌아올 수 있다. 이렇게 함으로써 심령과 육체에는 회복과 새로움과 새힘을 얻는 은혜가 반드시 있게 되고, 또한 갈수록 하나님을 알고 경외하며, 능히 거룩한 삶을 지낼 수 있다.

이 내용은 남미 어느 농촌교회 벽에 붙은 것으로, 주기도문을 역설적, 풍자적으로 모방한 것이다.

"하늘에 계신"이라고 하지 마라
매일 매일 땅에 것만 생각하면서

"우리"라고 하지 마라
언제나 너 혼자만 생각하면서

"아버지"라고 하지 마라
전혀 아들, 딸답게 살지 않으면서

"이름이 거룩히 여김을 받으시오며" 하지 마라
제 이름만 내려고 발버둥치면서

"나라가 임하옵시오며"하지 마라
오로지 황금만능의 나라를 원하면서

"뜻이 하늘에서 이루어진 것 같이 땅에서도 이루어지이다" 하지 마라
모든 것이 네 뜻대로 되기를 바라면서

"오늘 우리에게 일용할 양식을 주옵시고" 하지 마라

죽을 때까지 먹을 양식을 쌓아두려고 하면서

"우리가 우리에게 죄 지은 자를 용서한 것 같이 우리의 죄를 용서하여 주옵시고" 하지 마라

여전히 아직도 마음 한 구석에 앙심을 품고 있으면서

"우리를 시험에 들지 말게 하옵시고" 하지 마라

죄인 줄 번연히 알면서도 매일 죄 지으면서

"다만 악에서 구하옵소서" 하지 마라

악을 빤히 보면서도 피하려 하지 않으면서

"아멘"이라 하지 마라

주님의 기도를 진정 나의 기도로 바치지 않으면서

이 내용은 우리로 돌이켜 보고, 회개하고, 새롭게 살게 한다. 안식일의 유익이 바로 이러하다. 만약 안식일을 기억하여 거룩하게 지키지 않으면, 그 신앙은 약해지기 쉽고, 잃게 되며, 결국은 세속에 물들게 된다. 그러므로 『안식일을 기억하여 거룩히 지키라』는 이 말씀은 매우 매우 중요하다. 하나님께서는 『안식일은 나와 너희 사이에 너희 대대의 표징이다』고 말씀하셨다. 간단히 말해서 『안식일을 기억하고 거룩하게 지키는 것』은 바로 신앙이 살아있다는 증거이다.

7. 안식일을 어떻게 거룩히 지킬 수 있는가?

시150:1–6 할렐루야 그 성소에서 하나님을 찬양하며 그 권능의 궁창에서 그를 찬양할찌어다 그의 능하신 행동을 인하여 찬양하며 그의 지극히 광대하심을 좇아 찬양할찌어다 나팔 소리로 찬양하며 비파와 수금으로 찬양할찌어다 소고 치며 춤 추어 찬양하며 현악과 퉁소로 찬양할찌어다 큰 소리 나는 제금으로 찬양하며 높은 소리 나는 제금으로 찬양할찌어다 호흡이 있는 자마다 여호와를 찬양할찌어다 할렐루야

1959년 9월 27일 주일, 구 소련의 흐루시초프 총리가 미국을 방문하여 정상회담을 기다리고 있었다. 그때 미국의 아이젠하워 대통령은 흐루시초프 총리에게 전화를 걸어 함께 교회에 가자고 권했다. 그러나 흐루시초프가 거절하자 아이젠하워는 1시간 30분만 기다려 달라고 하고서는 교회에 가서 예배를 드렸다. 그리고 그 뒤에 곧장 회담장으로 갔다고 한다. 주일예배 때문에 당시 초강대국 소련의 총리로 하여금 기다리게 한다는 것은 외교적 상식으로 상상할 수 없는 일이었다. 그러나 아이젠하워 대통령 그는 어떤 상황에서도 반드시 주일성수를 했고, 늘 성경 말씀을 가슴에 품고 기도했다.

출20:10 제 칠일은 너의 하나님 여호와의 안식일인즉 너나 네 아들이나 네 딸이나 네 남종이나 네 여종이나 네 육축이나 네 문안에 유하는 객이라도 아무 일도 하지 말라 (일 하지 말라)

민15:32–36 이스라엘 자손이 광야에 거할 때에 안식일에 어떤 사람이 나무하는 것을 발견한지라 그 나무하는 자를 발견한 자들이 그를 모세와 아론과 온 회중의 앞으로 끌어 왔으나 어떻게 처치할는지 지시하심을 받지 못한 고로 가두었더니 여호와께서 모세에게 이르시되 그 사람을 반드시 죽일찌니 온 회중이 진 밖에서 돌로 그를 칠찌니라 온 회중이 곧 그를 진 밖으로 끌어내고 돌로 그를 쳐 죽여서 여호와께서 모세에게 명하신대로 하니라 (일벌백계)

느10:31 혹시 이 땅 백성이 안식일에 물화나 식물을 가져다가 팔려 할지라도 우리가 안식일이나 성일에는 사지 않겠고 제 칠년마다 땅을 쉬게 하고 모든 빚을 탕감하리라 (사거나 팔지 말라)

출16:13-30 저녁에는 메추라기가 와서 진에 덮이고 아침에는 이슬이 진 사면에 있더니 그 이슬이 마른 후에 광야 지면에 작고 둥글며 서리 같이 세미한 것이 있는지라 이스라엘 자손이 보고 그것이 무엇인지 알지 못하여 서로 이르되 이것이 무엇이냐 하니 모세가 그들에게 이르되 이는 여호와께서 너희에게 주어 먹게 하신 양식이라 ~ 오늘은 여호와께 안식일인즉 오늘은 너희가 그것을 들에서 얻지 못하리라 육일 동안은 너희가 그것을 거두되 제 칠일은 안식일인즉 그 날에는 없으리라 하였으나 제 칠일에 백성 중 더러가 거두러 나갔다가 얻지 못하니라 ~ ~ (얻지 못한다)

막2:27 또 가라사대 안식일은 사람을 위하여 있는 것이요 사람이 안식일을 위하여 있는 것이 아니니라 (사람을 위하여 있다)

눅6:9 예수께서 저희에게 이르시되 내가 너희에게 묻노니 안식일에 선을 행하는 것과 악을 행하는 것 생명을 구하는 것과 멸하는 것 어느 것이 옳으냐 (선을 행하고 생명을 구하는 날)

사58:13-14 만일 안식일에 네 발을 금하여 내 성일에 오락을 행치 아니하고 안식일을 일컬어 즐거운 날이라, 여호와의 성일을 존귀한 날이라 하여 이를 존귀히 여기고 네 길로 행치 아니하며 네 오락을 구치 아니하며 사사로운 말을 하지 아니하면 네가 여호와의 안에서 즐거움을 얻을 것이라 내가 너를 땅의 높은 곳에 올리고 네 조상 야곱의 업으로 기르리라 여호와의 입의 말이니라(안식일을 지키는 자의 보상)

8. 엿새 동안은 힘써 우리의 모든 일을 행하야 한다

성경에서 나온 이 근로정신은 많은 나라들을 선진국으로 변화시켰다. 하나님은 게으름을 기뻐하시지 않는다.

잠6:6-11 게으른 자여 개미에게로 가서 그 하는 것을 보고 지혜를 얻으라 개미는 두령도 없고 간역자도 없고 주권자도 없으되 먹을 것을 여름 동안에 예비하며 추수 때에 양식을 모으느니라 게으른 자여 네가 어느 때까지 눕겠느냐 네가 어느 때에 잠이 깨어 일어나겠느냐 좀더 자자, 좀더 졸자, 손을 모으고 좀더 눕자 하면 네 빈궁이 강도 같이 오며 네 곤핍이 군사 같이 이르리라

잠10:26 게으른 자는 그 부리는 사람에게 마치 이에 초 같고 눈에 연기 같으니라

잠12:24 부지런한 자의 손은 사람을 다스리게 되어도 게으른 자는 부림을 받느니라

잠12:27 게으른 자는 그 잡을 것도 사냥하지 아니하나니 사람의 부귀는 부지런한 것이니라

잠19:15 게으름이 사람으로 깊이 잠들게 하나니 해태한 사람은 주릴 것이니라

잠26:13-16 게으른 자는 길에 사자가 있다 거리에 사자가 있다 하느니라 문짝이 돌쩌귀를 따라서 도는 것 같이 게으른 자는 침상에서 구으느니라 게으른 자는 그 손을 그릇에 넣고도 입으로 올리기를 괴로와하느니라 게으른 자는 선히 대답하는 사람 일곱보다 자기를 지혜롭게 여기느니라

오늘 날 일자리를 찾는 것은 쉽지 않다. 또한 취업하려는 사람들이 중요하게 여기는 내용도 각자 모두 다르다. 그러나 우리 그리스도인은 『주일을 지킬 수 있는지 없는지, 일하는 내용이 하나님의 뜻에 합한 것인지 아닌지』를 마땅히 중요하게 여기고, 택하는 믿음과 지혜가 필요하다.

고전10:23 모든 것이 가하나 모든 것이 유익한 것이 아니요 모든 것이 가하나 모든 것이 덕을 세우는 것이 아니니라

고전10:31-33 그런즉 너희가 먹든지 마시든지 무엇을 하든지 다 하나님의 영광을 위하여 하라 유대인에게나 헬라인에게나 하나님의 교회에나 거치는 자가 되지 말고 나와 같이 모든 일에 모든 사람을 기쁘게 하여 나의 유익을 구치 아니하고 많은 사람의 유익을 구하여 저희르 구원을 얻게 하라

우리가 일자리를 찾거나 또한 일할 때는 마땅히 이러한 마음을 품고 행함이 옳은 것을 성경은 가르쳐 주고 있다.

제 오계명 : 네 부모를 공경하라 그리하면 너의 하나님 나 여호와가 네게 준 땅에서 네 생명이 길리라

제 육계명 : 살인하지 말찌니라

제 칠계명 : 간음하지 말찌니라

1. 간음

간음은 부부가 아닌 남녀가 맺는 성관계를 가리키며, 강간, 간통(통간), 성매매, 혼전 성관계 등을 포함한다.

신22:13-30

신22:13-21 누구든지 아내를 취하여 그와 동침한 후에 ~ 보라 내 딸의 처녀

인 표적이 이것이라 하고 그 부모가 그 자리옷을 그 성읍 장로들 앞에 펼 것이요 그 성읍 장로들은 그 사람을 잡아 때리고 이스라엘 처녀에게 누명 씌움을 인하여 그에게서 은 일백 세겔을 벌금으로 받아 여자의 아비에게 주고 그 여자로 그 남자의 평생에 버리지 못할 아내가 되게 하려니와 그 일이 참되어 그 처녀에게 처녀인 표적이 없거든 처녀를 그 아비 집 문에서 끌어내고 그 성읍 사람들이 그를 돌로 쳐 죽일지니 이는 그가 그 아비 집에서 창기의 행동을 하여 이스라엘 중에서 악을 행하였음이라 너는 이와 같이 하여 너의 중에 악을 제할지니라 (정결하라)

신22:22 남자가 유부녀와 통간함을 보거든 그 통간한 남자와 그 여자를 둘 다 죽여 이스라엘 중에 악을 제할지니라 (그 통간한 남자와 그 여자를 둘 다 죽이라)

통간은 결혼한 사람이 배우자가 아닌 이성(異性)과 성관계를 맺는 것을 가리킨다.

신22:23-24 처녀인 여자가 남자와 약혼한 후에 어떤 남자가 그를 성읍중에서 만나 통간하면 너희는 그들을 둘 다 성읍문으로 끌어내고 그들을 돌로 쳐 죽일 것이니 그 처녀는 성읍 중에 있어서도 소리지르지 아니하였음이요 그 남자는 그 이웃의 아내를 욕보였음이라 너는 이같이 하여 너의 중에 악을 제할지니라 (약혼은 결혼과 같다. 그 두 사람을 돌로 쳐 죽이라. 왜냐하면 이는 통간이기 때문이다)

신22:25-27 만일 남자가 어떤 약혼한 처녀를 들에서 만나서 강간하였거든 그 강간한 남자만 죽일 것이요 처녀에게는 아무 것도 행치 말것은 처녀에게는 죽일 죄가 없음이라 이 일은 사람이 일어나 그 이웃을 쳐 죽인 것과 일반이라 남자가 처녀를 들에서 만난 까닭에 그 약혼한 처녀가 소리질러도 구원할 자가 없었음이니라 (강간은 살인과 같다. 오직 그 남자만을 죽이고, 여자에게는 아무 것도 행치 말라)

신22:28-29 만일 남자가 어떤 약혼하지 아니한 처녀를 만나 그를 붙들고 통간하는 중 그 두 사람이 발견되거든 그 통간한 남자는 그 처녀의 아비에게 은 오십 세겔을 주고 그 처녀로 아내를 삼을 것이라 그가 그 처녀를 욕보였은즉 평생에 그를 버리지 못하리라(만약 혼전에 간음했으면, 마땅히 책임을 깨닫고 반드시 결혼해야 한다)

신22:30 사람이 그 아비의 후실을 취하여 아비의 하체를 드러내지 말찌니라 (어떤 간음도 행치 말라)

2. 미혹의 세상

1) 도처에 미혹하는 사람이 있다

잠6:20-26 내 아들아 네 아비의 명령을 지키며 네 어미의 법을 떠나지 말고 그것을 항상 네 마음에 새기며 네 목에 매라 ~ 이것이 너를 지켜서 악한 계집에게, 이방 계집의 혀로 호리는 말에 빠지지 않게 하리라 네 마음에 그 아름다운 색을 탐하지 말며 그 눈꺼풀에 홀리지 말라 음녀로 인하여 사람이 한 조각 떡만 남게 됨이며 음란한 계집은 귀한 생명을 사냥함이니라

잠7:1-27 내 아들아 내 말을 지키며 내 명령을 네게 간직하라 ~ 그리하면 이것이 너를 지켜서 음녀에게, 말로 호리는 이방 계집에게 빠지지 않게 하리라 내가 내 집 들창으로, 살창으로 내어다보다가 어리석은 자 중에, 소년 중에 한 지혜 없는 자를 보았노라 그가 거리를 지나 음녀의 골목 모퉁이로 가까이 하여 그 집으로 들어가는데 저물 때, 황혼 때, 깊은 밤 흑암 중에라 그 때에 기생의 옷을 입은 간교한 계집이 그를 맞으니 ~ 여러가지 고운 말로 혹하게 하며 입술의 호리는 말로 꾀므로 소년이 곧 그를 따랐으니 소가 푸주로 가는 것 같고 미련한 자가 벌을 받으려고 쇠사슬에 매이러 가는 것과 일반이라 필경은 살이 그 간을 뚫기까지에 이를 것이라 새가 빨리 그물로 들어가되 그 생명을 잃어버릴줄을 알지 못함과 일반이니라 아들들아 나를 듣고 내 입의 말에 주의하라 네 마음이 음녀의 길로 치우치지 말며 그 길에 미혹지 말찌어다 대저 그가 많은 사람을 상하여 엎드러지게 하였나니 그에게 죽은 자

가 허다하니라 그 집은 음부의 길이라 사망의 방으로 내려가느니라

2) 도처에 사람을 미혹하는 불건전 매체가 많이 있다

3) 이 세상은 간음이 범람하고 있다

이는 음란은 전염과 유행성이 있기 때문이다.

유1:7 소돔과 고모라와 그 이웃 도시들도 저희와 같은 모양으로 간음을 행하며 다른 색을 따라 가다가 영원한 불의 형벌을 받음으로 거울이 되었느니라

민25:1-(9) 이스라엘이 싯딤에 머물러 있더니 그 백성이 모압 여자들과 음행하기를 시작하니라

고전10:8 저희 중에 어떤 이들이 간음하다가 하루에 이만 삼천 명이 죽었나니 우리는 저희와 같이 간음하지 말자

* 현세에서 쉽게 볼 수있는 불건전한 숙박시설은 간음이 범람하는 세계를 반증한다.

3. 간음의 결과

1) 자기 몸에 대한 범죄이다

고전6:15-20 너희 몸이 그리스도의 지체인 줄을 알지 못하느냐 내가 그리스도의 지체를 가지고 창기의 지체를 만들겠느냐 결코 그럴 수 없느니라 창기와 합하는 자는 저와 한 몸인 줄을 알지 못하느냐 일렀으되 둘이 한 육체가 된다 하셨나니 주와 합하는 자는 한 영이니라 음행을 피하라 사람이 범하는 죄마다 몸 밖에 있거니와 음행하는 자는 자기 몸에게 죄를 범하느니라 ~

2) 건강적 : 여러 가지 병이 발생할 수 있다

3) 심리적 : 깊은 양심의 고통을 겪는다

잠6:32-33 부녀와 간음하는 자는 무지한 자라 이것을 행하는 자는 자기의 영혼을 망하게 하며 상함과 능욕을 받고 부끄러움을 씻을 수 없게 되느니라

4) 사회적 : 명성이 무너지고, 멸시를 받게 된다

잠6:32-35 부녀와 간음하는 자는 무지한 자라 이것을 행하는 자는 자기의 영혼을 망하게 하며 상함과 능욕을 받고 부끄러움을 씻을 수 없게 되나니 그 남편이 투기함으로 분노하여 원수를 갚는 날에 용서하지 아니하고 아무 벌금도 돌아 보지 아니하며 많은 선물을 줄지라도 듣지 아니하리라

5) 역사적 : 비록 용서를 받을 수 있어도 역사상에 그 흔적은 남는다

마1:6 이새는 다윗왕을 낳으니라 다윗은 우리아의 아내에게서 솔로몬을 낳으니라

6) 가정적 : 무서운 하나님의 심판이 있다 (예 : 다윗 왕의 가정)

삼하11:1-27 해가 돌아와서 왕들의 출전할 때가 되매 다윗이 요압과 그 신복과 온 이스라엘 군대를 보내니 저희가 암몬 자손을 멸하고 랍바를 에워쌌고 다윗은 예루살렘에 그대로 있으니라 저녁때에 다윗이 그 침상에서 일어나 왕궁 지붕 위에서 거닐다가 그곳에서 보니 한 여인이 목욕을 하는데 심히 아름다와 보이는지라 다윗이 보내어 그 여인을 알아보게 하였더니 고하되 그는 엘리암의 딸이요 헷 사람 우리아의 아내 밧세바가 아니니이까 다윗이 사자를 보내어 저를 자기에게로 데려 오게 하고 저가 그 부정함을 깨끗케 하였으므로 더불어 동침하매 저가 자기 집으로 돌아가니라 여인이 잉태하매 보내어 다윗에게 고하여 가로되 내가 잉태하였나이다 하니라 ~ 다윗이 편지를 써서 우리아의 손에 부쳐 요압에게 보내니 그 편지에 써서 이르기를 너희가 우리아를 맹렬한 싸움에 앞세워 두고 너희는 뒤로 물러가서 저로 맞아 죽게하라 하였더라 ~ 활 쏘는 자들이 성 위에서 왕의 신복들을 향하여 쏘매

왕의 신복 중 몇 사람이 죽고 왕의 종 헷 사람 우리아도 죽었나이다 다윗이 사자에게 이르되 너는 요압에게 이같이 말하기를 이 일로 걱정하지 말라 칼은 이 사람이나 저 사람이나 죽이느니라 그 성을 향하여 더욱 힘써 싸워 함락시키라 하여 너는 저를 담대케 하라 하니라 우리아의 처가 그 남편 우리아의 죽었음을 듣고 호곡하니라 그 장사를 마치매 다윗이 보내어 저를 궁으로 데려 오니 저가 그 처가 되어 아들을 낳으니라 다윗의 소위가 여호와 보시기에 악하였더라

삼하12:1-12 여호와께서 나단을 다윗에게 보내시니 와서 저에게 이르되 ~ 어떤 행인이 그 부자에게 오매 부자가 자기의 양과 소를 아껴 자기에게 온 행인을 위하여 잡지 아니하고 가난한 사람의 양 새끼를 빼앗아다가 자기에게 온 사람을 위하여 잡았나이다 다윗이 그 사람을 크게 노하여 나단에게 이르되 여호와의 사심을 가리켜 맹세하노니 이 일을 행한 사람은 마땅히 죽을 자라 저가 불쌍히 여기지 않고 이 일을 행하였으니 그 양 새끼를 사배나 갚아 주어야 하리라 나단이 다윗에게 이르되 당신이 그 사람이라 ~ 어찌하여 네가 여호와의 말씀을 업신여기고 나 보기에 악을 행하였느뇨 네가 칼로 헷 사람 우리아를 죽이되 암몬 자손의 칼로 죽이고 그 처를 빼앗아 네 처를 삼았도다 이제 네가 나를 업신여기고 헷 사람 우리아의 처를 빼앗아 네 처를 삼았은즉 칼이 네 집에 영영히 떠나지 아니하리라 하셨고 여호와께서 또 이처럼 이르시기를 내가 네 집에 재화를 일으키고 내가 네 처들을 가져 네 눈 앞에서 다른 사람에게 주리니 그 사람이 네 처들로 더불어 백주에 동침하리라 너는 은밀히 행하였으나 나는 이스라엘 무리 앞 백주에 이 일을 행하리라 하셨나이다

삼하12:14 이 일로 인하여 여호와의 원수로 크게 훼방할 거리를 얻게 하였으니 당신의 낳은 아이가 정녕 죽으리이다

삼하13:1-19 그 후에 이 일이 있으니라 다윗의 아들 압살롬에게 아름다운 누이가 있으니 이름은 다말이라 다윗의 아들 암논이 저를 연애하나 저는 처녀이므로 어찌할 수 없는 줄을 알고 암논이 그 누이 다말을 인하여 심화로 병이 되니라 ~ 암논이 그 말을 듣지 아니하고 다말보다 힘이 세므로 억지로

동침하니라 그리하고 암논이 저를 심히 미워하니 이제 미워하는 미움이 이왕 연애하던 연애보다 더한지라 곧 저에게 이르되 일어나 가라 다말이 가로되 가치 아니하다 나를 쫓아 보내는 이 큰 악은 아까 내게 행한 그 악보다 더하다 하되 암논이 듣지 아니하고 그 부리는 종을 불러 이르되 이 계집을 내어보내고 곧 문빗장을 지르라 하니 암논의 하인이 저를 끌어내고 곧 문빗장을 지르니라 다말이 채색옷을 입었으니 출가하지 아니한 공주는 이런 옷으로 단장하는 법이라 다말이 재를 그 머리에 무릅쓰고 그 채색옷을 찢고 손을 머리 위에 얹고 크게 울며 가니라

삼하13:20-36 그 오라비 압살롬이 저에게 이르되 네 오라비 암논이 너와 함께 있었느냐 그러나 저는 네 오라비니 누이야 지방은 잠잠히 있고 이것으로 인하여 근심하지 말라 이에 다말이 그 오라비 압살롬의 집에 있어 처량하게 지내니라 다윗왕이 이 모든 일을 듣고 심히 노하니라 ~압살롬의 사환들이 그 분부대로 암논에게 행하매 왕의 모든 아들이 일어나 각기 노새를 타고 도망하니라 저희가 길에 있을 때에 압살롬이 왕의 모든 아들을 죽이고 하나도 남기지 아니하였다는 소문이 다윗에게 이르매 왕이 곧 일어나서 그 옷을 찢고 땅에 엎드러지고 그 신복들도 다 옷을 찢고 모셔 선지라 다윗의 형 시므아의 아들 요나답이 고하여 가로되 내 주여 소년 왕자들이 다 죽임을 당한줄로 생각지 마옵소서 오직 암논만 죽었으리이다 저가 압살롬의 누이 다말을 욕되게 한 날부터 압살롬이 결심한 것이니이다 그러하온즉 내 주 왕이여 왕자들이 다 죽은줄로 생각하여 괘념하지 마옵소서 암논만 죽었으리이다 이에 압살롬은 도망하니라 파수하는 소년이 눈을 들어 보니 뒷산 언덕길로 여러 사람이 오더라 요나답이 왕께 고하되 왕자들이 오나이다 종의 말한대로 되었나이다 말을 마치자 왕자들이 이르러 대성통곡하니 왕과 그 모든 신복도 심히 통곡하니라

삼하15:1-18:33 이 후에 압살롬이 자기를 위하여 병거와 말들을 준비하고 전배 오십명을 세우니라 ~ 무릇 이스라엘 무리 중에 왕께 재판을 청하러 오는 자들에게 압살롬의 행함이 이 같아서 이스라엘 사람의 마음을 도적하니라 ~ 사자가 다윗에게 와서 고하되 이스라엘의 인심이 다 압살롬에게로 돌아갔나이다 한지라 다윗이 예루살렘에 함께 있는 모든 신복에게 이르되 일

어나 도망하자 그렇지 아니하면 우리 한 사람도 압살롬에게서 피하지 못하리라 빨리 가자 두렵건대 저가 우리를 급히 따라와서 해하고 칼로 성을 칠까 하노라 ~ 다윗이 감람산 길로 올라갈 때에 머리를 가리우고 맨발로 울며 행하고 저와 함께 가는 백성들도 각각 그 머리를 가리우고 울며 올라가니라 ~ 시므이는 산비탈로 따라가면서 저주하고 저를 향하여 돌을 던지며 티끌을 날리더라 ~ 아히도벨이 압살롬에게 이르되 왕의 아버지가 머물러 두어 궁을 지키게한 후궁들로 더불어 동침하소서 그리하면 왕께서 왕의 부친의 미워하는바 됨을 온 이스라엘이 들으리니 왕과 함께 있는 모든 사람의 힘이 더욱 강하여지리이다 이에 사람들이 압살롬을 위하여 지붕에 장막을 치니 압살롬이 온 이스라엘 무리의 눈 앞에서 그 부친의 후궁들로 더불어 동침하니라 ~ 요압이 가로되 나는 너와 같이 지체할 수 없다 하고 손에 작은 창 셋을 가지고 가서 상수리나무 가운데서 아직 살아 있는 압살롬의 심장을 찌르니 요압의 병기를 맡은 소년 열이 압살롬을 에워싸고 쳐 죽이니라 ~ 왕의 마음이 심히 아파 문루로 올라가서 우니라 저가 올라갈 때에 말하기를 내 아들 압살롬아 내 아들 내 아들 압살롬아 내가 너를 대신하여 죽었더면, 압살롬 내 아들아 내 아들아 하였더라

왕상1:1-10 다윗왕이 나이 많아 늙으니 이불을 덮어도 따뜻하지 아니한지라 ~ 때에 학깃의 아들 아도니야가 스스로 높여서 이르기를 내가 왕이 되리라 하고 자기를 위하여 병거와 기병과 전배 오십인을 예비하니 저는 압살롬의 다음에 난 자요 체용이 심히 준수한 자라 그 부친이 네가 어찌하여 그리 하였느냐 하는 말로 한번도 저를 섭섭하게 한 일이 없었더라 아도니야가 스루야의 아들 요압과 제사장 아비아달과 모의하니 저희가 좇아 도우나 ~

왕상2:10-25 다윗이 그 열조와 함께 누워자서 다윗성에 장사되니 다윗이 이스라엘 왕이 된지 사십년이라 헤브론에서 칠년을 치리하였고 예루살렘에서 삼십 삼년을 치리하였더라 솔로몬이 그 아비 다윗의 위에 앉으니 그 나라가 심히 견고하니라 ~ 여호와를 가리켜 맹세하여 가로되 아도니야가 이런 말을 하였은즉 그 생명을 잃지 아니하면 하나님은 내게 벌 위에 벌을 내리심이 마땅하니이다 나를 세워 내 부친 다윗의 위에 오르게 하시고 허락하신 말씀대로 나를 위하여 집을 세우신 여호와의 사심을 가리켜 맹세하노니 아도

니야는 오늘날 죽임을 당하리라 하고 여호야다의 아들 브나야를 보내매 저가 아도니야를 쳐서 죽였더라

세월이 아무리 흘러도 성경은 솔로몬의 어머니 밧세바가 우리아의 아내라는 사실을 밝히며, 동시에 다윗 왕의 범죄 사실을 드러내고 있다. 나중에 다윗과 밧세바에게서 솔로몬이 태어나 지혜로운 왕으로 명성을 떨치지만 그는 늙었을 때에 수 많은 왕비들로 인하여 결국 솔로몬은 그에게 큰 은혜를 베푸신 하나님을 떠나게 된다. 이로 인해 하나님께서는 저에게 진노하시고, 마침내는 타락한 그로 인하여 나라까지 그 아들의 시대에서 분열되고 만다.

마1:6 ~ 다윗은 우리아의 아내에게서 솔로몬을 낳으니라

왕상11:1-13 솔로몬왕이 바로의 딸 외에 이방의 많은 여인을 사랑하였으니 ~ 왕은 후비가 칠백인이요 빈장이 삼백인이라 왕비들이 왕의 마음을 돌이켰더라 ~ 솔로몬이 마음을 돌이켜 이스라엘 하나님 여호와를 떠나므로 여호와께서 저에게 진노하시니라 여호와께서 일찌기 두번이나 저에게 나타나시고 이 일에 대하여 명하사 다른 신을 좇지 말라 하셨으나 저가 여호와의 명령을 지키지 않았으므로 여호와께서 솔로몬에게 말씀하시되 네게 이러한 일이 있었고 또 네가 나의 언약과 내가 네게 명한 법도를 지키지 아니하였으니 내가 결단코 이 나라를 네게서 빼앗아 네 신복에게 주리라 그러나 네 아비 다윗을 위하여 네 세대에는 이 일을 행치 아니하고 네 아들의 손에서 빼앗으려니와 오직 내가 이 나라를 다 빼앗지 아니하고 나의 종 다윗과 나의 뺀 예루살렘을 위하여 한 지파를 네 아들에게 주리라 하셨더라

7) 다른 가정에 대한 범죄이다

8) 다른 죄 범하기 쉽다

삼하11:14-15 아침이 되매 다윗이 편지를 써서 우리아의 손에 부쳐 요압에게 보내니 그 편지에 써서 이르기를 너희가 우리아를 맹렬한 싸움에 앞세워 두고 너희는 뒤로 물러가서 저로 맞아 죽게하라 하였더라

막6:17-28 전에 헤롯이 자기가 동생 빌립의 아내 헤로디아에게 장가 든 고로 이 여자를 위하여 사람을 보내어 요한을 잡아 옥에 가두었으니 이는 요한이 헤롯에게 말하되 동생의 아내를 취한 것이 옳지 않다 하였음이라 헤로디아가 요한을 원수로 여겨 죽이고자 하였으되 하지 못한 것은 헤롯이 요한을 의롭고 거룩한 사람으로 알고 두려워하여 보호하며 또 그의 말을 들을 때에 크게 번민을 느끼면서도 달게 들음이러라 마침 기회 좋은 날이 왔으니 곧 헤롯이 자기 생일에 대신들과 천부장들과 갈릴리의 귀인들로 더불어 잔치할쌔 헤로디아의 딸이 친히 들어와 춤을 추어 헤롯과 및 함께 앉은 자들을 기쁘게 한지라 왕이 그 여아에게 이르되 무엇이든지 너 원하는 것을 내게 구하라 내가 주리라 하고 또 맹세하되 무엇이든지 네가 내게 구하면 내 나라의 절반까지라도 주리라 ~ 왕이 심히 근심하나 자기의 맹세한 것과 그 앉은 자들을 인하여 저를 거절할 수 없는지라 왕이 곧 시위병 하나를 보내어 요한의 머리를 가져오라 명하니 그 사람이 나가 옥에서 요한을 목 베어 그 머리를 소반에 담아다가 여아에게 주니 여아가 이것을 그 어미에게 주니라

삼하11:14-17 아침이 되매 다윗이 편지를 써서 우리아의 손에 부쳐 요압에게 보내니 그 편지에 써서 이르기를 너희가 우리아를 맹렬한 싸움에 앞세워 두고 너희는 뒤로 물러가서 저로 맞아 죽게하라 하였더라 요압이 그 성을 살펴 용사들의 있는줄을 아는 그곳에 우리아를 두니 성 사람들이 나와서 요압으로 더불어 싸울 때에 다윗의 신복중 몇 사람이 엎드러지고 헷 사람 우리아도 죽으니라

9) 사회, 국가적 : 멸망을 초래한다

창19:23-28 롯이 소알에 들어갈 때에 해가 돋았더라 여호와께서 하늘 곧 여호와에게로서 유황과 불을 비 같이 소돔과 고모라에 내리사 그 성들과 온 들과 성에 거하는 모든 백성과 땅에 난 것을 다 엎어 멸하셨더라 롯의 아내는

뒤를 돌아 본고로 소금 기둥이 되었더라 아브라함이 그 아침에 일찌기 일어나 여호와의 앞에 섰던 곳에 이르러 소돔과 고모라와 그 온 들을 향하여 눈을 들어 연기가 옹기점 연기 같이 치밀음을 보았더라

유1:7 소돔과 고모라와 그 이웃 도시들도 저희와 같은 모양으로 간음을 행하며 다른 색을 따라 가다가 영원한 불의 형벌을 받음으로 거울이 되었느니라

10) 영적 : 하나님께 득죄함이다

창39:9 이 집에는 나보다 큰이가 없으며 주인이 아무 것도 내게 금하지 아니하였어도 금한 것은 당신뿐이니 당신은 자기 아내임이라 그런즉 내가 어찌 이 큰 악을 행하여 하나님께 득죄하리이까

11) 미래적 : 만약 회개치 않으면 하나님 나라에 들어가지 못한다

고전6:9-10 불의한 자가 하나님의 나라를 유업으로 받지 못할 줄을 알지 못하느냐 미혹을 받지 말라 음란하는 자나 우상 숭배하는 자나 간음하는 자나 탐색하는 자나 남색하는 자나 도적이나 탐람하는 자나 술 취하는 자나 후욕하는 자나 토색하는 자들은 하나님의 나라를 유업으로 받지 못하리라

4. 만약 어떤 사람이 이 죄를 범했다면, 어찌해야 하는가?

마땅히 먼저 회개하고, 새 사람이 되어야 한다.

요일1:9 만일 우리가 우리 죄를 자백하면 저는 미쁘시고 의로우사 우리 죄를 사하시며 모든 불의에서 우리를 깨끗케 하실 것이요

행2:38 베드로가 가로되 너희가 회개하여 각각 예수 그리스도의 이름으로 세례를 받고 죄 사함을 얻으라 그리하면 성령을 선물로 받으리라

고후5:17 그런즉 누구든지 그리스도 안에 있으면 새로운 피조물이라 이전 것은 지나갔으니 보라 새것이 되었도다

위의 말씀들은 복음은 사람을 새롭게 태어나게 하는 큰 능력이 있음을 우리에게 명백히 알려준다.

고전6:9-11 불의한 자가 하나님의 나라를 유업으로 받지 못할 줄을 알지 못하느냐 미혹을 받지 말라 음란하는 자나 우상 숭배하는 자나 간음하는 자나 탐색하는 자나 남색하는 자나 도적이나 탐람하는 자나 술 취하는 자나 후욕하는 자나 토색하는 자들은 하나님의 나라를 유업으로 받지 못하리라 너희 중에 이와 같은 자들이 있더니 주 예수 그리스도의 이름과 우리 하나님의 성령 안에서 씻음과 거룩함과 의롭다 하심을 얻었느니라

딛3:3-5 우리도 전에는 어리석은 자요 순종치 아니한 자요 속은 자요 각색 정욕과 행락에 종노릇한 자요 악독과 투기로 지낸 자요 가증스러운 자요 피차 미워한 자이었으나 우리 구주 하나님의 자비와 사람 사랑하심을 나타내실 때에 우리를 구원하시되 우리의 행한바 의로운 행위로 말미암지 아니하고 오직 그의 긍휼하심을 좇아 중생의 씻음과 성령의 새롭게 하심으로 하셨느니라

요8:1-11 ~ 예수께 말하되 선생이여 이 여자가 간음하다가 현장에서 잡혔나이다 모세는 율법에 이러한 여자를 돌로 치라 명하였거니와 선생은 어떻게 말하겠나이까 저희가 이렇게 말함은 고소할 조건을 얻고자하여 예수를 시험함이러라 예수께서 몸을 굽히사 손가락으로 땅에 쓰시니 저희가 묻기를 마지 아니하는지라 이에 일어나 가라사대 너희 중에 죄 없는 자가 먼저 돌로 치라 하시고 다시 몸을 굽히사 손가락으로 땅에 쓰시니 저희가 이 말씀을 듣고 양심의 가책을 받아 어른으로 시작하여 젊은이까지 하나씩 하나씩 나가고 오직 예수와 그 가운데 섰는 여자만 남았더라 예수께서 일어나사 여자 외에 아무도 없는 것을 보시고 이르시되 여자여 너를 고소하던 그들이 어디 있느냐 너를 정죄한 자가 없느냐 대답하되 주여 없나이다 예수께서 가라

사대 나도 너를 정죄하지 아니하노니 가서 다시는 죄를 범치 말라 하시니라]

☞ 중생(重生) = 거듭남 = 새롭게 태어남

인생을 새롭게 출발하는 것이다.

5. 이 죄를 예방하기 위하여 마땅히 어떠해야 하는가?

1) 삼가 깨어 있어, 성결하라

마5:27-32 또 간음치 말라 하였다는 것을 너희가 들었으나 나는 너희에게 이르노니 여자를 보고 음욕을 품는 자마다 마음에 이미 간음하였느니라 만일 네 오른눈이 너로 실족케 하거든 빼어 내버리라 네 백체 중 하나가 없어지고 온 몸이 지옥에 던지우지 않는 것이 유익하며 또한 만일 네 오른손이 너로 실족케 하거든 찍어 내버리라 네 백체 중 하나가 없어지고 온 몸이 지옥에 던지우지 않는 것이 유익하니라 또 일렀으되 누구든지 아내를 버리거든 이혼 증서를 줄것이라 하였으나 나는 너희에게 이르노니 누구든지 음행한 연고 없이 아내를 버리면 이는 저로 간음하게 함이요 또 누구든지 버린 여자에게 장가드는 자도 간음함이니라

잠4:23 무릇 지킬만한 것보다 더욱 네 마음을 지키라 생명의 근원이 이에서 남이니라

잠6:27-29 사람이 불을 품에 품고야 어찌 그 옷이 타지 아니하겠으며 사람이 숯불을 밟고야 어찌 그 발이 데지 아니하겠느냐 남의 아내와 통간하는 자도 이와 같을 것이라 무릇 그를 만지기만 하는 자드 죄 없게 되지 아니하리라

창39:6-12(1-23) 주인이 그 소유를 다 요셉의 손에 위임하고 자기 식료 외에는 간섭하지 아니하였더라 요셉은 용모가 준수하고 아담하였더라 그 후에

그 주인의 처가 요셉에게 눈짓하다가 동침하기를 청하니 요셉이 거절하며 ~ 그런즉 내가 어찌 이 큰 악을 행하여 하나님께 득죄하리이까 여인이 날마다 요셉에게 청하였으나 요셉이 듣지 아니하여 동침하지 아니할 뿐더러 함께 있지도 아니하니라 그러할 때에 요셉이 시무하러 그 집에 들어갔더니 그 집 사람은 하나도 거기 없었더라 그 여인이 그 옷을 잡고 가로되 나와 동침하자 요셉이 자기 옷을 그 손에 버리고 도망하여 나가니라

2) 하나님의 말씀을 마음에 간직하라

시119:9-11 청년이 무엇으로 그 행실을 깨끗케 하리이까 주의 말씀을 따라 삼갈 것이니이다 내가 전심으로 주를 찾았사오니 주의 계명에서 떠나지 말게 하소서 내가 주께 범죄치 아니하려 하여 주의 말씀을 내 마음에 두었나이다

3) 네 이웃을 네 자신과 같이 사랑하라

롬13:9-10 간음하지 말라, 살인하지 말라, 도적질 하지 말라, 탐내지 말라 한 것과 그 외에 다른 계명이 있을찌라도 네 이웃을 네 자신과 같이 사랑하라 하신 그 말씀 가운데 다 들었느니라 사랑은 이웃에게 악을 행치 아니하나니 그러므로 사랑은 율법의 완성이니라

4) 가족 같이 여기라

딤전5:2 늙은 여자를 어미에게 하듯하며 젊은 여자를 일절 깨끗함으로 자매에게 하듯하라

5) 결혼을 귀히 여기라

히13:4 모든 사람은 혼인을 귀히 여기고 침소를 더럽히지 않게 하라 음행하는 자들과 간음하는 자들을 하나님이 심판하시리라

6) 각 가정을 귀히 여기라

7) 미래의 가정을 귀히 여기라 : 순결 서약문

나 ○○○은/는 하나님의 자녀요, 내 몸이 성령님의 전임을 알기에 지금, 나는, 내 미래의 배우자와 자녀와 가정을 위하여 결혼할 때까지 내 몸을 순결하게 지킬 것을, 하나님과 많은 사람들 앞에서 엄숙하게 서약합니다.

어떤 사람이 말하기를 "현대는 이미 결혼한 부부들도 순결 서약이 필요한 시대이다. 그리고 부부의 순결 서약에 꼭 들어가야 할 내용은 남편과 아내 중 어느 한 사람이 바깥에서 이성(異性)과 만날 때는 절대로 일대일 만남은 피해야 한다는 것이다." 라고 하였다.

미국의 부흥사 빌리 그레이엄 목사는 점심식사일지라도 여성과 일대일로 만나지 않는 것은 많은 사람들에게 알려져 있다.

제 팔계명 : 도적질하지 말찌니라

제 구계명 : 네 이웃에 대하여 거짓 증거하지 말찌니라

제 십계명 : 네 이웃의 집을 탐내지 말찌니라 네 이웃의 아내나 그의 남종이나 그의 여종이나 그의 소나 그의 나귀나 무릇 네 이웃의 소유를 탐내지 말찌니라

제3부

성령님의
충만을
받으라

제1장

성령님 충만을 받아야 할 이유

엡5:18 술 취하지 말라 이는 방탕한 것이니 오직 성령님의 충만을 받으라. ('성령님' 이란 호칭을 사용해야 함은 성령님은 인격적인 삼위일체 하나님이시기 때문이다)

1. 하나님께서는 왜 「성령님의 충만을 받으라」고 명령하시는가?

복음이 한국에 전파된지는 이미 130년을 넘었고, 대만은 150년을 넘었다. 이렇게 오래되었지만 그러나 주님을 믿지 않는 사람은 아직도 많다. 한국에서 믿지 않는 사람은 대략 80% 이고, 대만에서는 듣기로 대략 95% 정도이다. 왜 이럴까? 원인은 어디에 있는 것일까? 또한 많은 사람이 성령님 충만 받기를 사모하는 동기와 목적은 무엇일까? 어쩌면 각인 각색일 것이다. 그리고 그 중 대다수의 사람들은 행8:4-24에 등장하는 사마리아성의 시몬과 비슷할 것이다.

행8:4-24 그 흩어진 사람들이 두루 다니며 복음의 말씀을 전할새 빌립이 사마리아 성에 내려가 그리스도를 백성에게 전파하니 무리가 빌립의 말도 듣고 행하는 표적도 보고 일심으로 그의 말하는 것을 좇더라 많은 사람에게 붙었던 더러운 귀신들이 크게 소리를 지르며 나가고 또 많은 중풍병자와 앉은뱅이가 나으니 그 성에 큰 기쁨이 있더라 그 성에 시몬이라 하는 사람이 전부터 있어 마술을 행하여 사마리아 백성을 놀라게 하며 자칭 큰 자라 하니 낮은 사람부터 높은 사람까지 다 청종하여 가로되 이 사람은 크다 일컫는 하나님의 능력이라 하더라 오래 동안 그 마술에 놀랐으므로 저희가 청종하더니 빌립이 하나님 나라와 및 예수 그리스도의 이름에 관하여 전도함을 저희가 믿고 남녀가 다 세례를 받으니 시몬도 믿고 세례를 받은 후에 전심으로 빌립을 따라 다니며 그 나타나는 표적과 큰 능력을 보고 놀라니라 ~ 시몬이 사도들의 안수함으로 성령 받는 것을 보고 돈을 드려 가로되 이 권능을 내게도 주어 누구든지 내가 안수하는 사람은 성령을 받게 하여 주소서 하니 베드로가 가로되 ~ 그러므로 너의 이 악함을 회개하고 주께 기도하라 혹 마음에 품은 것을 사하여 주시리라 내가 보니 너는 악독이 가득하며 불의에 매인바 되었도다 시몬이 대답하여 가로되 나를 위하여 주께 기도하여 말한 것이 하나도 내게 임하지 말게 하소서 하니라

원래 마술사였던 시몬은 성령님 충만한 빌립과 또한 베드로와 요한이 행하는 것을 보고 매우 놀랐다. 그러나 평소 자칭 큰 자라 하며 뭇 사람들을 청종케 한 자신의 교만과 명예욕의 본성은 또 다시 거룩한 신앙의 길에서도 여실히 드러난다.

「술 취하지 말라 이는 방탕한 것이니 오직 성령님의 충만을 받으라」이 말씀의 요지는『너희는 거룩한 사람이 되어라』이다. 그리고 그 비결은 오직 성령님의 충만을 받는 것임을 가르친다. 왜냐하면 성령님은 '거룩한 영'이시요, 우리로 하여금 거룩한 사람이 되게 하시기 때문이다.

거룩한 사람(중국어는 '성결한 사람'으로 표현한다)에게는 특징들이 있는데, 그 중 하나는 하나님 앞에서 성숙한 사람됨됨이가 있는 것이요, 또 하나는 선을

행하는 특징이 있다. 좋은 예로,

약1:27 하나님 아버지 앞에서 정결하고 더러움이 없는 경건은 곧 고아와 과부를 그 환난 중에 돌아보고 또 자기를 지켜 세속에 물들지 아니하는 이것이니라

이런 이유 때문에 하나님께서는 우리에게「술 취하지 말라 이는 방탕한 것이니 오직 성령님의 충만을 받으라」고 명하신다.

이처럼『성령님의 충만을 받으라』는 이 말씀은 우리에게 거룩한 사람이 될 것을 명하고 있으며, 이 때문에 우리를 향하여 구체적인 두 개의 간절한 소망을 품고 있다. 그것은 바로 우리가 반드시 하나님 앞에서 사람됨됨이가 성숙한 사람 그리고 선을 행하는 사람이 되는 것이다. 그러므로 엡5:18과 딤후3:17은 서로 상통한다.

딤후3:17 이는 하나님의 사람으로 온전케 하며 모든 선한 일을 행하기에 온전케 하려 함이니라

첫째, 하나님의 사람으로 하여금 사람됨이 온전하게 한다 – 사람됨됨이 즉, 하나님의 자녀로 하여금 성숙케 한다. 이는 속의 열매요, 성경의 두 번째 목적이다. 둘째, 하나님의 사람으로 하여금 모든 선한 일을 행하게 한다 – 행위 즉, 하나님의 자녀로 하여금 선을 행하게 한다. 이는 밖의 열매요, 성경의 세 번째 목적이다.

이 두 가지 내용에서 우리는 다시 한번 성령님 충만을 받아야 할 이유를 발견할 수 있다. 우리의 신앙을 비유하자면 다음과 같이 말할 수 있을 것이다.

1. 하나님께 대한 회개 – 뿌리

2. 주 예수 그리스도께 대한 믿음 – 줄기

3. 성령님 충만을 받음 – 열매 (속의 열매와 밖의 열매)

이와 같이 이 열매를 맺기 위해서는 반드시 『성령님 충만을 받음』이 필요하다. 만약, 성령님 충만을 받음이 없다면, 그 누구도 사람됨됨이가 온전할 수 없고, 또한 모든 선한 일을 행할 수 없다. 그러므로 성숙과 선을 행하기 위해서는 반드시 성령님 충만을 받아야 한다.

그러나 현대 교회 안에서 쉽게 발견할 수 있는 것은 성숙과 선을 행함과는 상관없이 오직 성령님 충만 받기를 사모하고 또한 강조하고 있다는 것이다. 그래서 가끔 아직 예수님 믿지 않는 사람들이 하는 다음과 같은 말을 듣게 된다. "예수 믿는 당신들의 사람됨됨이와 선을 행함은 우리와 별로 차이가 없고, 어떤 때는 우리보다 더 못하다."

우리들의 결점은 성숙과 선을 행함에 대해서 너무나 깨어있지 않다는 것이다. 또한 성령님 충만을 받아야 할 이유와 중요성을 모르고 있다는 것이다.

「술 취하지 말라 이는 방탕한 것이니 오직 성령님의 충만을 받으라」 이 말씀 중에 「성령님의 충만을 받으라」는 『현재 수동 명령문』이다. 이는 우리가 계속 성령님 충만을 받을 때 비로소 성숙할 수 있고, 선을 행할 수 있기 때문이다. 그러므로 성숙과 선을 행하기를 원하는 그 사람은 반드시 성령님 충만 받기를 항상 사모해야 한다. 이 사실에 대하여 성경은 증명해 주고 있다.

1) 성령님과 사람됨됨이의 온전함

갈5:22-23 오직 성령의 열매는 사랑과 희락과 화평과 오래 참음과 자비와 양선과 충성과 온유와 절제니 이같은 것을 금지할 법이 없느니라

우리는 이 말씀을 통하여『성숙한 사람은 도대체 어떤 모습인가?』를 비로소 밝히 알 수 있다.

2) 성령님과 모든 선한 일을 행함

행10:38 하나님이 나사렛 예수에게 성령과 능력을 기름붓듯 하셨으매 저가 두루 다니시며 착한 일을 행하시고 마귀에게 눌린 모든 자를 고치셨으니 이는 하나님이 함께 하셨음이라

눅4:18-19 주의 성령이 내게 임하셨으니 이는 가난한 자에게 복음을 전하게 하시려고 내게 기름을 부으시고 나를 보내사 포로 된 자에게 자유를, 눈먼 자에게 다시 보게 함을 전파하며 눌린 자를 자유케 하고 주의 은혜의 해를 전파하게 하려 하심이라 하였더라

사42:1-4 내가 붙드는 나의 종, 내 마음에 기뻐하는 나의 택한 사람을 보라 내가 나의 신을 그에게 주었은즉 그가 이방에 공의를 베풀리라 그는 외치지 아니하며 목소리를 높이지 아니하며 그 소리로 거리에 들리게 아니하며 상한 갈대를 꺾지 아니하며 꺼져가는 등불을 끄지 아니하고 진리로 공의를 베풀 것이며 그는 쇠하지 아니하며 낙담하지 아니하고 세상에 공의를 세우기에 이르리니 섬들이 그 교훈을 앙망하리라

다시 말해서, 우리가 성령님 충만을 받아야 할 이유는『하나님 자녀 된 은혜』를 마음 속 깊이 간직한 가운데 우리의 사람됨됨이가 더욱 성숙하고, 또한 열심으로 선을 행하는 사람이 되기 위해서이다. 요약하면, 우리가 구원받은 하나님 자녀답게 살기 위해서이다. 즉, 예수 그리스도처럼 살기 위해서이다. 이와 같이 천국 백성의 품격을 간직하고, 힘써 아름답게 사는 사람이 바로 성령님 충만을 받은 사람이다.

『사람됨됨이의 온전함과 모든 선한 일을 행함』에 대해서는 뒤에서 다시 자세히 말하겠다.

제2장

성령님 충만을 받은
사람의 모습

「성령님 충만」은 곧 『거룩한 영의 충만』이다. 그러므로 성령님 충만을 받은 사람에게서 발견할 수 있는 현상들을 보면, 하나님을 경외함이 분명히 있고, 죄의 고통을 알며, 죄 용서받고 하나님 자녀된 구원의 감격이 있다. 그래서 감사와 찬송이 있고, 이러한 그에게는 하나님께서 왕이 되시고, 함께 하시며, 늘 감동하시고, 끊임없이 은혜 베푸심을 알 수 있다. 그런 가운데 그는 평안과 자유를 누리며, 줄기찬 생명력이 있어 강하고 담대하며, 기꺼이 주님 위한 환난도 각오하고, 하나님과 이웃 사랑에 대한 계획을 품고 살아간다. 또한 범사에 은혜와 진리를 추구하고, 말씀에 부요하며, 쉬지 않고 기도하며, 예수님 본받기를 사모하는 가운데 성숙과 선행을 힘쓰고, 세속에 물들지 않는다. 그래서 성령님의 열매 곧 사랑과 희락과 화평과 오래 참음과 자비와 양선과 충성과 온유와 절제의 열매를 맺고, 이같은 성결한 삶 속에서 주님 재림과 영원한 하나님 나라를 소망한다. 그리고 은사따라 기쁘게 섬기고, 믿음과 소망과 사랑의 사람으로써 생명을 살리며 사람을 변화시키는 하나님 나라 복음 전파에 즐거이 동참하고, 날마다 예수 그리스도의 은혜와 저를 아는 지식 가운데서 자라기를 힘쓰며……등등이 있다.

이러하니 「성령님 충만을 받음」은 얼마나 좋으며, 늘 간절히 사모할 일이 아닌가! 그래서 성경은 「술 취하지 말라 이는 방탕한 것이니 오직 성령님의 충만을 받으라(엡5:18)」고 말씀한다. 성령님 충만을 받은 사람의 현상 중에서 몇 가지를 생각해 보면,

1. 하나님께서 왕 되심

행4:19 베드로와 요한이 대답하여 가로되 하나님 앞에서 너희 말 듣는 것이 하나님 말씀 듣는 것보다 옳은가 판단하라

행4:29-31 주여 이제도 저희의 위협함을 하감하옵시고 또 종들로 하여금 담대히 하나님의 말씀을 전하게 하여 주옵시며 손을 내밀어 병을 낫게 하옵시고 표적과 기사가 거룩한 종 예수의 이름으로 이루어지게 하옵소서 하더라 빌기를 다하매 모인 곳이 진동하더니 무리가 다 성령이 충만하여 담대히 하나님의 말씀을 전하니라

2. 하나님의 함께 하심

요8:29 나를 보내신 이가 나와 함께 하시도다 내가 항상 그의 기뻐하시는 일을 행하므로 나를 혼자 두지 아니하셨느니라

행18:9-10 밤에 주께서 환상 가운데 바울에게 말씀하시되 두려워하지 말며 잠잠하지 말고 말하라 내가 너와 함께 있으매 아무 사람도 너를 대적하여 해

롭게 할 자가 없을 것이니 이는 이 성중에 내 백성이 많음이라 하시더라

3. 끊임없는 하나님의 은혜

시23:6 나의 평생에 선하심과 인자하심이 정녕 나를 따르리니 너가 여호와의 집에 영원히 거하리로다

4. 죄 용서받은 구원의 감격

고전15:9-10 나는 사도 중에 지극히 작은 자라 내가 하나님의 교회를 핍박하였으므로 사도라 칭함을 받기에 감당치 못할 자로라 그러나 나의 나 된 것은 하나님의 은혜로 된 것이니 내게 주신 그의 은혜가 헛되지 아니하여 내가 모든 사도보다 더 많이 수고하였으나 내가 아니요 오직 나와 함께 하신 하나님의 은혜로라

딤전1:15 미쁘다 모든 사람이 받을만한 이 말이여 그리스도 예수께서 죄인을 구원하시려고 세상에 임하셨다 하였도다 죄인 중에 내가 괴수니라

5. 평안과 자유

행12:1-7 그 때에 헤롯왕이 손을 들어 교회 중 몇 사람을 해하려하여 요한의 형제 야고보를 칼로 죽이니 유대인들이 이 일을 기뻐하는 것을 보고 베드로도 잡으려 할쌔 때는 무교절일이라 잡으매 옥에 가두어 군사 넷씩인 네 패에게 맡겨 지키고 유월절 후에 백성 앞에 끌어 내고자 하더라 이에 베드로는 옥에 갇혔고 교회는 그를 위하여 간절히 하나님께 빌더라 헤롯이 잡아 내려고 하는 그 전날 밤에 베드로가 두 군사 틈에서 두 쇠사슬에 매여 누워 자는

데 파숫군들이 문 밖에서 옥을 지키더니 홀연히 주의 사자가 곁에 서매 옥중에 광채가 조요하며 또 베드로의 옆구리를 쳐 깨워 가로되 급히 일어나라 하니 쇠사슬이 그 손에서 벗어지더라

고후3:17 주는 영이시니 주의 영이 계신 곳에는 자유함이 있느니라

롬14:17 하나님의 나라는 먹는 것과 마시는 것이 아니요 오직 성령 안에서 의와 평강과 희락이라

6. 믿음과 소망과 사랑

행7:55-60 스데반이 성령이 충만하여 하늘을 우러러 주목하여 하나님의 영광과 및 예수께서 하나님 우편에 서신 것을 보고 말하되 보라 하늘이 열리고 인자가 하나님 우편에 서신 것을 보노라 한대 저희가 큰 소리를 지르며 귀를 막고 일심으로 그에게 달려들어 성 밖에 내치고 돌로 칠쌔 증인들이 옷을 벗어 사울이라 하는 청년의 발앞에 두니라 저희가 돌로 스데반을 치니 스데반이 부르짖어 가로되 주 예수여 내 영혼을 받으시옵소서 하고 무릎을 꿇고 크게 불러 가로되 주여 이 죄를 저들에게 돌리지 마옵소서 이 말을 하고 자니라

7. 줄기찬 생명력

요7:37-39 명절 끝날 곧 큰 날에 예수께서 서서 외쳐 가라사대 누구든지 목마르거든 내게로 와서 마시라 나를 믿는 자는 성경에 이름과 같이 그 배에서 생수의 강이 흘러나리라 하시니 이는 그를 믿는 자의 받을 성령을 가리켜 말씀하신 것이라

8. 성령님의 열매

갈5:22-23 오직 성령의 열매는 사랑과 희락과 화평과 오래 참음과 자비와 양선과 충성과 온유와 절제니 이같은 것을 금지할 법이 없느니라

9. 은사 따라 섬김

고전12:4-11 은사는 여러 가지나 성령은 같고 직임은 여러 가지나 주는 같으며 또 역사는 여러 가지나 모든 것을 모든 사람 가운데서 역사하시는 하나님은 같으니 각 사람에게 성령의 나타남을 주심은 유익하게 하려 하심이라 어떤 이에게는 성령으로 말미암아 지혜의 말씀을, 어떤 이에게는 같은 성령을 따라 지식의 말씀을, 다른 이에게는 같은 성령으로 믿음을, 어떤 이에게는 한 성령으로 병 고치는 은사를, 어떤 이에게는 능력 행함을, 어떤 이에게는 예언함을, 어떤 이에게는 영들 분별함을, 다른 이에게는 각종 방언 말함을, 어떤 이에게는 방언들 통역함을 주시나니 이 모든 일은 같은 한 성령이 행하사 그 뜻대로 각 사람에게 나눠 주시느니라

엡4:11-12 그가 혹은 사도로, 혹은 선지자로, 혹은 복음 전하는 자로, 혹은 목사와 교사로 주셨으니 이는 성도를 온전케 하며 봉사의 일을 하게 하며 그리스도의 몸을 세우려 하심이라

10. 평온함

살전4:11 또 너희에게 명한것 같이 종용하여(주: 조용한 사람이 되기를 결심하라) 자기 일을 하고 너희 손으로 일하기를 힘쓰라

딤전2:1-3 그러므로 내가 첫째로 권하노니 모든 사람을 위하여 간구와 기도와 도고와 감사를 하되 임금들과 높은 지위에 있는 모든 사람을 위하여 하

라 이는 우리가 모든 경건과 단정한 중에 고요하고 평안한 생활을 하려 함이 니라 이것이 우리 구주 하나님 앞에 선하고 받으실 만한 것이니라

11. 예수님 충만

요 3:30 그는 흥하여야 하겠고 나는 쇠하여야 하리라 하니라

빌 1:20 나의 간절한 기대와 소망을 따라 아무 일에든지 부끄럽지 아니하고 오직 전과 같이 이제도 온전히 담대하여 살든지 죽든지 내 몸에서 그리스도가 존귀히 되게 하려 하나니

빌 3:8-9 또한 모든 것을 해로 여김은 내 주 그리스도 예수를 아는 지식이 가장 고상함을 인함이라 내가 그를 위하여 모든 것을 잃어버리고 배설물로 여김은 그리스도를 얻고 그 안에서 발견되려 함이라

고후2:15 우리는 구원 얻는 자들에게나 망하는 자들에게나 하나님 앞에서 그리스도의 향기니라

12. 예수님을 본 받음

고전11:1 내가 그리스도를 본받는 자 된 것 같이 너희는 나를 본받는 자 되라

13. 하나님의 말씀 충만

행18:5 실라와 디모데가 마게도냐로서 내려오매 바울이 하나님의 말씀에 붙잡혀 유대인들에게 예수는 그리스도라 밝히 증거하니라

골3:16-17 그리스도의 말씀이 너희 속에 풍성히 거하여 모든 지혜로 피차 가르치며 권면하고 시와 찬미와 신령한 노래를 부르며 마음에 감사함으로 하나님을 찬양하고 또 무엇을 하든지 말에나 일에나 다 주 예수의 이름으로 하고 그를 힘입어 하나님 아버지께 감사하라

14. 백성의 칭송 충만

행2:36-47 그런즉 이스라엘 온 집이 정녕 알찌니 너희가 십자가에 못 박은 이 예수를 하나님이 주와 그리스도가 되게 하셨느니라 ~ 또 여러 말로 확증하며 권하여 가로되 너희가 이 패역한 세대에서 구원을 받으라 하니 그 말을 받는 사람들은 세례를 받으매 이 날에 제자의 수가 삼천이나 더하더라 저희가 사도의 가르침을 받아 서로 교제하며 떡을 떼며 기도하기를 전혀 힘쓰니라 사람마다 두려워하는데 사도들로 인하여 기사와 표적이 많이 나타나니 믿는 사람이 다 함께 있어 모든 물건을 서로 통용하고 또 재산과 소유를 팔아 각 사람의 필요를 따라 나눠 주고 날마다 마음을 같이 하여 성전에 모이기를 힘쓰고 집에서 떡을 떼며 기쁨과 순전한 마음으로 음식을 먹고 하나님을 찬미하며 또 온 백성에게 칭송을 받으니 주께서 구원 받는 사람을 날마다 더하게 하시니라

15. 많은 환난도 겪음

마5:10-12 의를 위하여 핍박을 받은 자는 복이 있나니 천국이 저희 것임이라 나를 인하여 너희를 욕하고 핍박하고 거짓으로 너희를 거스려 모든 악한 말을 할 때에는 너희에게 복이 있나니 기뻐하고 즐거워하라 하늘에서 너희의 상이 큼이라 너희 전에 있던 선지자들을 이같이 핍박하였느니라

행14:19-22 유대인들이 안디옥과 이고니온에서 와서 무리를 초인하여 돌로 바울을 쳐서 죽은 줄로 알고 성밖에 끌어 내치니라 제자들이 둘러 섰을

때에 바울이 일어나 성에 들어갔다가 이튿날 바나바와 함께 더베로 가서 복음을 그 성에서 전하여 많은 사람을 제자로 삼고 루스드라와 이고니온과 안디옥으로 돌아가서 제자들의 마음을 굳게 하여 이 믿음에 거하라 권하고 또 우리가 하나님 나라에 들어가려면 많은 환난을 겪어야 할 것이라 하니라

고후7:5 우리가 마게도냐에 이르렀을 때에도 우리 육체가 편치 못하고 사방으로 환난을 당하여 밖으로는 다툼이요 안으로는 두려움이라

16. 열심 있는 전도와 선교

행1:8 오직 성령이 너희에게 임하시면 너희가 권능을 받고 예루살렘과 온 유대와 사마리아와 땅끝까지 이르러 내 증인이 되리라 하시니라

행5:42 저희가 날마다 성전에 있든지 집에 있든지 예수는 그리스도라 가르치기와 전도하기를 쉬지 아니하니라

17. 주님의 은혜와 저를 아는 지식 가운데서 자라감

요1:14 말씀이 육신이 되어 우리 가운데 거하시매 우리가 그 영광을 보니 아버지의 독생자의 영광이요 은혜와 진리가 충만하더라

요일1:1-2 태초부터 있는 생명의 말씀에 관하여는 우리가 들은 바요 눈으로 본 바요 주목하고 우리 손으로 만진 바라 이 생명이 나타내신바 된지라 이 영원한 생명을 우리가 보았고 증거하여 너희에게 전하노니 이는 아버지와 함께 계시다가 우리에게 나타내신바 된 자니라

골2:2-3 이는 저희로 마음에 위안을 받고 사랑 안에서 연합하여 원만한 이해의 모든 부요에 이르러 하나님의 비밀인 그리스도를 깨닫게 하려 함이라

그 안에는 지혜와 지식의 모든 보화가 감취어 있느니라

벧후3:18 오직 우리 주 곧 구주 예수 그리스도의 은혜와 저를 아는 지식에서
자라 가라 영광이 이제와 영원한 날까지 저에게 있을찌어다

……등등

성령님 충만의 은혜를 받는 사람으로 항상 슬기를 사모하며 힘쓰는 그 사람이야말로 진정 성숙한 성도요, 하나님께서 기뻐하시는 사람이요, 또한 귀히 쓰시는 사람이다.

국제예수전도단 (YWAM –Youth With A Mission)의 설립자 로렌 커닝햄 (Loren Cunningham) 목사가 1973년 한국의 한 아파트에 머물며 기도하던 중, 그는 두 시간 동안 눈물을 흘리며 회개 기도를 했다고 한다. 왜냐하면 복음 전파용 배 한 척을 구입했는데 예수 그리스도보다 배에 더 관심이 있었기 때문이었다고 한다.

그러나 마음 속에 하나님이 없는 사람은 모두 항상 자기 소견에 옳은대로 행한다.

삿21:25 그 때에 이스라엘에 왕이 없으므로 사람이 각각 그 소견에 옳은대
로 행하였더라

오직 하나님을 최고로 여기며 사는 그 사람, 하나님께서는 그에게 성령님 충만의 은혜를 베푸신다. 또한 성령님 충만의 은혜 가운데 사는 사람은 비록 이 세상에 발 딛고 살지만, 사실 그는 이미 하나님 나라 안에서 사는 사람이다.

제3장

성경 속 성령님 충만을 받은 사람들의 예

1. 세례요한

눅1:13-17 천사가 일러 가로되 사가랴여 무서워 말라 너의 간구함이 들린지라 네 아내 엘리사벳이 네게 아들을 낳아 주리니 그 이름을 요한이라 하라 너도 기뻐하고 즐거워할 것이요 많은 사람도 그의 남을 기뻐하리니 이는 저가 주 앞에 큰 자가 되며 포도주나 소주를 마시지 아니하며 모태로부터 성령의 충만함을 입어 이스라엘 자손을 주 곧 저희 하나님께로 많이 돌아오게 하겠음이니라 저가 또 엘리야의 심령과 능력으로 주 앞에 앞서 가서 아비의 마음을 자식에게, 거스리는 자를 의인의 슬기에 돌아오게 하고 주를 위하여 세운 백성을 예비하리라

요1:6-8 하나님께로서 보내심을 받은 사람이 났으니 이름은 요한이라 저가 증거하러 왔으니 곧 빛에 대하여 증거하고 모든 사람으로 자기를 인하여 믿게 하려 함이라 그는 이 빛이 아니요 이 빛에 대하여 증거하러 온 자라

요1:23-31 가로되 나는 선지자 이사야의 말과 같이 주의 길을 곧게 하라고 광야에서 외치는 자의 소리로라 하니라 ~ 나는 물로 세례를 주거니와 너희 가운데 너희가 알지 못하는 한 사람이 섰으니 곧 내 뒤에 오시는 그이라 나는 그의 신들메 풀기도 감당치 못하겠노라 하더라 이 일은 요한의 세례 주던 곳 요단강 건너편 베다니에서 된 일이니라 이튿날 요한이 예수께서 자기에게 나아오심을 보고 가로되 보라 세상 죄를 지고 가는 하나님의 어린 양이로다 내가 전에 말하기를 내 뒤에 오는 사람이 있는데 나보다 앞선 것은 그가 나보다 먼저 계심이라 한 것이 이 사람을 가리킴이라 나도 그를 알지 못하였으나 내가 와서 물로 세례를 주는 것은 그를 이스라엘에게 나타내려 함이라 하니라

요3:29-30 신부를 취하는 자는 신랑이나 서서 신랑의 음성을 듣는 친구가 크게 기뻐하나니 나는 이러한 기쁨이 충만하였노라 그는 흥하여야 하겠고 나는 쇠하여야 하리라 하니라

마11:11 내가 진실로 너희에게 말하노니 여자가 낳은 자 중에 세례 요한보다 큰이가 일어남이 없도다 그러나 천국에서는 극히 작은 자라도 저보다 크니라

마14:3-12 전에 헤롯이 그 동생 빌립의 아내 헤로디아의 일로 요한을 잡아 결박하여 옥에 가두었으니 이는 요한이 헤롯에게 말하되 당신이 그 여자를 취한 것이 옳지 않다 하였음이라 헤롯이 요한을 죽이려 하되 민중이 저를 선지자로 여기므로 민중을 두려워하더니 ~ 왕이 근심하나 자기의 맹세한 것과 그 함께 앉은 사람들을 인하여 주라 명하고 사람을 보내어 요한을 옥에서 목 베어 그 머리를 소반에 담아다가 그 여아에게 주니 그가 제 어미에게 가져가니라 요한의 제자들이 와서 시체를 가져다가 장사하고 가서 예수께 고하니라

2. 베드로

눅5:1-11 ~ 말씀을 마치시고 시몬에게 이르시되 깊은데로 가서 그물을 내려 고기를 잡으라 시몬이 대답하여 가로되 선생이여 우리들이 밤이 □도록 수고를 하였으되 얻은 것이 없지마는 말씀에 의지하여 내가 그물을 내리리이다 하고 그리한즉 고기를 에운 것이 심히 많아 그물이 찢어지는지라 이에 다른 배에 있는 동무를 손짓하여 와서 도와달라 하니 저희가 와서 두 배에 채우매 잠기게 되었더라 시몬 베드로가 이를 보고 예수의 무릎 아래 엎드려 가로되 주여 나를 떠나소서 나는 죄인이로소이다 ~ 예수께서 시몬에게 일러 가라사대 무서워 말라 이제 후로는 네가 사람을 취하리라 하시니 저희가 배들을 육지에 대고 모든 것을 버려두고 예수를 좇으니라

마14:25-32 밤 사경에 예수께서 바다 위로 걸어서 제자들에게 오시니 제자들이 그 바다 위로 걸어 오심을 보고 놀라 유령이라 하며 무서워하여 소리지르거늘 예수께서 즉시 일러 가라사대 안심하라 내니 두려워 말라 베드로가 대답하여 가로되 주여 만일 주시어든 나를 명하사 물 위로 오라 하소서 한대 오라 하시니 베드로가 배에서 내려 물 위로 걸어서 예수께로 가되 바람을 보고 무서워 빠져 가는지라 소리질러 가로되 주여 나를 구원하소서 하니 예수께서 즉시 손을 내밀어 저를 붙잡으시며 가라사대 믿음이 적은 자여 왜 의심하였느냐 하시고 배에 함께 오르매 바람이 그치는지라

마16:13-20 예수께서 가이사랴 빌립보 지방에 이르러 제자들에게 물어 가라사대 사람들이 인자를 누구라 하느냐 ~ 너희는 나를 누구라 하느냐 시몬 베드로가 대답하여 가로되 주는 그리스도시요 살아계신 하나님의 아들이시니이다 예수께서 대답하여 가라사대 바요나 시몬아 네가 복이 있도다 이를 네게 알게 한 이는 혈육이 아니요 하늘에 계신 내 아버지시니라 ~

눅22:54-62 예수를 잡아 끌고 대제사장의 집으로 들어갈쌔 베드로가 멀찍이 따라가니라 사람들이 뜰 가운데 불을 피우고 함께 앉았는지라 베드로도 그 가운데 앉았더니 한 비자가 베드로의 불빛을 향하여 앉은 것을 보고 주목하여 가로되 이 사람도 그와 함께 있었느니라 하니 베드로가 부인하여 가로

되 이 여자여 내가 저를 알지 못하노라 하더라 조금 후에 다른 사람이 보고 가로되 너도 그 당이라 하거늘 베드로가 가로되 이 사람아 나는 아니로라 하더라 한 시쯤 있다가 또 한 사람이 장담하여 가로되 이는 갈릴리 사람이니 참으로 그와 함께 있었느니라 베드로가 가로되 이 사람아 나는 너 하는 말을 알지 못하노라고 방금 말할 때에 닭이 곧 울더라 주께서 돌이켜 베드로를 보시니 베드로가 주의 말씀 곧 오늘 닭 울기 전에 네가 세번 나를 부인하리라 하심이 생각나서 밖에 나가서 심히 통곡하니라

요21:1-9 그 후에 예수께서 디베랴 바다에서 또 제자들에게 자기를 나타내셨으니 나타내신 일이 이러하니라 ~ 날이 새어갈 때에 예수께서 바닷가에 서셨으나 제자들이 예수신줄 알지 못하는지라 예수께서 이르시되 얘들아 너희에게 고기가 있느냐 대답하되 없나이다 가라사대 그물을 배 오른편에 던지라 그리하면 얻으리라 하신대 이에 던졌더니 고기가 많아 그물을 들 수 없더라 예수의 사랑하시는 그 제자가 베드로에게 이르되 주시라 하니 시몬 베드로가 벗고 있다가 주라 하는 말을 듣고 겉옷을 두른 후에 바다로 뛰어 내리더라 ~

요21:15-19 저희가 조반 먹은 후에 예수께서 시몬 베드로에게 이르시되 요한의 아들 시몬아 네가 이 사람들보다 나를 더 사랑하느냐 ~ 주께서 세번째 네가 나를 사랑하느냐 하시므로 베드로가 근심하여 가로되 주여 모든 것을 아시오매 내가 주를 사랑하는 줄을 주께서 아시나이다 예수께서 가라사대 내 양을 먹이라 내가 진실로 진실로 네게 이르노니 젊어서는 네가 스스로 띠 띠고 원하는 곳으로 다녔거니와 늙어서는 네 팔을 벌리리니 남이 네게 띠 띠우고 원치 아니하는 곳으로 데려가리라 이 말씀을 하심은 베드로가 어떠한 죽음으로 하나님께 영광을 돌릴 것을 가리키심이러라 이 말씀을 하시고 베드로에게 이르시되 나를 따르라 하시니라

행2:38-41 베드로가 가로되 너희가 회개하여 각각 예수 그리스도의 이름으로 세례를 받고 죄 사함을 얻으라 그리하면 성령을 선물로 받으리니 이 약속은 너희와 너희 자녀와 모든 먼데 사람 곧 주 우리 하나님이 얼마든지 부르시는 자들에게 하신 것이라 하고 또 여러 말로 확증하며 권하여 가로되 너희

가 이 패역한 세대에서 구원을 받으라 하니 그 말을 받는 사람들은 세례를 받으매 이 날에 제자의 수가 삼천이나 더하더라

3. 사도 요한

막3:17 또 세베대의 아들 야고보와 야고보의 형제 요한이니 이 둘에게는 보아너게 곧 우뢰의 아들이란 이름을 더하셨더라

눅9:51-56 예수께서 승천하실 기약이 차가매 예루살렘을 향하여 올라가기로 굳게 결심하시고 사자들을 앞서 보내시매 저희가 가서 예수를 위하여 예비하려고 사마리아인의 한 촌에 들어갔더니 예수께서 예루살렘을 향하여 가시는고로 저희가 받아 들이지 아니하는지라 제자 야고보와 요한이 이를 보고 가로되 주여 우리가 불을 명하여 하늘로 좇아 내려 저희를 멸하라 하기를 원하시나이까 예수께서 돌아보시며 꾸짖으시고 함께 다른 촌으로 가시니라

요일3:1 보라 아버지께서 어떠한 사랑을 우리에게 주사 하나님의 자녀라 일컬음을 얻게 하셨는고, 우리가 그러하도다 그러므로 세상이 우리를 알지 못함은 그를 알지 못함이니라

요일4:10-11 사랑은 여기 있으니 우리가 하나님을 사랑한 것이 아니요 오직 하나님이 우리를 사랑하사 우리 죄를 위하여 화목제로 그 아들을 보내셨음이니라 사랑하는 자들아 하나님이 이같이 우리를 사랑하셨은즉 우리도 서로 사랑하는 것이 마땅하도다

4. 바울

행7:57-8:3 저희가 큰 소리를 지르며 귀를 막고 일심으로 그에게 달려들어

성 밖에 내치고 돌로 칠쌔 증인들이 옷을 벗어 사울이라 하는 청년의 발앞에 두니라 저희가 돌로 스데반을 치니 스데반이 부르짖어 가로되 주 예수여 내 영혼을 받으시옵소서 하고 무릎을 꿇고 크게 불러 가로되 주여 이 죄를 저들에게 돌리지 마옵소서 이 말을 하고 자니라 사울이 그의 죽임 당함을 마땅히 여기더라 그 날에 예루살렘에 있는 교회에 큰 핍박이 나서 사도 외에는 다 유대와 사마리아 모든 땅으로 흩어지니라 경건한 사람들이 스데반을 장사하고 위하여 크게 울더라 사울이 교회를 잔멸할새 각집에 들어가 남녀를 끌어다가 옥에 넘기니라

行22:19-20 내가 말하기를 주여 내가 주 믿는 사람들을 가두고 또 각 회당에서 때리고 또 주의 증인 스데반의 피를 흘릴 적에 내가 곁에 서서 찬성하고 그 죽이는 사람들의 옷을 지킨줄 저희도 아나이다

갈1:13-14 내가 이전에 유대교에 있을 때에 행한 일을 너희가 들었거니와 하나님의 교회를 심히 핍박하여 잔해하고 내가 내 동족 중 여러 연갑자보다 유대교를 지나치게 믿어 내 조상의 유전에 대하여 더욱 열심이 있었노라

行26:9-12 나도 나사렛 예수의 이름을 대적하여 범사를 행하여야 될줄 스스로 생각하고 예루살렘에서 이런 일을 행하여 대제사장들에게서 권세를 얻어 가지고 많은 성도를 옥에 가두며 또 죽일 때에 내가 가편 투표를 하였고 또 모든 회당에서 여러번 형벌하여 강제로 모독하는 말을 하게 하고 저희를 대하여 심히 격분하여 외국 성까지도 가서 핍박하였고 그 일로 대제사장들의 권세와 위임을 받고 다메섹으로 갔나이다

行9:1-9 사울이 주의 제자들을 대하여 여전히 위협과 살기가 등등하여 대제사장에게 가서 다메섹 여러 회당에 갈 공문을 청하니 이는 만일 그 도를 좇는 사람을 만나면 무론남녀하고 결박하여 예루살렘으로 잡아 오려 함이라 사울이 행하여 다메섹에 가까이 가더니 홀연히 하늘로서 빛이 저를 둘러 비추는지라 땅에 엎드러져 들으매 소리 있어 가라사대 사울아 사울아 네가 어찌하여 나를 핍박하느냐 하시거늘 대답하되 주여 뉘시오니이까 가라사대 나는 네가 핍박하는 예수라 네가 일어나 성으로 들어가라 행할 것을 네게 이

를 자가 있느니라 하시니 같이 가던 사람들은 소리만 듣고 아무도 보지 못하여 말을 못하고 섰더라 사울이 땅에서 일어나 눈은 떴으나 아무 것도 보지 못하고 사람의 손에 끌려 다메섹으로 들어가서 사흘 동안을 보지 못하고 식음을 전폐하니라

딤전1:13 내가 전에는 훼방자요 핍박자요 포행자이었으나 도리어 긍휼을 입은 것은 내가 믿지 아니할 때에 알지 못하고 행하였음이라

딤전1:15 미쁘다 모든 사람이 받을만한 이 말이여 그리스도 예수께서 죄인을 구원하시려고 세상에 임하셨다 하였도다 죄인 중에 내가 괴수니라

행20:24 나의 달려갈 길과 주 예수께 받은 사명 곧 하나님의 은혜의 복음 증거하는 일을 마치려 함에는 나의 생명을 조금도 귀한 것으로 여기지 아니하노라

제4장

성령님 충만을
받는 비결

「술 취하지 말라 이는 방탕한 것이니 오직 성령님의 충만을 받으라(엡5:18)」 이 내용은 행2:38, 엡1:13 …… 등을 전제하고 있다.

> 행2:38 베드로가 가로되 너희가 회개하여 각각 예수 그리스도의 이름으로 세례를 받고 죄 사함을 얻으라 그리하면 성령님을 선물로 받으리라
>
> 엡1:13 그 안에서 너희도 진리의 말씀 곧 너희의 구원의 복음을 듣고 그 안에서 또한 믿어 약속의 성령님으로 인치심을 받았느니라

하나님께서는 우리가 예수 그리스도를 믿는 신자가 되었을 때에 이미 우리에게 성령님을 주셨다. 즉, 구원 받은 사람은 이미 성령님을 선물로 받은 것이다. 그러므로 성령님을 받은 그 사람은 그 때부터 오직 거룩하신 하나님의 다스림 속에서만 온전히 살아가야 한다. 「엡5:18」은 이미 주님을 믿는 사

람에게 주신 말씀이다. 이 때문에 신자는 반드시 성령님 충만의 은혜를 받아야 한다.

「성령님 충만을 받으라」는 『현재 수동 명령문』이다. 그러므로 『성령님 충만을 받음』은 반드시 현재 진행형이 되어야 하고, 과거나 미래의 것이 되어서는 안된다.

「술 취하지 말라 이는 방탕한 것이니 오직 성령님의 충만을 받으라」 이 말씀의 의미는 술 취함 (유행이나 음란, 도박, 마약, 탐심, 권세, 명예, 돈 … 등에 취함) 처럼 세상의 포로나 세상의 친구가 되지 말고, 오직 성령님의 충만을 받고 거룩한 사람이 되라는 것이다. 우리는 기억해야 한다.

> 레11:45 나는 너희의 하나님이 되려고 너희를 애굽 땅에서 인도하여 낸 여호와라 내가 거룩하니 너희도 거룩할찌어다

「거룩한 영의 충만을 받으라 – 성령님의 충만을 받으라」에서 『받으라』 는 말의 의미는 매우 중요하다. 왜냐하면 성령님 충만은 하나님께서 주시는 은혜이지, 결코 우리 사람의 원함을 따라 주시거나 충만케 하시지 않기 때문이다. 즉, 우리 사람은 주동이 아니고, 피동이다. 하나님께서는 오직 그의 기뻐하시는 사람에게만 성령님을 주신다. 그러면 성령님 충만을 받기 위해서는 무엇이 필요한가?

1. 반드시 주 예수 그리스도를 명백히 알아야 한다.
2. 환경이 어떠하든 하나님께 절대 순종해야 한다.
3. 근신하고 깨어서 하나님 자녀의 품격을 지켜야 한다.
4. 마치 반란군이나 바퀴의 작은 구멍 같은 자신의 영적 결함을 반드시 찾고 제거해야 한다.

5. 언제든지 발 씻음을 통하여 하나님 자녀의 거룩을 회복하고 지켜야 한다.
6. 예수 그리스도의 진정한 제자가 되어야 한다.
7. 하나님께서 이미 주신 풍성한 은혜를 반드시 기억하고, 또한 미래에서도 주실 풍성한 은혜를 반드시 믿어야 한다.

『1』은 가장 기본적인 것이고, 『2-7』은 성령님 충만을 유지하며 지키는 데 필요한 것이다.

하나씩 생각해 보면,

1. 반드시 주 예수 그리스도를 명백히 알아야 한다

당신이 알고 있는 예수님은 누구신가? 그분은 그리스도시요 하나님의 아들이시다.

* 십자가와 부활은 바로 우리로 하여금 예수님은 그리스도시요 하나님의 아들이심을 능히 믿게 하는 확실한 증거이다.

이처럼 간단하지만 열 한 제자의 경우를 보면, 자신들이 쓴 세상 색안경을 벗어버리고 예수 그리스도를 바르게 알기까지는 삼년의 세월과 여러 굴곡이 있었다.

1) 예수님께 부르심을 받았을 때

주님을 따르며, 그 사람됨됨이와 행위를 보고 또 가르치심을 듣고 놀라워하며 야심을 품는다.

2) 십자가 때

전혀 예상치 못한 일이라 두려워 도망하고, 부인하며, 근심하고, 슬퍼하며, 아쉽게 여기고, 실망한다.

3) 부활 때

전혀 생각치 못한 일이어서 놀라며 기뻐한다.

4) 승천하시기 전까지

아직도 여전히 알지 못하고 깨닫지 못한다.

5) 승천하실 때

역시 전혀 생각치 못하였고, 여전히 알지 못한다.

6) 승천하신 이후부터 성령님 강림하시기 전까지

☞ 유월절→오순절 : 50=3+40+7

대략 7일 동안 일백이십 명이 함께 모여 전심으로 기도하는 가운데 새롭게 예수님을 생각하고, 또한 다시 새롭게 성경을 생각한다.

그들은 전혀 상상도 못한 십자가 죽임을 당하시고, 사흘 만에 이미 부활하시고, 그리고 40일 동안 자신들에게 가끔 나타나시고, 최후에는 자신들의 눈 앞에서 승천하신 그 예수님을 직접 보았었다. 이제 더 이상 예수님을 직접 볼 수 없는 상황에 이르자, 그들은 한 마음 한 뜻으로 모여 간절히 기도하는 가운데, 한편 전심해서 다시 새롭게 예수님을 생각하기 시작했다. 『예수님은 도대체 누구신가?』 이 때문에 그들은 또한 성경을 다시 새롭게 생각하기 시작했다.

바울도 마찬가지로, 이미 부활 승천하신 살아계신 예수님을 직접 만난 후에는 바로 그러하였다. 그 역시 전심해서 예수님을 새롭게 생각하고, 성경을 새롭게 생각하였다.

그들은 모두 이 때(120명-7일, 바울-3일)부터 성경의 메시아에 대한 예언들이 모두 예수님께 대한 것임을 비로소 깨닫기 시작했다.

이런 뒤에 그들은 예수님은 하나님의 아들이시요, 죄인의 구주이심을 명백히 깨달았다. 또한 한 마음 한 뜻으로 간절히 기도하며 하나님께 순종하기를 결심하였고, 주님께 들은 바 하나님 아버지의 약속하신 즉, 성령님의 세례를 기다렸다. 그들이 이렇게 하고 있을 때에 예수 그리스도께서 말씀하신 대로 성령님은 비로소 그들에게 강림하신 것이다.

> 행1:4-5 사도와 같이 모이사 저희에게 분부하여 가라사대 예루살렘을 떠나지 말고 내게 들은바 아버지의 약속하신 것을 기다리라 요한은 물로 세례를 베풀었으나 너희는 몇 날이 못되어 성령으로 세례를 받으리라 하셨느니라

> 딛3:6 성령을 우리 구주 예수 그리스도로 말미암아 우리에게 풍성히 부어주셨도다

성령님은 제자들이『예수님은 하나님의 아들이시요, 그리스도(구주)이시다』를 마침내 알고, 믿고, 깨달은 뒤에 비로소 그들에게 강림하신 것이다. 이 점은 매우 매우 중요하다. 이와 같이 예수님과 성령님 충간의 관계는 뗄 수 없는 밀접한 관계이다.

그러므로 우리가 성령님 충만을 받는 가장 기본적인 비결은 바로 주 예수 그리스도를 바르게, 명백하게 아는 것이다. 만약 어떤 사람이 예수 그리스도를 빼고, 혹은 정확히 모른 채 성령님 충만을 운운한다면 이는 모두 어불성

설이다. 오히려 성령님은 항상 예수 그리스도를 나타내며, 증거하신다.

행1:8 오직 성령이 너희에게 임하시면 너희가 권능을 받고 예루살렘과 온 유대와 사마리아와 땅끝까지 이르러 내 증인이 되리라 하시니라

2. 환경이 어떠하든 하나님께 절대 순종해야 한다

먼저 예수 그리스도를 밝히 알았으면 또한 하나님께 순종하기를 결심해야 한다. 바꿔 말하면 예수 그리스도를 믿는 사람은 그 믿음에 걸맞게 하나님께 대한 절대 순종이 반드시 있어야 한다.

행5:32 우리는 이 일에 증인이요 하나님이 자기를 순종하는 사람들에게 주신 성령도 그러하니라 하더라

삼상15:22-24 사무엘이 가로되 여호와께서 번제와 다른 제사를 그 목소리 순종하는 것을 좋아하심 같이 좋아하시겠나이까 순종이 제사보다 낫고 듣는것이 수양의 기름보다 나으니 이는 거역하는 것은 사술의 죄와 같고 완고한 것은 사신 우상에게 절하는 죄와 같음이라 왕이 여호와의 말씀을 버렸으므로 여호와께서도 왕을 버려 왕이 되지 못하게 하셨나이다 사울이 사무엘에게 이르되 내가 범죄하였나이다 내가 여호와의 명령과 당신의 말씀을 어긴 것은 내가 백성을 두려워하여 그 말을 청종하였음이니이다

창12:1-4 여호와께서 아브람에게 이르시되 너는 너의 본토 친척 아비 집을 떠나 내가 네게 지시할 땅으로 가라 내가 너로 큰 민족을 이루고 네게 복을 주어 네 이름을 창대케 하리니 너는 복의 근원이 될찌라 너를 축복하는 자에게는 내가 복을 내리고 너를 저주하는 자에게는 내가 저주하리니 땅의 모든 족속이 너를 인하여 복을 얻을 것이니라 하신지라 이에 아브람이 여호와의 말씀을 좇아 갔고 롯도 그와 함께 갔으며 아브람이 하란을 떠날 때에 그 나

이 칠십 오세였더라

창15:1-7 이 후에 여호와의 말씀이 이상 중에 아브람에게 임하여 가라사대 아브람아 두려워 말라 나는 너의 방패요 너의 지극히 큰 상급이니라 ~ 그 사람은 너의 후사가 아니라 네 몸에서 날 자가 네 후사가 되리라 하시고 그를 이끌고 밖으로 나가 가라사대 하늘을 우러러 뭇별을 셀 수 있나 보라 또 그에게 이르시되 네 자손이 이와 같으리라 아브람이 여호와를 믿으니 여호와께서 이를 그의 의로 여기시고 또 그에게 이르시되 나는 이 땅을 네게 주어 업을 삼게 하려고 너를 갈대아 우르에서 이끌어낸 여호와로라

창16:16-17:4 하갈이 아브람에게 이스마엘을 낳을 때에 아브람이 팔십 륙 세이었더라 아브람의 구십 구세 때에 여호와께서 아브람에게 나타나서 그에게 이르시되 나는 전능한 하나님이라 너는 내앞에서 행하여 완전하라 내가 내 언약을 나와 너 사이에 세워 너로 심히 번성케 하리라 하시니 아브람이 엎드린대 하나님이 또 그에게 일러 가라사대 내가 너와 내 언약을 세우니 너는 열국의 아비가 될찌라

* 불순종으로 인해 13년 동안 하나님의 침묵이 있었다.

창22:1-3 그 일 후에 하나님이 아브라함을 시험하시려고 그를 부르시되 아브라함아 하시니 그가 가로되 내가 여기 있나이다 여호와께서 가라사대 네 아들 네 사랑하는 독자 이삭을 데리고 모리아 땅으로 가서 내가 네게 지시하는 한 산 거기서 그를 번제로 드리라 아브라함이 아침에 일찌기 일어나 나귀에 안장을 지우고 두 사환과 그 아들 이삭을 데리고 번제에 쓸 나무를 쪼개어 가지고 떠나 하나님의 자기에게 지시하시는 곳으로 가니라

창22:9-18 하나님이 그에게 지시하신 곳에 이른지라 이에 아브라함이 그곳에 단을 쌓고 나무를 벌여놓고 그 아들 이삭을 결박하여 단 나무 위에 놓고 손을 내밀어 칼을 잡고 그 아들을 잡으려 하더니 ~ 여호와께서 이르시기를 내가 나를 가리켜 맹세하노니 네가 이같이 행하여 네 아들 네 독자를 아끼지 아니하였은즉 내가 네게 큰 복을 주고 네 씨로 크게 성하여 하늘의 별과 같고 바닷가의 모래와 같게 하리니 네 씨가 그 대적의 문을 얻으리라 또 네 씨

로 말미암아 천하 만민이 복을 얻으리니 이는 네가 나의 말을 준행하였음이니라 하셨다 하니라

느9:6-8 오직 주는 여호와시라 하늘과 하늘들의 하늘과 일월 성신과 땅과 땅 위의 만물과 바다와 그 가운데 모든 것을 지으시고 다 보존하시오니 모든 천군이 주께 경배하나이다 주는 하나님 여호와시라 옛적에 아브람을 택하시고 갈대아 우르에서 인도하여 내시고 아브라함이라는 이름을 주시고 그 마음이 주 앞에서 충성됨을 보시고 더불어 언약을 세우사 가나안 족속과 헷 족속과 아모리 족속과 브리스 족속과 여부스 족속과 기르가스 족속의 땅을 그 씨에게 주리라 하시더니 그 말씀대로 이루셨사오니 주는 의로우심이로소이다

막14:36 가라사대 아바 아버지여 아버지께는 모든 것이 가능하오니 이 잔을 내게서 옮기시옵소서 그러나 나의 원대로 마옵시고 아버지의 원대로 하옵소서 하시니라

빌2:5-8 너희 안에 이 마음을 품으라 곧 그리스도 예수의 마음이니 그는 근본 하나님의 본체시나 하나님과 동등됨을 취할 것으로 여기지 아니하시고 오히려 자기를 비워 종의 형체를 가져 사람들과 같이 되었고 사람의 모양으로 나타나셨으매 자기를 낮추시고 죽기까지 복종하셨으니 곧 십자가에 죽으심이라

하나님께 절대 순종하는 사람만이 기뻐하심을 입으며, 성령님 충만의 은혜를 받고 지킬 수 있다.

3. 근신하고 깨어서 하나님 자녀의 품격을 지켜야 한다

벧전5:8-9 근신하라 깨어라 너희 대적 마귀가 우는 사자 같이 두루 다니며 삼킬 자를 찾나니 너희는 믿음을 굳게 하여 저를 대적하라 이는 세상에 있는

너희 형제들도 동일한 고난을 당하는 줄을 앎이니라

엡6:10-20 종말로 너희가 주 안에서와 그 힘의 능력으로 강건하여지고 마귀의 궤계를 능히 대적하기 위하여 하나님의 전신갑주를 입으라 ~ 그런즉 서서 진리로 너희 허리 띠를 띠고 의의 흉배를 붙이고 평안의 복음의 예비한 것으로 신을 신고 모든 것 위에 믿음의 방패를 가지고 이로써 능히 악한 자의 모든 화전을 소멸하고 구원의 투구와 성령의 검 곧 하나님의 말씀을 가지라 모든 기도와 간구로 하되 무시로 성령 안에서 기도하고 이를 위하여 깨어 구하기를 항상 힘쓰며 ~

왕상11:1-13 솔로몬왕이 바로의 딸 외에 이방의 많은 여인을 사랑하였으니 곧 모압과 암몬과 에돔과 시돈과 헷 여인이라 ~ 왕은 후비가 칠백인이요 빈장이 삼백인이라 왕비들이 왕의 마음을 돌이켰더라 ~

고전10:12 그런즉 선 줄로 생각하는 자는 넘어질가 조심하라

잠11:22 아름다운 여인이 삼가지 아니하는 것은 마치 돼지코에 금고리 같으니라

* 성도는 마치 아름다운 여인과 같은 사람이다.

골3:12-17 그러므로 너희는 하나님의 택하신 거룩하고 사랑하신 자처럼 긍휼과 자비와 겸손과 온유와 오래 참음을 옷입고 누가 뉘게 혐의가 있거든 서로 용납하여 피차 용서하되 주께서 너희를 용서하신 것과 같이 너희도 그리하고 이 모든 것 위에 사랑을 더하라 이는 온전하게 매는 띠니라 그리스도의 평강이 너희 마음을 주장하게 하라 평강을 위하여 너희가 한 몸으로 부르심을 받았나니 또한 너희는 감사하는 자가 되라 그리스도의 말씀이 너희 속에 풍성히 거하여 모든 지혜로 피차 가르치며 권면하고 시와 찬미와 신령한 노래를 부르며 마음에 감사함으로 하나님을 찬양하고 또 무엇을 하든지 말에나 일에나 다 주 예수의 이름으로 하고 그를 힘입어 하나님 아버지께 감사하라

딤전2:1-4 그러므로 내가 첫째로 권하노니 모든 사람을 위하여 간구와 기

도와 도고와 감사를 하되 임금들과 높은 지위에 있는 모든 사람을 위하여 하라 이는 우리가 모든 경건과 단정한 중에 고요하고 평안한 생활을 하려 함이니라 이것이 우리 구주 하나님 앞에 선하고 받으실 만한 것이니 하나님은 모든 사람이 구원을 받으며 진리를 아는데 이르기를 원하시느니라

롬12:1-2 그러므로 형제들아 내가 하나님의 모든 자비하심으로 너희를 권하노니 너희 몸을 하나님이 기뻐하시는 거룩한 산 제사로 드리라 이는 너희의 드릴 영적 예배니라 너희는 이 세대를 본받지 말고 오직 마음을 새롭게 함으로 변화를 받아 하나님의 선하시고 기뻐하시고 온전하신 뜻이 무엇인지 분별하도록 하라

「이는 너희의 드릴 영적 예배니라」에 대하여 어떤 사람은 말하기를『영적 예배 시간은 바로 살아 있는 동안이고, 영적 예배 장소는 바로 내 몸이 있는 곳이다』라고 하였다.

갈5:22-23 오직 성령님의 열매는 사랑과 희락과 화평과 오래 참음과 자비와 양선과 충성과 온유와 절제니 이같은 것을 금지할 법이 없느니라

「성령님의 열매」는 마치 매우 좋은 거울과 같다. 왜냐하면 누구라도 이 거울을 통해『자신의 사람됨됨이가 어떠한지? 그리고 예수님과는 얼마나 거리 차이가 있는지?』를 살필 수 있기 때문이다.

빌1:27 오직 너희는 그리스도 복음에 합당하게 생활하라

오직 항상 근신하고 깨어서, 하나님 자녀의 품격을 지키는 사람만이 성령님 충만의 은혜를 받고 지킬 수 있다.

4. 마치 반란군이나 바퀴의 작은 구멍 같은 자신의 영적 결함을 반드시 찾고 제거해야 한다

막4:18-19 또 어떤이는 가시떨기에 뿌리우는 자니 이들은 말씀을 듣되 세상의 염려와 재리의 유혹과 기타 욕심이 들어와 말씀을 막아 결실치 못하게 되는 자요

눅8:14 가시떨기에 떨어졌다는 것은 말씀을 들은 자니 지내는 중 이생의 염려와 재리와 일락에 기운이 막혀 온전히 결실치 못하는 자요

요12:4-6 제자 중 하나로서 예수를 잡아 줄 가룟 유다가 말하되 이 향유를 어찌하여 삼백 데나리온에 팔아 가난한 자들에게 주지 아니하였느냐 하니 이렇게 말함은 가난한 자들을 생각함이 아니요 저는 도적이라 돈 궤를 맡고 거기 넣는 것을 훔쳐 감이러라

막10:17-31 예수께서 길에 나가실쌔 한 사람이 달려와서 꿇어 앉아 묻자오되 선한 선생님이여 내가 무엇을 하여야 영생을 얻으리이까 ~ 예수께서 그를 보시고 사랑하사 가라사대 네게 오히려 한 가지 부족한 것이 있으니 가서 네 있는 것을 다 팔아 가난한 자들을 주라 그리하면 하늘에서 보화가 네게 있으리라 그리고 와서 나를 좇으라 하시니 그 사람은 재물이 많은고로 이 말씀을 인하여 슬픈 기색을 띠고 근심하며 가니라 예수께서 둘러 보시고 제자들에게 이르시되 재물이 있는 자는 하나님의 나라에 들어가기가 심히 어렵도다 ~

마23:13-39 화 있을찐저 외식하는 서기관들과 바리새인들이여 너희는 천국 문을 사람들 앞에서 닫고 너희도 들어가지 않고 들어가려 하는 자도 들어가지 못하게 하는도다 ~ 화 있을찐저 외식하는 서기관들과 바리새인들이여 너희가 박하와 회향과 근채의 십일조를 드리되 율법의 더 중한바 의와 인과 신은 버렸도다 그러나 이것도 행하고 저것도 버리지 말아야 할찌니라 소경된 인도자여 하루살이는 걸러 내고 약대는 삼키는도다 화 있을찐저 외식하는 서기관들과 바리새인들이여 잔과 대접의 겉은 깨끗이 하되 그 안에는 탐

욕과 방탕으로 가득하게 하는도다 소경된 바리새인아 너는 먼저 안을 깨끗이 하라 그리하면 겉도 깨끗하리라 화 있을찐저 외식하는 서기관들과 바리새인들이여 회칠한 무덤 같으니 겉으로는 아름답게 보이나 그 안에는 죽은 사람의 뼈와 모든 더러운 것이 가득하도다 이와 같이 너희도 겉으로는 사람에게 옳게 보이되 안으로는 외식과 불법이 가득하도다 ~

마6:31-33 그러므로 염려하여 이르기를 무엇을 먹을까 무엇을 마실까 무엇을 입을까 하지 말라 이는 다 이방인들이 구하는 것이라 너희 천부께서 이 모든 것이 너희에게 있어야 할 줄을 아시느니라 너희는 먼저 그의 나라와 그의 의를 구하라 그리하면 이 모든 것을 너희에게 더하시리라

엡5:3-7 음행과 온갖 더러운 것과 탐욕은 너희 중에서 그 이름이라도 부르지 말라 이는 성도의 마땅한 바니라 누추함과 어리석은 말이나 희롱의 말이 마땅치 아니하니 돌이켜 감사하는 말을 하라 너희도 이것을 정녕히 알거니와 음행하는 자나 더러운 자나 탐하는 자 곧 우상 숭배자는 다 그리스도와 하나님 나라에서 기업을 얻지 못하리니 ~

골3:1-10 그러므로 너희가 그리스도와 함께 다시 살리심을 받았으면 위엣 것을 찾으라 거기는 그리스도께서 하나님 우편에 앉아 계시느니라 위엣 것을 생각하고 땅엣 것을 생각지 말라 이는 너희가 죽었고 너희 생명이 그리스도와 함께 하나님 안에 감취었음이니라 우리 생명이신 그리스도께서 나타나실 그 때에 너희도 그와 함께 영광 중에 나타나리라 그러므로 땅에 있는 지체를 죽이라 곧 음란과 부정과 사욕과 악한 정욕과 탐심이니 탐심은 우상 숭배니라 이것들을 인하여 하나님의 진노가 임하느니라 너희도 전에 그 가운데 살 때에는 그 가운데서 행하였으나 이제는 너희가 이 모든 것을 벗어버리라 ~

딤전6:7-10 우리가 세상에 아무 것도 가지고 온 것이 없으매 또한 아무 것도 가지고 가지 못하리니 우리가 먹을 것과 입을 것이 있은즉 족한 줄로 알 것이니라 부하려 하는 자들은 시험과 올무와 여러가지 어리석고 해로운 정욕에 떨어지나니 곧 사람으로 침륜과 멸망에 빠지게 하는 것이라 돈을 사랑

함이 일만 악의 뿌리가 되나니 이것을 사모하는 자들이 미혹을 받아 믿음에 서 떠나 많은 근심으로써 자기를 찔렀도다

살전5:16-22 항상 기뻐하라 쉬지 말고 기도하라 범사에 감사하라 이는 그리스도 예수 안에서 너희를 향하신 하나님의 뜻이니라 성령을 소멸치 말며 예언을 멸시치 말고 범사에 헤아려 좋은 것을 취하고 악은 모든 모양이라도 버리라

롬12:11 부지런하여 게으르지 말고 열심을 품고 주를 섬기라

세상의 염려, 재리의 유혹, 일락, 기타 욕심, 음란, 부정, 사욕, 악한 정욕, 탐심, 원망, 분, 악의, 훼방, 입의 부끄러운 말··등등 이 모두는 마치 반란군이나 바퀴의 작은 구멍과 같다. 이런 것들은 우리가 성령님 충만 받는 것을 방해한다. 그러므로 우리는 반드시 자신의 영적 결함을 찾고 제거해야 비로소 성령님 충만의 은혜를 받고 지킬 수 있다.

5. 언제든지 발 씻음을 통하여 하나님 자녀의 거룩을 회복하고 지켜야 한다

예수 그리스도께서는 십자가의 죽으심을 통하여 우리를 마치 목욕한 사람처럼 깨끗한 사람이 되게 하셨다. 그러므로 발 씻음을 통하여 우리는 반드시 하나님 자녀의 거룩을 회복하고 지켜야 한다. 사실 이 무수한 회개 가운데 우리의 사람됨됨이는 갈수록 성숙하게 된다.

엡1:7 우리가 그리스도 안에서 그의 은혜의 풍성함을 따라 그의 피로 말미암아 구속 곧 죄 사함을 받았도다

요13:10 예수께서 가라사대 이미 목욕한 자는 발 밖에 씻을 필요가 없느니

라 온 몸이 깨끗하니라 너희가 깨끗하나 다는 아니니라 하시니라

구원 받은 자, 곧 죄 사함을 받은 자는 이미 목욕한 자이다. 그는 발만 씻으면 된다. 이 발 씻음 곧 회개는 우리의 영적 성숙의 기본이다.

요일1:9 만일 우리가 우리 죄를 자백하면 저는 미쁘시고 의로우사 우리 죄를 사하시며 모든 불의에서 우리를 깨끗케 하실 것이요

특별히 거룩은 하나님 백성의 특징이요, 또한 성령님 충만을 받고 지킬 수 있는 절대조건이다.

레11:45 나는 너희의 하나님이 되려고 너희를 애굽 땅에서 인도하여 낸 여호와라 내가 거룩하니 너희도 거룩할찌어다

히12:14 모든 사람으로 더불어 화평함과 거룩함을 좇으라 이것이 없이는 아무도 주를 보지 못하리라

약1:27 하나님 아버지 앞에서 정결하고 더러움이 없는 경건은 곧 고아와 과부를 그 환난 중에 돌아보고 또 자기를 지켜 세속에 물들지 아니하는 이것이니라

* 하나님께서는 거룩한 사람을 가장 좋아하시고, 또한 그들을 귀히 쓰신다

시16:3 땅에 있는 성도는 존귀한 자니 나의 모든 즐거움이 저희에게 있도다

딤후2:20-22 큰 집에는 금과 은의 그릇이 있을뿐 아니요 나무와 질그릇도 있어 귀히 쓰는 것도 있고 천히 쓰는 것도 있나니 그러므로 누구든지 이런 것에서 자기를 깨끗하게 하면 귀히 쓰는 그릇이 되어 거룩하고 주인의 쓰심에 합당하며 모든 선한 일에 예비함이 되리라 또한 네가 청년의 정욕을 피하고 주를 깨끗한 마음으로 부르는 자들과 함께 의와 믿음과 사랑과 화평을 좇

으라

사6:13 그 중에 십분의 일이 오히려 남아 있을찌라도 이것도 삼키운바 될 것이나 밤나무, 상수리나무가 베임을 당하여도 그 그루터기는 남아 있는 것 같이 거룩한 씨가 이 땅의 그루터기니라

그리스도인 별명 중의 하나는 성도이다. 그러므로 우리는 성령님 충만의 은혜를 받고 지키기 위해서는 언제 어디서나 성결-거룩해야 한다.

6. 예수 그리스도의 진정한 제자가 되어야 한다

누가 예수 그리스도의 진정한 제자인가?

1) 예수 그리스도를 배우고 본 받는 사람

성령님 충만의 가장 좋은 모범은 바로 예수 그리스도이시다.

요8:29 나를 보내신 이가 나와 함께 하시도다 내가 항상 그의 기뻐하시는 일을 행하므로 나를 혼자 두지 아니하셨느니라

하나님의 함께 하심은 성령님 충만의 확실한 증거이다. 일생동안 성령님 충만하심으로써 최고의 모범과 존경의 대상이 되시는 분은 바로 예수 그리스도시다. 주님께는 최고 인품의 증거, 곧 성령님의 열매가 있었다. 예수 그리스도의 하나님 사랑과 이웃 사랑은 우리의 가장 좋은 모범이다.

그러므로 「성령님 충만을 받으라」를 바꿔 말하면, 『예수 그리스도처럼 살라』 이다. 때문에 『우리는 반드시 예수 그리스도를 배우고 본 받아야 한다』는 것은 당연한 일이다. 사실 우리 그리스도인은 가장 행복한 사람들이다. 왜냐

하면 인간적으로만 생각해도 최고의 존경의 대상이 있고, 또한 가장 좋은 모범이 있기 때문이다.

마11:28-30 수고하고 무거운 짐진 자들아 다 내게로 오라 내가 너희를 쉬게 하리라 나는 마음이 온유하고 겸손하니 나의 멍에를 메고 내게 배우라 그러면 너희 마음이 쉼을 얻으리니 이는 내 멍에는 쉽고 내 짐은 가벼움이라 하시니라

고전11:1 내가 그리스도를 본받는 자 된 것 같이 너희는 나를 본받는 자 되라

엡5:1-2 그러므로 사랑을 입은 자녀 같이 너희는 하나님을 본받는 자가 되고 그리스도께서 너희를 사랑하신 것 같이 너희도 사랑 가운데서 행하라 그는 우리를 위하여 자신을 버리사 향기로운 제물과 생축으로 하나님께 드리셨느니라

빌2:5 너희 안에 이 마음을 품으라 곧 그리스도 예수의 마음이니라

빌3:8 또한 모든 것을 해로 여김은 내 주 그리스도 예수를 아는 지식이 가장 고상함을 인함이라

벧후3:18 오직 우리 주 곧 구주 예수 그리스도의 은혜와 저를 아는 지식에서 자라 가라 영광이 이제와 영원한 날까지 저에게 있을찌어다

만약 어떤 학생이 열심히 공부하면, 그는 반드시 진보하고 향상 될 것이다. 이처럼 어떤 사람이 심혈을 기울여 예수 그리스도를 배우고 본 받으면, 그 사람은 반드시 성령님 충만의 은혜를 받을 것이다.

마28:19-20 그러므로 너희는 가서 모든 족속으로 제자를 삼아 아버지와 아들과 성령의 이름으로 세례를 주고 내가 너희에게 분부한 모든 것을 가르쳐

지키게 하라 볼찌어다 내가 세상 끝날까지 너희와 항상 함께 있으리라 하시니라

이 말씀은 우리가 먼저 선생님이 되어야 할 것을 요구한다. 왜냐하면 선생님이 되어야 비로소 다른 사람을 가르칠 수 있기 때문이다. 좋은 선생님이 되기 위해서는 먼저 반드시 좋은 학생이 되어야 한다. 그리스도인은 모두 그리스도의 제자이다. 제자는 학생 즉 배우는 사람이다. 그러므로 그리스도인은 그리스도를 열심히 배워야 할 제자이다. 이렇기 때문에 우리가 배워야 할 예수님의 본(樣式)에 대해서 모호해서는 안되고, 반드시 분명해야 한다. 몇 가지 예를 들면,

요1:14 말씀이 육신이 되어 우리 가운데 거하시매 우리가 그 영광을 보니 아버지의 독생자의 영광이요 은혜와 진리가 충만하더라

딤전1:15 미쁘다 모든 사람이 받을만한 이 말이여 그리스도 예수께서 죄인을 구원하시려고 세상에 임하셨다 하였도다 죄인 중에 내가 괴수니라

눅2:51 예수께서 한가지로 내려가사 나사렛에 이르러 순종하여 받드시더라 그 모친은 이 모든 말을 마음에 두니라

눅2:52 예수는 그 지혜와 그 키가 자라가며 하나님과 사람에게 더 사랑스러워 가시더라

마4:23-24 예수께서 온 갈릴리에 두루 다니사 저희 회당에서 가르치시며 천국 복음을 전파하시며 백성 중에 모든 병과 모든 약한 것을 고치시니 그의 소문이 온 수리아에 퍼진지라 사람들이 모든 앓는 자 곧 각색 병과 고통에 걸린 자, 귀신 들린 자, 간질하는 자, 중풍병자들을 데려오니 저희를 고치시더라

요13:14 내가 주와 또는 선생이 되어 너희 발을 씻겼으니 너희도 서로 발을 씻기는 것이 옳으니라

마20:25-28 예수께서 제자들을 불러다가 가라사대 ~ 너희 중에는 그렇지 아니하니 너희 중에 누구든지 크고자 하는 자는 너희를 섬기는 자가 되고 너희 중에 누구든지 으뜸이 되고자 하는 자는 너희 종이 되어야 하리라 인자가 온것은 섬김을 받으려 함이 아니라 도리어 섬기려 하고 자기 목숨을 많은 사람의 대속물로 주려 함이니라

눅23:34 이에 예수께서 가라사대 아버지여 저희를 사하여 주옵소서 자기의 하는 것을 알지 못함이니이다 하시더라

요19:25-27 예수의 십자가 곁에는 그 모친과 이모와 글로바의 아내 마리아와 막달라 마리아가 섰는지라 예수께서 그 모친과 사랑하시는 제자가 곁에 섰는 것을 보시고 그 모친께 말씀하시되 여자여 보소서 아들이니이다 하시고 또 그 제자에게 이르시되 보라 네 어머니라 하신대 그 때부터 그 제자가 자기 집에 모시니라

요19:30 예수께서 신 포도주를 받으신 후 가라사대 다 이루었다 하시고 머리를 숙이시고 영혼이 돌아가시니라

눅24:50-51 예수께서 저희를 데리고 베다니 앞까지 나가사 손을 들어 저희에게 축복하시더니 축복하실 때에 저희를 떠나 [하늘로 올리우]시니라

…… 등등. 우리가 성령님 충만을 받기 위해서는 마땅히 예수 그리스도를 배우고 본 받아야 한다.

2) 주님의 말씀을 지키는 사람

요8:31 그러므로 예수께서 자기를 믿은 유대인들에게 이르시되 너희가 내 말에 거하면 참 내 제자가 되리라

마7:21-27 나더러 주여 주여 하는 자마다 천국에 다 들어갈 것이 아니요 다만 하늘에 계신 내 아버지의 뜻대로 행하는 자라야 들어가리라 ~ 그러므로 누구든지 나의 이 말을 듣고 행하는 자는 그 집을 반석 위에 지은 지혜로운 사람 같으리니 비가 내리고 창수가 나고 바람이 불어 그 집에 부딪히되 무너지지 아니하나니 이는 주초를 반석 위에 놓은 연고요 나의 이 말을 듣고 행치 아니하는 자는 그 집을 모래 위에 지은 어리석은 사람 같으리니 비가 내리고 창수가 나고 바람이 불어 그 집에 부딪히매 무너져 그 무너짐이 심하니라

요일2:5-6 누구든지 그의 말씀을 지키는 자는 하나님의 사랑이 참으로 그 속에서 온전케 되었나니 이로써 우리가 저 안에 있는 줄을 아노라 저 안에 거한다 하는 자는 그의 행하시는대로 자기도 행할찌니라

3) 그리스도를 얻기 위하여 모든 소유를 버리는 사람

눅14:33 이와 같이 너희 중에 누구든지 자기의 모든 소유를 버리지 아니하면 능히 내 제자가 되지 못하리라

빌3:7-9 그러나 무엇이든지 내게 유익하던 것을 내가 그리스도를 위하여 다 해로 여길뿐더러 또한 모든 것을 해로 여김은 내 주 그리스도 예수를 아는 지식이 가장 고상함을 인함이라 내가 그를 우 하여 모든 것을 잃어버리고 배설물로 여김은 그리스도를 얻고 그 안에서 발견되려 함이니 ~

4) 열매를 많이 맺는 사람

요15:8 너희가 과실을 많이 맺으면 내 아버지께서 영광을 받으실 것이요 너희가 내 제자가 되리라

5) 서로 사랑하는 사람

요13:34-35 새 계명을 너희에게 주노니 서로 사랑하라 내가 너희를 사랑한 것 같이 너희도 서로 사랑하라 너희가 서로 사랑하면 이로써 모든 사람이 너희가 내 제자인줄 알리라

6) 제자를 세우신 목적을 실행하는 사람

> 막3:13-15 또 산에 오르사 자기의 원하는 자들을 부르시니 나아온지라 이에 열 둘을 세우셨으니 이는 자기와 함께 있게 하시고 또 보내사 전도도 하며 귀신을 내어쫓는 권세도 있게 하려 하심이러라

주님과 함께 하는 것은 무엇보다 가장 중요한 것이다. 그렇지 않으면 나가서 전도할 수 없고, 귀신을 내어쫓는 권세도 없다. 할렐루야! 예수 그리스도께서는 성령님을 통하여 세상 끝날까지 항상 우리와 함께 하시기 때문이다.

> 마28:20 내가 너희에게 분부한 모든 것을 가르쳐 지키게 하라 볼찌어다 내가 세상 끝날까지 너희와 항상 함께 있으리라 하시니라

중요한 사실은 하나님께서 우리와 함께 하심은 변하지 않는다. 그러나 우리가 하나님과 함께 함은 변할 수 있다. 박수를 치기 위해서는 두 손이 필요한데 '우리 편의 손이 항상 지조를 지키는가?' 이것이 관건이다.

> 사26:3-4 주께서 심지가 견고한 자를 평강에 평강으로 지키시리니 이는 그가 주를 의뢰함이니이다 너희는 여호와를 영원히 의뢰하라 주 여호와는 영원한 반석이심이로다

우리는 성령님의 내재하심을 중요하게 여기고 기뻐하면서 힘차게 주님의 제자로 살아가야 한다. 왜냐하면 성령님께서는 우리 심령의 가장 깊은 곳으로부터 끊임없이 힘찬 생명력을 솟구쳐 흐르게 하사 우리로 하여금 메마르고 거친 세상을 능히 헤쳐 나가게 하시고 또한 새롭게 변화시켜 나가도록 역사하시기 때문이다.

> 요7:37-39 명절 끝날 곧 큰날에 예수께서 서서 외쳐 가라사대 누구든지 목

마르거든 내게로 와서 마시라 나를 믿는 자는 성경에 이름과 같이 그 배에서 생수의 강이 흘러나리라 하시니 이는 그를 믿는 자의 받을 성령을 가리켜 말씀하신 것이라 (예수께서 아직 영광을 받지 못하신 고로 성령이 아직 저희에게 계시지 아니하시더라)

그러므로 우리가 성령님 충만을 받기 위해서는 진정으로 예수 그리스도의 제자가 되어야 한다.

7. 하나님께서 이미 주신 풍성한 은혜를 반드시 기억하고, 또한 미래에서도 주실 풍성한 은혜를 반드시 믿어야 한다

1) 하나님께서 이미 주신 풍성한 은혜를 반드시 기억해야 한다

창45:1-8 ~ 나는 당신들의 아우 요셉이니 당신들이 애굽에 판 자라 당신들이 나를 이곳에 팔았으므로 근심하지 마소서 한탄하지 마소서 하나님이 생명을 구원하시려고 나를 당신들 앞서 보내셨나이다 이 땅에 이년 동안 흉년이 들었으나 아직 오년은 기경도 못하고 추수도 못할찌라 하나님이 큰 구원으로 당신들의 생명을 보존하고 당신들의 후손을 세상에 두시려고 나를 당신들 앞서 보내셨나니 그런즉 나를 이리로 보낸 자는 당신들이 아니요 하나님이시라 하나님이 나로 바로의 아비를 삼으시며 그 온 집의 주를 삼으시며 애굽 온 땅의 치리자를 삼으셨나이다

수24:14-18 ~ 백성이 대답하여 가로되 여호와를 버리고 다른 신들 섬기는 일을 우리가 결단코 하지 아니하오리니 이는 우리 하나님 여호와 그가 우리와 우리 열조를 인도하여 애굽땅 종 되었던 집에서 나오게 하시고 우리 목전에서 그 큰 이적들을 행하시고 우리가 행한 모든 길에서, 우리의 지난 모든 백성 중에서 우리를 보호하셨음이며 여호와께서 또 모든 백성 곧 이 땅에 거하던 아모리 사람을 우리 앞에서 쫓아내셨음이라 그러므로 우리도 여호와를 섬기리니 그는 우리 하나님이심이니이다

삿2:7 백성이 여호수아의 사는 날 동안과 여호수아 뒤에 생존한 장로들 곧 여호와께서 이스라엘을 위하여 행하신 모든 큰 일을 본 자의 사는 날 동안에 여호와를 섬겼더라

시9:1 내가 전심으로 여호와께 감사하오며 주의 모든 기사를 전하리이다

시18:1-2 나의 힘이 되신 여호와여 내가 주를 사랑하나이다 여호와는 나의 반석이시요 나의 요새시요 나를 건지시는 자시요 나의 하나님이시요 나의 피할 바위시요 나의 방패시요 나의 구원의 뿔이시요 나의 산성이시로다

시103:1-22 내 영혼아 여호와를 송축하라 내 속에 있는 것들아 다 그 성호를 송축하라 내 영혼아 여호와를 송축하며 그 모든 은택을 잊지 말찌어다 ~

시105:1-10 여호와께 감사하며 그 이름을 불러 아뢰며 그 행사를 만민 중에 알게 할찌어다 그에게 노래하며 그를 찬양하며 그의 모든 기사를 말할찌어다 ~ 그 종 아브라함의 후손 곧 택하신 야곱의 자손 너희는 그의 행하신 기사와 그 이적과 그 입의 판단을 기억할찌어다 (5절에 포함되어 있음) 그는 여호와 우리 하나님이시라 그의 판단이 온 땅에 있도다 그는 그 언약 곧 천대에 명하신 말씀을 영원히 기억하셨으니 이것은 아브라함에게 하신 언약이며 이삭에게 하신 맹세며 야곱에게 세우신 율례 곧 이스라엘에게 하신 영영한 언약이라

시107:8, 15, 21, 31 8 여호와의 인자하심과 인생에게 행하신 기이한 일을 인하여 그를 찬송할찌로다 15 여호와의 인자하심과 인생에게 행하신 기이한 일을 인하여 그를 찬송할찌로다 21 여호와의 인자하심과 인생에게 행하신 기이한 일을 인하여 그를 찬송할찌로다 31 여호와의 인자하심과 인생에게 행하신 기이한 일을 인하여 그를 찬송할찌로다

시136:1-26 여호와께 감사하라 그는 선하시며 그 인자하심이 영원함이로다 모든 신에 뛰어나신 하나님께 감사하라 그 인자하심이 영원함이로다 모든 주에 뛰어나신 주께 감사하라 그 인자하심이 영원함이로다 홀로 큰 기사

를 행하시는 이에게 감사하라 그 인자하심이 영원함이로다 지혜로 하늘을 지으신 이에게 감사하라 그 인자하심이 영원함이로다 땅을 물 위에 펴신 이에게 감사하라 그 인자하심이 영원함이로다 큰 빛들을 지으신 이에게 감사하라 그 인자하심이 영원함이로다 해로 낮을 주관케 하신 이에게 감사하라 그 인자하심이 영원함이로다 달과 별들로 밤을 주관케 하신 이에게 감사하라 그 인자하심이 영원함이로다 애굽의 장자를 치신 이에게 감사하라 그 인자하심이 영원함이로다 이스라엘을 저희 중에서 인도하여 내신 이에게 감사하라 그 인자하심이 영원함이로다 강한 손과 펴신 팔로 인도하여 내신 이에게 감사하라 그 인자하심이 영원함이로다 홍해를 가르신 이에게 감사하라 그 인자하심이 영원함이로다 이스라엘로 그 가운데로 통과케 하신 이에게 감사하라 그 인자하심이 영원함이로다 바로와 그 군대를 홍해에 엎드러뜨리신 이에게 감사하라 그 인자하심이 영원함이로다 그 백성을 인도하여 광야로 통과케 하신 이에게 감사하라 그 인자하심이 영원함이로다 큰 왕들을 치신 이에게 감사하라 그 인자하심이 영원함이로다 유명한 왕들을 죽이신 이에게 감사하라 그 인자하심이 영원함이로다 아모리인의 왕 시혼을 죽이신 이에게 감사하라 그 인자하심이 영원함이르다 바산왕 옥을 죽이신 이에게 감사하라 그 인자하심이 영원함이로다 저희의 땅을 기업으로 주신 이에게 감사하라 그 인자하심이 영원함이로다 곧 그 종 이스라엘에게 기업으로 주신 이에게 감사하라 그 인자하심이 영원함이로다 우리를 비천한데서 기념하신 이에게 감사하라 그 인자하심이 영원함이로다 우리를 우리 대적에게서 건지신 이에게 감사하라 그 인자하심이 영원함이로다 모든 육체에게 식물을 주신 이에게 감사하라 그 인자하심이 영원함이로다 하늘의 하나님께 감사하라 그 인자하심이 영원함이로다

눅17:11-19 예수께서 예루살렘으로 가실 때에 사마리아와 갈릴리 사이로 지나가시다가 한 촌에 들어가시니 문둥병자 열 명이 예수를 만나 멀리 서서 소리를 높여 가로되 예수 선생님이여 우리를 긍휼히 여기소서 하거늘 보시고 가라사대 가서 제사장들에게 너희 몸을 보이라 하셨더니 저희가 가다가 깨끗함을 받은지라 그 중에 하나가 자기의 나은 것을 보고 큰 소리로 하나님께 영광을 돌리며 돌아와 예수의 발아래 엎드리어 사례하니 저는 사마리아인이라 예수께서 대답하여 가라사대 열 사람이 다 깨끗함을 받지 아니하였

느냐 그 아홉은 어디 있느냐 이 이방인 외에는 하나님께 영광을 돌리러 돌아 온 자가 없느냐 하시고 그에게 이르시되 일어나 가라 네 믿음이 너를 구원하였느니라 하시더라

*『은혜는 흐르는 물에 새기고, 원수는 돌에 새긴다』 이런 사람은 성령님 충만을 받을 수 없다.

히2:3-4 우리가 이같이 큰 구원을 등한히 여기면 어찌 피하리요 이 구원은 처음에 주로 말씀하신 바요 들은 자들이 우리에게 확증한 바니 하나님도 표적들과 기사들과 여러가지 능력과 및 자기 뜻을 따라 성령의 나눠주신 것으로써 저희와 함께 증거하셨느니라

시116:12 여호와께서 내게 주신 모든 은혜를 무엇으로 보답할꼬

2) 또한 미래에서도 주실 풍성한 은혜를 반드시 믿어야 한다.

시23:1-6 여호와는 나의 목자시니 내가 부족함이 없으리로다 ~ 나의 평생에 선하심과 인자하심이 정녕 나를 따르리니 내가 여호와의 집에 영원히 거하리로다

시24:1 땅과 거기 충만한 것과 세계와 그 중에 거하는 자가 다 여호와의 것이로다

시42:5-6 내 영혼아 네가 어찌하여 낙망하며 어찌하여 내 속에서 불안하여 하는고 너는 하나님을 바라라 그 얼굴의 도우심을 인하여 내가 오히려 찬송하리로다 내 하나님이여 내 영혼이 내 속에서 낙망이 되므로 내가 요단땅과 헤르몬과 미살산에서 주를 기억하나이다

시62:1-2 나의 영혼이 잠잠히 하나님만 바람이여 나의 구원이 그에게서 나는도다 오직 저만 나의 반석이시요 나의 구원이시요 나의 산성이시니 내가 크게 요동치 아니하리로다

시89:1 내가 여호와의 인자하심을 영원히 노래하며 주의 성실하심을 내 입으로 대대에 알게 하리이다

시106:1-2 할렐루야 여호와께 감사하라 그는 선하시며 그 인자하심이 영원함이로다 뉘 능히 여호와의 능하신 사적을 전파하며 그 영예를 다 광포할꼬

시111:1-4 할렐루야, 내가 정직한 자의 회와 공회 중에서 전심으로 여호와께 감사하리로다 여호와의 행사가 크시니 이를 즐거워하는 자가 다 연구하는도다 그 행사가 존귀하고 엄위하며 그 의가 영원히 있도다 그 기이한 일을 사람으로 기억케 하셨으니 여호와는 은혜로우시고 자비하시도다

시112:1-6 할렐루야, 여호와를 경외하며 그 계명을 크게 즐거워하는 자는 복이 있도다 그 후손이 땅에서 강성함이여 정직자의 후대가 복이 있으리로다 부요와 재물이 그 집에 있음이여 그 의가 영원히 있으리로다 정직한 자에게는 흑암 중에 빛이 일어나나니 그는 어질고 자비하고 의로운 자로다 은혜를 베풀며 꾸이는 자는 잘 되나니 그 일을 공의로 하리로다 저가 영영히 요동치 아니함이여 의인은 영원히 기념하게 되리로다

시117:1-2 너희 모든 나라들아 여호와를 찬양하며 너희 모든 백성들아 저를 칭송할찌어다 우리에게 향하신 여호와의 인자하심이 크고 진실하심이 영원함이로다 할렐루야

시121:1-2 내가 산을 향하여 눈을 들리라 나의 도움이 어디서 올꼬 나의 도움이 천지를 지으신 여호와에게서로다

시139:17-18 하나님이여 주의 생각이 내게 어찌 그리 보배로우신지요 그 수가 어찌 그리 많은지요 내가 세려고 할찌라도 그 수가 모래보다 많도소이다 내가 깰 때에도 오히려 주와 함께 있나이다

마6:31-34 그러므로 염려하여 이르기를 무엇을 먹을까 무엇을 마실까 무엇을 입을까 하지 말라 이는 다 이방인들이 구하는 것이라 너희 천부께서 이 모든 것이 너희에게 있어야 할 줄을 아시느니라 너희는 먼저 그의 나라와 그의 의를 구하라 그리하면 이 모든 것을 너희에게 더하시리라 그러므로 내일 일을 위하여 염려하지 말라 내일 일은 내일 염려할 것이요 한 날 괴로움은

그 날에 족하니라

롬8:32 자기 아들을 아끼지 아니하시고 우리 모든 사람을 위하여 내어주신 이가 어찌 그 아들과 함께 모든 것을 우리에게 은사로 주지 아니하시겠느뇨

* 우리의 일평생 = 에벤에셀 + 여호와이레

우리의 일평생

=

여호와께서 여기까지(중역:지금까지) 우리를 도우심

+

여호와께서 준비하심

삼상7:12 사무엘이 돌을 취하여 미스바와 센 사이에 세워 가로되 여호와께서 여기까지 우리를 도우셨다 하고 그 이름을 에벤에셀이라 하니라

창22:12-14 사자가 가라사대 그 아이에게 네 손을 대지 말라 아무 일도 그에게 하지 말라 네가 네 아들 네 독자라도 내게 아끼지 아니하였으니 내가 이제야 네가 하나님을 경외하는 줄을 아노라 아브라함이 눈을 들어 살펴본즉 한 수양이 뒤에 있는데 뿔이 수풀에 걸렸는지라 아브라함이 가서 그 수양을 가져다가 아들을 대신하여 번제로 드렸더라 아브라함이 그 땅 이름을 여호와이레라 하였으므로 오늘까지 사람들이 이르기를 여호와의 산에서 준비되리라 하더라

그러므로 성령님 충만을 받기 위해서는 하나님께서 주신 은혜를 잊지 말고 기억하며, 또한 미래에서도 주실 풍성한 은혜를 반드시 믿어야 한다.

제5장

다시 태어남

(중생)

요3:3-8 예수께서 대답하여 가라사대 진실로 진실로 네게 이르노니 사람이 거듭나지 아니하면 하나님 나라를 볼수 없느니라 니고데모가 가로되 사람이 늙으면 어떻게 날 수 있삽나이까 두번째 모태에 들어갔다가 날 수 있삽나이까 예수께서 대답하시되 진실로 진실로 네게 이르노니 사람이 물과 성령으로 나지 아니하면 하나님 나라에 들어갈 수 없느니라 육으로 난 것은 육이요 성령으로 난 것은 영이니 내가 네게 거듭나야 하겠다 하는 말을 기이히 여기지 말라 바람이 임의로 불매 네가 그 소리를 들어도 어디서 오며 어디로 가는지 알지 못하나니 성령으로 난 사람은 다 이러하니라

첫 번째 출생

☞ 모태로부터 출생 – 육신의 출생 – 볼 수 있는 출생

하나님을 알지 못함 – 회개가 없음–자신을 의지함–자기가 왕 – 정죄 받음–성령님이 없음 – 옛 사람 – 사망

두 번째 출생 (중생)

☞ 물과 성령님(거룩한 영)으로 태어남 – 영적인 출생 – 볼 수 없는 출생

하나님을 앎 – 회개가 있음–예수 그리스도를 믿음–하나님이 왕 – 죄 용서 받음 – 성령님을 받음–새 사람 – 영생

고전6:9–11 불의한 자가 하나님의 나라를 유업으로 받지 못할 줄을 알지 못하느냐 미혹을 받지 말라 음란하는 자나 우상 숭배하는 자나 간음하는 자나 탐색하는 자나 남색하는 자나 도적이나 탐람하는 자나 술 취하는 자나 후욕하는 자나 토색하는 자들은 하나님의 나라를 유업으로 받지 못하리라 너희 중에 이와 같은 자들이 있더니 주 예수 그리스도의 이름과 우리 하나님의 성령 안에서 씻음과 거룩함과 의롭다 하심을 얻었느니라

딛3:3–7 우리도 전에는 어리석은 자요 순종치 아니한 자요 속은 자요 각색 정욕과 행락에 종노릇한 자요 악독과 투기로 지낸 자요 가증스러운 자요 피차 미워한 자이었으나 우리 구주 하나님의 자비와 사람 사랑하심을 나타내실 때에 우리를 구원하시되 우리의 행한바 의로운 행위로 말미암지 아니하고 오직 그의 긍휼하심을 좇아 중생의 씻음과 성령의 새롭게 하심으로 하셨나니 성령을 우리 구주 예수 그리스도로 말미암아 우리에게 풍성히 부어 주사 우리로 저의 은혜를 힘입어 의롭다 하심을 얻어 영생의 소망을 따라 후사가 되게 하려 하심이라

* 결과적으로, 물과 성령님으로 난 사람(요3:5) = 성령님으로 난 사람(요3:8)

『물과 성령님으로 남』은 물 세례와 성령님 세례의 의미를 포함하고 있다.

1. 세례

1) 세례의 문자적 의미 : 잠근다, 씻는다, 전신에 충만하다

2) 세례의 영적 의미 : 아래와 같다

① 그리스도와 함께 장사되고, 함께 일으키심(다시 삶) 받는 의식

골2:12 너희가 세례로 그리스도와 함께 장사한바 되고 또 죽은 자들 가운데서 그를 일으키신 하나님의 역사를 믿음으로 말미암아 그 안에서 함께 일으키심을 받았느니라

② 죽음과 새 생명, 곧 옛 사람 장사 의식과 새 생명 출생 의식

롬6:3-4 무릇 그리스도 예수와 합하여 세례를 받은 우리는 그의 죽으심과 합하여 세례 받은 줄을 알지 못하느뇨 그러므로 우리가 그의 죽으심과 합하여 세례를 받음으로 그와 함께 장사되었나니 이는 아버지의 영광으로 말미암아 그리스도를 죽은 자 가운데서 살리심과 같이 우리로 또한 새 생명 가운데서 행하게 하려 함이니라

롬6:6-8 우리가 알거니와 우리 옛 사람이 예수와 함께 십자가에 못 박힌 것은 죄의 몸이 멸하여 다시는 우리가 죄에게 종노릇 하지 아니하려 함이니 이는 죽은 자가 죄에서 벗어나 의롭다 하심을 얻었음이니라 만일 우리가 그리스도와 함께 죽었으면 또한 그와 함께 살 줄을 믿노라

③ 예수님 믿는 사실을 공개적으로 나타내는 하나의 의식

행2:38 베드로가 가로되 너희가 회개하여 각각 예수 그리스도의 이름으로 세례를 받고 죄 사함을 얻으라 그리하면 성령을 선물로 받으리라

④ 죄를 씻는 의식, 즉 의인이 되는 의식

행22:16 이제는 왜 주저하느뇨 일어나 주의 이름을 불러 세례를 받고 너의 죄를 씻으라 하더라

⑤ 구원을 표시하는 의식

벧전3:21 물은 예수 그리스도의 부활하심으로 말미암아 이제 너희를 구원하는 표니 곧 세례라 육체의 더러운 것을 제하여 버림이 아니요 오직 선한 양심이 하나님을 향하여 찾아가는 것이라

⑥ 하나님을 향하여 항상 순결한 양심을 가질 것을 서약하는 의식 (the pledge of a good con-science toward God)

벧전3:21 물은 예수 그리스도의 부활하심으로 말미암아 이제 너희를 구원하는 표니 곧 세례라 육체의 더러운 것을 제하여 버림이 아니요 오직 선한 양심이 하나님을 향하여 찾아가는 것이라

⑦ 그리스도로 옷 입는 의식

갈3:27 누구든지 그리스도와 합하여 세례를 받은 자는 그리스도로 옷 입었느니라

그러므로 세례 받은 사람은 예수 그리스도를 삶으로 나타내야 한다. 이런 사람이 진정한 그리스도인이다.

2. 물 세례

물 세례는 곧 옛 사람을 장사(매장)하고, 그리고 하나님 자녀로서 다시 태어나는 의식이다. 그러므로 물 세례는 장례 의식과 새 생명 출생 의식이다.

그러면 어떻게 옛 사람을 매장하고, 새 생명을 출생케 할 수 있는가? 그 비결은 바로『회개하고 복음을 믿으라』이다. 이는 바로 중생의 비결이다.

막1:14-15 요한이 잡힌 후 예수께서 갈릴리에 오셔서 하나님의 복음을 전

파하여 가라사대 때가 찼고 하나님 나라가 가까왔으니 회개하고 복음을 믿으라 하시더라

행20:21 유대인과 헬라인들에게 하나님께 대한 회개와 우리 주 예수 그리스도께 대한 믿음을 증거한 것이라

1) 회개를 통하여 옛 사람을 죽이고 죄악을 떠날 수 있으며, 그 위에 믿음을 통하여 은혜로 하나님의 용서를 받고 의인으로 일컬음 받게 된다

만약 어떤 사람이 회개치 않고 오직 복음을 믿으려고 한다면, 이는 마치 더러운 몸을 씻는 목욕을 하지 않고 다만 새 옷을 입을려는 것과 같다. 즉, 회개가 없이 세례 받음은 마치 죽지 않았는데 매장하고, 다시 태어나려는 것과 같다. 반드시 먼저 죽음이 있어야 비로소 장사할 수 있고 다시 태어나게 되는 것이다. 만약 옛 사람에 대한 죽음이 없고 장사가 없으면, 또한 진정한 하나님 자녀로써의 다시 태어남도 없다. 그러므로 철저한 회개는 매우 중요하다.

물 세례는 바로 매장 의식과 거듭 태어남(중생) 의식이다. 다시 말하면 옛 사람을 장사하는 의식과 하나님 자녀로서 다시 출생하는 의식이다. 그러므로 세례 받을려는 사람은 먼저 반드시 회개해야 한다. 회개를 통하여 옛 사람을 죽이고 죄악을 떠날 수 있으며, 그 위에 믿음을 통하여 은혜로 하나님의 용서를 받고 의인으로 일컬음 받을 수 있으니 회개가 얼마나 좋은가!

2) 복음을 믿음으로 하나님의 자녀가 되며, 또한 영생을 얻게 된다

간단히 말하면, 복음은 큰 기쁨의 구원의 소식이다. 즉『하나님의 아들 예수님은 우리 죄인의 구주시다』라는 좋은 소식이다.

십자가는 예수님이 그리스도 – 죄인의 구주이심을 증명하고, 또한 부활은 예수님께서 하나님의 아들이심을 증명한다. 예수님께 대하여 이런 믿음이 있는 사람은 모두 능히 하나님의 자녀가 되며, 영생을 얻는다.

요1:12 영접하는 자 곧 그 이름을 믿는 자들에게는 하나님의 자녀가 되는 권세를 주셨다

요3:16 하나님이 세상을 이처럼 사랑하사 독생자를 주셨으니 이는 저를 믿는 자마다 멸망치 않고 영생을 얻게 하려 하심이니라

요20:31 오직 이것을 기록함은 너희로 예수께서 하나님의 아들 그리스도이심을 믿게 하려 함이요 또 너희로 믿고 그 이름을 힘입어 생명을 얻게 하려 함이니라

롬10:9–10 네가 만일 네 입으로 예수를 주로 시인하며 또 하나님께서 그를 죽은 자 가운데서 살리신 것을 네 마음에 믿으면 구원을 얻으리니 사람이 마음으로 믿어 의에 이르고 입으로 시인하여 구원에 이르느니라

그러므로 복음을 믿는 것이 얼마나 귀하고 좋은가! 예수님을 믿는 사람은 새 생명으로 출생한 사람이다. 즉 하나님의 자녀로서 다시 태어난 사람이다. 누구든지 만약 비행기 안에 있으면, 그는 먼 외국에도 날아갈 수 있다. 이처럼 누구를 물론하고 만약 그리스도 안에 있으면, 그는 바로 하나님 나라에 들어간 사람이다. 좋은 예가 있다.

회개한 강도

눅23:39–43 달린 행악자 중 하나는 비방하여 가로되 네가 그리스도가 아니냐 너와 우리를 구원하라 하되 하나는 그 사람을 꾸짖어 가로되 네가 동일한 정죄를 받고서도 하나님을 두려워 아니하느냐 우리는 우리의 행한 일에 상당한 보응을 받는 것이니 이에 당연하거니와 이 사람의 행한 것은 옳지 않은 것이 없느니라 하고 가로되 예수여 당신의 나라에 임하실 때에 나를 생각하소서 하니 예수께서 이르시되 내가 진실로 네게 이르노니 오늘 네가 나와 함께 낙원에 있으리라 하시니라

이 강도는 자신의 최후의 날에 하나님을 경외하며 자기가 죄인임을 인정하고 예수님은 하나님의 아들이시요 그리스도이심을 굳게 믿었다. 그런데 그가 예수님은 하나님의 아들이시요 그리스도이심을 어떻게 알았을까? 그는 이미 들은 소문 위에 자신의 인생 마지막 장소에서 직접 이 말을 들었기 때문이다. 즉,

> 눅23:34 이에 예수께서 가라사대 아버지여 저희를 사하여 주옵소서 자기의 하는 것을 알지 못함이니이다 하시더라

성경은 우리를 가르치며 일깨운다.

> 고후5:17 그런즉 누구든지 그리스도 안에 있으면 새로운 피조물이라 이전 것은 지나갔으니 보라 새것이 되었도다

그러므로 그리스도인은 이유 있는 감사감격이 충만한 사람이요, 평안을 누리는 사람이다.

3. 성령님 세례

☞「성령님으로 세례 받음」=「성령님의 충만함을 받음」

> 행1:4-5 사도와 같이 모이사 저희에게 분부하여 가라사대 예루살렘을 떠나지 말고 내게 들은바 아버지의 약속하신 것을 기다리라 요한은 물로 세례를 베풀었으나 너희는 몇 날이 못되어 성령으로 세례를 받으리라 하셨느니라

> 행2:4 저희가 다 성령의 충만함을 받고 성령이 말하게 하심을 따라 다른 방

언으로 말하기를 시작하니라

성령님 세례는 다음과 같은 사실을 나타낸다.

1) 그는 하나님의 아들 예수 그리스도를 믿는 사람이다.
2) 구원의 은혜에 대하여 감사가 충만하다.
3) 자기가 왕 됨에서 하나님께서 왕이 되신, 즉 주권교체가 있고 하나님께 온전히 순종한다.
4) 사람됨됨이와 행위에 변화가 있다.
5) 예수님의 본을 삶으로 나타내므로 사람들은 그를 통해 예수 그리스도를 볼 수 있다.

하나님께서 기뻐하시는 사람은 바로 이런 사람들이다. 다시 자세히 살펴보자!

1) 그는 하나님의 아들 예수 그리스도를 믿는 사람이다

행2:38 베드로가 가로되 너희가 회개하여 각각 예수 그리스도의 이름으로 세례를 받고 죄 사함을 얻으라 그리하면 성령을 선물로 받으리라

이 말씀의 내용은 매우 중요하다.

☞ 회개 - 세례 - 죄 용서 - 성령님을 받음

행11:15-18 내가 말을 시작할 때에 성령이 저희에게 임하시기를 처음 우리에게 하신 것과 같이 하는지라 내가 주의 말씀에 요한은 물로 세례 주었으나 너희는 성령으로 세례 받으리라 하신것이 생각났노라 그런즉 하나님이 우

리가 주 예수 그리스도를 믿을 때에 주신 것과 같은 선물을 저희에게도 주셨으니 내가 누구관대 하나님을 능히 막겠느냐 하더라 저희가 이 말을 듣고 잠잠하여 하나님께 영광을 돌려 가로되 그러면 하나님께서 이방인에게도 생명 얻는 회개를 주셨도다 하니라

2) 구원의 은혜에 대하여 감사가 충만하다

롬5:6–8 우리가 아직 연약할 때에 기약대로 그리스도께서 경건치 않은 자를 위하여 죽으셨도다 의인을 위하여 죽는 자가 쉽지 않고 선인을 위하여 용감히 죽는 자가 혹 있거니와 우리가 아직 죄인 되었을 때에 그리스도께서 우리를 위하여 죽으심으로 하나님께서 우리에게 대한 자기의 사랑을 확증하셨느니라

딤전1:15 미쁘다 모든 사람이 받을만한 이 말이여 그리스도 예수께서 죄인을 구원하시려고 세상에 임하셨다 하였도다 죄인 중에 내가 괴수니라

벧전2:24 친히 나무에 달려 그 몸으로 우리 죄를 담당하셨으니 이는 우리로 죄에 대하여 죽고 의에 대하여 살게 하려 하심이라 저가 채찍에 맞음으로 너희는 나음을 얻었느니라

요일3:1 보라 아버지께서 어떠한 사랑을 우리에게 주사 하나님의 자녀라 일컬음을 얻게 하셨는고, 우리가 그러하도다 그러므로 세상이 우리를 알지 못함은 그를 알지 못함이니라

3) 자기가 왕 됨에서 하나님께서 왕이 되신, 즉 주권교체가 있고, 하나님께 온전히 순종한다

行5:29–32 베드로와 사도들이 대답하여 가로되 사람보다 하나님을 순종하는 것이 마땅하니라 너희가 나무에 달아 죽인 예수를 우리 조상의 하나님이 살리시고 이스라엘로 회개케 하사 죄 사함을 얻게 하시려고 그를 오른손으로 높이사 임금과 구주를 삼으셨느니라 우리는 이 일에 증인이요 하나님이 자기를 순종하는 사람들에게 주신 성령도 그러하니라 하더라

4) 사람됨됨이와 행위에 변화가 있다

이런 사람은 항상 사람됨됨이의 성숙과 모든 선한 일 행하기를 사모한다.

고전13:11 내가 어렸을 때에는 말하는 것이 어린 아이와 같고 깨닫는 것이 어린 아이와 같고 생각하는 것이 어린 아이와 같다가 장성한 사람이 되어서는 어린 아이의 일을 버렸노라

엡5:8-9 너희가 전에는 어두움이더니 이제는 주 안에서 빛이라 빛의 자녀들처럼 행하라 빛의 열매는 모든 착함과 의로움과 진실함에 있느니라

빌3:7-9 그러나 무엇이든지 내게 유익하던 것을 내가 그리스도를 위하여 다 해로 여길뿐더러 또한 모든 것을 해로 여김은 내 주 그리스도 예수를 아는 지식이 가장 고상함을 인함이라 내가 그를 위하여 모든 것을 잃어버리고 배설물로 여김은 그리스도를 얻고 그 안에서 발견되려 함이니 내가 가진 의는 율법에서 난 것이 아니요 오직 그리스도를 믿음으로 말미암은 것이니 곧 믿음으로 하나님께로서 난 의라

골3:1-10 그러므로 너희가 그리스도와 함께 다시 살리심을 받았으면 위엣 것을 찾으라 거기는 그리스도께서 하나님 우편에 앉아 계시느니라 ~ 너희도 전에 그 가운데 살 때에는 그 가운데서 행하였으나 이제는 너희가 이 모든 것을 벗어버리라 곧 분과 악의와 훼방과 너희 입의 부끄러운 말이라 너희가 서로 거짓말을 말라 옛 사람과 그 행위를 벗어버리고 새 사람을 입었으니 이는 자기를 창조하신 자의 형상을 좇아 지식에까지 새롭게 하심을 받는 자니라

이처럼 성령님 충만을 받은 사람은 모두 사람됨됨이와 행위에 반드시 변화가 있다. 그러면 그들은 사람됨됨이와 행위에서 어떤 열매를 맺는가?

갈5:22-23 오직 성령의 열매는 사랑과 희락과 화평과 오래 참음과 자비와 양선과 충성과 온유와 절제니 이같은 것을 금지할 법이 없느니라

이는 오직 성령님 충만을 받은 사람만이 맺을 수 있는 열매이다. 왜냐하면 성령님 충만한 사람은 항상 사람됨됨이의 성숙을 사모하고, 모든 선한 일 행하기를 사모하기 때문이다. 그러므로 그들에게는 하나님 자녀의 품격이 있고, 능히 성령님의 열매를 맺을 수 있다. 그런데 우리는 주위에서 가끔 자칭 '성령 충만한 사람'이라고 말하는 사람들을 발견할 수 있다. 그렇지만 우리는 분별해 낼 수 있고, 또한 반드시 그래야 한다.

마7:16-20 그의 열매로 그들을 알찌니 가시나무에서 포도를, 또는 엉겅퀴에서 무화과를 따겠느냐 이와 같이 좋은 나무마다 아름다운 열매를 맺고 못된 나무가 나쁜 열매를 맺나니 좋은 나무가 나쁜 열매를 맺을 수 없고 못된 나무가 아름다운 열매를 맺을 수 없느니라 아름다운 열매를 맺지 아니하는 나무마다 찍혀 불에 던지우느니라 이러므로 그의 열매로 그들을 알리라

딛1:16 저희가 하나님을 시인하나 행위로는 부인하니 가증한 자요 복종치 아니하는 자요 모든 선한 일을 버리는 자니라

유1:17-19 사랑하는 자들아 너희는 우리 주 예수 그리스도의 사도들의 미리 한 말을 기억하라 그들이 너희에게 말하기를 마지막 때에 자기의 경건치 않은 정욕대로 행하며 기롱하는 자들이 있으리라 하였나니 이 사람들은 당을 짓는 자며 육에 속한 자며 성령은 없는 자니라

5) 예수님의 본을 삶으로 나타내므로 사람들은 그를 통해 예수 그리스도를 볼 수 있다

행11:19-26 때에 스데반의 일로 일어난 환난을 인하여 흩어진 자들이 베니게와 구브로와 안디옥까지 이르러 도를 유대인에게만 전하는데 그 중에 구브로와 구레네 몇 사람이 안디옥에 이르러 헬라인에게도 말하여 주 예수를 전파하니 주의 손이 그들과 함께 하시매 수다한 사람이 믿고 주께 돌아오더라 예루살렘 교회가 이 사람들의 소문을 듣고 바나바를 안디옥까지 보내니 저가 이르러 하나님의 은혜를 보고 기뻐하여 모든 사람에게 굳은 마음으로

주께 붙어 있으라 권하니 바나바는 착한 사람이요 성령과 믿음이 충만한 자라 이에 큰 무리가 주께 더하더라 바나바가 사울을 찾으러 다소에 가서 만나매 안디옥에 데리고 와서 둘이 교회에 일년간 모여 있어 큰 무리를 가르쳤고 제자들이 안디옥에서 비로소 그리스도인이라 일컬음을 받게 되었더라

갈3:27 누구든지 그리스도와 합하여 세례를 받은 자는 그리스도로 옷입었느니라

4. 물과 성령님으로 난 사람

「물과 성령님으로 난 사람」은 옛 사람이 변화되어 마치 새로운 사람이 태어난 것 같은 그런 새사람을 가리킨다.

옛 사람 : 세상에 속한 사람, 죄의 종, 그리고 장차 영원한 형벌이 있을 사람
새 사람 : 천국에 속한 사람, 하나님의 자녀, 그리고 장차 생명의 부활이 있을 사람

☞ 주권, 왕권의 변화가 있다 (자기 → 하나님)

2) 영적 신분의 변화가 있다 (죄인 → 하나님의 자녀)

3) 영적 국적의 변화가 있다 (세상의 장차 없어질 나라 백성 → 영원한 하나님 나라 백성)

4) 생활의 변화가 있다 (육신의 일에 전념 → 성령님의 일에 전념)

그러므로 새 사람의 삶에는 하나님께는 성결, 사람에게는 사랑이 뚜렷하

다. 요약하면, 『물 세례』는 죄인 옛 사람을 장사지내는 것을 나타내고, 또한 하나님의 자녀로서 다시 새롭게 태어남을 나타낸다(영적 신분상의 변화)

『성령님 세례』는 이제 그 사람 안에 하나님께서 왕이 되셨음을 증명하고, 또한 그의 사람됨됨이와 행위에 변화가 있어 예수님의 본, 향기가 있음을 알려준다(사람됨됨이와 행위상의 변화)

그러므로 「물과 성령님으로 난 사람」 이 구절이 우리를 향하여 요구하는 것은 곧, 하나님의 자녀로서 반드시 다시 새롭게 태어나야 하고, 또한 거기에 걸맞게 사람됨됨이와 행위상에 반드시 변화가 있어야 한다는 것이다.

빌1:27 오직 너희는 그리스도 복음에 합당하게 생활하라
중역 : 오직 너희 사람됨됨이와 행위가 그리스도 복음과 서로 걸맞게 하라

「물과 성령님으로 난 사람」 즉, 참으로 중생－거듭난 사람에게는 반드시 하나님께 대한 회개와 주 예수 그리스도께 대한 믿음이 분명하고, 그리고 성숙케 하시는 성령님의 충만한 은혜 받기를 날마다 늘 사모함이 있다.

5. 오직 신분상 만의 하나님 자녀(고전3:1－3)와 사람됨됨이와 행위상에 변화가 있는 하나님 자녀

마25:34－40, 롬12:9－21

고전3:1－3 형제들아 내가 신령한 자들을 대함과 같이 너희에게 말할 수 없어서 육신에 속한 자 곧 그리스도 안에서 어린 아이들을 대함과 같이 하노라 내가 너희를 젖으로 먹이고 밥으로 아니하였노니 이는 너희가 감당치 못하였음이거니와 지금도 못하리라 너희가 아직도 육신에 속한 자로다 너희 가운데 시기와 분쟁이 있으니 어찌 육신에 속하여 사람을 따라 행함이 아니리요

마25:34-40 그 때에 임금이 그 오른편에 있는 자들에게 이르시되 내 아버지께 복 받을 자들이여 나아와 창세로부터 너희를 위하여 예비된 나라를 상속하라 ~ 이에 의인들이 대답하여 가로되 주여 우리가 어느 때에 주의 주리신 것을 보고 공궤하였으며 목마르신 것을 보고 마시게 하였나이까 어느 때에 나그네 되신 것을 보고 영접하였으며 벗으신 것을 보고 옷 입혔나이까 어느 때에 병드신 것이나 옥에 갇히신 것을 보고 가서 뵈었나이까 하리니 임금이 대답하여 가라사대 내가 진실로 너희에게 이르노니 너희가 여기 내 형제 중에 지극히 작은 자 하나에게 한 것이 곧 내게 한 것이니라

롬12:9-21 사랑엔 거짓이 없나니 악을 미워하고 선에 속하라 형제를 사랑하여 서로 우애하고 존경하기를 서로 먼저 하며 부지런하여 게으르지 말고 열심을 품고 주를 섬기라 소망 중에 즐거워하며 환난 중에 참으며 기도에 항상 힘쓰며 성도들의 쓸 것을 공급하며 손 대접하기를 힘쓰라 너희를 핍박하는 자를 축복하라 축복하고 저주하지 말라 즐거워하는 자들로 함께 즐거워하고 우는 자들로 함께 울라 서로 마음을 같이 하며 높은데 마음을 두지 말고 도리어 낮은데 처하며 스스로 지혜 있는체 말라 아무에게도 악으로 악을 갚지 말고 모든 사람 앞에서 선한 일을 도모하라 할 수 있거든 너희로서는 모든 사람으로 더불어 평화하라 내 사랑하는 자들아 너희가 친히 원수를 갚지 말고 진노하심에 맡기라 기록되었으되 원수 갚는 것이 내게 있으니 내가 갚으리라고 주께서 말씀하시니라 네 원수가 주리거든 먹이고 목마르거든 마시우라 그리함으로 네가 숯불을 그 머리에 쌓아 놓으리라 악에게 지지 말고 선으로 악을 이기라 (원수 사랑은 사랑의 최고봉이다)

우리는 오직 신분상 만의 하나님 자녀로 멈춰서는 안되고, 반드시 사람됨 됨이와 행위상에 변화가 있는 성숙한 하나님 자녀가 되어야 한다.

요3:5 예수께서 대답하시되 진실로 진실로 네게 이르노니 사람이 물과 성령으로 나지 아니하면 하나님 나라에 들어갈 수 없느니라

주님께서 이 말씀을 통해서 요구하시는 것은 누구든지 하나님의 자녀로

서 반드시 다시 새롭게 태어나야 하고, 또한 거기에 걸맞게 사람됨됨이와 행위상에 반드시 변화가 있어야 한다는 것이다.

하나님께서는 우리가 예수 그리스도를 믿기 시작할 때에 성령님을 선물로 주신다. 그리고 성령님은 우리의 성숙을 위하여 끊임없이 우리를 감동하시고, 모든 진리 가운데로 인도하신다. 그러므로 우리의 성숙은 온전함을 향한 현재 진행형이다.

이 세상에서 하나님 나라 안에 들어가 사는 사람은 영적으로 이미 자기 안에 반드시 옛 사람의 죽음이 있고, 또한 하나님 자녀로 다시 태어남이 반드시 있고, 게다가 사람됨됨이와 행위에 분명한 아름다운 변화가 현재 진행형으로 반드시 있는 사람이다. 성경은 이렇게 일깨워 주고 있다.

> 마5:48 그러므로 하늘에 계신 너희 아버지의 온전하심과 같이 너희도 온전하라

6. 다시 태어남(중생)이 없는 예

1) 가룟 유다 (유다는 찬미하다, 찬양하다의 뜻)

> 눅6:12-16 이 때에 예수께서 기도하시러 산으로 가사 밤이 □도록 하나님께 기도하시고 밝으매 그 제자들을 부르사 그 중에서 열 둘을 택하여 사도라 칭하셨으니 곧 베드로라고도 이름 주신 시몬과 및 그 형제 안드레와 및 야고보와 요한과 빌립과 바돌로매와 마태와 도마와 및 알패오의 아들 야고보와 및 셀롯이라 하는 시몬과 및 야고보의 아들 유다와 및 예수를 파는 자 될 가룟 유다라

* 사도라 칭하는 그 가룟 유다는 다시 태어남이 없는 전도사, 사모, 목사, 선교사를 대표한다.

2) 아나니아. 삽비라 부부

행4:33-5:3 사도들이 큰 권능으로 주 예수의 부활을 증거하니 무리가 큰 은혜를 얻어 그 중에 핍절한 사람이 없으니 이는 밭과 집 있는 자는 팔아 그 판 것의 값을 가져다가 사도들의 발 앞에 두매 저희가 각 사람의 필요를 따라 나눠줌이러라 구브로에서 난 레위족인이 있으니 이름은 요셉이라 사도들이 일컬어 바나바(번역하면 권위자)라 하니 그가 밭이 있으매 팔아 값을 가지고 사도들의 발 앞에 두니라 아나니아라 하는 사람이 그 아내 삽비라로 더불어 소유를 팔아 그 값에서 얼마를 감추매 그 아내도 알더라 얼마를 가져다가 사도들의 발 앞에 두니 베드로가 가로되 아나니아야 어찌하여 사단이 네 마음에 가득하여 네가 성령을 속이고 땅값 얼마를 감추었느냐

* 아나니아, 삽비라는 다시 태어남이 없는 집사, 장로를 대표한다.

3) 시몬

행8:9 그 성에 시몬이라 하는 사람이 전부터 있어 마술을 행하여 사마리아 백성을 놀라게 하며 자칭 큰 자라 하니라

행8:12-13 빌립이 하나님 나라와 및 예수 그리스도의 이름에 관하여 전도함을 저희가 믿고 남녀가 다 세례를 받으니 시몬도 믿고 세례를 받은 후에 전심으로 빌립을 따라 다니며 그 나타나는 표적과 큰 능력을 보고 놀라니라

행8:18-23 시몬이 사도들의 안수함으로 성령 받는 것을 보고 돈을 드려 가로되 이 권능을 내게도 주어 누구든지 내가 안수하는 사람은 성령을 받게 하여 주소서 하니 베드로가 가로되 네가 하나님의 선물을 돈 주고 살 줄로 생각하였으니 네 은과 네가 함께 망할찌어다 ~

* 시몬은 다시 태어남이 없는 신자를 대표한다.

7. 다시 태어남(중생)이 있는 좋은 예

1) 삭개오

눅19:5-10 예수께서 그곳에 이르사 우러러 보시고 이르시되 삭개오야 속히 내려오라 내가 오늘 네 집에 유하여야 하겠다 하시니 급히 내려와 즐거워하

며 영접하거늘 뭇사람이 보고 수군거려 가로되 저가 죄인의 집에 유하러 들어갔도다 하더라 삭개오가 서서 주께 여짜오되 주여 보시옵소서 내 소유의 절반을 가난한 자들에게 주겠사오며 만일 뉘 것을 토색한 일이 있으면 사배나 갚겠나이다 예수께서 이르시되 오늘 구원이 이 집에 이르렀으니 이 사람도 아브라함의 자손임이로다 인자의 온 것은 잃어버린 자를 찾아 구원하려 함이니라

『삭개오』는 "순결", "정의"를 뜻한다. 당시 사람들은 세리를 "면허증 가진 강도"라고 불렀다. 이전에는 그의 이름과 그의 생활은 걸맞지 않았다. 그러나 예수님 때문에 그는 새롭게 변화되었다.

2) 『나 같은 죄인 살리신』의 작사자 J. Newton

그의 묘비에는 이렇게 적혀 있다. "한때 이교도였으며, 탕자였고, 아프리카 노예상이었던 존 뉴턴. 예수 그리스도의 풍성하신 긍휼로 용서받고 변화되어 성직자가 되었고, 자신이 그토록 부인했던 바로 그 믿음을 전파하며, 버킹검에서 16년, 올니 교회에서 27년간 봉사했다."

나 같은 죄인 살리신 주 은혜 놀라워 잃었던 생명 찾았고 광명을 얻었네
큰 죄악에서 건지신 주 은혜 고마워 나 처음 믿은 그 시간 귀하고 귀하다
이제껏 내가 산 것도 주님의 은혜라 또 나를 장차 본향에 인도해 주시리
거기서 우리 영원히 주님의 은혜로 해처럼 밝게 살면서 주 찬양 하리라 아멘!

제6장

하나님의 사람으로 하여금 사람됨됨이가 온전하게 한다

하나님의 사람으로 하여금 사람됨됨이가 온전하게 한다 – 이는 성경의 두 번째 목적이다.

1. 성도가 사람됨됨이의 온전함을 갈망해야 함은 당연한 일이다

최근 년에 우리는 지금 한국교회가 위기에 직면했다는 말을 선교지에서도 가끔 듣는다. 듣기로는 세상 사람들의 교회에 대한 신뢰도가 갈수록 떨어져 신자들도 점점 줄어들고, 기독교인을 향한 반대나 공격적인 말이 갈수록 증가하고 있기 때문이라고 한다.

그러나 이러한 문제 대부분의 원인은 신자 개개인의 미성숙한 사람됨됨이와 교회의 『가시적 성장 제일주의』와 관련이 있음을 알 수 있다. 간단히 말해서, 성경의 둘째 목적을 소홀히 함이 오늘날의 이런 결과를 초래한 것이라 말할 수 있다.

롬2:24 기록된 바와 같이 하나님의 이름이 너희로 인하여 이방인 중에서 모독을 받는도다

『하나님께 대하여 회개하고, 예수 그리스도를 믿으면 영생을 얻는다』, 그러면 우리의 신앙은 단지 이것으로 충분한가? 더 이상 다른 것은 필요 없는가? 전혀 그렇지 않다.

예수 그리스도를 믿고 하나님의 자녀가 된 사람은 마치 세상에 태어난 어린 아기가 계속 성장해야 하듯이 반드시 성숙해야 한다. 만약 어린 아이가 성장하지 않으면, 그는 틀림없이 큰 질병이 있을 것이고, 부모는 매우 걱정하게 된다. 이처럼 성숙이 없는 신자 또한 하나님께 그와 같다.

만약 자기 신앙생활에서 부족한 느낌이 없다거나, 혹은 성숙과 온전에 대한 사모함이 없다면, 그 사람은 바로 영적으로 큰 질병을 가지고 있는 사람이요, 하나님을 근심하게 하는 사람이다.

2012년 한국의 어떤 교회가 『교인의식 설문조사』를 시행하였는데, 그 중 하나의 항목은 "교회가 추구해야 할 최우선 과제는 무엇인가?" 였다. 결과는,

66.3%: 성도의 신앙 성숙

4.1%: 교회 부흥과 성장

그러면 성도의 신앙 성숙에 대한 하나님의 소망은 어느 정도인가? 당연히 100% 이다.

왜냐하면 우리 그리스도인 각 사람 모두는 성숙이 필요하기 때문이다.

1) 성숙한 사람됨됨이는 어떤 모습일까?

성경 안에 답이 있다.

> 갈5:22-23 오직 성령의 열매는 사랑과 희락과 화평과 오래 참음과 자비와 양선과 충성과 온유와 절제니 이같은 것을 금지할 법이 없느니라

이처럼 성숙한 사람됨됨이를 보여주는 이 성령님의 열매는 참으로 얼마나 아름다운가! 그러나 미성숙의 나무는 열매를 맺지 못하고, 오직 성숙한 나무만이 열매를 맺을 수 있다. 그러므로 우리의 속 사람은 반드시 성숙해야 한다. 성령님 충만한 사람은 바로 성숙을 사모하는 사람이다.

「갈5:19-23」이 말씀 안에는 "육체의 일과 성령님의 열매"가 있다. 그 중 "육체의 일"은 복수지만, "성령님의 열매"는 단수이다. 이는 매우 의미 깊은 내용이다. 성령님의 열매는 오직 하나요, 아홉 개가 아니라는 뜻이다. 곧 하나의 성령님의 열매 안에 이들 9가지의 성분이 들어있다는 뜻이다. 마치 한 줄기 햇빛 안에 무지개의 일곱 색깔이 있는 것과 같다.

우리는 예수 그리스도의 사람됨됨이와 행위에서 성령님의 열매를 쉽게 발견할 수 있다.

그러므로 만약 성령님의 열매가 없는 신자라면 어떻게 세상의 소금과 빛이 될 수 있겠는가? 어떻게 삶으로 하나님께 영광 돌려드릴 수 있겠는가? 그러나 누구든지 그에게서 성령님의 열매를 볼 수 있다면, 그는 곧 사람됨됨이가 성숙한 사람이요, 하나님께서 기뻐하시는 자녀이다.

2) 사람됨됨이의 가장 좋은 모범은 바로 예수 그리스도시다

마11:28-30 수고하고 무거운 짐진 자들아 다 내게로 오라 내가 너희를 쉬게 하리라 나는 마음이 온유하고 겸손하니 나의 멍에를 메고 내게 배우라 그러면 너희 마음이 쉼을 얻으리니 이는 내 멍에는 쉽고 내 짐은 가벼움이라 하시니라

* 온유와 겸손은 사랑의 다른 이름이다.

빌2:5-11 너희 안에 이 마음을 품으라 곧 그리스도 예수의 마음이니 그는 근본 하나님의 본체시나 하나님과 동등 됨을 취할 것으로 여기지 아니하시고 오히려 자기를 비워 종의 형체를 가져 사람들과 같이 되었고 사람의 모양으로 나타나셨으매 자기를 낮추시고 죽기까지 복종하셨으니 곧 십자가에 죽으심이라 이러므로 하나님이 그를 지극히 높여 모든 이름 위에 뛰어난 이름을 주사 하늘에 있는 자들과 땅에 있는 자들과 땅 아래 있는 자들로 모든 무릎을 예수의 이름에 꿇게 하시고 모든 입으로 예수 그리스도를 주라 시인하여 하나님 아버지께 영광을 돌리게 하셨느니라

롬5:6-8 우리가 아직 연약할 때에 기약대로 그리스도께서 경건치 않은 자를 위하여 죽으셨도다 의인을 위하여 죽는 자가 쉽지 않고 선인을 위하여 용감히 죽는 자가 혹 있거니와 우리가 아직 죄인 되었을 때에 그리스도께서 우리를 위하여 죽으심으로 하나님께서 우리에게 대한 자기의 사랑을 확증하셨느니라

당신은 매일의 삶 가운데서 성숙한 사람됨됨이를 사모하는가?

당신이 가장 존경하는 사람은 누구인가? 바울이 가장 존경하는 사람은 바로 예수 그리스도였다.

고전11:1 내가 그리스도를 본받는 자 된 것 같이 너희는 나를 본받는 자 되라

갈4:19 나의 자녀들아 너희 속에 그리스도의 형상이 이루기까지 다시 너희를 위하여 해산하는 수고를 하노라

2. 성경은 끊임없이 우리의 사람됨됨이의 성숙을 일깨운다

엡4:13-15 우리가 다 하나님의 아들을 믿는 것과 아는 일에 하나가 되어 온전한 사람을 이루어 그리스도의 장성한 분량이 충만한데까지 이르리니 이는 우리가 이제부터 어린 아이가 되지 아니하여 사람의 궤술과 간사한 유혹에 빠져 모든 교훈의 풍조에 밀려 요동치 않게 하려 함이라 오직 사랑 안에서 참된 것을 하여 범사에 그에게까지 자랄찌라 그는 머리니 곧 그리스도라

벧후1:3-11 그의 신기한 능력으로 생명과 경건에 속한 모든 것을 우리에게 주셨으니 이는 자기의 영광과 덕으로써 우리를 부르신 자를 앎으로 말미암음이라 이로써 그 보배롭고 지극히 큰 약속을 우리에게 주사 이 약속으로 말미암아 너희로 정욕을 인하여 세상에서 썩어질 것을 피하여 신의 성품에 참예하는 자가 되게 하려 하셨으니 이러므로 너희가 더욱 힘써 너희 믿음에 덕을, 덕에 지식을, 지식에 절제를, 절제에 인내를, 인내에 경건을, 경건에 형제 우애를, 형제 우애에 사랑을 공급하라 이런 것이 너희에게 있어 흡족한즉 너희로 우리 주 예수 그리스도를 알기에 게으르지 않고 열매 없는 자가 되지 않게 하려니와 이런 것이 없는 자는 소경이라 원시치 못하고 그의 옛 죄를 깨끗케 하심을 잊었느니라 그러므로 형제들아 더욱 힘써 너희 부르심과 택하심을 굳게 하라 너희가 이것을 행한즉 언제든지 실족지 아니하리라 이같이 하면 우리 주 곧 구주 예수 그리스도의 영원한 나라에 들어감을 넉넉히 너희에게 주시리라

그러므로 믿음으로 하나님께 죄 용서받고 의롭다 하심을 받은 사람, 즉 하나님의 자녀로 다시 새롭게 태어난 사람은 계속하여 성결의 생활에 힘쓰고 전진해야 한다.

유1:20 사랑하는 자들아 너희는 너희의 지극히 거룩한 믿음 위에 자기를 건축하라

지극히 거룩한 믿음으로 얻은 의인(義認)은 순간적이요 기초와 같이 기본

적이다. 그러나 성결은 일생 동안 힘쓰고 계속 진보해야 할 내용이요, 이는 곧 자기를 끊임없이 건축하는 것이다. 그래야만 사람됨됨이가 갈수록 성숙하고 더욱 더 많은 열매를 맺을 수 있다.

그리스도인의 성결한 삶은 믿음에서 시작되어, 가장 높은 아가페(agape) 사랑을 향하여 점점 진보한다. 여기 기록된 사랑(아가페)은 최고의 사랑 곧 하나님의 사랑을 뜻한다. 사람됨됨이가 성숙한 그리스도인은 진실함과 깨끗함으로 하나님을 사랑하고, 또 이웃을 자기 몸과 같이 사랑함으로 반드시 좋은 열매를 많이 맺게 된다. 또한 이 말씀 속에는 근엄한 책망과 경고가 들어 있다. 즉,

> 벧후1:9 이런 것이 없는 자는 소경이라 원시치 못하고 그의 옛 죄를 깨끗케 하심을 잊었느니라

만일 어떤 사람이 회개하고 믿어 사죄를 받고 성령님이 함께 하시는 구원의 은혜를 받았지만, 그러나 성숙을 사모하지 않고 성결의 생활에 힘쓰지 않으면, 이미 과거에 얻은 귀중한 구원의 은혜마저 잊어버린 채 현세만 보는 근시안의 사람으로 전락한다. 그리고 미래에 대해서는 소경으로써 자기 인생을 살아가는 커다란 비극이 발생하게 된다. 이처럼 신앙생활에는 거룩한 성숙의 진보가 없으면 현상유지가 아니라 오히려 퇴보만이 발생한다.

또한 성경은 성숙이 없어 열매 맺지 못하는 사람은 반드시 매우 위험한 상황에 처하게 될 것을 우리에게 일깨워 주며 경그한다.

> 마7:17-19 이와 같이 좋은 나무마다 아름다운 열매를 맺고 못된 나무가 나쁜 열매를 맺나니 좋은 나무가 나쁜 열매를 맺을 수 없고 못된 나무가 아름다운 열매를 맺을 수 없느니라 아름다운 열매를 맺지 아니하는 나무마다 찍혀 불에 던지우느니라

눅13:6-9 이에 비유로 말씀하시되 한 사람이 포도원에 무화과나무를 심은 것이 있더니 와서 그 열매를 구하였으나 얻지 못한지라 과원지기에게 이르되 내가 삼 년을 와서 이 무화과나무에 실과를 구하되 얻지 못하니 찍어버리라 어찌 땅만 버리느냐 대답하여 가로되 주인이여 금년에도 그대로 두소서 내가 두루 파고 거름을 주리니 이 후에 만일 실과가 열면이어니와 그렇지 않으면 찍어버리소서 하였다 하시니라

성숙을 사모하지 않고 성결의 생활에 힘쓰지 않으므로, 귀중한 구원의 은혜마저 잊어버리고 사는 그 사람은 설령 세상적으로는 부요하게 산다 할지라도 영적으로는 사실상 조화처럼 생명과 향기가 전혀 없는 사람이다. 그는 알맹이 없는 무늬만의 신자요, 타인에 대한 선한 영향력을 조금도 끼치기 어려운 사람이다.

계3:14-22 라오디게아 교회의 사자에게 편지하기를 아멘이시요 충성되고 참된 증인이시요 하나님의 창조의 근본이신 이가 가라사대 내가 네 행위를 아노니 네가 차지도 아니하고 더웁지도 아니하도다 네가 차든지 더웁든지 하기를 원하노라 네가 이같이 미지근하여 더웁지도 아니하고 차지도 아니하니 내 입에서 너를 토하여 내치리라 네가 말하기를 나는 부자라 부요하여 부족한 것이 없다 하나 네 곤고한 것과 가련한 것과 가난한 것과 눈 먼것과 벌거벗은 것을 알지 못하도다 내가 너를 권하노니 ~

이처럼 성숙의 진보가 없는 신자는 큰 구원(히2:3)의 귀한 은혜를 등한히 여기는 사람이요, 또한 좋은 것들을 얻을 수 없는 사람이다. 혹자는 이런 상황에서 다시 세상으로 돌아가기도 한다.

딤후4:10 데마는 이 세상을 사랑하여 나를 버리고 데살로니가로 갔노라

그래서 성경은 우리에게 이렇게 명한다.

롬12:2 너희는 이 세대를 본받지 말고 오직 마음을 새롭게 함으로 변화를 받아 하나님의 선하시고 기뻐하시고 온전하신 뜻이 무엇인지 분별하도록 하라

딤후3:1-5 네가 이것을 알라 말세에 고통하는 때가 이르리니 사람들은 자기를 사랑하며 돈을 사랑하며 자긍하며 교만하며 훼방하며 부모를 거역하며 감사치 아니하며 거룩하지 아니하며 무정하며 원통함을 풀지 아니하며 참소하며 절제하지 못하며 사나우며 선한 것을 좋아 아니하며 배반하여 팔며 조급하며 자고하며 쾌락을 사랑하기를 하나님 사랑하는 것보다 더하며 경건의 모양은 있으나 경건의 능력은 부인하는 자니 이같은 자들에게서 네가 돌아서라

빌1:27 오직 너희는 그리스도 복음에 합당하게 생활하라

고전10:31 그런즉 너희가 먹든지 마시든지 무엇을 하든지 다 하나님의 영광을 위하여 하라

3. 하나님께서 자녀 된 우리 그리스도인의 사람됨됨이에 대한 기대 수준은 어느 정도일까?

우리는 성경에서 쉽게 발견할 수 있다.

엡5:1-2 그러므로 사랑을 입은 자녀 같이 너희는 하나님을 본받는 자가 되고 그리스도께서 너희를 사랑하신 것 같이 너희도 사랑 가운데서 행하라 그는 우리를 위하여 자신을 버리사 향기로운제물과 생축으로 하나님께 드리셨느니라

하나님께서 우리 그리스도인을 향하여 요구하시는 사람됨됨이와 행위의 수준은 가장 높고, 가장 성숙한 수준이다. 왜냐하면 우리는 하나님의 자녀

요, 천국에 속한 백성이기 때문이다. 그러므로 성경은 우리가 온전하기를 명하고, 간절히 권면하고 있다.

> 마5:48 그러므로 하늘에 계신 너희 아버지의 온전하심과 같이 너희도 온전하라
>
> 고후13:9 우리가 약할 때에 너희의 강한 것을 기뻐하고 또 이것을 위하여 구하니 곧 너희의 온전하게 되는 것이라
>
> 고후13:11 마지막으로 말하노니 형제들아 기뻐하라 온전케 되며 위로를 받으며 마음을 같이 하며 평안할찌어다 또 사랑과 평강의 하나님이 너희와 함께 계시리라 거룩하게 입맞춤으로 서로 문안하라
>
> 살전5:23-24 평강의 하나님이 친히 너희로 온전히 거룩하게 하시고 또 너희 온 영과 혼과 몸이 우리 주 예수 그리스도 강림하실 때에 흠 없게 보전되기를 원하노라 너희를 부르시는 이는 미쁘시니 그가 또한 이루시리라
>
> 빌2:14-16 모든 일을 원망과 시비가 없이 하라 이는 너희가 흠이 없고 순전하여 어그러지고 거스리는 세대 가운데서 하나님의 흠 없는 자녀로 세상에서 그들 가운데 빛들로 나타내며 생명의 말씀을 밝혀 나의 달음질도 헛되지 아니하고 수고도 헛되지 아니함으로 그리스도의 날에 나로 자랑할 것이 있게 하려 함이라
>
> 골1:21-22 전에 악한 행실로 멀리 떠나 마음으로 원수가 되었던 너희를 이제는 그의 육체의 죽음으로 말미암아 화목케 하사 너희를 거룩하고 흠 없고 책망할 것이 없는 자로 그 앞에 세우고자 하셨느니라
>
> 골1:28-29 우리가 그를 전파하여 각 사람을 권하고 모든 지혜로 각 사람을 가르침은 각 사람을 그리스도 안에서 완전한 자로 세우려 함이니 이를 위하여 나도 내 속에서 능력으로 역사하시는 이의 역사를 따라 힘을 다하여 수고하노라

골3:10 새 사람을 입었으니 이는 자기를 창조하신 자의 형상을 좇아 지식에까지 새롭게 하심을 받는 자니라

벧전5:10 모든 은혜의 하나님 곧 그리스도 안에서 너희를 부르사 자기의 영원한 영광에 들어가게 하신 이가 잠간 고난을 받은 너희를 친히 온전케 하시며 굳게 하시며 강하게 하시며 터를 견고케 하시리라

엡4:11-12 그가 혹은 사도로, 혹은 선지자로, 혹은 복음 전하는 자로, 혹은 목사와 교사로 주셨으니 이는 성도를 온전케 하며 봉사의 일을 하게 하며 그리스도의 몸을 세우려 하심이라

약1:4 인내를 온전히 이루라 이는 너희로 온전하고 구비하여 조금도 부족함이 없게 하려 함이라

약3:2 우리가 다 실수가 많으니 만일 말에 실수가 없는 자면 곧 온전한 사람이라 능히 온 몸도 굴레 씌우리라

골1:9-10 이로써 우리도 듣던 날부터 너희를 위하여 기도하기를 그치지 아니하고 구하노니 너희로 하여금 모든 신령한 지혜와 총명에 하나님의 뜻을 아는 것으로 채우게 하시고 주께 합당히 행하여 범사에 기쁘시게 하고 모든 선한 일에 열매를 맺게 하시며 하나님을 아는 것에 자라게 하시기를 원하노라

벧후3:18 오직 우리 주 곧 구주 예수 그리스도의 은혜와 저를 아는 지식에서 자라 가라 영광이 이제와 영원한 날까지 저에게 있을찌어다

그러므로 우리는 마땅히 하나님의 기대수준으로 성숙하기를 힘써야 한다. 또한 성경은 이렇게 우리를 일깨워준다.

딤전1:5 경계의 목적은 청결한 마음과 선한 양심과 거짓이 없는 믿음으로 나는 사랑이라

딤전1:19 믿음과 착한 양심을 가지라 어떤 이들이 이 양심을 버렸고 그 믿음에 관하여는 파선하였느니라

롬2:28-29 대저 표면적 유대인이 유대인이 아니요 표면적 육신의 할례가 할례가 아니라 오직 이면적 유대인이 유대인이며 할례는 마음에 할찌니 신령에 있고 의문에 있지 아니한 것이라 그 칭찬이 사람에게서가 아니요 다만 하나님에게서니라

어떤 사람이 천국에 가서 보니, 어느 한 목사가 천국에 들어올 때, 천사들이 모두 일어나서 그를 환영하는 것이었다. 그러나 일반 성도가 들어올 때는 모두 일어나지 않고 단지 그를 환영할 뿐이었다. 이후 어떤 사모가 들어올 때 모두 일어나서 그를 환영하고, 또 장로가 들어올 때 또한 열렬히 그를 환영하는 것이었다. 그러나 아주 많은 일반 성도들이 들어올 때는 이상하게도 모두 일어나지도 않고 그저 간단하게 한 사람 한 사람을 환영할 뿐이었다. 그래서 그 사람이 의아하게 여기고 한 천사에게 물어 보았다. 『천사여! 당신들은 사람을 차별대우 하십니까?』 그가 대답하기를 『아니다! 당신이 오해하였도다. 왜냐하면 천국에 들어오는 목사, 사모, 장로가 너무 적기 때문에 그래서 그들을 보자마자 우리는 너무 기뻐서 곧장 일어나 그들을 환영한 것 뿐이다.』

4. 사람됨됨이의 성숙을 위해서는 반드시 성령님 충만의 은혜를 지키고, 또한 회복해야 한다

먼저 우리는 성령님과 성숙한 사람됨됨이는 불가분의 관계임을 알아야 한다.

갈5:22-23 오직 성령의 열매는 사랑과 희락과 화평과 오래 참음과 자비와 양선과 충성과 온유와 절제니 이같은 것을 금지할 법이 없느니라

고후13:13 주 예수 그리스도의 은혜와 하나님의 사랑과 성령의 교통하심이 너희 무리와 함께 있을찌어다

요16:13 그러하나 진리의 성령이 오시면 그가 너희를 모든 진리 가운데로 인도하시리니 그가 자의로 말하지 않고 오직 듣는 것을 말하시며 장래 일을 너희에게 알리시리라

살후2:13 주의 사랑하시는 형제들아 우리가 항상 너희를 위하여 마땅히 하나님께 감사할 것은 하나님이 처음부터 너희를 택하사 성령의 거룩하게 하심과 진리를 믿음으로 구원을 얻게 하심이니라

벧전1:2 곧 하나님 아버지의 미리 아심을 따라 성령의 거룩하게 하심으로 순종함과 예수 그리스도의 피 뿌림을 얻기 위하여 택하심을 입은 자들에게 편지하노니 은혜와 평강이 너희에게 더욱 많을찌어다

살전5:19 성령을 소멸치 말라

하나님께서는 누구든지 예수 그리스도를 믿으면 성령님을 선물로 주신다(행2:38). 그리고 성령님은 우리의 성숙을 위하여 우리와 끊임없이 교통하시고, 감동하시며, 모든 진리 가운데로 인도하시고, 자라게 하신다. 그러므로 우리의 성숙은 마땅히 현재 진행형이어야 하고, 여기에는 성령님 충만의 은혜가 반드시 필요하다. 성령님의 역사하심이 없이는 성숙은 있을 수가 없기 때문이다. 이 때문에 우리는 무엇보다 성숙한 사람되기를 힘쓰는 가운데 항상 성령님 충만의 은혜 속에 살려고 늘 삼가 깨어 있어야 하며, 또한 연약하여 넘어졌을 때는 반드시 속히 회복해야 한다. 연약한 우리가 항상 성령님 충만의 은혜를 지키고, 또한 회복하기 위해서는,

1) 하나님을 가까이 해야 한다

약4:8 하나님을 가까이 하라 그리하면 너희를 가까이 하시리라

대하15:1-2 하나님의 신이 오뎃의 아들 아사랴에게 임하시매 저가 나가서 아사를 맞아 이르되 아사와 및 유다와 베냐민의 무리들아 내 말을 들으라 너희가 여호와와 함께 하면 여호와께서 너희와 함께 하실찌라 너희가 만일 저를 찾으면 저가 너희의 만난바 되시려니와 너희가 만일 저를 버리면 저도 너희를 버리시리라

하나님을 가까이 하는 사람은 날마다 삶 가운데 찬송과 말씀과 기도가 반드시 있다.

① 찬송

고전2:12 우리가 세상의 영을 받지 아니하고 오직 하나님께로 온 영을 받았으니 이는 우리로 하여금 하나님께서 우리에게 은혜로 주신 것들을 알게 하려 하심이라

이처럼 성령님께서는 우리로 하여금 하나님께서 은혜로 주신 것들을 알게 하시고, 감사 드리며, 거기에 응답하는 삶을 살게 하시고, 또한 그 가운데서 날마다 기쁨으로 찬송을 드리며 하나님을 가까이 하게 하신다.

시145:1-2 왕이신 나의 하나님이여 내가 주를 높이고 영원히 주의 이름을 송축하리이다 내가 날마다 주를 송축하며 영영히 주의 이름을 송축하리이다

시103:1-22 내 영혼아 여호와를 송축하라 내 속에 있는 것들아 다 그 성호를 송축하라 내 영혼아 여호와를 송축하며 그 모든 은택을 잊지 말찌어다 저가 네 모든 죄악을 사하시며 네 모든 병을 고치시며 네 생명을 파멸에서 구속하시고 인자와 긍휼로 관을 씌우시며 좋은 것으로 네 소원을 만족케 하사 네 청춘으로 독수리 같이 새롭게 하시는도다 ~ 능력이 있어 여호와의 말씀

을 이루며 그 말씀의 소리를 듣는 너희 천사여 여호와를 송축하라 여호와를 봉사하여 그 뜻을 행하는 너희 모든 천군이여 여호와를 송축하라 여호와의 지으심을 받고 그 다스리시는 모든 곳에 있는 너희여 여호와를 송축하라 내 영혼아 여호와를 송축하라

시104:33 나의 평생에 여호와께 노래하며 나의 생존한 동안 내 하나님을 찬양하리로다

시107:8-9 여호와의 인자하심과 인생에게 행하신 기이한 일을 인하여 그를 찬송할찌로다 저가 사모하는 영혼을 만족케 하시며 주린 영혼에게 좋은 것으로 채워주심이로다

사12:5 여호와를 찬송할 것은 극히 아름다운 일을 하셨음이니 온 세계에 알게 할찌어다

합3:17-19 비록 무화과나무가 무성치 못하며 포도나무에 열매가 없으며 감람나무에 소출이 없으며 밭에 식물이 없으며 우리에 양이 없으며 외양간에 소가 없을찌라도 나는 여호와를 인하여 즐거워하며 나의 구원의 하나님을 인하여 기뻐하리로다 주 여호와는 나의 힘이시라 나의 발을 사슴과 같게 하사 나로 나의 높은 곳에 다니게 하시리로다 이 노래는 영장을 위하여 내 수금에 맞춘 것이니라

시116:12 여호와께서 내게 주신 모든 은혜를 무엇으로 보답할꼬

시150:1-6 할렐루야 그 성소에서 하나님을 찬양하며 그 권능의 궁창에서 그를 찬양할찌어다 그의 능하신 행동을 인하여 찬양하며 그의 지극히 광대하심을 좇아 찬양할찌어다 나팔 소리로 찬양하며 비파와 수금으로 찬양할찌어다 소고 치며 춤 추어 찬양하며 현악과 퉁소로 찬양할찌어다 큰 소리 나는 제금으로 찬양하며 높은 소리 나는 제금으로 찬양할찌어다 호흡이 있는 자마다 여호와를 찬양할찌어다 할렐루야

엡5:18-20 술 취하지 말라 이는 방탕한 것이니 오직 성령의 충만을 받으라 시와 찬미와 신령한 노래들로 서로 화답하며 너희의 마음으로 주께 노래하며 찬송하며 범사에 우리 주 예수 그리스도의 이름으로 항상 아버지 하나님께 감사하라

히13:15 이러므로 우리가 예수로 말미암아 항상 찬미의 제사를 하나님께 드리자 이는 그 이름을 증거하는 입술의 열매니라
* 천국은 찬송이 충만한 곳이다.

계5:9-14 새 노래를 노래하여 가로되 책을 가지시고 그 인봉을 떼기에 합당하시도다 일찍 죽임을 당하사 각 족속과 방언과 백성과 나라 가운데서 사람들을 피로 사서 하나님께 드리시고 저희로 우리 하나님 앞에서 나라와 제사장을 삼으셨으니 저희가 땅에서 왕노릇하리로다 하더라 내가 또 보고 들으매 보좌와 생물들과 장로들을 둘러 선 많은 천사의 음성이 있으니 그 수가 만만이요 천천이라 큰 음성으로 가로되 죽임을 당하신 어린 양이 능력과 부와 지혜와 힘과 존귀와 영광과 찬송을 받으시기에 합당하도다 하더라 내가 또 들으니 하늘 위에와 땅 위에와 땅 아래와 바다 위에와 또 그 가운데 모든 만물이 가로되 보좌에 앉으신 이와 어린 양에게 찬송과 존귀와 영광과 능력을 세세토록 돌릴찌어다 하니 네 생물이 가로되 아멘 하고 장로들은 엎드려 경배하더라

② 말씀

성령님 충만한 사람들은 죄와 죽음을 엄연히 보는 이 세상에서 자신의 연약함과 한계, 또한 숱한 무지와 무능, 그리고 인간의 가변성과 근시안 등을 잘 안다. 그렇기 때문에 언제나 신앙과 행위의 원칙이요 진리인 하나님 말씀을 귀중하게 여기고 가까이 한다. 또한 하나님께서는 말씀을 통해 역사하시기 때문에 날마다 말씀을 읽고 묵상함을 소중히 여기며 하나님을 가까이 한다. 이처럼 성령님 충만한 사람들은 모든 성경은 하나님의 감동으로 된 것으로 우리의 온전함을 위하여 절대 필요함을 명백히 아는 사람들이다.

딤후3:16-17 모든 성경은 하나님의 감동으로 된 것으로 교훈과 책망과 바르게 함과 의로 교육하기에 유익하니 이는 하나님의 사람으로 온전케 하며 모든 선한 일을 행하기에 온전케 하려 함이니라

그러므로 성령님은 날마다 우리로 하여금 하나님의 말씀을 사모하게 하신다. 너나 할 것 없이 누구든지 우리 각 사람은 온전함을 위해 성경의 교훈과 책망과 바르게 함과 의로 교육함이 절대 필요하다. 이는 마치 땅 위의 모든 과실수는 맑은 날과 흐린 날, 밝은 낮과 어둔 밤, 그리고 바람과 비, 심지어 눈 내리는 추운 겨울……등등이 필요한 것과 같다. 그 중에 어떤 것은 우리가 좋아하지 않을 수도 있지만 그러나 이들 므두는 하나님의 사랑에서 온 것이다. 그러므로 사람됨됨이의 성숙을 위하여 이 모두는 반드시 필요하고, 이 때문에 성령님은 하나님을 가까이 해야 할 으리로 하여금 날마다 말씀을 먹고 살아가도록 늘 감동하시며 일깨워 주신다.

마4:4 예수께서 대답하여 가라사대 기록되었으되 사람이 떡으로만 살 것이 아니요 하나님의 입으로 나오는 모든 말씀으로 살 것이라 하였느니라 하시니라

벧전2:2 갓난 아이들 같이 순전하고 신령한 젖을 사모하라 이는 이로 말미암아 너희로 구원에 이르도록 자라게 하려 함이타

* 구원의 3단계 : 과거, 현재, 미래의 구원

과거의 구원 : 예수님을 그리스도와 하나님으 아들로 믿음으로써 얻은 구원 (salvation)

현재의 구원 : 예수 그리스도를 닮아가는 성숙 곧 성화 (sanctification)

미래의 구원 : 예수 그리스도께서 재림 하실 때 변화 받게 될 영화 (glorification)

수1:7-8 오직 너는 마음을 강하게 하고 극히 담대히 하여 나의 종 모세가 네게 명한 율법을 다 지켜 행하고 좌로나 우로나 치우치지 말라 그리하면 어디로 가든지 형통하리니 이 율법책을 네 입에서 떠나지 말게 하며 주야로 그것을 묵상하여 그 가운데 기록한대로 다 지켜 행하라 그리하면 네 길이 평탄하게 될 것이라 네가 형통하리라

시1:1-3 복 있는 사람은 악인의 꾀를 좇지 아니하며 죄인의 길에 서지 아니하며 오만한 자의 자리에 앉지 아니하고 오직 여호와의 율법을 즐거워하여 그 율법을 주야로 묵상하는 자로다 저는 시냇가에 심은 나무가 시절을 좇아 과실을 맺으며 그 잎사귀가 마르지 아니함 같으니 그 행사가 다 형통하리로다

시119 편 전체

시119:97-105 내가 주의 법을 어찌 그리 사랑하는지요 내가 그것을 종일 묵상하나이다 주의 계명이 항상 나와 함께하므로 그것이 나로 원수보다 지혜롭게 하나이다 내가 주의 증거를 묵상하므로 나의 명철함이 나의 모든 스승보다 승하며 주의 법도를 지키므로 나의 명철함이 노인보다 승하니이다 내가 주의 말씀을 지키려고 발을 금하여 모든 악한 길로 가지 아니하였사오며 주께서 나를 가르치셨으므로 내가 주의 규례에서 떠나지 아니하였나이다 주의 말씀의 맛이 내게 어찌 그리 단지요 내 입에 꿀보다 더하니이다 주의 법도로 인하여 내가 명철케 되었으므로 모든 거짓 행위를 미워하나이다 주의 말씀은 내 발에 등이요 내 길에 빛이니이다

엡6:17 구원의 투구와 성령의 검 곧 하나님의 말씀을 가지라

골3:16 그리스도의 말씀이 너희 속에 풍성히 거하여 모든 지혜로 피차 가르치며 권면하고 ~

요즈음 한국 교회는 '큐티 책 춘추전국시대'라고 한다. 어떤 단체나 여러 개교회가 말씀을 나름대로 각각 발췌하여 경쟁하듯이 만든 다양한 큐티 책

이 등장하여 사용되고 있기 때문이다. 이것은 선교지에서도 사용되고 있다. 그러니 적어도 수십, 수백, 많으면 수천, 수만 명이 같은 날, 같은 성경 본문을 가지고 묵상하는 것이다. 그러나 그 성경 본문은 큐티 책 저자가 선택한 말씀이다. 물론 어떤 말씀이든지 묵상할 수가 있다. 그렇지만 그 말씀이 각 개인에게 가장 필요하고 적절한 말씀이라고는 전혀 단언할 수 없다. 모든 가정의 날마다의 식탁이 어찌 똑같아야 하는가? 또한 건강한 사람과 병든 사람, 어린 아이와 장성한 어른의 음식이 왜 같아야 하는가?

그토록 유명한 사도 바울은 성도들에게 자신을 위해 기도해 줄 것을 요청할 때 무엇을 말하였는가? 그것은 바로『하나님께서 말씀을 주사 즉 당연히 할 말씀(듣는 개인이나 혹은 여러 사람에게 꼭 필요한 말씀)을 주시고, 담대히 알릴 수 있도록 위하여 기도해 달라』는 것이었다.

> 엡6:19-20 또 나를 위하여 구할 것은 내게 말씀을 주사 나로 입을 벌려 복음의 비밀을 담대히 알리게 하옵소서 할 것이니 이 일을 위하여 내가 쇠사슬에 매인 사신이 된 것은 나로 이 일에 당연히 할 말을 담대히 하게 하려 하심이니라

이 말씀을 통해서 우리는 만약 어느 교회가 몇 년 혹은 몇 십년 동안 계속 큐티 책을 통하여 각기 삶이 다른 성도들에게 동일한 말씀을 제공하고 묵상하도록 한다면 이는 지혜로운 방법이 아님을 알 수 있다. 각 개인, 각 가정, 각 교회는 모두 형편과 처지가 다 다르기 때문이다. 필요한 하나님의 말씀이 결코 모두 같을 수가 없다. 심지어 일각에서 현실이 된 기도회나 예배 드릴 때 날자에 맞춰 큐티 책이 제공하는 말씀을 통해 설교하는 것과 바울처럼 하나님께 말씀을 구하고 준비하여 설교하는 것은 생명력이 전혀 다름은 두 말할 필요가 없다. 그러므로 생각해 봐야 한다. 큐티 책 없으면 큐티 못하는가? 그러나 오늘 날 현실은 큐티 책 없이 그냥 성경으로 말씀을 묵상한다면 마치

오히려 구시대 사람으로 여겨지는 것 같아서 참 씁쓸한 느낌이 든다.

그러나 사실 가장 좋은 큐티 책은 바로 성경이다. 구약과 신약 성경 66권은 다양한 내용을 가지고 있어 각각 독특성이 있고, 더불어 연속성도 가지고 있다. 그러므로 여기저기 건너 뛰어다니는 큐티 책보다는 자연스럽게 순서대로 고요히 읽고 묵상함이 딤후3:15-17에 기록된 성령님의 역사를 제한하지 않는 훨씬 더 지혜로운 방법이라고 생각한다. 인간의 작은 총명이 하나님의 은혜와 역사하심을 제한해서는 결코 안되며, 차선을 최선처럼 착각하는 것도 멈춰야 한다. 긴 안목으로 보면, 불필요한 비교나 부작용의 염려가 전혀 없는 모두가 통용하는 성경을 기본으로 하여 단순하게 순서대로 애독하게 함이 가장 좋은 방법이 아닐까? 하나님의 말씀은 살아있기 때문이다.

> 히4:12-13 하나님의 말씀은 살았고 운동력이 있어 좌우에 날선 어떤 검보다도 예리하여 혼과 영과 및 관절과 골수를 찔러 쪼개기까지 하며 또 마음의 생각과 뜻을 감찰하나니 지으신 것이 하나라도 그 앞에 나타나지 않음이 없고 오직 만물이 우리를 상관하시는 자의 눈앞에 벌거벗은 것 같이 드러나느니라

③ 기도

영적으로 교만한 사람이 누구인가? 그는 바로 날마다 기도 없이 살아가는 사람이다. 영적으로 겸손한 사람이 누구인가? 그는 바로 날마다 기도 무릎으로 살아가는 사람이다.

성령님 충만한 사람들은 인간의 연약함과 무지 무능함을 잘 앎으로 날마다 하나님께 기도의 무릎을 갖고 살며, 하나님을 가까이 한다. 그래서 비록 자신은 연약하지만 때를 따라 도우시는 하나님의 은혜로 인하여 이 세상에서 평안을 누리며 강하고 담대하게 살아간다. 하나님께서는 교만한 자는 물리치시고 겸손한 자에게는 은혜를 베푸시므로 성령님은 우리가 날마다 그리

고 일평생 기도의 사람이 되도록 일깨우신다.

> 시145:18 여호와께서는 자기에게 간구하는 모든 자 곧 진실하게 간구하는 모든 자에게 가까이 하시는도다

> 살전5:17 쉬지 말고 기도하라

> 삼상12:23 나는 너희를 위하여 기도하기를 쉬는 죄를 여호와 앞에 결단코 범치 아니하고 선하고 의로운 도로 너희를 가르칠 것이라

> 렘29:12-13 너희는 내게 부르짖으며 와서 내게 기도하면 내가 너희를 들을 것이요 너희가 전심으로 나를 찾고 찾으면 나를 만나리라

> 애3:57 내가 주께 아뢴 날에 주께서 내게 가까이 하여 가라사대 두려워 말라 하셨나이다

> 히4:16 그러므로 우리가 긍휼하심을 받고 때를 따라 돕는 은혜를 얻기 위하여 은혜의 보좌 앞에 담대히 나아갈 것이니라
> * 하나님께서는 성도의 기도를 참으로 귀히 여기신다.

> 계5:7-8 어린 양이 나아와서 보좌에 앉으신 이의 오른손에서 책을 취하시니라 책을 취하시매 네 생물과 이십 사 장로들이 어린 양 앞에 엎드려 각각 거문고와 향이 가득한 금 대접을 가졌으니 이 향은 성도의 기도들이라

한편, 우리 그리스도인은 이미 구원을 받았어도 날마다 일상생활 중에서 죄를 범할 수 있다. 그러므로 일평생 수 없는 회개가 필요하다. 이것이 곧 발 씻음이다. 거룩하신 성령님은 우리 마음을 비추사 만약 죄가 있으면 깨닫게 하시고, 회개케 하신다. 이는 마치 이미 목욕한 자가 발 씻음을 통하여 온 몸의 깨끗함을 회복하고 유지함 같이, 우리는 이 회개를 통하여 그 죄악에서

떠날 수 있고, 또한 성결과 평안을 회복하고 유지할 수 있다. 사실 또한 날마다 기도 드리는 가운데 이러한 회개를 통하여 우리의 사람됨됨이는 갈수록 더욱 성숙해지게 된다.

> 요13:10 예수께서 가라사대 이미 목욕한 자는 발 밖에 씻을 필요가 없느니라 온 몸이 깨끗하니라너희가 깨끗하나 다는 아니니라 하시니라

> 히7:27 저가 저 대제사장들이 먼저 자기 죄를 위하고 다음에 백성의 죄를 위하여 날마다 제사 드리는 것과 같이 할 필요가 없으니 이는 저가 단번에 자기를 드려 이루셨음이니라
>
> * 하나님께서는 죄인의 기도는 듣지 아니하시나 의인의 기도는 기뻐 들으신다. 그러므로 누구든지 먼저 자기 죄를 회개하여 용서받고 의인이 되어야 한다.

> 요일1:9 만일 우리가 우리 죄를 자백하면 저는 미쁘시고 의로우사 우리 죄를 사하시며 모든 불의에서 우리를 깨끗케 하실 것이요

한국 교회 안에서는 보통 하나님의 자녀를 성도라고 부른다(롬1:7 성도로 부르심을 입은 모든 자). 그러므로 남자 성도는 곧 성자요, 여자 성도는 곧 성녀다.

그러면 그리스도인 학생이 어떻게 컨닝을 하며, 거짓말을 할 수 있는가?

회개함으로 하나님 자녀의 품격을 회복하고 지켜야 한다. 그리스도인 상인이 어떻게 상자 속 위아래 물건을 다르게 넣고 부당한 이익을 취할 수 있는가? 회개함으로 하나님 자녀의 품격을 회복하고 지켜야 한다.

그리스도인 공무원이 어떻게 뇌물을 받을 수 있는가? 회개함으로 하나님 자녀의 품격을 회복하고 지켜야 한다.

2) 항상 근신하고 깨어 있어야 한다

거울은 우리 외모의 어떠함을 보여주고, X-ray나 MRI는 우리 몸 내부의 어떠함을 보여줄 수 있지만, '우리 마음이 어떠하며 사람됨됨이가 어떠한가?'에 대해서는 어떤 물건이나 어떤 기기도 전혀 알아내지 못한다. 그러나

오직 살아계신 하나님만은 모든 것을 훤히 아신다.

렘17:9-10 만물보다 거짓되고 심히 부패한 것은 마음이라 누가 능히 이를 알리요마는 나 여호와는 심장을 살피며 폐부를 시험하고 각각 그 행위와 그 행실대로 보응하느니라

우리의 실상은 모두 이렇다. 그러기 때문에 성령님 충만의 은혜를 지키기 위해서는 항상 근신하고 깨어 있어야 한다.

막14:38 시험에 들지 않게 깨어 있어 기도하라 마음에는 원이로되 육신이 약하도다

믿음의 조상이라 일컫는 아브라함은 하나님의 약속을 굳게 믿지 못하여서 아내의 말을 듣고 그 여종을 취하여 아들을 얻었다. 그러나 이는 하나님의 뜻이 아니었기 때문에 하나님은 아브라함에게 무려 13년 동안 침묵하셨다. 다윗 또한 믿음의 용사였지만 왕이 된 후 깨어있지 못할 때 충성스런 수하의 아내를 범하고, 그 남편을 억울하게 죽이는 엄청난 죄악을 저질렀다.

고전10:12 그런즉 선 줄로 생각하는 자는 넘어질까 조심하라

벧전5:8-9 근신하라 깨어라 너희 대적 마귀가 우는 사자 같이 두루 다니며 삼킬 자를 찾나니 너희는 믿음을 굳게 하여 저를 대적하라 이는 세상에 있는 너희 형제들도 동일한 고난을 당하는 줄을 앎이니라

그래서 사도 바울은 이렇게 말하였다.

고전9:27 내가 내 몸을 쳐 복종하게 함은 내가 남에게 전파한 후에 자기가 도리어 버림이 될까 두려워함이로라

갈5:16 내가 이르노니 너희는 성령을 좇아 행하라 그리하면 육체의 욕심을 이루지 아니하리라

3) 사랑의 사람되기를 사모해야 한다

고전13:1-13 내가 사람의 방언과 천사의 말을 할찌라도 사랑이 없으면 소리나는 구리와 울리는 꽹과리가 되고 내가 예언하는 능이 있어 모든 비밀과 모든 지식을 알고 또 산을 옮길만한 모든 믿음이 있을찌라도 사랑이 없으면 내가 아무 것도 아니요 내가 내게 있는 모든 것으로 구제하고 또 내 몸을 불사르게 내어 줄찌라도 사랑이 없으면 내게 아무 유익이 없느니라 ~ 그런즉 믿음, 소망, 사랑, 이 세 가지는 항상 있을 것인데 그 중에 제일은 사랑이라

벧후1:5-7 이러므로 너희가 더욱 힘써 너희 믿음에 덕을, 덕에 지식을, 지식에 절제를, 절제에 인내를, 인내에 경건을, 경건에 형제 우애를, 형제 우애에 사랑을 공급하라

약2:8 너희가 만일 경에 기록한 대로 네 이웃 사랑하기를 네 몸과 같이 하라 하신 최고한 법을 지키면 잘하는 것이니라

롬13:8-10 피차 사랑의 빚 외에는 아무에게든지 아무 빚도 지지 말라 남을 사랑하는 자는 율법을 다 이루었느니라 간음하지 말라, 살인하지 말라, 도적질 하지 말라, 탐내지 말라 한 것과 그 외에 다른 계명이 있을찌라도 네 이웃을 네 자신과 같이 사랑하라 하신 그 말씀 가운데 다 들었느니라 사랑은 이웃에게 악을 행치 아니하나니 그러므로 사랑은 율법의 완성이니라

고전16:14 너희 모든 일을 사랑으로 행하라
막12:29-31 예수께서 대답하시되 첫째는 이것이니 이스라엘아 들으라 주 곧 우리 하나님은 유일한 주시라 네 마음을 다하고 목숨을 다하고 뜻을 다하고 힘을 다하여 주 너의 하나님을 사랑하라 하신 것이요 둘째는 이것이니 네 이웃을 네 몸과 같이 사랑하라 하신 것이라 이에서 더 큰 계명이 없느니라

아직 익지 않은 과일은 참으로 먹기가 어렵다. 마찬가지로 아직 성숙하지 못한 그리스도인의 언행도 남에게 늘 거슬리게 된다. 열매의 성숙을 위해서는 필요한 모든 것 위에 특히 햇빛이 절대 필요한 것처럼 그리스도인의 성숙을 위해서는 반드시 각 개개인이 자신을 향한 하나님의 사랑을 발견하는 것이 절대 필요하다. 그러므로 성령님은 우리의 구원과 성숙을 위하여 우리로 하여금 하나님의 사랑을 깨닫게 하시고, 특히 예수 그리스도 십자가 구원의 사랑을 깊이 알고 깨닫게 하신다. 또한 성령님은 우리가 하나님의 사랑을 깨닫고 깊이 생각할 때마다 하나님의 사랑을 우리 마음에 부으신다.

> 롬5:5 소망이 부끄럽게 아니함은 우리에게 주신 성령으로 말미암아 하나님의 사랑이 우리 마음에 부은바 됨이니라
>
> ※ 그러므로 우리가 하나님의 사랑을 깨닫고 늘 생각하는 것은 대단히 중요하다.

감동에서 행동까지의 거리는 얼마나 될까? 매우 먼 것 같다. 만약 감동은 있으나 행동이 없다면 그 이유는 감동이 약하기 때문이다. 마치 비가 오지만 조금 내리면 뿌리까지 내려가지 못함과 같다. 인류 역사에서 최대의 미개척지는 바로 하나님 사랑이다. 그러나 최고의 감동과 새 힘을 일으키는 것은 바로 예수 그리스도 구원의 십자가이다.

> 요일4:10 사랑은 여기 있으니 우리가 하나님을 사랑한 것이 아니요 오직 하나님이 우리를 사랑하사 우리 죄를 위하여 화목제로 그 아들을 보내셨음이니라
>
> 딤전1:15 미쁘다 모든 사람이 받을만한 이 말이여 그리스도 예수께서 죄인을 구원하시려고 세상에 임하셨다 하였도다 죄인 중에 내가 괴수니라
>
> 엡3:18-19 능히 모든 성도와 함께 지식에 넘치는 그리스도의 사랑을 알아 그 넓이와 길이와 높이와 깊이가 어떠함을 깨달아 하나님의 모든 충만하신 것으로 너희에게 충만하게 하시기를 구하노라

4) 예수 그리스도 닮기를 사모해야 한다

빌2:5 너희 안에 이 마음을 품으라 곧 그리스도 예수의 마음이니라

엡5:1-2 그러므로 사랑을 입은 자녀 같이 너희는 하나님을 본받는 자가 되고 그리스도께서 너희를 사랑하신 것 같이 너희도 사랑 가운데서 행하라 그는 우리를 위하여 자신을 버리사 향기로운 제물과 생축으로 하나님께 드리셨느니라

요13:34-35 새 계명을 너희에게 주노니 서로 사랑하라 내가 너희를 사랑한 것 같이 너희도 서로 사랑하라 너희가 서로 사랑하면 이로써 모든 사람이 너희가 내 제자인줄 알리라

고전11:1 내가 그리스도를 본받는 자 된 것 같이 너희는 나를 본받는 자 되라

近朱者赤, 近墨者黑 : 주사(朱砂)에 가까이 있는 사람은 붉게 물이 들고, 먹에 가까이 있는 사람은 검게 된다. 사람은 그가 가까이 하는 사람에 따라 그 영향을 받아서 반드시 변한다.

행7:54-60 저희가 이 말을 듣고 마음에 찔려 저를 향하여 이를 갈거늘 스데반이 성령이 충만하여 하늘을 우러러 주목하여 하나님의 영광과 및 예수께서 하나님 우편에 서신 것을 보고 말하되 보라 하늘이 열리고 인자가 하나님 우편에 서신 것을 보노라 한대 저희가 큰 소리를 지르며 귀를 막고 일심으로 그에게 달려들어 성 밖에 내치고 돌로 칠쌔 증인들이 옷을 벗어 사울이라 하는 청년의 발 앞에 두니라 저희가 돌로 스데반을 치니 스데반이 부르짖어 가로되 주 예수여 내 영혼을 받으시옵소서 하고 무릎을 꿇고 크게 불러 가로되 주여 이 죄를 저들에게 돌리지 마옵소서 이 말을 하고 자니라

이처럼 성령님 충만한 사람, 성숙한 사람됨됨이가 있는 사람에게는 반드

시 예수 그리스도의 본이 있다. 이런 사람이 또한 진정으로 예수 그리스도의 제자이다.

1899년 3월 1일자 '조선 그리스도인 회보'에는 "기독교인들이 많이 모여 있는 지역의 정부 관리가 부정을 함부로 저지를 수가 없어 임지를 다른 곳으로 옮겨 달라고 정부를 상대로 로비를 했다"는 내용이 나온다. 당시 조선의 인구는 1,200만 명, 그리스도인들의 수는 세례교인 기준으로 만 명 정도였다. 인구 5명 가운데 1명이 기독교인이라고 하는 지금, 한국교회의 영향력은 어떠한가?

> 사33:15-16 오직 의롭게 행하는 자, 정직히 말하는 자, 토색한 재물을 가증히 여기는 자, 손을 흔들어 뇌물을 받지 아니하는 자, 귀를 막아 피 흘리려는 꾀를 듣지 아니하는 자, 눈을 감아 악을 보지 아니하는 자, 그는 높은 곳에 거하리니 견고한 바위가 그 보장이 되며 그 양식은 공급되고 그 물은 끊치지 아니하리라 하셨느니라

> 마5:13-16 너희는 세상의 소금이니 소금이 만일 그 맛을 잃으면 무엇으로 짜게 하리요 후에는 아무 쓸데 없어 다만 밖에 버리워 사람에게 밟힐 뿐이니라 너희는 세상의 빛이라 산위에 있는 동네가 숨기우지 못할 것이요 사람이 등불을 켜서 말 아래 두지 아니하고 등경 위에 두나니 이러므로 집안 모든 사람에게 비취느니라 이같이 너희 빛을 사람 앞에 비취게 하여 저희로 너희 착한 행실을 보고 하늘에 계신 너희 아버지께 영광을 돌리게 하라

"초대교회는 주후 110년쯤 로마제국 전역에 복음을 전했습니다. 어떻게 가능했을까요. 고신대 교회사 이상규 교수님은 이렇게 해석합니다. 첫째, 세계가 로마제국으로 통일돼 여행이 편리했습니다. 둘째, 도로가 좋았습니다. 셋째, 언어가 통일돼 복음전파에 도움이 됐습니다. 가장 중요한 이유는 네 번째입니다. 그리스도인이 삶의 모범을 보여줬다는 것입니다. 크리스천은 노예와 여성 같은 사회적 약자들에게 평등을 실천했습니다. 가난하고 병든

자들을 위해 자비와 사랑을 베풀었습니다. 이런 삶의 방식이 생명력을 부여했고 복음을 세계로 확장시키는 원천이 됐습니다. 로마사회에서 노예 인구의 비율은 20~30%였습니다. 그러나 성도 중 노예의 비율은 50%였습니다. 왜 이렇게 교회 안에 노예가 많았을까요. 크리스천 주인들이 노예를 인격적으로 대했기 때문입니다. 노예들은 크리스천 주인의 사랑과 배려에 감동해 예수님을 믿었습니다. 그 중 오네시모 같은 사람은 훗날 에베소의 감독이 될 만큼 교회는 차별 없는 사랑을 베풀었습니다." (국민일보 2017.03.13)

참혹했던 노예제도, 당시 로마제국 안에는 6천만 명의 노예들이 있었다고 하는데 이는 자유시민의 4배에 해당하는 수였다. 노예는 노예의 후손, 부채, 전쟁포로로 말미암아 노예가 되었다. 노예는 사람이 아니라 '살아 있는 도구'에 지나지 않아 전혀 인간대우를 받지 못했다. 그래서 주인은 늙은 노예를 쓸모 없는 호미나 괭이와 같이 버릴 수도 있었고, 노예들을 잔인하게 고문하며 즐길 수도 있었고, 마음대로 죽일 수도 있었다 한다. 또한 노예들에게는 결혼 같은 것은 없었으며, 그들의 아이들도 주인의 소유였다. 마치 어린양이 어미양의 것이 아니라 주인의 것인 것처럼. 더욱 비참한 사실은 노예는 자력으로 해방되는 길은 전혀 없었다. 그러므로 노예에게 무슨 삶의 기쁨과 행복이 있었겠는가?

그러나 사람됨됨이가 성숙한 하나님의 사람들은 자기를 비천하게 여기는 자들에게 하나님의 형상대로 지음 받은 존귀한 자임을 일깨워 주고, 생명이 없는 자에게 영원한 생명을 알려 주었다. 사람들로부터는 무시당하지만 하나님 보시기에는 하나님의 독생자 예수 그리스도께서 위하여 죽으실 만큼 귀한 존재란 것을 가르쳤고, 또한 이 세상의 눈으로 볼 때는 무가치하거나 별로 가치없는 사람으로 보일지라도 하나님께는 온 천하보다 귀한 생명임을 일깨워 주었다.

이처럼 열등감과 절망 속에 소망이 없이 살아가는 사람들, 혹은 세상과 죄의 종된 사람들, 바로 그들을 하나님 앞에 귀중한 사람들로 일깨우며 가장 높으신 하나님의 아들 딸로 세우는 이 귀하고 아름다운 일은 기독교의 영광스런 사명에 속한다. 그러나 이 일은 오직 예수 그리스도 닮기를 사모하는 성숙한 성도들만이 할 수 있는 일이다. 그러므로 사람됨됨이가 성숙한 성도들은 항상 주님처럼 온전케 되기를 사모할 뿐만 아니라 또한 언제 어디서나 다른 사람들로 하여금 생명을 얻고, 함께 온전한 사람이 되어가도록 돕고 힘쓰는 것을 매우 귀중하게 여긴다.

골1:28-29 우리가 그를 전파하여 각 사람을 권하고 모든 지혜로 각 사람을 가르침은 각 사람을 그리스도 안에서 완전한 자로 세우려 함이니 이를 위하여 나도 내 속에서 능력으로 역사하시는 이의 역사를 따라 힘을 다하여 수고하노라

기독교의 위대한 역사는, 바로 죄와 사망으로 인해 고통과 슬픔이 있는 이 세상에 성육신하신 예수 그리스도, 그리고 그 많은 역경 속에서도 가장 아름답고 고귀하게 모범적으로 일생을 사신 온전하신 사람 예수 그리스도, 바로 이 사랑의 주님 닮기를 기뻐하는 성숙한 하나님의 사람들이 끊임없이 곳곳에서 일어날 때만 계속될 수 있다.

5. 사람됨됨이가 성숙한 성도는 그의 과거와 현재의 생활이 완전히 다르다

히11:24-26 믿음으로 모세는 장성하여 바로의 공주의 아들이라 칭함을 거절하고 도리어 하나님의 백성과 함께 고난 받기를 잠시 죄악의 낙을 누리는 것보다 더 좋아하고 그리스도를 위하여 받는 능욕을 애굽의 모든 보화보다 더 큰 재물로 여겼으니 이는 상주심을 바라봄이라

민12:3 이 사람 모세는 온유함이 지면의 모든 사람보다 승하더라

딛3:3-5 우리도 전에는 어리석은 자요 순종치 아니한 자요 속은 자요 각색 정욕과 행락에 종노릇한 자요 악독과 투기로 지낸 자요 가증스러운 자요 피차 미워한 자이었으나 우리 구주 하나님의 자비와 사람 사랑하심을 나타내실 때에 우리를 구원하시되 우리의 행한바 의로운 행위로 말미암지 아니하고 오직 그의 긍휼하심을 좇아 중생의 씻음과 성령의 새롭게 하심으로 하셨느니라

엡5:8-9 너희가 전에는 어두움이더니 이제는 주 안에서 빛이라 빛의 자녀들처럼 행하라 빛의 열매는 모든 착함과 의로움과 진실함에 있느니라

골3:1-10 그러므로 너희가 그리스도와 함께 다시 살리심을 받았으면 위엣 것을 찾으라 ~ 너희도 전에 그 가운데 살 때에는 그 가운데서 행하였으나 이제는 너희가 이 모든 것을 벗어버리라 곧 분과 악의와 훼방과 너희 입의 부끄러운 말이라 너희가 서로 거짓말을 말라 옛 사람과 그 행위를 벗어버리고 새 사람을 입었으니 이는 자기를 창조하신 자의 형상을 좇아 지식에까지 새롭게 하심을 받는 자니라

하나님의 사람으로 하여금 사람됨됨이가 온전하게 한다 – 이는 성경의 두 번째 목적이다.

지금 세상은 '지구촌'이라는 말이 어색하지 않을 정도로 다양한 많은 사람들이 함께 어우러져 살아간다. 그리고 과학문명은 과거 그 어느 때보다도 예측할 수 없을 정도로 빠르게 변하고 있다. 그러나 사람들은 기뻐하며 평안히 살기보다는 오히려 불안과 염려 속에 갇혀서 살아간다. 여기에서『너희는 세상의 소금이요, 세상의 빛이라』는 주님 말씀을 떠올리며 세상을 둘러보면, 사람됨됨이가 온전한 하나님의 사람 절대부족 현상이 이런 근심 가득한 현재의 세상을 만들었다는 판단에 쉽게 공감을 하게 된다.

하나님께서 성경을 통해 우리에게 강력하게 요구하시는 것은 무엇인가?

그것은 '변화되어라' 즉, '새 사람이 되어라' 이다. 사람의 칭찬이 아니라 하나님의 칭찬을 받는 변화된 새 사람이 되라는 것이다. 이는 복 받는 게 우선이 아니고 변화되는 게 우선임을 일깨워 주고 있다. 사람됨됨이가 변화되고 성숙한 하나님의 사람이 되면, 만복의 근원이신 하나님께서 주시는 은혜와 복은 저절로 따라 온다(시23:6). 이것이 바로 세상의 많은 종교와 우리 기독교의 차이이다.

잠30:7-9 내가 두가지 일을 주께 구하였사오니 나의 죽기 전에 주시옵소서 곧 허탄과 거짓말을 내게서 멀리 하옵시며 나로 가난하게도 마옵시고 부하게도 마옵시고 오직 필요한 양식으로 내게 먹이시옵소서 혹 내가 배불러서 하나님을 모른다 여호와가 누구냐 할까 하오며 혹 내가 가난하여 도적질하고 내 하나님의 이름을 욕되게 할까 두려워함이니이다

표면적 성도가 참 성도가 아니요, 오직 내면적 성도 즉, 사람됨됨이가 온전한 사람, 바로 그 사람이 참 성도요, 참 기독교인이다.

롬2:28-29 대저 표면적 유대인이 유대인이 아니요 표면적 육신의 할례가 할례가 아니라 오직 이면적 유대인이 유대인이며 할례는 마음에 할찌니 신령에 있고 의문에 있지 아니한 것이라 그 칭찬이 사람에게서가 아니요 다만 하나님에게서니라

오늘날 한국 교회 안에는 다양한 많은 프로그램들이 있다. 널리 알려진 경우에는 국내뿐만 아니라 해외에서도 많은 사람들이 자주 찾는다. 그러나 허드슨 테일러(Hudson Taylor)는 말하기를 『하나님의 방법은 사람』이라고 하였다. 즉, 하나님은 방법을 통해 일하시는 분이 아니라 사람을 통해 일하신다는 뜻이다. 사람은 끊임없이 성공의 방법(Know-How)을 찾지만 하나님은 그 마음에 합한 사람을 찾으신다. 그러므로 우리가 무엇보다 하나님 마음

에 합한 사람, 사람됨됨이가 온전한 사람 되는 것이 참으로 중요하다는 것은 아무리 강조해도 과언이 아니다.

하나님께서는 이 중요한 사실을 매우 일찍이 우리에게 알려주셨다. 즉, 인류 역사상 최초의 가정인 아담과 하와의 가정에서 태어난 가인과 아벨을 통하여 이미 일깨워 주셨다. 그러나 우리는 지금까지도 간과하고 있다.

> 창4:4-5 ~여호와께서 아벨과 그 제물은 열납하셨으나 가인과 그 제물은 열납하지 아니하신지라

이처럼 하나님께서는 그 무엇보다도 사람을 먼저 보신다. 제사에서 하나님께는 무엇을 바쳤느냐보다 누가 바쳤느냐가 더 중요하다. 그러므로 평소 우리의 사람됨됨이는 얼마나 중요한가! 하나님의 관심사는 언제나 사람이다.

만약 오직 예수 그리스도를 배우는 학교에 12학년이 있다면, 당신의 사람됨됨이는 몇 학년인가?

제7장

하나님의 사람으로 하여금 모든 선한 일을 행하게 한다

하나님의 사람으로 하여금 모든 선한 일을 행하게 한다. 이는 성경의 세 번째 목적이다.

1. 성도가 선을 행하는 것은 당연한 일이다

선을 행하는 것에 대하여 그리스도인과 세상 사람들의 생각은 서로 전혀 다르다. 세상 사람들은 선행을 공로로 여기고 덕을 쌓는다고 생각하며, 거기에 따르는 좋은 보응이 장래에 반드시 있으리라 생각한다. 그러나 그리스도인들은 먼저 하나님의 크신 은혜을 받아 구원받은 사람들이기 때문에 선을 행하는 것은 은혜에 감사해서 기쁨으로 자견스럽게 행하는 것이요, 자랑할 수 없는 당연한 일로 여긴다. 이처럼 이미 구원 받은 하나님의 자녀가 선을 행하는 것은 당연지사이다.

그러나 실제로는 많은 신자와 교회들이 여전히 선을 행하지 않거나 혹은 열심이 부족하다.

렘4:22 내 백성은 나를 알지 못하는 우준한 자요 지각이 없는 미련한 자식이라 악을 행하기에는 지각이 있으나 선을 행하기에는 무지하도다

약2:14-17 내 형제들아 만일 사람이 믿음이 있노라 하고 행함이 없으면 무슨 이익이 있으리요 그 믿음이 능히 자기를 구원하겠느냐 만일 형제나 자매가 헐벗고 일용할 양식이 없는데 너희 중에 누구든지 그에게 이르되 평안히 가라, 더웁게 하라, 배부르게 하라 하며 그 몸에 쓸 것을 주지 아니하면 무슨 이익이 있으리요 이와 같이 행함이 없는 믿음은 그 자체가 죽은 것이라

약2:26 영혼 없는 몸이 죽은것 같이 행함이 없는 믿음은 죽은 것이니라

그러므로 우리는 성경의 세 번째 목적은『하나님의 사람으로 하여금 모든 선한 일을 행하게 한다』임을 다시 한번 깊이 생각해 봐야 한다.

2. 성경은 우리가 선을 행하기를 강력하게 요구한다

마5:16 이같이 너희 빛을 사람 앞에 비취게 하여 저희로 너희 착한 행실을 보고 하늘에 계신 너희 아버지께 영광을 돌리게 하라

엡2:10 우리는 그의 만드신바라 그리스도 예수 안에서 선한 일을 위하여 지으심을 받은 자니 이 일은 하나님이 전에 예비하사 우리로 그 가운데서 행하게 하려 하심이니라

딛2:14 그가 우리를 대신하여 자신을 주심은 모든 불법에서 우리를 구속하

시고 우리를 깨끗하게 하사 선한 일에 열심하는 친 백성이 되게 하려 하심이
니라

갈6:9-10 우리가 선을 행하되 낙심하지 말찌니 피곤하지 아니하면 때가 이
르매 거두리라 그러므로 우리는 기회 있는대로 모든 이에게 착한 일을 하되
더욱 믿음의 가정들에게 할찌니라

한 척의 남한 참치 원양 어선 「광명87호」의 전제용 선장, 그는 25명의 선원을 이끌고 대량의 참치를 싣고 인도양으로부터 부산항으로 돌아오고 있었다. 1985년 11월 14일 오후 5시, 「광명87호」가 남중국해를 건너고 있을 때, 96명을 태우고 월남을 탈출한 한 척의 난민선을 발견하였다. 그들은 배의 기관도 고장이 나서 멈춘 채 "구해 달라!" 고 아우성치고 있었다.

그들은 '베트남 보트 피플(Vietnamese Boat People)'이었다. '보트 피플'이란 월남 패망 후 보트로 탈출한 난민들을 가리키는 말이다. 당시 인접국들은 이 난민들의 입국을 거절하고, 강제로 송환시켰다. 전 선장은 아무런 도움이 없어 두려워하는 난민들이 절망스럽게 큰 바다 위에서 표류하는 것을 보고 곧 회사의 지침과 양심 사이에서 깊은 고민에 빠졌다. 왜냐하면 회사 안에는 어획물 손상이나 공격 받는 것을 면키 위해 난민 구조를 반대하는 지침이 있었기 때문이다.

배위의 난민들은 쉬지 않고 손짓을 하며 큰 소리로 구조를 요청하였다. 그러나 이들은 자신들을 떠나 점점 멀어져 가는 「광명87호」를 멀리 바라보고만 있었다. 그 때 앞으로 항해하던 전 선장은 그들을 구조하기로 결정하고, 바로 선원들을 소집하여 회의를 한 뒤 그들을 향해 뱃머리를 돌려 구조를 하였다.

이들 96명 난민들은 이미 바다에서 굶고 표류한지 나흘이 되었었다. 전 선장은 말하기를 "어떠한 책임도 내가 진다" 그리고 회사에 난민 구조 소식

을 전하였다. 이어서 배 위의 모든 사람에게 "우리가 함께 열흘만 버티면 바로 부산항에 도착할 수 있습니다." 라고 하였다. 훗날 이 난민선의 대표 피터누엔은 말하기를 "내 마음 속에는 평생 잊을 수 없는 전 선장과의 열흘이 남아있습니다" 라고 하였다.

우선 여성과 아이들을 위해 선원들의 침실을 내주고, 노인과 환자의 치료를 위해 선장실을 제공하였다. 전 선장과 25명 선원들, 그리고 이들 난민들은 함께 열흘 분의 식량과 물을 나눠 먹고 마셨다. 양식이 부족할 때 전 선장은 그들을 안심시키며 말하기를 "우리 배에는 참치가 많이 있으니 걱정하지 마세요, 여러분은 안전합니다." 라고 하였다. 피터누엔이 자기 가족들을 걱정할 때는 전 선장은 극진히 그를 위로하였다. 최후에 부산항에 도착한 뒤, 이들 난민들은 난민 수용소에서 일년 반을 머물렀다.

그 후 미국으로 가서 간호사가 된 피터누엔은 미국으로 건너 온 가족과 함께 안정적인 생활을 누리게 되자 그는 평생 잊을 수 없는 은인을 찾기 시작하여, 무려 17년 동안 수소문한 끝에 마침내 전 선장에게 연락이 닿을 수 있었다. 피터누엔은 회신을 받고서야 매우 뜻밖의 소식을 알았다. 즉, 전 선장은 당시 부산항에 도착한 후 즉각 회사로부터 해고 당하였고, 또한 당국에 불려가서 조사를 받고, 그 후부터는 다시 선장의 일을 찾을 수 없어 최후에는 고향에 돌아가 멍게 양식업을 하며 생계를 유지하고 있다는 사실을 알았다. 그리고 편지 마지막에는 "제가 당신들을 구하기로 결정했을 때 저는 이미 회사로부터 해고 당할 것을 알고 있었습니다. 그러나 지금까지 저는 당시 제가 96명의 생명을 구하기로 결심하고 선택한 것을 조금도 후회하지 않습니다." 라고 쓰여져 있었다.

2004년 8월 8일, LA공항, 극적으로 바다에서 구조된 지 19년 후에 그들은 마침내 오랜만에 다시 만났다. "사랑합니다. 미국에 있는 우리에게 와주셔서 감사합니다." 전 선장은 베트남 난민들의 지지 속에 UN 난센 상 후보로 추천을 받자 「만약 제가 거기에 없었다면, 아마 다른 사람이 같은 일을 했을 것입니다. 제가 25년 동안 어부로서 많은 고기를 잡았지만, 하나님께서 제게 기회를 주셔서 당시에 이렇게 많은 사람들을 낚을 수 있었습니다. 저는 하나님의 감동하심에 응답하여, 주신 모든 기회를 붙잡고 사람을 섬기는 것이 곧, 그리스도인의 사명임을 깊이 알고 있습니다」라고 하였다.

사실 이들 난민들은 누군가 와서 구해주기를 기다린 4일 동안에 1, 2, 3, 10, 20, 30, 40, 50 척의 배가 그냥 지나가는 것을 보았다. 그러나 그들을 돕기 위해 멈춘 배는 한 척도 없었다. 그런 가운데 51 번째로 그들을 지나가는 남한의 참치어선 「광명87호」는 그들을 구했다.

귀한 생명을 구하기 위하여, 큰 희생을 지불할 수 있는 그 소수의 사람들, 그들이 곧 믿음이 있는 진정한 그리스도인들이다.

눅10:36-37 네 의견에는 이 세 사람 중에 누가 강도 만난 자의 이웃이 되겠느냐 가로되 자비를 베푼 자니이다 예수께서 이르시되 가서 너도 이와 같이 하라 하시니라

고후9:8 하나님이 능히 모든 은혜를 너희에게 넘치게 하시나니 이는 너희로 모든 일에 항상 모든 것이 넉넉하여 모든 착한 일을 넘치게 하게 하려 하심이라

살후2:16-17 우리 주 예수 그리스도와 우리를 사랑하시고 영원한 위로와 좋은 소망을 은혜로 주신 하나님 우리 아버지께서 너희 마음을 위로하시고 모든 선한 일과 말에 굳게 하시기를 원하노라

딤전6:17-19 네가 이 세대에 부한 자들을 명하여 마음을 높이지 말고 정함이 없는 재물에 소망을 두지 말고 오직 우리에게 모든 것을 후히 주사 누리게 하시는 하나님께 두며 선한 일을 행하고 선한 사업에 부하고 나눠주기를 좋아하며 동정하는 자가 되게 하라 이것이 장래에 자기를 위하여 좋은 터를

쌓아 참된 생명을 취하는 것이니라

골1:9-10 이로써 우리도 듣던 날부터 너희를 위하여 기도하기를 그치지 아니하고 구하노니 너희로 하여금 모든 신령한 지혜와 총명에 하나님의 뜻을 아는 것으로 채우게 하시고 주께 합당히 행하여 범사에 기쁘시게 하고 모든 선한 일에 열매를 맺게 하시며 하나님을 아는 것에 자라게 하시기를 원하노라

딤후2:20-21 큰 집에는 금과 은의 그릇이 있을뿐 아니요 나무와 질그릇도 있어 귀히 쓰는 것도 있고 천히 쓰는 것도 있나니 그러므로 누구든지 이런 것에서 자기를 깨끗하게 하면 귀히 쓰는 그릇이 되어 거룩하고 주인의 쓰심에 합당하며 모든 선한 일에 예비함이 되리라

약1:27 하나님 아버지 앞에서 정결하고 더러움이 없는 경건은 곧 고아와 과부를 그 환난 중에 돌아보고 또 자기를 지켜 세속에 물들지 아니하는 이것이니라

요일3:18 자녀들아 우리가 말과 혀로만 사랑하지 말고 오직 행함과 진실함으로 하자

엡1:15-16 이를 인하여 주 예수 안에서 너희 믿음과 모든 성도를 향한 사랑을 나도 듣고 너희를 인하여 감사하기를 마지아니하고 내가 기도할 때에 너희를 말하노라

롬2:6-11 하나님께서 각 사람에게 그 행한대로 보응하시되 참고 선을 행하여 영광과 존귀와 썩지 아니함을 구하는 자에게는 영생으로 하시고 오직 당을 지어 진리를 좇지 아니하고 불의를 좇는 자에게는 노와 분으로 하시리라 악을 행하는 각 사람의 영에게 환난과 곤고가 있으리니 첫째는 유대인에게요 또한 헬라인에게며 선을 행하는 각 사람에게는 영광과 존귀와 평강이 있으리니 첫째는 유대인에게요 또한 헬라인에게라 이는 하나님께서 외모로 사람을 취하지 아니하심이니라

4인조 복면강도가 귀금속협회 회장 집에 침입해 현금 1,000여만원과 귀금속을 강탈하고 경찰에 신고하지 못하게 하기 위해 부인과 딸을 성폭행하려고 했다. 회장은 제발 이 일만은 하지 말아 달라고 사정했다. 참으로 절박한 순간이었다. 그때 강도 한 명이 장롱을 뒤지다 찾은 낡은 감사패 하나를 갖고 오더니 회장에게 "이 감사패를 준 안동재활원 이사장 장로님을 아느냐"고 물었다. 회장은 자신이 그 재활원 영구 재정후원자라고 답했다. 그 강도는 나머지 세 명의 강도를 설득한 후 "죄송합니다. 정 장로님, 후원자인 줄 몰랐습니다"라고 말하고 나서 황급히 나갔다. 지난해 12월 23일 밤에 있었던 사건이다. 정창근 장로는 안동교회 은퇴장로요, 이비인후과 원장이다. 또 안동재활원 이사장으로 안동의 성자 같은 분이시다. 강도들이 정 장로께 아마 큰 은혜를 입었나 보다. 갈 6:9 우리가 선을 행하되 낙심하지 말찌니 피곤하지 아니하면 때가 이르매 거두리라 (강도도 알아본 의인, 국민일보. 2011.01.24)

선을 행하기 위해서는 끊임없는 배움과 본 받음과 연구와 기도…등등이 필요하다.

> 사1:17 선행을 배우며 공의를 구하며 학대 받는 자를 도와주며 고아를 위하여 신원하며 과부를 위하여 변호하라 하셨느니라

> 레19:9-10 너희 땅의 곡물을 벨 때에 너는 밭 모퉁이까지 다 거두지 말고 너의 떨어진 이삭도 줍지 말며 너의 포도원의 열매를 다 따지 말며 너의 포도원에 떨어진 열매도 줍지 말고 가난한 사람과 타국인을 위하여 버려 두라 나는 너희 하나님 여호와니라

국내에서 두 번째로 목회하던 교회에서 『모퉁이 사랑』이라는 모임을 조직하여 신자, 불신자에 관계없이 순수한 마음으로 교회 관할 구역내의 어려운 사람들을 돕는 운동을 펼쳤다. 그러나 실제로 참여하여 기쁘게 활동한 성도

는 소수였다. 그렇지만 지속적인 활동으로 지역사회의 교회에 대한 평판은 매우 좋았다.

신15:7-11 네 하나님 여호와께서 네게 주신 땅 어느 성읍에서든지 가난한 형제가 너와 함께 거하거든 그 가난한 형제에게 네 마음을 강퍅히 하지 말며 네 손을 움켜 쥐지 말고 반드시 네 손을 그에게 펴서 그 요구하는대로 쓸 것을 넉넉히 꾸어주라 삼가 너는 마음에 악념을 품지 말라 곧 이르기를 제 칠 년 면제년이 가까왔다 하고 네 궁핍한 형제에게 악한 눈을 들고 아무것도 주지 아니하면 그가 너를 여호와께 호소하리니 네가 죄를 얻을 것이라 너는 반드시 그에게 구제할 것이요, 구제할 때에는 아끼는 마음을 품지 말 것이니라 이로 인하여 네 하나님 여호와께서 네 범사와 네 손으로 하는바에 네게 복을 주시리라 땅에는 언제든지 가난한 자가 그치지 아니하겠으므로 내가 네게 명하여 이르노니 너는 반드시 네 경내 네 형제의 곤란한 자와 궁핍한 자에게 네 손을 펼지니라

욥29:8-17 나를 보고 소년들은 숨으며 노인들은 일어나서 서며 방백들은 말을 참고 손으로 입을 가리우며 귀인들은 소리를 금하니 그 혀가 입 천장에 붙었었느니라 귀가 들은즉 나를 위하여 축복하고 눈이 본즉 나를 위하여 증거하였었나니 이는 내가 부르짖는 빈민과 도와줄 자 없는 고아를 건졌음이라 망하게 된 자도 나를 위하여 복을 빌었으며 과부의 마음이 나로 인하여 기뻐 노래하였었느니라 내가 의로 옷을 삼아 입었으며 나의 공의는 도포와 면류관 같았었느니라 나는 소경의 눈도 되고 절뚝발이의 발도 되고 빈궁한 자의 아비도 되며 생소한 자의 일을 사실하여 주었으며 불의한 자의 어금니를 꺾고 그 잇사이에서 겁탈한 물건을 빼어 내었었느니라

1919년 3월 3일 개성 호수돈 여학생들이 시가지로 나오는 것을 필두로 독립만세 시위가 시작되었다. 그런데 그 선두에는 짝달막한 키의 개성여자성경학교의 사감 어윤희가 당당한 목소리로 연설을 하고, 그 뒤에는 교회 부인과 청년 그리고 학생들이 따랐다. 이 소식이 전하여지자 천 여명의 군중들은

대화정 일본인 촌으로 달려가 그들 집 앞에 있는 일장기를 모조리 찢어 버렸고 개성은 독립만세 시위의 도가니가 되었다.

이날 저녁 일본 경찰은 어윤희를 체포 연행하였다. 이때 어윤희는 일경에게 "너희들이 내 몸을 묶어 갈 망정 내 마음은 못 묶어 갈 것이다"라고 말하며 당당히 연행되었다. 연행되어 선교사들과의 관련을 묻는 일경에게 어윤희는 "바보 같은 소리 하지 마라. 내 나이가 어려서 그들이 시킨다고 하겠느냐? … 그래 너희는 나라가 없어지고 식민지 생활을 하면 개처럼 고맙습니다 하고 앉았겠느냐?", " … 새벽이 되면 누가 시켜서 닭이 우느냐? 우리는 독립할 때가 되어 궐기하는 것뿐이다."라고 말하였다.

당당한 어윤희의 태도는 그 후 검찰에서도 조금도 굴함이 없었다. 그러자 취조하던 검사는 "저 앙큼한 년 봐라. 다 아는 거짓말을 하는구나. 저 년의 옷을 벗겨라"라고 호통을 쳤다. 그러자 어윤희는 "내 몸에 누가 손을 대. 발가벗은 내 몸뚱이를 보기가 그렇게 소원이거든 내 손으로 옷을 벗으리라" 하면서 옷을 벗고는 "자 실컷 보아라. 당신 어머니도 나와 같을 게고, 당신 부인도 나 같을 게다" 하며 호령을 하였다. 그러자 당황한 검사는 간수에게 "데리고 나가" 라고 명령을 했다.

그 후 어윤희는 서대문 형무소 8호에 수감되었다. 그 곳에서 어윤희는 나이 어리고 몸이 장대한 유관순에게 자기가 먹을 밥을 금식을 핑계로 먹지 않으면서 더 먹게 했고, 무서운 고문을 받았을 때마다 그를 돌보고 위로하였다. 어윤희는 출옥 후 유린보육원을 만들어 고아들의 어머니가 되어 일생을 바쳤다.

보육원에서 자란 한 양손녀는 이러한 회고를 남겼다. "저희 할머니는 안락의자에 앉아 계시지도 않으시고, 방안에 누우셔서 낮잠도 주무시지 않으시고 보육원 아이들과 함께 계시어 그들을 돌보아 주십니다. 할머니는 밤에도 편히 주무시지 못하시지요. 제일 작은 아이들 아홉 명과 한방에 계시면서 몇 번이고 일어나시어서 아이들을 돌보아 주십니다. 우리 할머님은 예수님 그대로라고 생각했습니다." (기독교세계, '91년 7. 8월호 참조 글 인용)

사58:6-12 나의 기뻐하는 금식은 흉악의 결박을 풀어 주며 멍에의 줄을 끌러주며 압제 당하는 자를 자유케 하며 모든 멍에를 꺾는 것이 아니겠느냐 또 주린 자에게 네 식물을 나눠 주며 유리하는 빈민을 네 집에 들이며 벗은 자를 보면 입히며 또 네 골육을 피하여 스스로 숨지 아니하는 것이 아니겠느냐 그리하면 네 빛이 아침 같이 비췰 것이며 네 치료가 급속할 것이며 네 의가 네 앞에 행하고 여호와의 영광이 네 뒤에 호위하리니 네가 부를 때에는 나 여호와가 응답하겠고 네가 부르짖을 때에는 말하기를 내가 여기 있다 하리라 만일 네가 너희 중에서 멍에와 손가락질과 허망한 말을 제하여 버리고 주린 자에게 네 심정을 동하며 괴로와하는 자의 마음을 만족케 하면 네 빛이 흑암 중에서 발하여 네 어두움이 낮과 같이 될 것이며 나 여호와가 너를 항상 인도하여 마른 곳에서도 네 영혼을 만족케 하며 네 뼈를 견고케 하리니 너는 물 댄 동산 같겠고 물이 끊어지지 아니하는 샘 같을 것이라 네게서 날 자들이 오래 황폐된 곳들을 다시 세울 것이며 너는 역대의 파괴된 기초를 쌓으리니 너를 일컬어 무너진데를 수보하는 자라 할 것이며 길을 수축하여 거할 곳이 되게 하는 자라 하리라

마25:35-46 내가 주릴 때에 너희가 먹을 것을 주었고 목마를 때에 마시게 하였고 나그네 되었을 때에 영접하였고 벗었을 때에 옷을 입혔고 병들었을 때에 돌아보았고 옥에 갇혔을 때에 와서 보았느니라 ~ 임금이 대답하여 가라사대 내가 진실로 너희에게 이르노니 너희가 여기 내 형제 중에 지극히 작은 자 하나에게 한 것이 곧 내게 한 것이니라 ~ 임금이 대답하여 가라사대 내가 진실로 너희에게 이르노니 이 지극히 작은 자 하나에게 하지 아니한 것이 곧 내게 하지 아니한 것이니라 하시리니 저희는 영벌에, 의인들은 영생에 들어가리라 하시니라

행9:36-43 욥바에 다비다라 하는 여제자가 있으니 그 이름을 번역하면 도르가라 선행과 구제하는 일이 심히 많더니 그 때에 병들어 죽으매 시체를 씻어 다락에 뉘우니라 룻다가 욥바에 가까운지라 제자들이 베드로가 거기 있

음을 듣고 두 사람을 보내어 지체말고 오라고 간청하니 베드로가 일어나 저희와 함께 가서 이르매 저희가 데리고 다락에 올라가니 모든 과부가 베드로의 곁에 서서 울며 도르가가 저희와 함께 있을 때에 지은 속옷과 겉옷을 다 내어 보이거늘 베드로가 사람을 다 내어보내고 무릎을 꿇고 기드하고 돌이켜 시체를 향하여 가로되 다비다야 일어나라 하니 그가 눈을 떠 베드로를 보고 일어나 앉는지라 ~

갈2:9-10 또 내게 주신 은혜를 알므로 기둥 같이 여기는 야고보와 게바와 요한도 나와 바나바에게 교제의 악수를 하였으니 이는 우리는 이방인에게로, 저희는 할례자에게로 가게 하려 함이라 다만 우리에게 가난한 자들 생각하는 것을 부탁하였으니 이것을 나도 본래 힘써 행하노라

빌1:9-11 내가 기도하노라 너희 사랑을 지식과 모든 총명으로 점점 더 풍성하게 하사 너희로 지극히 선한 것을 분별하며 또 진실하여 허물 없이 그리스도의 날까지 이르고 예수 그리스도로 말미암아 의의 열매가 가득하여 하나님의 영광과 찬송이 되게 하시기를 구하노라

마4:23 예수께서 온 갈릴리에 두루 다니사 저희 회당에서 가르치시며 천국 복음을 전파하시며 백성 중에 모든 병과 모든 약한 것을 고치시니라

※ 복음이 들어가는 곳에는 반드시 학교와 교회와 병원이 있다

고전12:4-11 은사는 여러 가지나 성령은 같고 직임은 여러 가지나 주는 같으며 또 역사는 여러 가지나 모든 것을 모든 사람 가운데서 역사하시는 하나님은 같으니 각 사람에게 성령의 나타남을 주심은 유익하게 하려 하심이라 어떤이에게는 성령으로 말미암아 지혜의 말씀을, 어떤이에게는 같은 성령을 따라 지식의 말씀을, 다른이에게는 같은 성령으로 믿음을, 어떤이에게는 한 성령으로 병 고치는 은사를, 어떤이에게는 능력 행함을, 어떤이에게는 예언함을, 어떤이에게는 영들 분별함을, 다른이에게는 각종 방언 말함을, 어떤이에게는 방언들 통역함을 주시나니 이 모든 일은 같은 한 성령이 행하사 그 뜻대로 각 사람에게 나눠 주시느니라

「유익하게 하려 하심이라」는「너, 나, 그, 우리 모두로 하여금 유익을 얻게 하려 하심이라」는 뜻이다. 영어 NIV도 'for the common good' – '공동의 선을 위하여'로 번역하고 있다.

고전12:25 몸 가운데서 분쟁이 없고 오직 여러 지체가 서로 같이하여 돌아보게 하셨느니라

빌2:1–4 그러므로 그리스도 안에 무슨 권면이나 사랑에 무슨 위로나 성령의 무슨 교제나 긍휼이나 자비가 있거든 마음을 같이 하여 같은 사랑을 가지고 뜻을 합하며 한 마음을 품어 아무 일에든지 다툼이나 허영으로 하지 말고 오직 겸손한 마음으로 각각 자기보다 남을 낫게 여기고 각각 자기 일을 돌아볼 뿐더러 또한 각각 다른 사람들의 일을 돌아보아 나의 기쁨을 충만케 하라

엡4:11–12 그가 혹은 사도로, 혹은 선지자로, 혹은 복음 전하는 자로, 혹은 목사와 교사로 주셨으니 이는 성도를 온전케 하며 봉사의 일을 하게 하며 그리스도의 몸을 세우려 하심이라

※ 마치 손님이나 귀족 같은 신앙생활보다는 오히려 종 같이 섬기는 신앙생활이 아름답다

롬5:6–8 우리가 아직 연약할 때에 기약대로 그리스도께서 경건치 않은 자를 위하여 죽으셨도다 의인을 위하여 죽는 자가 쉽지 않고 선인을 위하여 용감히 죽는 자가 혹 있거니와 우리가 아직 죄인 되었을 때에 그리스도께서 우리를 위하여 죽으심으로 하나님께서 우리에게 대한 자기의 사랑을 확증하셨느니라

※ 인류를 위한 예수 그리스도의 희생은 가장 큰 사랑이요, 또한 가장 큰 선행이다

행1:8 오직 성령이 너희에게 임하시면 너희가 권능을 받고 예루살렘과 온 유대와 사마리아와 땅끝까지 이르러 내 증인이 되리라 하시니라

※ 영적으로 볼 때에, 복음 전파는 사람을 향한 최고의 선행이다

전3:12–13 사람이 사는 동안에 기뻐하며 선을 행하는 것보다 나은 것이 없는 줄을 내가 알았고 사람마다 먹고 마시는 것과 수고함으로 낙을 누리는 것

이 하나님의 선물인 줄을 또한 알았도다

3. 선을 행하는 삶을 위해서는 반드시 성령님 충만의 은혜 받음이 필요하다

왜냐하면 우리 자신이 뜻을 세우고 행함은 매우 연약하여 오래가지 못할 뿐만 아니라 또한 선행의 어떠함은 바로 사람됨됨이가 어떠함에서 나오기 때문이다. 오직 성령님 충만의 은혜를 받은 가운데서 우리는 비로소 성숙할 수 있고, 또한 하나님께서 기뻐하시는 선한 일을 행할 수 있다. 아래의 말씀들은 이 사실을 우리에게 가르쳐 준다.

행10:38 하나님이 나사렛 예수에게 성령과 능력을 기름붓듯 하셨으매 저가 두루 다니시며 착한 일을 행하시고 마귀에게 눌린 모든 자를 고치셨으니 이는 하나님이 함께 하셨음이라

눅4:18-19 주의 성령이 내게 임하셨으니 이는 가난한 자에게 복음을 전하게 하시려고 내게 기름을 부으시고 나를 보내사 포로 된 자에게 자유를, 눈먼 자에게 다시 보게 함을 전파하며 눌린 자를 자유케 하고 주의 은혜의 해를 전파하게 하려 하심이라 하였더라

생각해 보라! 지금까지 당신이 행한 선은 어떤 것들이 있는가? 또한 당신이 소속된 교회가 행한 선은?

제8장

중보기도는 이웃사랑이다

오늘날 세계 최강대국인 '미국은 두 얼굴의 나라'라고는 하지만 선교 분야에서는 아직 세계 제 1위의 국가이다. 미국 선교의 인큐베이터(incubator)라고 불리우는 US Center For World는 수십 개의 선교 기관이 연합하여 서로의 정보와 전략을 함께 나누고 연구하고 친목하면서 매일 매일 시간을 정하여 서로를 위하고 열방 구원을 위한 365일 중보기도를 하고 있다고 한다.

제 2위의 선교 국가는 한국이다. 수많은 성도와 교회들이 배후에서 중보기도를 하고 있다.

중국 오지 전도 때 선교사들이 화적에게 약탈당하는 일이 자주 있었다. 한 선교사가 중국선교를 하다가 산에서 야영을 하게 되었다. 그는 화적에게 선교자금을 빼앗길까 염려되어 밤새워 기도했는데 무사했다. 훗날 당국에 붙잡힌 화적이 말하기를 그날 선교사를 습격하려고 하는데 7명의 병사들이 지키고 있어서 중단했다고 하였다. 이를 듣고 이상하게 생각한 그 선교사가 영국 선교본부에 문의하였더니 바로 그날 그 시간에 7명의 기도 후원단이 본국에서 그를 위하여 기도하였음을 나중에 알게 되었다. 기도는 영국에서 드렸지만 하나님의 역사는 중국에서 일어난 것이다.

본인이 속한 선교회의 1년 2개월 훈련기간에서도 중보기도 훈련은 계속된다. 중보기도는 참으로 중요하기 때문이다.

세계 최고의 암 전문 병원인 미국 텍사스주립대 MD앤더슨 암 센터에 31년간 몸담았던 김의신 박사 얘기다. "『중보기도의 힘』은 실험을 통해서도 확인됐다. 200~500명 정도 되는 교회의 중보기도팀원들이 (같은 교회 동료인) 암환자를 위해 6개월~1년간 기도하게 했다. 암환자 본인은 모르게 진행했다. 그 결과, 중보기도를 받은 암환자 그룹은 그렇지 않은 그룹에 비해 치료 효과가 월등히 높았다. 일반인들이 보면 정말 신기한 일 아닌가!" (국민일보. 2012.10.21)

* 중보기도의 예와 효과

예수 그리스도의 중보기도

눅22:31-34 시몬아, 시몬아, 보라 사단이 밀 까부르듯 하려고 너희를 청구하였으나 그러나 내가 너를 위하여 네 믿음이 떨어지지 않기를 기도하였노니 너는 돌이킨 후에 네 형제를 굳게 하라 저가 말하되 주여 내가 주와 함께 옥에도, 죽는데도 가기를 준비하였나이다 가라사대 베드로야 내가 네게 말하노니 오늘 닭 울기 전에 네가 세번 나를 모른다고 부인하리라 하시니라

(눅22:61-62 주께서 돌이켜 베드로를 보시니 베드로가 주의 말씀 곧 오늘 닭 울기 전에 네가 세번 나를 부인하리라 하심이 생각나서 밖에 나가서 심히 통곡하니라)

눅23:34 이에 예수께서 가라사대 아버지여 저희를 사하여 주옵소서 자기의 하는 것을 알지 못함이니이다

요17:1-26 예수께서 이 말씀을 하시고 눈을 들어 하늘을 우러러 가라사대

아버지여 ~ 내가 저희를 위하여 비옵나니 내가 비옵는 것은 세상을 위함이 아니요 내게 주신 자들을 위함이니이다 저희는 아버지의 것이로소이다 내 것은 다 아버지의 것이요 아버지의 것은 내 것이온데 내가 저희로 말미암아 영광을 받았나이다 나는 세상에 더 있지 아니하오나 저희는 세상에 있사옵고 나는 아버지께로 가옵나니 거룩하신 아버지여 내게 주신 아버지의 이름으로 저희를 보전하사 우리와 같이 저희도 하나가 되게 하옵소서 내가 저희와 함께 있을 때에 내게 주신 아버지의 이름으로 저희를 보전하와 지키었나이다 그 중에 하나도 멸망치 않고 오직 멸망의 자식 뿐이오니 이는 성경을 응하게 함이니이다 지금 내가 아버지께로 가오니 내가 세상에서 이 말을 하옵는 것은 저희로 내 기쁨을 저희 안에 충만히 가지게하려 함이니이다 내가 아버지의 말씀을 저희에게 주었사오매 세상이 저희를 미워하였사오니 이는 내가 세상에 속하지 아니함 같이 저희도 세상에 속하지 아니함을 인함이니이다 내가 비옵는 것은 저희를 세상에서 데려가시기를 위함이 아니요 오직 악에 빠지지 않게 보전하시기를 위함이니이다 내가 세상에 속하지 아니함 같이 저희도 세상에 속하지 아니하였삽나이다 저희를 진리로 거룩하게 하옵소서 아버지의 말씀은 진리니이다 아버지께서 나를 세상에 보내신 것 같이 나도 저희를 세상에 보내었고 또 저희를 위하여 내가 나를 거룩하게 하오니 이는 저희도 진리로 거룩함을 얻게 하려 함이니이다 내가 비옵는 것은 이 사람들만 위함이 아니요 또 저희 말을 인하여 나를 믿는 사람들도 위함이니 아버지께서 내 안에, 내가 아버지 안에 있는것 같이 저희도 다 하나가 되어 우리 안에 있게 하사 세상으로 아버지께서 나를 보내신 것을 믿게 하옵소서 내게 주신 영광을 내가 저희에게 주었사오니 이는 우리가 하나가 된것 같이 저희도 하나가 되게 하려 함이니이다 곧 내가 저희 안에, 아버지께서 내 안에 계셔 저희로 온전함을 이루어 하나가 되게 하려 함은 아버지께서 나를 보내신 것과 또 나를 사랑하심 같이 저희도 사랑하신 것을 세상으로 알게 하려 함이로소이다 아버지여 내게 주신 자도 나 있는 곳에 나와 함께 있어 아버지께서 창세 전부터 나를 사랑하시므로 내게 주신 나의 영광을 저희로 보게 하시기를 원하옵나이다 의로우신 아버지여 세상이 아버지를 알지 못하여도 나는 아버지를 알았삽고 저희도 아버지께서 나를 보내신줄 알았삽나이다 내가 아버지의 이름을 저희에게 알게 하였고 또 알게 하리니 이는 나를 사랑하신 사랑이 저희 안에 있고 나도 저희 안에 있게 하려 함이니이다 롬8:34 누가 정죄하리요 죽으실 뿐 아니라 다시 살아나신 이는 그리스도 예수시니 그는 하나님 우편에 계신 자요 우리를 위하여 간구하시는 자시니라

딤전2:5 하나님은 한 분이시요 또 하나님과 사람 사이에 중보도 한 분이시니 곧 사람이신 그리스도 예수라

히7:25 그러므로 자기를 힘입어 하나님께 나아가는 자들을 온전히 구원하실 수 있으니 이는 그가 항상 살아서 저희를 위하여 간구하심이니라

성령님의 중보기도

롬8:26 이와 같이 성령도 우리 연약함을 도우시나니 우리가 마땅히 빌 바를 알지 못하나 오직 성령이 말할 수 없는 탄식으로 우리를 위하여 친히 간구하시느니라

아브라함의 중보기도

창18:22-33 그 사람들이 거기서 떠나 소돔으로 향하여 가고 아브라함은 여호와 앞에 그대로 섰더니 가까이 나아가 가로되 주께서 의인을 악인과 함께 멸하시려나이까 그 성중에 의인 오십이 있을지라도 주께서 그 곳을 멸하시고 그 오십 의인을 위하여 용서치 아니하시리이까 주께서 이같이 하사 의인을 악인과 함께 죽이심은 불가하오며 의인과 악인을 균등히 하심도 불가하니이다 세상을 심판하시는 이가 공의를 행하실 것이 아니니이까 여호와께서 가라사대 내가 만일 소돔 성중에서 의인 오십을 찾으면 그들을 위하여 온 지경을 용서하리라 아브라함이 말씀하여 가로되 티끌과 같은 나라도 감히 주께 고하나이다 오십 의인 중에 오인이 부족할 것이면 그 오인 부족함을 인하여 온 성을 멸하시리이까 가라사대 내가 거기서 사십 오인을 찾으면 멸하지 아니하리라 아브라함이 또 고하여 가로되 거기서 사십인을 찾으시면 어찌 하시려나이까 가라사대 사십인을 인하여 멸하지 아니하리라 아브라함이 가로되 내 주여 노하지 마옵시고 말씀하게 하옵소서 거기서 삼십인을 찾으시면 어찌 하시려나이까 가라사대 내가 거기서 삼십인을 찾으면 멸하지 아니하리라 아브라함이 또 가로되 내가 감히 내 주께 고하나이다 거기서 이십

인을 찾으시면 어찌 하시려나이까 가라사대 내가 이십인을 인하여 멸하지 아니하리라 아브라함이 또 가로되 주는 노하지 마옵소서 내가 이번만 더 말씀하리이다 거기서 십인을 찾으시면 어찌 하시려나이까 가라사대 내가 십인을 인하여도 멸하지 아니하리라 여호와께서 아브라함과 말씀을 마치시고 즉시 가시니 아브라함도 자기 곳으로 돌아갔더라

(딤전5:8 누구든지 자기 친족 특히 자기 가족을 돌아보지 아니하면 믿음을 배반한 자요 불신자보다 더 악한 자니라)

모세의 중보기도

출17:8-16 때에 아말렉이 이르러 이스라엘과 르비딤에서 싸우니라 모세가 여호수아에게 이르되 우리를 위하여 사람들을 택하여 나가서 아말렉과 싸우라 내일 내가 하나님의 지팡이를 손에 잡고 산꼭대기에 서리라 여호수아가 모세의 말대로 행하여 아말렉과 싸우고 모세와 아론과 훌은 산꼭대기에 올라가서 모세가 손을 들면 이스라엘이 이기고 손을 내리면 아말렉이 이기더니 모세의 팔이 피곤하매 그들이 돌을 가져다가 모세의 아래에 놓아 그로 그 위에 앉게 하고 아론과 훌이 하나는 이편에서, 하나는 저편에서 모세의 손을 붙들어 올렸더니 그 손이 해가 지도록 내려오지 아니한지라 여호수아가 칼날로 아말렉과 그 백성을 쳐서 파하니라 여호와께서 모세에게 이르시되 이것을 책에 기록하여 기념하게 하고 여호수아의 귀에 외워 들리라 ~

(마18:19-20 진실로 다시 너희에게 이르노니 너희 중에 두 사람이 땅에서 합심하여 무엇이든지 구하면 하늘에 계신 내 아버지께서 저희를 위하여 이루게 하시리라 두 세 사람이 내 이름으로 모인 곳에는 나도 그들 중에 있느니라)

(전4:9-12 두 사람이 한 사람보다 나음은 저희가 수고함으로 좋은 상을 얻을 것임이라 혹시 저희가 넘어지면 하나가 그 동무를 붙들어 일으키려니와 홀로 있어 넘어지고 붙들어 일으킬 자가 없는 자에게는 화가 있으리라 두 사람이 함께 누우면 따뜻하거니와 한 사람이면 어찌 따뜻하랴 한 사람이면 패하겠거니와 두 사람이면 능히 당하나니 삼겹 줄은 쉽게 끊어지지 아니하느니라)

출32:30-35 이튿날 모세가 백성에게 이르되 너희가 큰 죄를 범하였도다 내가 이제 여호와께로 올라가노니 혹 너희의 죄를 속할까 하노라 하고 여호와께로 다시 나아가 여짜오되 슬프도소이다 이 백성이 자기들을 위하여 금신을 만들었사오니 큰 죄를 범하였나이다 그러나 합의하시면 이제 그들의 죄를 사하시옵소서 그렇지 않사오면 원컨대 주의 기록하신 책에서 내 이름을 지워버려주옵소서 ~

민14:13-19 모세가 여호와께 여짜오되 ~ 이제 주께서 이 백성을 한 사람 같이 죽이시면 주의 명성을 들은 열국이 말하여 이르기를 여호와가 이 백성에게 주기로 맹세한 땅에 인도할 능이 없는 고로 광야에서 죽였다 하리이다 이제 구하옵나니 이미 말씀하신대로 주의 큰 권능을 나타내옵소서 이르시기를 여호와는 노하기를 더디하고 인자가 많아 죄악과 과실을 사하나 형벌 받을 자는 결단코 사하지 아니하고 아비의 죄악을 자식에게 갚아 삼사대까지 이르게 하리라 하셨나이다 구하옵나니 주의 인자의 광대하심을 따라 이 백성의 죄악을 사하시되 애굽에서부터 지금까지 이 백성을 사하신 것 같이 사하옵소서

사무엘의 중보기도

삼상 12:23-25 나는 너희를 위하여 기도하기를 쉬는 죄를 여호와 앞에 결단코 범치 아니하고 선하고 의로운 도로 너희를 가르칠 것인즉 너희는 여호와께서 너희를 위하여 행하신 그 큰 일을 생각하여 오직 그를 경외하며 너희의 마음을 다하여 진실히 섬기라 만일 너희가 여전히 악을 행하면 너희와 너희 왕이 다 멸망하리라

에스더와 유다인의 중보기도

에 4:15-17 에스더가 명하여 모르드개에게 회답하되 당신은 가서 수산에 있는 유다인을 다 모으고 나를 위하여 금식하되 밤낮 삼일을 먹지도 말고 마시지도 마소서 나도 나의 시녀로 더불어 이렇게 금식한 후에 규례를 어기고 왕에게 나아가리니 죽으면 죽으리이다 모르드개가 가서 에스더의 명한대로 다 행하니라

욥의 중보기도

욥1:4-5 그 아들들이 자기 생일이면 각각 자기의 집에서 잔치를 베풀고 그 누이 셋도 청하여 함께 먹고 마시므로 그 잔치 날이 지나면 욥이 그들을 불러다가 성결케 하되 아침에 일어나서 그들의 명수대로 번제를 드렸으니 이는 욥이 말하기를 혹시 내 아들들이 죄를 범하여 마음으로 하나님을 배반하였을까 함이라 욥의 행사가 항상 이러하였더라

욥 42:7-10 여호와께서 욥에게 이 말씀을 하신 후에 데만 사람 엘리바스에게 이르시되 ~ 내 종 욥이 너희를 위하여 기도할 것인즉 내가 그를 기쁘게 받으리니 너희의 우매한대로 너희에게 갚지 아니하리라 이는 너희가 나를 가리켜 말한 것이 내 종 욥의 말 같이 정당하지 못함이니라 이에 데만 사람 엘리바스와 수아 사람 빌닷과 나아마 사람 소발이 가서 여호와께서 자기들에게 명하신대로 행하니라 여호와께서 욥을 기쁘게 받으셨더라 욥이 그 벗들을 위하여 빌매 여호와께서 욥의 곤경을 돌이키시고 욥에게 그전 소유보다 갑절이나 주신지라

다니엘의 중보기도

단9:3-20 내가 금식하며 베옷을 입고 재를 무릅쓰고 주 하나님께 기도하며 간구하기를 결심하고 내 하나님 여호와께 기도하며 자복하여 이르기를 ~ 주여 내가 구하옵나니 주는 주의 공의를 좇으사 주의 분노를 주의 성 예루살렘, 주의 거룩한 산에서 떠나게 하옵소서 이는 우리의 죄와 우리의 열조의 죄악을 인하여 예루살렘과 주의 백성이 사면에 있는 자에게 수욕을 받음이니이다 그러하온즉 우리 하나님이여 지금 주의 종의 기도와 간구를 들으시고 주를 위하여 주의 얼굴 빛을 주의 황폐한 성소에 비취시옵소서 나의 하나님이여 귀를 기울여 들으시며 눈을 떠서 우리의 황폐된 상황과 주의 이름으로 일컫는 성을 보옵소서 우리가 주의 앞에 간구하옵는 것은 우리의 의를 의지하여 하는 것이 아니요 주의 큰 긍휼을 의지하여 함이오니 주여 들으소서 주여 용서하소서 주여 들으시고 행하소서 지체치 마옵소서 나의 하나님이여 주 자신을 위하여 하시옵소서 이는 주의 성과 주의 백성이 주의 이름으로 일컫는바 됨이니이다 내가 이같이 말하여 기도하며 내 죄와 및 내 백성 이스라엘의 죄를 자복하고 내 하나님의 거룩한 산을 위하여 내 하나님 여호와 앞

에 간구할 때

스데반의 중보기도

행7:59–60 저희가 돌로 스데반을 치니 스데반이 부르짖어 가로되 주 예수여 내 영혼을 받으시옵소서 하고 무릎을 꿇고 크게 불러 가로되 주여 이 죄를 저들에게 돌리지 마옵소서 이 말을 하고 자니라

초대교회의 중보기도

행12:5 이에 베드로는 옥에 갇혔고 교회는 그를 위하여 간절히 하나님께 빌더라

바울의 중보기도

롬9:1–4 내가 그리스도 안에서 참말을 하고 거짓말을 아니하노라 내게 큰 근심이 있는 것과 마음에 그치지 않는 고통이 있는 것을 내 양심이 성령 안에서 나로 더불어 증거하노니 (1절에 포함되어 있음) 나의 형제 곧 골육의 친척을 위하여 내 자신이 저주를 받아 그리스도에게서 끊어질찌라도 원하는 바로라 저희는 이스라엘 사람이라

롬10:1 형제들아 내 마음에 원하는 바와 하나님께 구하는 바는 이스라엘을 위함이니 곧 저희로 구원을 얻게 함이라

롬16:1–24 내가 겐그레아 교회의 일군으로 있는 우리 자매 뵈뵈를 너희에게 천거하노니 너희가 주 안에서 성도들의 합당한 예절로 그를 영접하고 무엇이든지 그에게 소용되는 바를 도와줄찌니 이는 그가 여러 사람과 나의 보호자가 되었음이니라 너희가 그리스도 예수 안에서 나의 동역자들인 브리스가와 아굴라에게 문안하라 저희는 내 목숨을 위하여 자기의 목이라도 내어놓았나니 나 뿐아니라 이방인의 모든 교회도 저희에게 감사하느니라 또 저의 교회에게도 문안하라 ~

고후11:28 이 외의 일은 고사하고 오히려 날마다 내 속에 눌리는 일이 있으

니 곧 모든 교회를 위하여 염려하는 것이라

살전1:2 우리가 너희 무리를 인하여 항상 하나님께 감사하고 기도할 때에 너희를 말함은

딤후1:3 나의 밤낮 간구하는 가운데 쉬지 않고 너를 생각하여 청결한 양심으로 조상 적부터 섬겨 오는 하나님께 감사하고

몬1:4 내가 항상 내 하나님께 감사하고 기도할 때에 너를 말함은

바울의 중보기도 요청

골4: 2-4 기도를 항상 힘쓰고 기도에 감사함으로 깨어 있으라 또한 우리를 위하여 기도하되 하나님이 전도할 문을 우리에게 열어 주사 그리스도의 비밀을 말하게 하시기를 구하라 내가 이것을 인하여 매임을 당하였노라 그리하면 내가 마땅히 할 말로써 이 비밀을 나타내리라

엡6:19-20 또 나를 위하여 구할 것은 내게 말씀을 주사 나로 입을 벌려 복음의 비밀을 담대히 알리게 하옵소서 할 것이니 이 일을 위하여 내가 쇠사슬에 매인 사신이 된 것은 나로 이 일에 당연히 할 말을 담대히 하게 하려 하심이니라

현대 선교의 아버지로 불리우는 윌리암 캐리(William Carey)는 42년간의 인도 사역을 통해, 그의 동역자들과 더불어 45개의 인도 방언으로 성경 전체를 번역하였고, 여러 권의 책과 사전을 집필했으며, 수많은 영혼들을 구원하고, 또한 많은 젊은이들을 세계선교의 장에 헌신케 하였다. 『캐리전』의 작가는 캐리가 42년간 승리의 삶을 살 수 있었던 비밀은 영국에서 42년간 병상에 누워 기도한 캐리 누님의 중보기도 때문이었다고 기록하고 있다.

제 2차 세계대전 때 영국은 1940년 5월 26일을 기도일로 정하고 전 국민이 금식 기도함으로써 하나님의 크신 섭리, 도움을 얻었다. 그해 9월 8일에

는 영미 양국이 함께 기도함으로 독일군의 공격을 완전 봉쇄했고 2,500척의 적함을 거센 파도로 흩어지게 하여 승리를 거두었다. 또한 1941년 3월 23일, 1943년 9월 3일, 1944년 9월 3일을 각기 기도일로 공포하고 모든 국민으로 기도하게 하여 요소요소에서 불리했던 전세가 유리해져 계속 승리를 거두게 되었다.

두 사건의 비교 (출 32장, 겔 22장)

출 32장	비교	겔 22장
출 32:1-4	하나님께 범죄	겔 22:23-29
출 32:10	징벌 받기에 마땅함	겔 22:31
출 32:11-13	중보자의 유무	겔 22:30
출 32:14	하나님의 용서와 심판	겔 22:31

중보기도자를 찾으시는 하나님

사59:16 사람이 없음을 보시며 중재자 없음을 이상히 여기셨으므로 자기 팔로 스스로 구원을 베푸시며 자기의 의를 스스로 의지하사

겔9:4 이르시되 너는 예루살렘 성읍 중에 순행하여 그 가운데서 행하는 모든 가증한 일로 인하여 탄식하며 우는 자의 이마에 표하라

하나님 자녀의 중보기도는 당연한 것이다

겔36:37 나 주 여호와가 말하노라 그래도 이스라엘 족속이 이와 같이 자기들에게 이루어 주기를 내게 구하여야 할지라

딤전2:1-4 그러므로 내가 첫째로 권하노니 모든 사람을 위하여 간구와 기도와 도고와 감사를 하되 임금들과 높은 지위에 있는 모든 사람을 위하여 하라 이는 우리가 모든 경건과 단정한 중에 고요하고 평안한 생활을 하려 함이니라 이것이 우리 구주 하나님 앞에 선하고 받으실 만한 것이니 하나님은 모든 사람이 구원을 받으며 진리를 아는데 이르기를 원하시느니라

벧전2:9 오직 너희는 택하신 족속이요 왕 같은 제사장들이요 거룩한 나라요 그의 소유된 백성이니 이는 너희를 어두운데서 불러내어 그의 기이한 빛에 들어가게 하신 자의 아름다운 덕을 선전하게 하려 하심이라

영적으로 보면 기도하지 않는 사람은 교만한 사람이다. 자기를 의지하기 때문이다. 하나님께 기도 드리는 것은 영적으로 겸손의 증거이다. 하나님께서는 기도하는 사람을 기뻐하시고, 중보기도자는 더욱 기뻐하신다.

중보기도의 대상

1. 가족과 친척

욥1:4-5 그 아들들이 자기 생일이면 각각 자기의 집에서 잔치를 베풀고 그 누이 셋도 청하여 함께 먹고 마시므로 그 잔치 날이 지나면 욥이 그들을 불러다가 성결케 하되 아침에 일어나서 그들의 명수대로 번제를 드렸으니 이는 욥이 말하기를 혹시 내 아들들이 죄를 범하여 마음으로 하나님을 배반하였을까 함이라 욥의 행사가 항상 이러하였더라

눅23:28 예수께서 돌이켜 그들을 향하여 가라사대 예루살렘의 딸들아 나를 위하여 울지 말고 너희와 너희 자녀를 위하여 울라

딤전5:8 누구든지 자기 친족 특히 자기 가족을 돌아보지 아니하면 믿음을 배반한 자요 불신자보다 더 악한 자니라

2. 교회

엡6:18-20 모든 기도와 간구로 하되 무시로 성령 안에서 기도하고 이를 위하여 깨어 구하기를 항상 힘쓰며 여러 성도를 위하여 구하고 또 나를 위하여

> 구할 것은 내게 말씀을 주사 나로 입을 벌려 복음의 비밀을 담대히 알리게 하옵소서 할 것이니 이 일을 위하여 내가 쇠사슬에 매인 사신이 된 것은 나로 이 일에 당연히 할 말을 담대히 하게 하려 하심이니라

스펄젼 목사님은 유명한 설교자로 교회를 크게 부흥시킨 역사적인 분이다. 한 제자가 그에게 물었다. "어떻게 그런 영력 있는 설교를 하시며 교회를 부흥시킬 수 있습니까?" 목사님은 아무 말씀 없이 그를 데리고 교회 지하실로 안내해서 그 곳에서 기도하고 계시는 두 권사님의 모습을 보여 주었다. 그리고 말씀하시기를 "이 할머니들께서 교회와 저를 위하여 기도하므로 이 모든 것이 가능합니다. 이 분들은 교회를 위하는 깨끗한 소원 이외에는 아무런 소원이 없는 분들이십니다. 이름도 명예도 없이 드리는 이 기도 때문에 교회가 건재합니다."라고 설명하였다.

3. 모든 사람

> 딤전2:1-4 그러므로 내가 첫째로 권하노니 모든 사람을 위하여 간구와 기도와 도고와 감사를 하되 임금들과 높은 지위에 있는 모든 사람을 위하여 하라 이는 우리가 모든 경건과 단정한 중에 고요하고 평안한 생활을 하려 함이니라 이것이 우리 구주 하나님 앞에 선하고 받으실 만한 것이니 하나님은 모든 사람이 구원을 받으며 진리를 아는데 이르기를 원하시느니라

오직 자기 핵가족만 위한 자가용 수준 기도보다는 친족까지 기억하는 버스 수준 기도를, 그보다는 출석교회까지 포함하는 여객선 수준 기도를, 그리고 더 나아가 나라와 민족 등을 위한 기차 수준 중보기도를, 하나님께서는 우리 각 사람에게서 매일 바라시고, 찾으시며, 또한 구한 것 이상으로 응답하시고, 역사하신다.

중보기도자의 사명

구약 시대에 기름 부음 받은 자는 오직 선지자, 제사장, 왕뿐이요, 그들은 하나님과 사람 사이의 중보자였다. 중보자는 하나님과 사람 사이에 서서 양편을 위하여 행하는 자이다. (갈3:20)

하나님께서는 기름 부음 받은 자에게 특별한 사명을 주셨다. 그것은 백성을 구원하는 것이다. 비록 선지자, 제사장, 왕으로 그 역할은 각각 달랐지만, 구원이라는 동일성의 사명이 있었다.

선지자: 하나님의 백성으로 하여금 오직 유일하신 참 하나님만을 경외하도록, 하나님의 말씀을 백성들에게 전함으로써, 그들을 불신과 우상숭배로부터 구해내고 지키는 그 일을 위하여, 하나님 편에 선, 사람을 향한 중보자다.

> 왕상18:21 엘리야가 모든 백성에게 가까이 나아가 이르되 너희가 어느때까지 두 사이에서 머뭇머뭇 하려느냐 여호와가 만일 하나님이면 그를 좇고 바알이 만일 하나님이면 그를 좇을찌니라 하니 백성이 한 말도 대답지 아니하는지라

제사장: 하나님의 백성으로 하여금 성결한 삶을 살도록, 그들을 가르치고 또 하나님께 제사(속죄제) 드림으로써, 그들을 무지와 하나님의 심판으로부터 구해내고 지키는 그 일을 위하여, 사람 편에 선, 하나님을 향한 중보자다.

> 레10:11 또 여호와가 모세로 명한 모든 규례를 이스라엘 자손에게 가르치리라
> 대하15:3 이스라엘에는 참 신이 없고 가르치는 제사장도 없고 율법도 없은지가 이제 오래였더라

레4:20 그 송아지를 속죄제의 수송아지에게 한것 같이 할찌며 제사장이 그것으로 회중을 위하여 속죄한즉 그들이 사함을 얻으리라

왕: 하나님의 백성들로 하여금 고요하고 평안하게 지내도록, 인자와 진리로 백성을 다스림으로써, 그들을 무질서나 방종 또한 각양의 위험과 재난으로부터 구해내고 지키는 그 일을 위하여, 하나님의 백성 가운데 선, 하나님의 백성을 섬기는 중보자다.

잠20:28 왕은 인자와 진리로 스스로 보호하고 그 위도 인자함으로 말미암아 견고하니라

삿21:25 그 때에 이스라엘에 왕이 없으므로 사람이 각각 그 소견에 옳은대로 행하였더라

딤전2:1–4 그러므로 내가 첫째로 권하노니 모든 사람을 위하여 간구와 기도와 도고와 감사를 하되 임금들과 높은 지위에 있는 모든 사람을 위하여 하라 이는 우리가 모든 경건과 단정한 중에 고요하고 평안한 생활을 하려 함이니라 이것이 우리 구주 하나님 앞에 선하고 받으실 만한 것이니 하나님은 모든 사람이 구원을 받으며 진리를 아는데 이르기를 원하시느니라

선지자, 제사장, 왕은 모두 장차 오실 예수 그리스도의 그림자였다. 그러므로 중보기도자는 반드시 선지자의 마음, 제사장의 마음, 왕의 마음을 품고 기도해야 한다.

1. 선지자의 마음으로 대상자를 위하여 중보기도 하라

    하나님의 뜻을 깨닫도록

    죄악의 생활을 떠나도록

    마땅히 하나님을 경외하도록

2. 제사장의 마음으로 대상자를 위하여 중보기도 하라

하나님의 긍휼하심이 임하도록

하나님의 용서가 임하도록

하나님께서 그로 성결한 삶을 살게 하시도록

3. 왕의 마음으로 대상자를 위하여 중보기도 하라

고요하고 평안한 생활을 하도록

하나님의 백성답게 살도록

그를 통해 하나님의 사랑과 공의가 전개되도록

그러므로 중보기도자는 영적인 지도자다. 또한 이렇게 말할 수 있다. "내가 중보기도 하는 것은 중보기도 대상자로 하여금 생명을 얻게 하고 더 풍성히 얻게 하려는 것이다"

중보기도자의 자격

기도에서 가장 중요한 것은 기도의 내용, 장소, 시간, 대상이 아니고 기도하는 사람 자신이다. 기도하는 사람 자신이 현재 하나님 앞에서 어떠한 사람인가? 이것이 가장 중요하다. 왜냐하면 하나님은 항상 먼저 사람을 보신다. 즉 그의 사람됨과 행위를 먼저 보신다. 하나님 앞에서 자신의 사람됨됨이와 행위는 기도(예배, 봉헌, 금식, 섬김…등)와 분리될 수 없다.

창4:3-7 세월이 지난 후에 가인은 땅의 소산으로 제물을 삼아 여호와께 드렸고 아벨은 자기도 양의 첫 새끼와 그 기름으로 드렸더니 여호와께서 아벨과 그 제물은 열납하셨으나 가인과 그 제물은 열납하지 아니하신지라 가인이 심히 분하여 안색이 변하니 여호와께서 가인에게 이르시되 네가 분하여 함은 어찜이며 안색이 변함은 어찜이뇨 네가 선을 행하면 어찌 낯을 들지 못하겠느냐 선을 행치 아니하면 죄가 문에 엎드리느니라 죄의 소원은 네게 있

으나 너는 죄를 다스릴찌니라

사1:11-17 여호와께서 말씀하시되 너희의 무수한 제물이 내게 무엇이 유익하뇨 나는 수양의 번제와 살진 짐승의 기름에 배불렀고 나는 수송아지나 어린 양이나 수염소의 피를 기뻐하지 아니하노라 너희가 내 앞에 보이러 오니 그것을 누가 너희에게 요구하였느뇨 내 마당만 밟을 뿐이니라 헛된 제물을 다시 가져오지 말라 분향은 나의 가증히 여기는바요 월삭과 안식일과 대회로 모이는 것도 그러하니 성회와 아울러 악을 행하는 것을 내가 견디지 못하겠노라 내 마음이 너희의 월삭과 정한 절기를 싫어하나니 그것이 내게 무거운 짐이라 내가 지기에 곤비하였느니라 너희가 손을 펼 때에 내가 눈을 가리우고 너희가 많이 기도할찌라도 내가 듣지 아니하리니 이는 너희의 손에 피가 가득함이니라 너희는 스스로 씻으며 스스로 깨끗케 하여 내 목전에서 너희 악업을 버리며 악행을 그치고 선행을 배우며 공의를 구하며 학대 받는 자를 도와주며 고아를 위하여 신원하며 과부를 위하여 변호하라 하셨느니라

사58:1-12 크게 외치라 아끼지 말라 네 목소리를 나팔 같이 날려 내 백성에게 그 허물을, 야곱 집에 그 죄를 고하라 그들이 날마다 나를 찾아 나의 길 알기를 즐거워함이 마치 의를 행하여 그 하나님의 규례를 폐하지 아니하는 나라 같아서 의로운 판단을 내게 구하며 하나님과 가까이 하기를 즐겨하며 이르기를 우리가 금식하되 주께서 보지 아니하심은 어찜이오며 우리가 마음을 괴롭게 하되 주께서 알아주지 아니하심은 어찜이니이까 하느니라 보라 너희가 금식하는 날에 오락을 찾아 얻으며 온갖 일을 시키는도다 보라 너희가 금식하면서 다투며 싸우며 악한 주먹으로 치는도다 너희의 오늘 금식하는 것은 너희 목소리로 상달케 하려 하는 것이 아니라 이것이 어찌 나의 기뻐하는 금식이 되겠으며 이것이 어찌 사람이 그 마음을 괴롭게 하는 날이 되겠느냐 그 머리를 갈대 같이 숙이고 굵은 베와 재를 펴는 것을 어찌 금식이라 하겠으며 여호와께 열납될 날이라 하겠느냐 나의 기뻐하는 금식은 흉악의 결박을 풀어 주며 멍에의 줄을 끌러주며 압제 당하는 자를 자유케 하며 모든 멍에를 꺾는 것이 아니겠느냐 또 주린 자에게 네 식물을 나눠 주며 유리하는 빈민을 네 집에 들이며 벗은 자를 보면 입히며 또 네 골육을 피하여 스스로 숨지 아니하는 것이 아니겠느냐 그리하면 네 빛이 아침 같이 비췰 것

이며 네 치료가 급속할 것이며 네 의가 네 앞에 행하고 여호와의 영광이 네 뒤에 호위하리니 네가 부를 때에는 나 여호와가 응답하겠고 네가 부르짖을 때에는 말하기를 내가 여기 있다 하리라 만일 네가 너희 중에서 멍에와 손가락질과 허망한 말을 제하여 버리고 주린 자에게 네 심정을 동하며 괴로와 하는 자의 마음을 만족케 하면 네 빛이 흑암 중에서 발하여 네 어두움이 낮과 같이 될 것이며 나 여호와가 너를 항상 인도하여 마른 곳에서도 네 영혼을 만족케 하며 네 뼈를 견고케 하리니 너는 물 댄 동산 같겠고 물이 끊어지지 아니하는 샘 같을 것이라 네게서 날 자들이 오래 황폐된 곳들을 다시 세울 것이며 너는 역대의 파괴된 기초를 쌓으리니 너를 일컬어 무너진데를 수보하는 자라 할 것이며 길을 수축하여 거할 곳이 되게 하는 자라 하리라

미6:6-8 내가 무엇을 가지고 여호와 앞에 나아가며 높으신 하나님께 경배할까 내가 번제물 일년 된 송아지를 가지고 그 앞에 나아갈까 여호와께서 천천의 수양이나 만만의 강수 같은 기름을 기뻐하실까 내 허물을 위하여 내 맏아들을, 내 영혼의 죄를 인하여 내 몸의 열매를 드릴까 사람아 주께서 선한 것이 무엇임을 네게 보이셨나니 여호와께서 네게 구하시는 것이 오직 공의를 행하며 인자를 사랑하며 겸손히 네 하나님과 함께 행하는 것이 아니냐

고후12:14 중반 ~ 나의 구하는 것은 너희 재물이 아니요 오직 너희니라 ~

그러므로 우리는 반드시 아래의 내용을 기억해야 한다.

잠28:9 사람이 귀를 돌이키고 율법을 듣지 아니하면 그의 기도도 가증하니라

사59:1-3 여호와의 손이 짧아 구원치 못하심도 아니요 귀가 둔하여 듣지 못하심도 아니라 오직 너희 죄악이 너희와 너희 하나님 사이를 내었고 너희 죄가 그 얼굴을 가리워서 너희를 듣지 않으시게 함이니 이는 너희 손이 피에, 너희 손가락이 죄악에 더러웠으며 너희 입술은 거짓을 말하며 너희 혀는 악독을 발함이라

렘5:25 후반 ~ 너희 죄가 너희에게 오는 좋은 것을 막았느니라

잠28:13 자기의 죄를 숨기는 자는 형통치 못하나 죄를 자복하고 버리는 자는 불쌍히 여김을 받으리라

요일1:9 만일 우리가 우리 죄를 자백하면 저는 미쁘시고 의로우사 우리 죄를 사하시며 모든 불의에서 우리를 깨끗케 하실 것이요

그러므로 중보기도자의 자격은

1. 예수 그리스도 십자가 구원의 은혜에 감사하는 사람

딤전1:15 미쁘다 모든 사람이 받을만한 이 말이여 그리스도 예수께서 죄인을 구원하시려고 세상에 임하셨다 하였도다 죄인 중에 내가 괴수니라

갈6:14 그러나 내게는 우리 주 예수 그리스도의 십자가 외에 결코 자랑할 것이 없으니 그리스도로 말미암아 세상이 나를 대하여 십자가에 못 박히고 내가 또한 세상을 대하여 그러하니라

2. 사람됨됨이의 성숙을 사모하는 사람

이런 사람은 항상 발을 씻고 성결하게 살며, 예수 그리스도를 본 받는 특징이 있다. 그러므로 다른 사람을 위하여 기도 드릴 때 먼저 반드시 기억해야 할 것은 바로,

히7:27 저가 저 대제사장들이 먼저 자기 죄를 위하고 다음에 백성의 죄를 위하여 날마다 제사 드리는 것과 같이 할 필요가 없으니 이는 저가 단번에 자

기를 드려 이루셨음이니라

예수 그리스도는 완전한 대제사장이시다. 그러나 저들 대제사장은 모두 죄인이요, 불완전한 자다. 그래서 그들은 매일 먼저 자신의 죄를 위해서 그 다음에 백성의 죄를 위해서 제사를 드렸다.

벧전2:9-10 오직 너희는 택하신 족속이요 왕 같은 제사장들이요 거룩한 나라요 그의 소유된 백성이니 이는 너희를 어두운데서 불러 내어 그의 기이한 빛에 들어가게 하신 자의 아름다운 덕을 선전하게 하려 하심이라 너희가 전에는 백성이 아니더니 이제는 하나님의 백성이요 전에는 긍휼을 얻지 못하였더니 이제는 긍휼을 얻은 자니라

우리 그리스도인은 비록 왕 같은 제사장이지만 모두 죄인이요, 불완전한 자다. 그러므로 우리는 날마다 먼저 자신의 죄를 위하여 기도 드리고 바르게 선 뒤에, 중보기도 대상자에게 필요한 은혜를 생각하며 기도 드려야 한다. 만약 어떤 사람이 자신의 죄를 위하여 기도 드리지 않고, 오직 다른 사람을 위하여 기도 드린다면, 어찌 그 기도가 응답되겠는가? 참 그리스도인은 날마다 반드시 자신을 위한 진지한 기도와 다른 사람을 위한 끊임없는 간절한 기도를 드린다.

성경은 우리를 일깨워 준다. 『만물보다 거짓되고 심히 부패한 것은 마음이라(렘17:9)』고. 그러므로 우리는 날마다 자신의 사람됨됨이와 행위를 성찰하며, 예수 그리스도를 본받아야 한다. 끊임없는이런 삶은 우리의 일생을 매우 가치 있고, 아름답게 만든다.

고전11:1 내가 그리스도를 본받는 자 된 것 같이 너희는 나를 본받는 자 되라

시119:1-2 행위 완전하여 여호와의 법에 행하는 자가 복이 있음이여 여호

와의 증거를 지키고 전심으로 여호와를 구하는 자가 복이 있도다

3. 선을 행하기를 사모하는 사람

딛2:14 그가 우리를 대신하여 자신을 주심은 모든 불법에서 우리를 구속하시고 우리를 깨끗하게 하사 선한 일에 열심하는 친 백성이 되게 하려 하심이니라

중보기도자가 기억 할 사항

1. 먼저 하나님 앞에서 자신의 사람됨됨이와 형위가 어떠한지 성찰해야 한다

잠28:9 사람이 귀를 돌이키고 율법을 듣지 아니하면 그의 기도도 가증하니라

2. 원하는 바가 하나님의 뜻에 합하는지 않는지를 먼저 생각해야 한다

막14:36 가라사대 아바 아버지여 아버지께는 모든 것이 가능하오니 이 잔을 내게서 옮기시옵소서 그러나 나의 원대로 마옵시고 아버지의 원대로 하옵소서

미국의 어느 큰 부자가 술 공장을 짓고서 무디(Moody Dwight)에게 "낙성식을 거행하니 꼭 오셔서 기도해 주십시오"라고 초대장을 보냈다. 며칠 뒤 무디는 서슴없이 낙성식에 참석했다. 그런데 부탁과는 달리 무디는 술이란 것이 얼마나 많은 죄악을 빚어내느냐면서 이 술 공장을 즉시 멸망시켜 달라고 기도하였다. 당연히 부자는 아연 실색하고 크게 분개하였다. 그러나 깨달은 바가 있어서 그 부자는 자기 죄를 회개하고 술 공장을 예배당으로 개조하였다.

3. 상황을 분명히 아는 가운데 기도함이 더욱 좋다(출17:8-16)

4. 개인 중보기도만이 아니라 또한 합심 중보기도가 있음을 알아야 한다

5. 영적인 동료가 필요하다

우리는 모두 성결한 믿음의 동료가 필요하다. 왜냐하면 서로 도움으로 더욱 힘차게 기도할 수 있기 때문이다.

출17:8-13 때에 아말렉이 이르러 이스라엘과 르비딤에서 싸우니라 ~ 모세의 팔이 피곤하매 그들이 돌을 가져다가 모세의 아래에 놓아 그로 그 위에 앉게 하고 아론과 훌이 하나는 이편에서, 하나는 저편에서 모세의 손을 붙들어 올렸더니 그 손이 해가 지도록 내려오지 아니한지라 여호수아가 칼날로 아말렉과 그 백성을 쳐서 파하니라

시119:63 나는 주를 경외하는 모든 자와 주의 법도를 지키는 자의 동무라

단1-3장

단1:8-9 다니엘은 뜻을 정하여 왕의 진미와 그의 마시는 포도주로 자기를 더럽히지 아니하리라 하고 자기를 더럽히지 않게 하기를 환관장에게 구하니 하나님이 다니엘로 환관장에게 은혜와 긍휼을 얻게 하신지라

단1:11-17 환관장이 세워 다니엘과 하나냐와 미사엘과 아사랴를 감독하게 한 자에게 다니엘이 말하되 청하오니 당신의 종들을 열흘 동안 시험하여 ~ 하나님이 이 네 소년에게 지식을 얻게 하시며 모든 학문과 재주에 명철하게 하신 외에 다니엘은 또 모든 이상과 몽조를 깨달아 알더라

단2:17-18 이에 다니엘이 자기 집으로 돌아가서 그 동무 하나냐와 미사엘과 아사랴에게 그 일을 고하고 하늘에 계신 하나님이 이 은밀한 일에 대하여 긍휼히 여기사 자기 다니엘과 동무들이 바벨론의 다른 박사와 함께 죽임을 당치 않게 하시기를 그들로 구하게 하니라

단3:16-18 사드락과 메삭과 아벳느고가 왕에게 대답하여 가로되 느부갓네살이여 우리가 이 일에 대하여 왕에게 대답할 필요가 없나이다 만일 그럴 것이면 왕이여 우리가 섬기는 우리 하나님이 우리를 극렬히 타는 풀무 가운데서 능히 건져내시겠고 왕의 손에서도 건져내시리이다 그리 아니하실찌라도 왕이여 우리가 왕의 신들을 섬기지도 아니하고 왕의 세우신 금 신상에게 절하지도 아니할 줄을 아옵소서

마18:19-20 진실로 다시 너희에게 이르노니 너희 중에 두 사람이 땅에서 합심하여 무엇이든지 구하면 하늘에 계신 내 아버지께서 저희를 위하여 이루게 하시리라 두 세 사람이 내 이름으로 모인 곳에는 나도 그들 중에 있느니라

행1:6-15전반절 저희가 모였을 때에 예수께 묻자와 가로되 주께서 이스라엘 나라를 회복하심이 이 때니이까 하니 가라사대 때와 기한은 아버지께서 자기의 권한에 두셨으니 너희의 알바 아니요 오직 성령이 너희에게 임하시면 너희가 권능을 받고 예루살렘과 온 유대와 사마리아와 땅끝까지 이르러 내 증인이 되리라 하시니라 ~ 저희 유하는 다락에 올라가니 베드로, 요한, 야고보, 안드레와 빌립, 도마와 바돌로매, 마태와 및 알패오의 아들 야고보, 셀롯인 시몬, 야고보의 아들 유다가 다 거기 있어 여자들과 예수의 모친 마리아와 예수의 아우들로 더불어 마음을 같이하여 전혀 기도에 힘쓰니라 모인 무리의 수가 한 일백 이십 명이나 되더라

행10장

행10:1-8 가이사랴에 고넬료라 하는 사람이 있으니 이달리야대라 하는 군대의 백부장이라 그가 경건하여 온 집으로 더불어 하나님을 경외하며 백성을 많이 구제하고 하나님께 항상 기도하더니 ~ 고넬료가 집안 하인 둘과 종졸 가운데 경건한 사람 하나를 불러 이 일을 다 고하고 욥바로 보내니라

행10:24 이튿날 가이사랴에 들어가니 고넬료가 일가와 가까운 친구들을 모아 기다리더니

행10:44–48 베드로가 이 말 할 때에 성령이 말씀 듣는 모든 사람에게 내려 오시니 베드로와 함께 온 할례 받은 신자들이 이방인들에게도 성령 부어 주심을 인하여 놀라니 이는 방언을 말하며 하나님 높임을 들음이러라 ~

딤후2:22 또한 네가 청년의 정욕을 피하고 주를 깨끗한 마음으로 부르는 자들과 함께 의와 믿음과 사랑과 화평을 좇으라

요한 번연(John Bunyan) 이 참으로 회심하게 된 것은 몇 사람의 노부인들이 햇볕을 쬐면서 『하 나님께서 그들의 영혼을 위해 어떤 일을 해주셨는가?』에 대해 말하는 것을 들었을 때의 일이었다. 하나님을 아는 자들을 통해서 하나님께서는 놀랍게 역사하신다.

*** 중보기도자의 유익**

1. 하나님의 풍성한 은혜를 더욱 체험한다
2. 반드시 누군가가 또한 나를 위해 중보기도 한다 – 심는 대로 거둔다

갈6:7 스스로 속이지 말라 하나님은 만홀히 여김을 받지 아니하시나니 사람이 무엇으로 심든지 그대로 거두리라

*** 중보 기도자 서약서 (교회에서 기도카드를 보고 기도 드릴 때)**

본인은 ㅇㅇ교회 세례교인으로서 주 예수 그리스도 구원의 은혜에 감사드리는 가운데, 교회와 이웃, 나라와 민족 그리고 하나님 나라를 위한 중보기도에 동참하며, 하나님 앞에 아래와 같이 서약합니다.

1. 중보 기도자는 영적 전쟁의 최선봉에 선 기도의 용사이므로 항상 깨어 개인기도의 성실한 삶을 살아갈 것을 서약합니다.
2. 개인이나 교회 기도 제목의 내용을 하나님께만 아뢰고, 비밀을 지킬 것을 하나님과 교회 앞에 서약합니다.

ㅇㅇ교회

년 월 일

성명 (서명)